高等学校学前教育专业专科教材

学前教育概论

陈幸军 / 主编

人民教育出版社
·北京·

图书在版编目（CIP）数据

学前教育概论/陈幸军主编. —北京：人民教育出版社，2015.1

高等学校学前教育专业专科教材

ISBN 978-7-107-29048-0

Ⅰ.①学… Ⅱ.①陈… Ⅲ.①学前教育—教育理论—高等学校—教材 Ⅳ.①G610

中国版本图书馆 CIP 数据核字（2015）第 019960 号

人民教育出版社 出版发行

网址：http://www.pep.com.cn

人民教育出版社印刷厂印装　全国新华书店经销

2015 年 1 月第 1 版　2015 年 4 月第 1 次印刷

开本：787 毫米×1 092 毫米　1/16　印张：25.75

字数：363 千字　印数：0 001～5 000 册

定价：38.80 元

著作权所有·请勿擅用本书制作各类出版物·违者必究

如发现印、装质量问题，影响阅读，请与本社出版科联系调换。

（联系地址：北京市海淀区中关村南大街 17 号院 1 号楼　邮编：100081）

高等学校学前教育专业专科教材

学前教育概论	幼儿园班级管理
学前儿童发展心理学	幼儿园语言教育
学前儿童卫生与保育	幼儿园数学教育
学前教育研究方法	幼儿园科学教育
学前教育评价	幼儿园社会教育
学前教育史	幼儿园音乐教育
幼儿教育思想史	幼儿园美术教育
幼儿教师口语	幼儿园健康教育
幼儿园课程	幼儿园英语教育
幼儿园管理	幼儿园保教实习指导

高等学校学前教育专业专科教材编写委员会

顾　　　问　唐　淑　张慧和　周　菲　陈伊丽
主 任 委 员　冯晓霞　罗先友
副主任委员　周　兢　许卓娅　刘雅琴
编　　　委（按姓氏音序排列）
　　　　　　　陈幸军　陈伊丽　崔　元　冯晓霞　顾荣芳
　　　　　　　焦　艳　孔起英　刘晶波　刘雅琴　秦光兰
　　　　　　　谈亦文　唐　淑　王坚红　王迎兰　王振宇
　　　　　　　许卓娅　于开莲　余珍有　曾红梅　张　帆
　　　　　　　张慧和　张　俊　张　燕　周　菲　周　兢
秘 书 长　秦光兰
秘　　　书　焦　艳　王迎兰

出版说明

近年来,我国的学前教育正面临前所未有的发展机遇。2010年7月,国务院颁发了《国家中长期教育改革和发展规划纲要(2010—2020年)》,把加快发展学前教育作为落实教育优先发展战略的重要举措,确定了到2020年基本普及学前教育的战略目标。2010年11月印发的《国务院关于当前发展学前教育的若干意见》明确提出:加快建设一支师德高尚、热爱儿童、业务精良、结构合理的幼儿教师队伍。为此,我们根据教育部颁发的《教师教育课程标准(试行)》(2011)、《幼儿园教师专业标准(试行)》(2012)和《3—6岁儿童学习与发展指南》(2012)的精神,本着创新教师教育课程理念,全面提高幼儿园教师培养质量,建设高素质、专业化教师队伍的原则,在教育部领导的关怀和指导下,聘请具有丰富教学经验和较高学术水平的学科带头人分别担任各科教材主编,编写了这套"高等学校学前教育专业专科教材"。

本套教材的编写,以"教育要面向现代化,面向世界,面向未来"为指针,以党和国家的教育方针和大学专科学前教育专业的培养目标为依据,坚持育人为本、实践取向、终身学习的理念,实施《教师教育课程标准(试行)》,注重把国内外最新研究成果与学前教育一线丰富的教学实践经验融为一体,强化实践环节,加强师德修养和教育教学能力训练,着力培养未来幼儿教师的社会责任感、创新精神和实践能力。本套教材主要供培养专科层次幼儿教师的学校使用,也可供学前教育管理者和广大在职幼儿教师进修或自学使用。

本套教材的编写和出版,得到了教育部教师工作司、人民教育出版社课程教材研究所,以及有关高等学校、幼儿师范高等专科学校等方面的领导和教师的大力支持，谨在此一并致谢！由于时间紧迫，教材的编写难免有不完善之处，敬请广大师生不吝指正，使本套教材日臻完善。

人民教育出版社课程教材研究所
学前教育课程教材研究开发中心
2014年8月

编 写 说 明

学前教育理论是一门研究 0～6 岁儿童教育规律和学前教育机构教育规律的应用性学科，是本专业学生必修的专业基础课程，在实现学前教育专业培养目标中起着核心作用。

学前教育理论的教学既要突出理论性的学习，又要加强教育实践。通过教学，使学生了解学前教育机构一般教育教学活动规律，树立正确的教育观念，增强其对学前教育工作的兴趣，掌握保教工作科学的方法及其基本技能，为学生较快地适应工作岗位需求打下良好基础。

本书内容共 11 章，分别阐述了学前教育的一些基本观念，学前教育的产生和发展，我国学前教育的目标、任务和原则，学前教育的基本要素，0～3 岁儿童的教育，幼儿园的课程和教学活动，幼儿园游戏，幼儿园的日常生活、劳动和节日娱乐活动，幼儿园和小学的衔接，幼儿园与家庭、社区合作，幼儿园教育评价等。

本书力求体现新时代应有的基本教育理念，针对幼儿教育实践中的突出问题，进行一定的分析并提出较为实际的解决办法，使教材内容具有可操作性；较好地处理幼儿教育与教育学科其他课程的关系，避免不必要的重复；语言通俗易懂，符合学生的思维特点，便于学生自学；根据幼儿园实际工作需要，配合丰富教学资源，构建立体化教材体系。每章后面附有思考题和操作题以帮助学生学习、思考和实践。本书的内容较多，各地各学校的情况不尽相同，教师可以根据教学大纲的要求和学生实际情况灵活使用教材。

本书由长沙师范学院的陈幸军教授主编，各章编者如下：陈伊丽（人民教育出版社）编写第一章、第二章；陈幸军编写第三章、第四章；陈伊丽、张晓辉（长沙师范学院）编写第五章；皮军功、崔红英（长沙师范学院）编写第六章；徐燕（长沙师范学院）编写第七章；陈伊丽、张瑞藻（昆明市师范专科学校学前教育系）编写第八章；陈幸军、武莉编写第九章；张建国（长沙师范学院学前教育研究所）、赵南（长沙师范学院）编写第十章；赵南、张建国编写第十一章。在本书编写过程中，参考、借鉴或引用了许多国内外同行的最新研究成果，在此一并表示感谢。

　　对于书中的疏漏和不足之处，恳请广大师生在使用的过程中提出宝贵意见。

编者
2014 年 8 月

目 录

第一章 概述 ... 1
第一节 学前教育理论和几个基本观念 ... 2
第二节 学习学前教育理论的意义和方法 ... 8

第二章 学前教育及其产生与发展 ... 16
第一节 学前教育的概念和意义 ... 17
第二节 学前教育的产生和发展 ... 22

第三章 我国学前教育的目标、任务和原则 ... 49
第一节 教育目的与学前儿童的全面发展教育 ... 50
第二节 学前教育的目标和任务 ... 58
第三节 学前教育机构的教育原则 ... 72

第四章 学前教育的基本要素 ... 84
第一节 教师 ... 85
第二节 儿童 ... 103
第三节 环境 ... 111

第五章 0~3岁儿童的教育 ... 126
第一节 0~3岁儿童教育概述 ... 127
第二节 0~3岁儿童教育的内容与要求 ... 141
第三节 0~3岁儿童教育机构的保教活动 ... 152

第六章　幼儿园的课程与教学活动 …… 164
第一节　幼儿园课程与教学活动概述 …… 165
第二节　幼儿园课程与教学活动计划的制订 …… 173
第三节　幼儿园教学活动的内容和原则 …… 181
第四节　幼儿园常用的教学活动形式、手段和方法 …… 193
第五节　幼儿园教学活动的设计、组织和指导 …… 204

第七章　幼儿园的游戏 …… 217
第一节　学前儿童游戏概述 …… 218
第二节　幼儿园游戏的指导 …… 230

第八章　幼儿园的日常生活、劳动和节日娱乐活动 …… 248
第一节　幼儿园日常生活活动 …… 250
第二节　学前儿童劳动 …… 262
第三节　幼儿园的节日和娱乐活动 …… 276

第九章　幼儿园与小学的衔接 …… 287
第一节　幼小衔接工作的意义和任务 …… 288
第二节　幼小衔接工作的内容和教育策略 …… 293

第十章　幼儿园与家庭、社区的合作 …… 317
第一节　家庭、社区在学前教育中的角色和功能 …… 318
第二节　幼儿园与家庭、社区合作共育的价值和目的 …… 325
第三节　幼儿园与家庭、社区合作的内容与途径 …… 332

第十一章　学前教育评价 …… 353
第一节　学前教育评价概述 …… 354

第二节　学前教育评价的主要内容和标准 …………………… 359
第三节　学前教育评价的方法和步骤 …………………………… 378

主要参考书目 ………………………………………………… 396

第一章　概　述

学习目标

1. 了解什么是学前教育理论。
2. 了解学前教育理论中的三个基本观念。
3. 理解学习学前教育理论的意义。
4. 掌握学习学前教育理论的方法。

本章提要

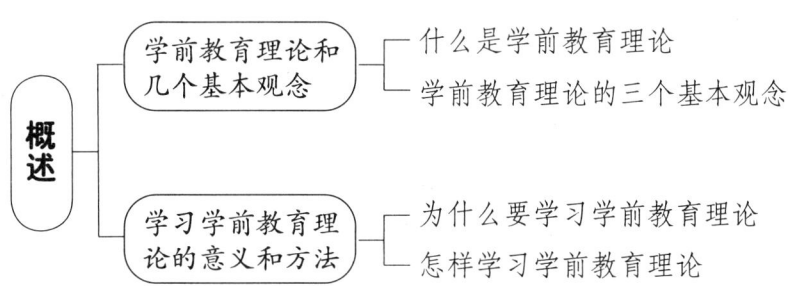

人类世世代代都在繁衍和教育下一代，这看起来自然而简单的事，实际包含着深刻的道理。随着人们对教育后代认识的不断提高，逐渐形成了各种教育理论，专门研究如何通过教育促成儿童的最佳发展。在人类社会高度发展的今天，我们教育后代已不可能简单地按照经验、习惯来从事了。教育儿童需要有专门的知识和技能，所以我们要研究和学习有关学前教育的理论和基本观念。

第一节　学前教育理论和几个基本观念

一、什么是学前教育理论

所谓理论，就是人们从实践中概括出来的关于自然界和社会的知识的有系统的结论。那么，学前教育理论就是从学前儿童教育实践中概括出来的系统结论。学前教育有广义和狭义之分，所以学前教育理论也有广义和狭义之分。广义的学前教育理论包括家庭教育、机构教育、社会教育等多个方面理论；狭义的学前教育理论主要是关于学前教育机构诸如托儿所、幼儿园中教育的理论。

随着时代进步和学前教育实践的发展，学前教育理论和思想在现代已经极大地丰富，呈现的方式也非常多样化，书籍的名称也各不相同。在我国，集中讲述学前教育理论的书有的叫学前教育学，有的叫学前教育原理，有的叫学前教育概论，其中的内容大同小异，就是一门研究0～6岁儿童教育规律和学前教育机构的教育工作规律的学问，是人们从教育儿童的实践经验中总结提炼出来的。

说到理论，许多人就会联想到抽象、枯燥无味的文字。有时候，教育理论的编写确实遵循某种体系和行文方式，有令人费解和枯燥的特征，但实际上学前教育理论是一门应用科学,它的理论寓于日常我们教养儿童的活动中,有很多具体的表现形式。

案例1-1

两个同样大的孩子在学走路。一个孩子的父母很放手,摔倒了,让他自己爬起来再走;另一个孩子的父母小心翼翼地护着孩子,生怕他摔倒了,或干脆用带子绑住孩子的腰,拴着走。

请你想一想,哪一个孩子将先学会走路?

评析: 从理论上来说,第一种方式更符合孩子发展的需求,也可以更快地让孩子学会独立行走。过分的保护只会延长孩子学走路的时间,使他难以尽快地从反复的练习中学会平衡身体、协调动作,而且会使他对摔倒过于恐惧,不利于今后的发展。因此,正确的方法应当是:找一个不易摔伤的地方,开始时,成人多帮助孩子,但要逐步放手,鼓励孩子自己行走,摔倒时不要太紧张,让他自己爬起来。

案例1-2

一位教师在组织儿童认识农作物,她让孩子背着手坐在小椅子上,在黑板上挂几张农作物的挂图,然后告诉孩子,这是麦子,那是棉花。

另外一位教师也让孩子认识农作物,但她定期组织孩子到农田参观农作物的生长状况,还在幼儿园开辟小园地试种几种农作物,如麦子、向日葵、玉米等。另外,她将挂图张贴在活动室,供儿童自由参观。

你认为两位教师的教育方式哪一个比较好?

评析: 从理论上说,对儿童实行直观教学是对的,但是仅仅利用挂图的直观教学对学前儿童和低年级的孩子来说是远远不够的。他们认识事物的最好方式是观察实物并与实物接触,所以第二位教师的方法是较好的方法。

案例1-3

一位教师为了让孩子学会谦让合作,在课堂上通过看图讲述《小羊过桥》的故事,讲解谦让与合作的道理和好处,告诉儿童谦让与合作的行为是哪些,碰到不同情况应该怎样做等。

另外一位教师则是组织一系列情景活动,让儿童亲身参加活动,体验谦让合作的结果,如几个人同时去取一个大肚小口瓶中的糖果,要争取拿得多,拿得快。又如两组人相对过小桥,怎样又快又稳等,最后教师与儿童共同谈论和总结。

你认为两位教师的教育方式哪一个比较好?

评析:从理论上来说,对儿童进行说理教育并不错,但是说教的方式容易使儿童的良好行为品质的学习停留在口头上。儿童的良好行为习惯是在生活、学习、游戏等具体的活动中习得的。只有在具体的情景中,儿童才能通过真实的冲突体验和认识某种行为的可取和不可取,从而学会约束自己的行为,学习与别人合作。所以我们认为第二位教师的教育方式更好。

案例1-4

在一个教室中,一位教师组织儿童画画。她让儿童按她的范例来画,有的孩子画得像范例,教师大加赞扬,对画得不像的孩子则提出批评。

另外一位教师组织儿童学画画,她让儿童自由选择要画的对象和画画的材料,在画画的过程中给儿童提出建议和指导,并对每一个儿童的作品真心地赞赏,对儿童的努力给予鼓励和表扬,最后还将儿童的作品张贴展示出来。

你认为两位教师的教育方式哪一个比较好？

评析：从理论上来说，我们认为画画是儿童表达自己的想法和情感的一种方式。一开始，不应该对技能技巧提过多要求，应当让儿童自由去探索各种绘画材料，自由地在画面上表达自己的想法。让儿童照着教师的范例来画，有可能压抑儿童的想象力和创造性的发挥和发展。另外，儿童的能力是有差异的，也可说是各有所长的，教师应当承认孩子的差异和不同长处，不要用单一的标准去评判孩子。孩子在成长的过程中，只要付出努力，就应当获得承认和肯定。如果只是从学习的成果来评判孩子，会使那些在某方面能力稍弱的孩子丧失自信和自尊，失去学习新事物的兴趣和勇气，这将对他们未来的发展产生不利影响。作为教师，不仅要在智力和能力方面促进孩子的发展，还应当小心地保护孩子的身心健康，保护他们学习的积极性，不可因为教师一时言行不慎而造成对孩子身心发展的伤害。

从以上的案例和分析可看出，学前教育不是简单的带孩子，而是牵涉到有关儿童发展的方方面面。不同的教育方式会对儿童产生不同的影响，因而导致不同的发展结果。所以我们需要了解生活中的教育问题，学习和研究教育理论。

二、学前教育理论的三个基本观念

凡是从事教育工作的人，有几个基本的教育观念需要正确把握：一是教育观，二是儿童观，三是发展观。所谓教育观、儿童观、发展观，指的就是如何看待教育，如何看待儿童，如何看待儿童的发展。这三个观念在不同的时代，在不同的教育理论中是不一样的。

在当今的学前教育界，这些基本观念主要呈现在学前教育和心理学的理论中，体现在政府对幼儿园教育颁发的各种法律、法规文件中，还体现在不同领域教育活动或不同教育模式的目标、原则、内容和方法中。

要做一个合格的幼儿园教师，就要学习和树立正确教育观、儿童观和发展观，长期不断地用这些观念来指导自己的教育行为，才能逐渐提高作为教师的专业素养。

（一）应当如何看待教育

说到底，教育就是按照一定的目标培养人。一个孩子初生到世界上，身体和头脑基本是一片混沌，需要一步一步地从感觉和动作开始，逐渐发展起来，学会站、走、跑，学会做人、做事，逐渐从一个生物意义上的人变成一个社会人。教育就是这种变化的推进力量。

从社会的角度而言，我们希望把所有的儿童都培养成为有能力、有道德、身心健康，积极向上的人，这些都离不开父母和教师的教育。作为学前教师，应该在幼儿园按照一定的目标去教育孩子，保护和促进他们身体的正常生长和发育，引导他们学习做人和做事，为未来的发展打下良好的基础。所以，学前教师的任务远不止是教孩子唱歌、跳舞、写字、画画。孩子们发展需要成人对其身心各方面的关心、照顾、支持和引领。教育的过程就是一个不断关注、了解孩子的需求，给予适当的帮助、指导和鼓励的过程。

（二）应该如何看待儿童

儿童，对于一个家庭来说，是血缘的延续，是家庭这种社会细胞的更新和再造。对于社会来说，他们就是社会的新生一代，将来要承担起社会延续和发展的任务。儿童作为未成年人，有自身生长、发展的需求和规律，有自己的遗传素质、个性特征和倾向，也有作为一名社会成员的各种权利。父母生下了孩子，就有责任给孩子创造生存和发展的条件，保护他们的身心健康，让他们得到合理的养育。社会对于新生一代，也有责任从道德、法律的角度保护他们生存、发展和受教育的权利。

从古到今很长时间以来，许多家长把孩子看成自己的私有物品，认为自己可以任意处置，比如随意玩弄、打骂、虐待、遗弃或像物品一样出售。教育者则认为儿童是有原罪的，或是不打不成才的，因此在教育机构中也任意地虐待儿童，造成许多儿童的伤残甚至是死亡。这些，在现代社会已经被看作不可接受的。

为了全面保障儿童的权利，在1989年11月20日，第44届联合国大会第25号决议通过了《儿童权利公约》（Convention on the Rights of the Child），1990年9月2日生效。该公约旨在保护儿童权益，为世界各国儿童创建良好的成长环境。它规定儿童享有一个人的全部权利，主要是以下四个方面。

1. 生存权——每个儿童都有其固有的生命权和健康权。

2. 受保护权——不受危害自身发展影响的、被保护的权利。

3. 发展权——充分发展其全部体能和智能的权利。

4. 参与权——参与家庭、文化和社会生活的权利。儿童有参与社会生活的权利，有权对影响他们的一切事项发表自己的意见。

在我国，为了保护未成年人身心健康，保障未成年人合法权益，1991年9月4日在第七届中华人民共和国全国人民代表大会常务委员会第二十一次会议通过了《中华人民共和国未成年人保护法》，2006年12月29日由第十届中华人民共和国全国人民代表大会常务委员会第二十五次会议第一次修订通过，自2007年6月1日起施行。这部法律分别陈述了家庭、学校、社会的保护责任以及司法保护和相关的法律责任，把保护儿童落实到法律层面。

（三）应当如何看待儿童的发展

教育者面对儿童，应当如何看待儿童的发展呢？过去曾有人把儿童看作一张白纸，或者看作是一个缩小的成人，似乎教育就是在白纸上画画，或者就是往他的头脑里灌输知识，由此，儿童就发展了。但是在今天的观点里，儿童更像一颗植物的幼芽，有着自己生长发展的规律，非常柔弱又有极大的发展潜力。成人的教育要像雨露阳光，潜移默化；教师像园丁，要经常观察了解儿童的需求和表现，耐心地给予适当的支持、指导和帮助。事实上，儿童的生长和发展远比植物复杂得多。他们是如何从一个一无所知的小毛头成长为秉性、能力、品质各不相同的人，其中还有许多奥秘需要人们去探寻和研究。毫无疑问，大的社会环境、家庭环境、周边的生活环境和学校的环境是重要的影响因素；家长的养育，教师的教育以及邻居和同伴的影响也是重要的因素，这些都是外在的因素。孩子自身的遗传素质、先天特点是内部因素。那么，把内外因素联系起来的是什么呢？那就是儿童主动的活动。

所谓主动，就是儿童自主发起的。例如，有人想锻炼小婴儿的身体，就编出操节，拉着孩子的手脚来做运动，这就不是孩子自主活动。小婴儿的身体发展有自己路线图，那就是努力从学习抬头、翻身、爬行、起坐到站立和行走。成人需要做的是提供条件、支持和辅助。

幼儿阶段也是如此，他们需要在操作摆弄不同物品的过程中发展认知能力；在与同伴、家人、邻居、教师的交往和冲突中学会做人；在解决自己面临的各种生活问题、学习问题的过程中发展起独立、自信和能力。所以，家长的溺爱、包办代替，只会妨碍孩子能力的正常发展。教师的灌输、强制和训斥不能使孩子更聪明和能干。为此，教师和家长要摆正心态，不要认为自己不教，孩子就不可能学习和发展，而且要特别重视成人的行为、言语和环境中发生的各种事件对儿童潜移默化的影响，努力帮助儿童形成积极向上的发展趋向。

第二节 学习学前教育理论的意义和方法

理论是前人实践的总结。为了继承前人的工作成果，在实践中减少走弯路和推进理论的进一步发展，需要学习和研究前人建立的理论。但是任何理论都是特定时代的产物，都会有一定的局限性。学习理论需要结合自身的实践和所面临的问题，通过思考、质疑、讨论和实践检验，逐渐形成属于自己的可靠认识。这才是学习理论的正确方法。也就是说，学习理论不应该死记硬背，全盘接受，而要敢于质疑，多问几个为什么，进行实践验证。这样才能用正确的理论武装自己的头脑，成为合格的教师。

一、为什么要学习学前教育理论

(一) 成为合格教师需要掌握正确理论

教育新生一代是人类社会生活的重要组成部分。学前教育的质量关系着人类社会的发展和进步。为了把我国建成富强文明的国家，需要提高全民族的素质，使新生一代具有强健的体魄、聪明的头脑、良好的品德和高尚的审美情趣，需要通过各级各类教育不断地培养出适应社会各方面工作的高质量人才，以保证我们建设社会主义强国的伟大事业后继有人，永续发展。这一伟大工程必须从儿童早期抓起。学前教育作为我国基础教育的重要组成部分，担负着为人才培养奠基的光荣任务。办好高质量的学前教育，让教育有效地促进每一个儿童在身体、认知、情感、社会性等方面的发展不仅是时代和社会的要求，也是现代学前教育自身的追求。

然而，要实现这一目标绝不是一件简单的事。作为培养人的社会活动，教育儿童是一项十分复杂的社会实践，具有自身的独特的规律，而集中地反映这些规律的理论体系——学前教育理论是我们的有力武器。

学前教师——以教育儿童为职业的专门教育工作者更应当掌握这一武器。因为你想成为一个优秀的学前教师，只有良好的愿望和热情是不够的，你还必须具备这一职业所要求的许多特殊的条件，其中，教育理论方面的专业知识必不可少。比如：你应当了解我国的教育方针，我国各类学前教育机构的培养目标和教育工作的指导思想；应当了解儿童个体发展的特点、现状、潜力和可能性；必须懂得学前教育工作的规律和特点，掌握教育的原则和科学的教育方法；正确认识、分析实际工作中的各种教育现象，独立思考和解决面临的问题等。这样，你才能成为合格的学前教师。

(二) 学前教育理论将帮助你形成正确的教育观念

学习学前教育理论可帮助你了解什么是教育，什么是学前教育，什么是儿童的发展及影响儿童发展的因素，学前教育机构工作的特点和规律，组织儿童从事各种学习活动的原理和方法以及幼儿园与家庭、社区的合作，与小学的衔接，等等。它还使你了解学前教育产生、发展的历史，使你对教育的本质、学前教育的价值，对教育者和受教育者在教育过程中的地位及其相互作用的原理有一个清晰的认识。但是，要形成正确的教育观念，还需要在对理论的认识、理解、质疑和讨论中，在反复的思考、琢磨和在实践的应用中逐渐形成。在这样的学习过程中，你会更深入地了解学前教育的意义，认识到学前教师对社会的责任，它将有助于你在将来的工作岗位上做出一番事业。

当然，有人会说，历史上也有过许多成功的父母和教师，他们不一定学习了什么教育理论，他们靠自己的学习钻研、总结经验，也把孩子或学生培养成了了不起的人。但是，那些家长和教师的成功是特例，不会大量出现。

在教育普及，需要大量教师的今天，要成为教师就需要学习教育理论。教育理论作为前人教育经验的总结和提炼，可使我们免于每个人都从头开始摸索，就像文字的发明过程，我们现在可以享有使用成熟的文字系统的便利，而不必每个人都去重新发明文字。在社会文明高度发展的今天，对学前教育的要求已越来越高，如果在过去凭经验和习惯也能凑合教养儿童的话，那么现在仅凭经验和习惯是绝对胜任不了学前教育工作，满足不了学前教育发展的要求的。从事学前教育工作，必须减少教育的失误，提高教育质量，为此，我们必须学习和研究学前教育理论，并且在将理论与实践相结合的过程中，逐渐形成正确的教育观念。

（三）学习教育理论有利于形成正确的教育行为

有人认为学前教师关键是要能唱会跳、能画会演。现在许多幼儿园似乎也把这作为遴选新教师的标准。但是要做一名合格的学前教师，仅仅能唱会跳、能画会演是远远不够的。学前教师最重要的是善于创造合适的环境，通过多种方式合理地教育引导儿童，使他们能得到最佳的发展。为此你需要：

- 会观察和了解儿童；
- 会保护他们的安全与健康；
- 会通过不同的方式与他们及其家长交往；
- 会设计和安排学习与生活环境；

·会组织不同形式的活动并按照不同孩子的水平和特点来指导他们学习；

·会评价儿童的发展。

这些需要你不仅学习学前教育理论，还要学习儿童心理学、学前卫生学、学前教育活动的设计与组织、教育评价，等等。

教养儿童是十分复杂的系统工程，作为学前教师，基本责任是促进儿童在身心各方面得到全面和谐的发展。从个体发展来说，一个人的发展包括身体、认知、情感和社会性，这几方面的发展应当是整体和谐的与平衡的。如果一个人很聪明，但是身体很差，不会与人交往，情绪易走极端，他就很难自立于社会。反过来，一个人如果身体强壮，却在认知能力和品德方面没有良好的发展和修养，也很难成为合格的公民。

在幼儿园，如果你训练儿童参加体育竞赛得奖了；教儿童认识了许多字可以读书了；教儿童拾到钱交给老师了；教儿童画画得奖了。这些都不能证明你对儿童实施了合理和高质量的教育。我们要看的是你教育的孩子是不是：

·身体健康、积极主动、乐于学习；

·有较强的操作能力、想象能力和语言能力；

·乐于与人交往，善于与人合作；

·能感受生活中的美和表现美的事物。

要做到这些，你就会发现你需要在学习唱歌、跳舞、绘画之外，还要学习教育理论，学习真正的教育技能，以便合理地引导和培养儿童，使他们健康成长。当然，你首先需要在学习过程中不断地认识和磨练自己，养成良好的职业道德。从一开始就要端正心态，认识到教师工作的光荣和艰巨，增强责任感，为真正成为一名合格的学前教师做好准备。

二、怎样学习学前教育理论

（一）认真读书，独立思考，钻研学前教育理论

在校期间，学习理论的第一步是认真学习教材，深入地理解和领会学前

教育理论的基本概念和基本原理，要反复推敲，弄懂每一章节的主要内容和渗透在其中的重要观念和教育思想，注意把握教材的逻辑体系。除教材之外，还应阅读一些相关的理论书籍和杂志以开阔思路，相互印证，增强理解。

但是，教育理论并不是教条和绝对真理，只不过是理论研究工作者在现阶段的认识水平上对教育现象、规律的总结、分析和陈述，需要不断地根据教育实践中出现的新情况和新问题进行研究、探讨和完善，以便于理论体系持续发展。在系统学习教育理论，了解和掌握学前教育的基本观点和教育的目标、内容、原则和方法时，你可能会产生一些疑问，或有不同意见，你可以提出来和同学及老师相互切磋、讨论，尝试进行批判性的思考、分析和比较。

独立思考，和同学之间的切磋、讨论是学习学前教育理论的重要方法。对教材、对前人的结论、对流行的观点和看法、对已有的研究成果等，要多思考，多问几个为什么，不必为传统的观念和结论所束缚，不人云亦云。要勇于探索新问题，提出新见解，这是提高自己认识水平的重要途径。

古人说："独学而无友，则孤陋而寡闻。"独立思考不是闭门造车，要经常和老师、同学相互交流看法，让不同观念相互碰撞，能相互启发，激起思想火花，帮助你更清楚、更全面、更准确地掌握学前教育理论。

（二）联系学前教育实际、相关知识、信息和社会现象及问题

1. 联系学前教育实际

学前教育理论是为学前教育实践服务的，理论联系实际是学好学前教育理论的必由之路。在校期间联系实际的方式多种多样，如到学前教育机构进行见习、实习，访问优秀的学前教师，开展社区、家庭的学前教育调查，尝试设计和组织一些教育活动，做一些教育小实验，对一个或几个孩子进行观察、研究以及参加各种有关的专业活动等，都能有效地提高自己的教育理论修养和从事教育工作的能力。

学习理论和参加实践是有机整体，脱离实践的理论是空洞的理论，没有

理论指导的实践是盲目的实践。教育基本理论学得好不好，主要不是看能否记住和背诵这些知识，而要看在多大程度上能把这些知识转化为正确的教育观念和实际的教育工作能力，不参加实践活动，这一转化是不可能完成的。在毕业后如果要让自己的教育工作卓有成效，理论学习不但不能中止，相反应在实践的基础上进行更高层次的学习，比在校的入门式的学习更加深入，以便成为一名真正合格的教育者。

2. 联系相邻学科和有关知识、信息

在科学飞速发展的今天，各门学科越来越具有综合性和交叉性。学前教育理论也是在不断吸收和综合其他相关的理论和知识的过程中，变得越来越完善的。与学前教育理论相关的学科很多，如儿童心理学、儿童卫生学、幼儿园各种教育活动的设计与组织、中外学前教育史、教育管理；还有社会科学，如哲学、社会学、语言学、美学；自然科学，如数学、生物学、脑科学等。相关学科的学习有利于从多种角度更好地理解和领会学前教育的理论，有利于各种知识的相互补充、相互拓展，也有利于各种学习和研究方法、思维方式相互迁移、相互补偿。比如，学前教育必须遵循儿童身心发展规律，而儿童心理学、儿童卫生学的研究资料就为教育提供了有关儿童身心发展的科学的依据，帮助我们理解学前教育与儿童身心发展的关系，理解学前教育理论所阐述的教育原则、教育方法等，而且心理学的研究方法对开展学前教育研究，特别是教育实验，也是很有益处的。又如，有关幼儿园各种教育活动的设计与组织是在学前教育理论的基础上，对各种教育教学内容和组织实施进行研究的学科，它们丰富和充实了学前教育理论的内容。再如，学前教育史以历史的眼光总结了中外学前教育的经验和多方面的教育遗产，为学前教育理论的充实和发展提供了深厚的底蕴，有助于我们在研究中把教育的历史、现状和未来发展结合起来，古为今用，洋为中用，不断丰富我们的教育理论与实践。因此，学习学前教育理论必须与相关学科相结合，才能使思路更开阔，学习更深入、更全面，更能适应未来创造性教育工作的需要。

除了与相关学科的结合之外，学习学前教育理论还应注意形成广泛的知识基础和多渠道的信息来源。显然，这不能只靠课堂学习，还必须积极参加课外活动，特别是相关的各种专业活动，如学前教育知识和技能竞赛、教育问题讨论会、教育观点辩论会、社会调查、访问等，以有利于拓宽知识面，提高实践能力，加深对书本知识，对教育理论的认识和理解。在今天这样一个高科技、信息化的时代，学会利用各种科技手段和信息传媒来获得知识是十分重要的。例如，通过图书馆、大众传媒、互联网以及各种视听设备、报纸杂志等了解学前教育研究的新动向、新成果，了解现代科技在学前教育上的影响和运用，了解国内外教育的新发展、新变革，了解现代科技、信息对儿童成长、发展的影响等，将有助于开阔视野，活跃思维，对学习学前教育理论是十分有益的。

3. 联系有关社会现象和问题

学前教育与社会息息相关，社会上的思潮、风气、各种现象会对学前教育造成或大或小的影响，要尝试运用学过的理论知识对来自社会的问题进行理智地分析、思考，对各种思潮、观点进行冷静的判断、辨析，能让自己对不断变化的环境，对现实中出现的新情况、新问题始终保持敏感，有利于形成自己的教育理论观点和看法。比如，近年来社会上出现了形形色色的早教机构，声称有完美的早期教育计划，可以帮助小孩不要输在起点，这对于急切地望子成龙或望女成凤的许多年轻父母来说有极大的诱惑力，他们投入大把的金钱和时间来参与这场赌博，想以此保证自己的孩子有一个光明的未来。实际上，仔细查看这些早期教育计划，大部分都是一些拔苗助长式的强化训练，如绘画的训练，操控乐器的训练，识字的训练，学数学的训练，体育技能的训练，等等。这些训练短期内会产生一些貌似很好的效果，如孩子会画画了，会表演了，会读报了，会做数学题了，能参加体育竞赛了。一句话，显得比别的孩子强了。但是这些孩子此时的这种优势能保持到中小学阶段，或者保持到成年吗？对于以赢利为目的的早教机构来说，他们绝对无法保证。孩子的成长和发展就像长跑比赛，一开始跑得太快太急，后面就没劲了，所以不输在起跑线上有可能输在终点。

教育人是百年大计，要培养一个聪明、健康、能干、合群的人，一个合格的公民和有益于社会的人，需要用将近 20 年的时间来分阶段、按规律、宽容和耐心地培养，家长、教师在这期间需要不断地调整教育计划和策略以应对孩子本身出现的变化以及教育环境的变化。

初生的孩子就像一棵柔弱的幼苗，想要培养成参天大树，必须在早期进行合理的涵养，一曝十寒不行，过早承担压力也会造成伤害。提前让孩子进行急功近利的学习训练，只会破坏孩子发展的平衡与和谐，可能造成发展的停滞或障碍。

带着实际问题学理论，可以大大提高学习效率，发展自己处理实际问题的能力和形成实事求是的学风，对于提高自身的教育素养很有益处。

学习学前教育理论不是一件容易的事，需要不断地思考、实践和反思。这些学习方法本身就是需要通过实践逐步体验、逐步学习的。如果你在学习学前教育理论的过程中，认真地照着去做，那么你将"学会学习"，你的学习就会出现一个飞跃，你将从中体验到满足和欢乐！

思考与练习

一、在班级或小组讨论会上，谈谈自己对学前教育理论的认识，结合自己的经历或见闻，说说教育孩子的合理方法。

二、准备一些学习卡片，思考好资料记录和分类的方法，经常去图书馆将有助于理解各章节教材的资料记录下来。

三、试着分析以下案例

有一位父亲为了将自己的孩子及早培养为长跑运动员，3 岁就开始对孩子做长跑训练，结果孩子 5 岁时，心脏出了问题，你认为这位父亲是否做错了什么？

第二章 学前教育及其产生与发展

学习目标

1. 认识什么是教育，什么是学前教育；
2. 理解学前教育机构的产生和发展；
3. 了解学前教育发展史上重要的事件和人物。

本章提要

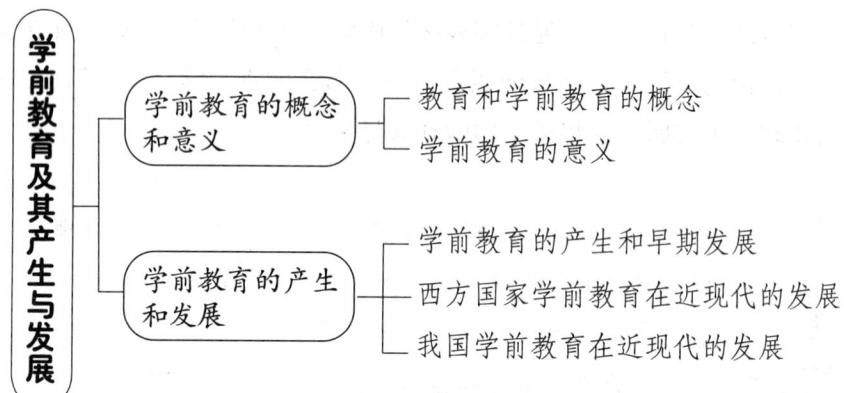

人类新生一代的成长和发展离不开教育。一个孩子还是胎儿的时候，他就能感受到母亲或外界环境的种种影响，如悦耳或刺耳的声音，母亲安详或焦虑不安的情绪、动作和心跳。孩子出生以后，在父母、家人、教师的帮助和指导下，在同伴、生活环境中的人和事的影响下，逐渐从一个娇弱无能的小婴儿，成长发展为能适应社会生活，对社会有用的人。这就是教育的作用和结果，从这个意义上来说，教育是人类的一种基本活动，没有教育，人类社会就难以延续和发展。

第一节　学前教育的概念和意义

一、教育和学前教育的概念

（一）什么是教育

"教育"在我们的生活中随时可见。例如：一个母亲在和自己的尚不会说话的婴儿唱歌和说话；教室里老师在给学生讲课；广播里在讲故事，电视里在放科普知识片。教育其实就是人类帮助自己的后代健康成长，学会生存的活动。

当然，我们在生活中可发现，教育是一个很宽泛的概念，家长养育孩子是教育，教师在学校教学生也是教育，广播、电视向社会宣传也可称为教育，还有其他的如社会教育、思想教育、职业教育、罪犯改造教育，等等。为了区分这些教育的含义，学者们就把教育分为广义和狭义两种。

一个孩子，从他出生的第一天起，其弱小的生命就开始受到周围成人的呵护、关照和期待。在家里，父母精心哺育、言传身教；在社会上，各种环境设施、大众媒介、人际关系使其耳濡目染；在学校里，教师遵循国家的教育方针，向其施加强有力的教育影响，以将其培养为社会所需要的人才。可以说，家庭的养育寄托着父母的希望，周围文化的熏陶渗透着社会的要求，学校的培养更是担负着国家的使命。这种带着希望、要求、使命而进行的实践是一种自觉的行动，是一种有目的的影响，是使新生一代朝着社会期待的方向发展的活动，这就是教育。由此可以说，教育是有目的、有意识地对儿童的身心施加影响，促使其向社会要求的方向发展的一种社会实践活动。它的任务就是把新生一代培养成合格的社会成员。这里的教育包括了家庭教育、社会教育和学校教育，范围很广，通常称为广义的教育。

与广义的教育相对的就是狭义的教育。狭义的教育指的是在人们专门设置的教育机构中实施的教育，主要指的是针对未成年人的学校教育，如托儿所、幼儿园中的教育，小学、中学和大学的教育以及其他人们为了某种目的在特定的机构中组织的教育。在专门的教育机构中，有专职的教师，他们根据社会的要求，对受教育者进行有目的、有计划、有组织、有系统的教育和培养，使受教育者在思想品德、知识技能、身体机能方面向预期的方向发展，成为社会所需要的人。由于这种教育是一种专门的和规范的教育，一般来说有较高的效率和更明确的效果，而不像家庭教育和社会教育那样对人的影响较零散和不规范，其结果具有偶然性和不确定性。学校教育的这种独特结构和功能，在近现代成为人类社会教育活动的核心部分，对其他各种教育起着示范和主导作用。

学校中的教育必须按一定的教育目的来进行，要服务于一定的社会政治和经济的需求。比如，中国古代为培养统治阶层的官吏和行政人员而设置的各种私塾、书院、太学等，就是要培养能服务于统治阶级的、有一定文化知识的人。教育的发展离不开社会政治、经济、文化条件，教育又反过来影响社会各方面的发展。在我国，教育要为社会主义建设，为国家的繁荣昌盛培养人才，而我国的社会主义建设和国家的繁荣昌盛又促进了教育的发展。社会在不断地发展变化，教育工作就需要不断地进行调整、变革，才能跟上时代的步伐。

（二）什么是学前教育

明确了教育的概念后，我们需要明确什么是学前教育，这里牵涉到人的年龄阶段的划分和教育对象的阶段划分问题。

人的一生按年龄可大概分为若干阶段，如儿童期（0～12岁）、少年期（12～18岁）、青年期（18～35岁）、中年期（35～60岁）、老年期（60以上）等。

这里，我们可以把儿童期分成两段，一是学前期（0～6岁），二是学龄期（6～12岁）。其中学前期又可以分成学前早期（0～3岁）和学前期（3～6岁），后者也称幼儿期。不同的年龄阶段有不同年龄特征和不同的需要。因此，要适合不同年龄阶段的人，教育必须分阶段进行。

广义的学前教育指的是对0～6岁年龄阶段的儿童所实施的教育，凡是能够影响儿童身体、认知、情感等方面发展的有目的的活动，如儿童在成人的照顾下学走路、学说话；在家长的指导下看电视、做家务、参加社会活动等，都可说是学前教育。

狭义的学前教育则特指专门开设的托幼机构中的教育。由于目前我国的学前教育机构多数从3岁开始收托，所以狭义的学前教育主要指的是学前教育机构中对3～6岁儿童的教育，也称幼儿教育或幼儿园教育。前面与0～3岁的教育衔接，后面与初等教育衔接，是一个人教育与发展的重要而特殊的阶段。"重要"指的是它是一个人发展奠基的时期，许多重要能力和个性品质在这个时期形成基本特点；"特殊"指的是这个阶段是儿童身心发展从最初的不定型到基本定型，转而可以开始按社会需求来学习并获得发展的过渡时期。幼儿园教育在我国是属于学校教育系统的，和学校教育一样，也具有家庭教育和社会教育所没有的优点，如计划性、系统性等。

二、学前教育的意义

这里所说的学前教育主要指的是托幼机构中的教育，也包含一些家庭教育和社会教育。对学前儿童进行教育的关键就是如何及早、不失时机地促成儿童在该年龄阶段的最佳发展。

我们把学前教育从父母抚养年幼子女的生活中分离出来，创设了专门的学前教育机构——幼儿园、托儿所等，为的是及早向儿童提供一种较优的教育环境与条件，促进他们的良好发展，从而完成社会赋予学前教育的任务。所以学前教育的意义包含两个方面，一方面是对个体发展的意义，一方面是对社会的意义。但在实际上这两方面的意义是不可分割的，对个体发展有意义就必然对社会有价值。

(一) 促进学前儿童在体、智、德、美诸方面的全面和谐发展

学前儿童生长发育迅速，身体形态结构没有定型，身体各器官系统尚未发育完善，幼儿园的教育可以合理安排儿童的营养保健和一日生活，科学地组织体育锻炼，培养儿童良好的生活卫生习惯，增强他们对疾病的抵抗能力和对环境的适应能力，由此帮助儿童身体的生长发育，提高他们的身体素质。

学前期是人的智力发展的关键时期，儿童具有极大的发展潜力，及早进行合理的教育指导可以取得事半功倍的效果。学前教师应在了解儿童身心发展规律的前提下，有计划、有组织地引导儿童的学习与发展，为儿童的终生发展打下良好的基础。

学前期是人的个性品质初步形成的时期，放任自流可能会养成儿童个性和行为习惯上的缺陷，而良好的教育可以帮助儿童形成良好的行为习惯、个性特征和意志品质，提高个体的文明素养，同时也有益于社会的文明建设。

学前教育还可以培养儿童的美感，发展他们的想象力和创造性。学前期是想象力和创造性发展的重要时期，及早在这方面给儿童以正确的教育指导和培养可以发展儿童的想象力和创造性，促进儿童健康人格和情感的形成。

总之，学前教育可以促进儿童身心的全面和谐发展。这个全面发展可以说是体、智、德、美几方面的发展，也可以说是身体、认识能力、情感和社会性等方面的发展。早期的教育可以为个人终生发展打下良好的基础，因而也为全民素质的提高做出了贡献。

（二）帮助儿童适应学校生活，为入小学学习做好准备

学前教育作为入小学以前的教育，有责任帮助儿童为进入小学学习做好准备。儿童在幼儿园这个集体环境中学习粗浅的知识与技能，发展起基本的生活和学习能力，学习在集体中生活，与人交往的社会行为规范并形成学习兴趣和良好的学习习惯等，这些知识、能力和品质既能保证儿童身心健康发展，又能帮助儿童做好入学准备。

（三）减轻父母教养孩子的负担并改善处境不利儿童的状况

在现代社会，许多父母都是双职工，照顾幼小子女的时间和精力都有限。学前教育机构可以在观念和方法上影响年轻的父母，而且还可分担父母的教育责任，使母亲可以走出家庭参加工作，并且可以使在职母亲摆脱对孩子教育不力的问题。因为母亲照顾不过来，孩子交由无专业知识的保姆或老人代管，会产生一系列问题，而学前教育就可以解决这问题。

另外，还会有一部分儿童会因父母离婚、失业、犯罪等，而陷于处境不利，良好的学前教育可以帮助每个孩子健康成长，使每个个体能够按自身发展的潜力和可能性得到相应的发展，因而避免一些儿童由于家庭和周围环境的不利给发展带来缺憾，从而减少他们成人后带来的个人问题和社会问题。

小资料 2-1

美国教育家大卫·维卡特以处境不利的儿童为对象，研究早期补偿教育能否打破消极的贫穷循环（即童年的贫穷常常会导致学业失败，进而导致成年期的贫穷如失业、靠救济金生活、成为单身母亲以及吸毒犯罪等）。他在长达二十年的追踪研究中得出结论：早期补偿教育无论对个体还是对社会来说都有重要和积极的意义。与控制组的儿童相比较，参加早期补偿教育计划的儿童，其发展和受教育的程度均高于控制组，在学校的各项学业成绩和智力测验的成绩明显高于控制组。他们对学校的态度更积极，更愿意谈论学

校，用在家庭作业上的时间更长，在学校的表现令父母满意。在他们成人后，他们的月收入和结婚组成家庭的人数明显高于控制组，接受政府救济的人数、失业率和犯罪率也明显少于控制组，较成功地打破了贫穷的循环圈。通过综合评价各方面的效益，发现该早期补偿教育的投入和产出比是1：7.16，即在学前期每投入1美元，可对儿童以后的发展产生7美元多的效益。①

从这个研究可看出良好的早期教育对个体发展和对社会的积极的意义。总之，学前教育担负着保护儿童，教育儿童，促进他们身心全面和谐发展，协助家庭教育，为儿童做好入小学的准备等多方面的责任。从个体的角度来说，可帮助儿童顺利地成长发展，为其一生的发展打下良好的基础。从国家和社会的角度来说，让每一个儿童健康成长，可以提高社会新生一代的整体素质，为培养社会的有用人才做出贡献。

第二节 学前教育的产生和发展

一、学前教育的产生和早期发展

当人类从猿进化成人的时候，原始社会产生了。为了使人类社会能够生存延续，人类必须实现自身的生产、再生产。因此，抚养后代，保证幼小的孩子存活与生长的教育就随之产生了，这就是最初的学前教育。在原始社会初期，受群婚制的影响，原始人群中没有固定的家庭，孩子属于氏族内部公有，对儿童实行的是氏族内部的公共教育。到原始社会末期，儿童归小家庭所有，教育逐渐变成了家庭的事。随着社会的进步，关于教育的思考和实践

---

① 参见刘焱著：《幼儿教育概论》，中国劳动社会保障出版社1999年第1版，第22页。

也不断进步。

(一) 中国古代早期教育的思想与实践

通常人们认为儿童的早期教育最先是在西方受到重视和研究,以后逐渐在世界范围内展开的。其实中国古代对于儿童的早期教育有着深入的思考和实践。

1. 胎教

在现代,人们已经了解到在胎儿时期,外界的刺激也会影响孩子,如刺激性的音乐,母亲的不良情绪会使胎儿不安和躁动,导致胎儿早产,出生后消化功能紊乱等问题。

中国古代的学者很早就注意到胎教的问题,从先秦开始出现有关论述,正式出现胎教二字是在汉代。汉代学者贾谊认为胎教之道应该"书之玉版,藏之金匮,置之宗庙,以为后世戒。"① 后有人在《三字经·训诂》中总结胎教要领,告诫要做母亲的人:"目不视恶色,耳不听淫声,不出乱言、不食邪味,尝行忠孝友爱慈良之事,往往生子聪明,才智贤德过人。"②

2. 儿童心理

古代中国人对儿童的心理特征也有一定的研究。明代著名学者王守仁(1472—1529)就说过:"大抵童子之情,乐嬉游而惮拘检,舒畅之则调达,摧挠之则衰萎。今教童子,必使其趋向鼓舞,心中喜悦,则其进自不能已。譬如时雨春风,霑被卉木,莫不萌动发越,自然月久。③这个观点和现代提倡对孩子多鼓励,多赞许的快乐教育可说是有异曲同工之妙。

---

① 参见李沈阳:《论汉代的胎教》,载于《咸阳师范学院学报》2009 年 9 月,第 24 卷,第五期。
②③ 参见黄人颂编:《学前教育理论参考资料》上册,人民教育出版社 1991 年 2 月第 1 版,第 3 页。

3. 重视早期教育

中国古代的人们早就发现教育孩子要及早开始。南北朝时期的学者颜之推（531—约595），在《颜氏家训》一书中对此有明确的论述。他认为家庭教育应该从胎教开始，无力实施胎教在孩子出生后，教育也要及早进行："当及婴稚，识人颜色，知人喜怒，便加教诲。""人生小幼，精神专利，长成已后，思虑散逸，固须早教，勿失机也。"早期教育要注重培养儿童良好的行为习惯，包括接受父母教育的习惯在内，能够"使为则为，使止则止"，这个基础打好了，以后就好教育了。

小资料2-2

《颜氏家训》教子篇（节选）

古者圣王，有"胎教"之法，怀子三月，出居别宫，目不邪视，耳不妄听，音声滋味，以礼节之。书之玉版，藏诸金匮。生子咳提，师保固明孝仁礼义，导习之矣。凡庶纵不能尔，当及婴稚，识人颜色，知人喜怒，便加教诲，使为则为，使止则止，比及数岁，可省笞罚。父母威严而有慈，则子女畏慎而生孝矣。

吾见世间无教而有爱，每不能然，饮食运为，恣其所欲，宜诫翻奖，应呵反笑，至有识知，谓法当尔。骄慢已习，方复制之，捶挞至死而无威，忿怒日隆而增怨，逮于成长，终为败德。孔子云："少成若天性，习惯如自然。"是也。

（二）古代西方国家早期教育的思想和实践

西方国家在奴隶社会和封建社会，早期教育主要在家里施行。但是不少学者对早期教育也有很多的思考和研究。

1. 重视早期教育

古希腊学者柏拉图（Plato，公元前427—前347）是著名的哲学家，公元前387年，他创办了一个学园，取名阿加德米学园，后称希腊学园。在这里讲学一直到去世。柏拉图的著作较多，其教育思想主要反映在《理想国》和《法律篇》中。

关于学前教育，他认为儿童在3岁以前，由女仆专职负责饮食起居；教育则由国家最优秀的公民来监督实施。3～6岁的儿童要集中到神庙的儿童游戏场上，由国家选派公民监督教育，饮食起居由女奴负责。教育内容主要是讲故事、做游戏、学音乐等。柏拉图对儿童教育很重视，认为讲给儿童的故事要经过挑选，剔除不健康的，选择那些能激发儿童勇敢、正义和高尚品德的故事。在组织游戏时，方式和内容要有精心的安排，不要经常变化，否则会影响其成人时对国家和法律的忠诚。

2. 提出教育科目和儿童教育年龄段划分

古希腊学者亚里士多德（Aristotélēs，公元前384—前322）是柏拉图的学生，其著作涉及道德、美学、逻辑、科学、政治、玄学等多个方面，和柏拉图、苏格拉底（柏拉图的老师）一起被誉为西方哲学的奠基者。

亚里士多德认为人有三种灵魂：理性灵魂、非理性灵魂和植物性灵魂。理性灵魂主要表现在思维、理解、判断等方面，是灵魂的理智部分，又称为理智灵魂，是最高级的灵魂。非理性灵魂主要表现在本能、情感、欲望等方面，是灵魂的动物部分，又称为动物灵魂。植物灵魂主要体现在有机体生长、营养、发育等生理方面，是灵魂的植物部分。人人都具备这三种灵魂，且从出生到成人依次呈现。即儿童出生前后主要是身体的发育、生长，到了稍大一点时就表现出他的本能需求及情感需要，到了成人时才有思维、理解、判断等能力的出现。

在教育上，亚里士多德根据他的灵魂论把教育划分为三个组成部分：体育、德育、智育。其中体育是基础、智育是最终的目的。他认为，要使人的灵魂得到健康的完善的发展，必须使人在不同阶段得到恰当的教育和训练。

亚里士多德不仅最早明确地提出了体育、德育和智育的划分，而且也是最早根据儿童身心发展的特点提出按年龄划分教育阶段的主张。他把一个人的教育阶段按每七年为一个阶段来划分。0～7岁为第一阶段，以体育训练为主；7～14岁为第二个阶段，以德育为主；14～21岁为第三个阶段，以理智培养为主。在0～7岁时，父母应特别重视对幼儿的抚养，要吃含乳份最多的食物。5岁以前，孩子的活动以游戏为主，应保护孩子的四肢，使其健康成长，要经得起适当的锻炼，多进行户外活动，还应对幼儿讲述一些健康有益的故事。7岁时，孩子应到国家办的学校里接受专门的系统的教育，一直到14岁为止。这个时期主要培养孩子的道德情感，应对其实施和谐的教育。主要教育内容有：体育锻炼、音乐和道德训练。

二、西方国家学前教育在近现代的发展

（一）初步建立早期教育理论

捷克教育家夸美纽斯（Johann Amos Comenius 1592—1670）是泛智教育思想的代表人物。主要著作有《大教学论》《世界图解》《母育学校》等。

1632年，夸美纽斯出版了《母育学校》一书，在人类史上首次制定了6岁以下儿童详细的教育大纲。夸美纽斯认为，家庭是儿童的第一所学校，家庭教育是学校教育的初步阶段，父母是儿童们的第一任老师，特别是母亲对孩子的教育负有特殊的责任和义务。

在《母育学校》里，夸美纽斯提出教育内容应由简到繁，从感觉（看、

听、尝、触）训练到宗教信仰的培养，形成梯度，循序渐进；教育方法应简单灵活，易于操作。他对儿童的道德培养极为重视，内容有 12 项之多，由饮食起居一直到宗教礼仪。

（二）初创学前教育机构

到了资本主义社会，妇女走出家庭进工厂，而不能在家养育孩子，于是造成了儿童教育的严重问题。创办学前教育机构以收容、教养工人的孩子的需求被提了出来。学前教育机构就首先在欧洲诞生了。英国空想社会主义者——欧文（Robert Owen，1771—1858）1816 年创办的"幼儿学校"（后改名为"性格形成学园"）。他把 1～6 岁的儿童组织起来，进行集体

保育和教育，在当时社会上引起了巨大反响。此后，各种类型托幼机构在世界各地相继建立，发展到今天，已经从慈善性质的社会福利机构成为一种受到重视的教育机构。

从上面的叙述可见，学前教育的发展是和社会生产力发展水平紧密联系的，是受到社会政治、经济制约的。可以说，没有大工业生产就没有学前教育机构的产生，儿童社会教育机构是近代大工业生产的产物。

（三）世界上第一个幼儿园的诞生

德国教育家福禄培尔（Fredrich Froebel，1782—1852）被世界誉为"幼儿园之父"，是他创办了世界上第一所幼儿园。福禄培尔认为教育能发挥儿童内在的生命力，怀着这样的教育理念他在德国布兰肯堡创办了一个"保姆养成所"。为了使保姆们有实习的场所和对象，他集合了村里 40 名 6 岁以下的儿童，同时成立了一所"游戏与作业教育所"。1837 年 5 月的一天，福禄培尔在

村里的山丘上散步，站在山顶上向下遥望，看到金色的夕阳和树木上绿油油的新绿，他突然大叫："有了！就把它叫做儿童的花园（Kindergarten）吧！在这

个花园里，儿童不会受到压抑，他们可以得到自由的成长，而保姆就是施肥的园丁。"从此以后，福禄培尔把他的幼教机构正式命名为"幼儿园"。在他的幼儿园里，游戏是儿童的主要活动。儿童通过他特别设计的玩具——"恩物"来学习，并得到身体、语言、认识、想象力、创造力等多方面的发展。福禄培尔创建的幼儿园是第一所真正意义上的学前教育机构。1840年，幼儿园的名称正式公布于世，被全世界普遍采用，许多幼儿园很快在欧美各国建立起来。

（四）学前教育机构的发展

1. 学前教育机构数量的增加

进入20世纪以后，随着现代社会的飞速发展，特别是科学技术的发展，生产力大大提高，世界性的竞争加剧。各国为了多出人才，早出人才，普遍重视学前教育。学前教育的社会价值和教育价值开始为全社会所认识，从而使学前教育机构得到了前所未有的发展。随着现代化生产的发展，幼儿园数量增加很快，尤其是入小学前一年的教育，如法国、日本、美国、苏联等的幼儿园普及很快，入园率都在90％以上。不过，由于世界各国经济水平、教育政策、文化传统、生活习惯等不同，儿童入园率差别较大，幼儿园发展速度也不同。

2. 学前教育机构的多样化

为适应普及学前教育的需要，满足现代社会家长的各种需求，学前教育机构越来越多样化。由私人、国家、团体、企业、教会等开办了各种托幼机构，在结构、规模、教育目的、教育内容、教育方法等方面各不相同，各有特色，相互竞争，促进了学前教育机构向着形式多样化、功能多样化、组织多样化、教育多样化的方向发展，如除了全日制、半日制的机构之外，还有季节性、临时性的幼教设施。美国的假日儿童中心、蹦蹦跳跳室，英国的游戏小组等都是这种适应性很强的机构。办园目的上也五花八门，有实验性的、示范性的、家教性的、病残儿童诊断治疗的、训练某种技能的等。

（五）各种学前教育理论和方法不断涌现

在近现代西方的学前教育发展过程中，出现过许多有影响的教育家和心理学家，其中影响比较大的当数德国的福禄培尔，美国的杜威，意大利的蒙台梭利，瑞士的皮亚杰，苏联的维果茨基。他们的理论和研究不仅在本国流行，还流行于世界，不仅在当时流行，在现代也依然有一定的指导意义。

1. 福禄培尔的教育思想和方法

19世纪中叶，福禄培尔创办了世界上第一个幼儿园，而且创立了一整套学前教育理论和相应的教育方法、教材、玩具等。由于他的实践和理论建树，学前教育理论形成了独立的体系，学前教育也成了教育中的一个独立的领域。

福禄培尔认为儿童的行为是其内在生命形式的表现，是由内在的动机支配的。通过这些行为，儿童才可以成长发展。保育者的任务是帮助儿童除去阻碍生命发展的障碍，让自我得到发展。命令式的、强制的、干涉的教育方法对儿童的发展是不利的，而必须尊重儿童的自主性，重视儿童的自我活动。

福禄培尔是第一个阐明游戏教育价值的人。他认为儿童是通过游戏将内在的精神活动表现出来的，"游戏是生命的镜子"；强调游戏对儿童人格发展、智慧发展有重要意义，"游戏会产生喜悦、自由、满足，以及内在的平安、和谐"；游戏是儿童"起于快乐而终于智慧的学习"，"能自动自发、用心认真地玩到累了为止的孩子，将来必是个健壮、坚韧、能够牺牲、奉献的人"。他还认为游戏中玩具是必需的，儿童通过玩具"可直觉到不可观的世界"。他设计了一套专门供儿童操作摆弄的玩具，取名为"恩物"，意为"神恩赐之物"，其中包含一系列积木、木制的几何形板、小木棒、铜环以及针线、石笔和石板等，现在仍有很多幼儿园在使用[①]。

[①] 详见黄人颂主编《学前教育学》（第二版），人民教育出版社2009年8月第二版，第57—60页。

小资料 2-3

福禄培尔教具举例

恩物 1

用红、绿、青、黄、紫色的线织成网套，套着 6 个软球。福氏认为球是统一中的统一，是运动的象征，是无限的象征。球可以显示出"统一的中心和一切事物的一般表情。"它包含静与动，一般与特殊，既有各个方面，又

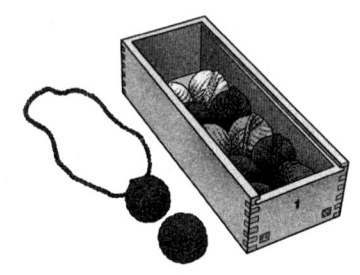

是单一的表面，既是能看到的，又是看不到的（它有见不到的轴心）。婴儿在学会说话之前就能用手把握一个球，熟悉球的外形和颜色，就能滚动它或跟着它跑，用眼睛观察它，并和其他颜色相比较，还可以将已学会唱的歌和玩球的游戏联系起来，或作为和其他儿童交往、建立相互关系的物品。如果用一根绳子把球悬吊起来，它还可以上下、左右甩动、旋转或挂在背后，让儿童猜是什么颜色的，做出各种各样的动作。将六个不同颜色的球堆在一起，又可组合成多种的形体。球可以使儿童表现出许多内心的思想、看法和愿望，并用以模仿在周围见到的无数事物。球既是儿童将内心的精神世界表露于外，也是模仿外部世界的工具。因此，是儿童非常喜爱的。

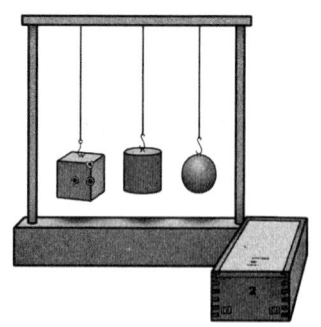

恩物 2

木制的小球体、立方体和圆柱体（球的直径、立方体的一边和圆柱的高都是相同的）。福氏认为球体是单一的表面，是圆的；立方体有角有边，和球体相反，它是静止的象征，也是多样中的统一的象征。立方体是统一的，但它的形式因观察的角度关系（如从顶上、侧边或棱边），

又成为多样的。立方体的平面形式和稳定性是球体的否定，圆柱体则是球体和立方体性质的混合。它在竖立时是稳定的，而在卧倒时又是可动的。儿童

利用这三种形体可以学到很多知识，做很多活动，如旋转、摇晃、滚动，并用不同的方式表现它们所有的特征。大一些的孩子通过观察、比较和描述，可以理解一些初步的力学定律。

恩物3

一个立方体，可以分成8个小立方体。福氏认为儿童可以借助于这种恩物获得关于整体和部分的概念。这种恩物是放在一个立方体的木盒子里面。在玩弄之前，首先将盒子倒放在桌上，慢慢将底部的盒盖

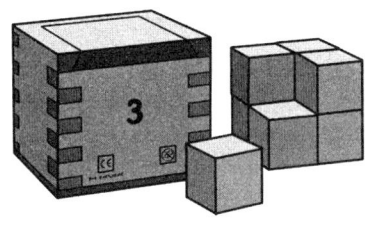

抽出，然后将盒子轻轻向上提起，使孩子能看到一个完整的大立方体。经过分解，出现了8个小立方体。幼小的孩子们对此是会感兴趣的。儿童可以在摆弄这种恩物时，发展自己的创造力，利用8个小立方体搭造各种东西，如立柱、城堡、拱形构造、城门、桥梁、塔等。福氏认为了解立方体的特征对于艺术、科学以及实际的生活都是头等重要的。

——引自百度文库

2. 杜威的教育思想和方法

杜威（John Dewey，1859—1952）是美国著名的哲学家和教育家，是美国进步主义教育理论的创始人。他在教育界最著名的观点就是"儿童中心论"和"做中学"。

杜威认为教育的本质和作用就是促使儿童"与生俱来"的能力得以生长，而不是强迫儿童去吸收外界的东西。他认为传统教育是以教师和教材为中心，对儿童进行强迫教育，忽视了儿童内在的成长发展需要。为此他提倡一场教育革命，把教育的中心转移到儿童方面来，就像哥白尼把天文学的中心从地球转向太阳一样。这样，儿童变成教育的中心，教育的措施围绕他们而组织起来。

杜威认为教育就是经验的不断改造，所以教育的任务不是给孩子传授知识，而是让孩子在活动中自己去获得经验，也就是在做中学，或者说在活动中学，按我们的说法就是在实践中学。

杜威当年提出的一整套新颖的教育思想和方法，对当时美国乃至世界的教育界产生了重大影响，引发了一系列的教育改革与实验。中国的学前教育专家陈鹤琴当年就是借鉴了他的教育思想，结合国内实际，对幼稚园的课程和教学进行了一系列的实验研究，设计出了"中心制课程"和"单元教学"。杜威的上述两个观点在现代来说，至少对儿童早期教育是颇有可取之处的。

3. 蒙台梭利的教育思想和方法

意大利教育家蒙台梭利（Maria Montessori，1870—1952）原是一名精神病学的医生，她在研究和治疗弱智儿童的实践中，取得了明显的效果。她认为：如果采取某种训练方法能使这些儿童（弱智儿童）达到正常儿童所能达到的学业水准，那么，在正常的儿童教育中一定有什么可怕的错误。她相信把自己的方法和经验用于正常儿童的教育一定会更有效，于是她就转向了正常儿童的教育，于1907年在罗马贫民区创办了一所  "儿童之家"。在那里，蒙台梭利采用了特殊的教育方法，进行了举世闻名的教育实验，创造了教育的奇迹。以她的名字命名的教育方法——蒙台梭利教学法传遍了全世界。蒙台梭利因此而被誉为20世纪初的"幼儿园改革家"。今天，世界各国都有蒙台梭利幼儿园，并用她的教育思想、方法、教具进行教育。蒙台梭利的教育方法强调儿童的自主活动、适宜的环境、作为观察者和指导者的教师以及一系列专门设计的、以儿童自己操作为主的教具。

蒙台梭利在教育过程中发现，儿童有强烈探索环境和周围一切的本能，这种生命的冲动促使儿童从生活中学习并发展自我。因此，她视教育为促进儿童内在力量自然发展的过程，强调儿童的自由活动，反对成人中心的教育，反对传统的班级统一教学，允许儿童个别学习。她认为自己的教学法就是要培养和保护儿童自身的学习积极性。

蒙台梭利认为,儿童的发展离开适宜的环境是不可能实现的。因此,教育就是给儿童创造一个好的学习环境。这个环境具有以下特点:①一个自由发展的环境,有助于儿童创造自我和自我实现;②一个有秩序的环境,儿童能在那里安静而有规律地生活;③一个生气勃勃的环境,儿童在那里充满生气、欢乐和爱意,毫不疲倦地生活,精神饱满地自由活动;④一个愉快的环境,几乎所有的东西都是为儿童设置的,适合于儿童的年龄特点,对儿童有极大吸引力。

在蒙台梭利教育中,教师不是传统的灌输知识的机器,而是一个环境的创设者、观察者和指导者。教师为儿童精心设计环境和学习材料,提供必要的发展手段,保证儿童能展开自由的学习。教师通过观察去发现儿童的个别差异,对儿童的不同需要做出恰当的反应,提供必要的帮助。

在蒙台梭利教育中,感觉教育是重要内容。她认为3~6岁是儿童身心迅速发展的时期,儿童的各种感觉处于敏感期,因此必须对儿童进行系统的和多方面的感官训练,使他们通过与外部世界的直接接触发展敏锐的感觉和观察力,为高级的智力活动和思维发展奠定基础。为此,她专门设计了一套教具,如用以辨别物体粗细、高矮的圆柱插板;用以辨别物体形状、大小的镶嵌板;辨别声音、音色的音筒;辨别味道、气味的瓶子;练习小肌肉活动的纽扣板等。这些教具的特点是:简单,儿童能自我纠正错误,教师容易掌握指导时机。儿童常常自由地选择教具,并专注地和独立地反复进行自我学习。

小资料2-4

蒙台梭利教具

蒙台梭利教具主要分6大领域,即感官教育教具、数学教育教具、语言教育教具、科学文化教育教具、日常生活教育教具及音乐教育教具。在蒙台梭利教具中，最经典的教具为感官教育教具，如圆柱插板、粉红塔、棕色梯、长短棒等。蒙台梭利教具最大的特点在于，孩子通过自主地操作教具，从中主动地获得大量感官经验及掌握不容易被理解的数理知识。蒙台梭利教具是依据孩子的年龄段而设计的，不同年龄段的孩子适用不同的教具。蒙台梭利教具具有如下特色。

1. 教具不选用五彩杂陈的色泽，以朴实、干净的色调为主。因为它具有教育意义，所以通常用单色调，突显真正的教育目标，也就是具有孤立的特性。例如，粉红塔的10块木头全部都是粉红色。

2. 由于教具的最重要目标，是为符合儿童的内在需要，所以在大小、尺寸上，只以儿童的能力为考虑范围，例如：粉红塔最大的一块，孩子也可以搬得动。

3. 每种教具都有能够吸引小孩子的因素，如粉红塔木头的重量、颜色，或者摇豆子筒时，豆子沙沙的声音。

4. 教具的设计，以供给一个人操作为主要考虑目标。

5. 每种教具的单独和联合使用都有其步骤和顺序才能完成。而且不管在设计上或者在使用方法上，都是由简单到复杂，其主要目的是培养孩子了解步骤，重视秩序，并间接地培养其"内在纪律"。

6. 每种教具都具有直接与间接的教育目的。

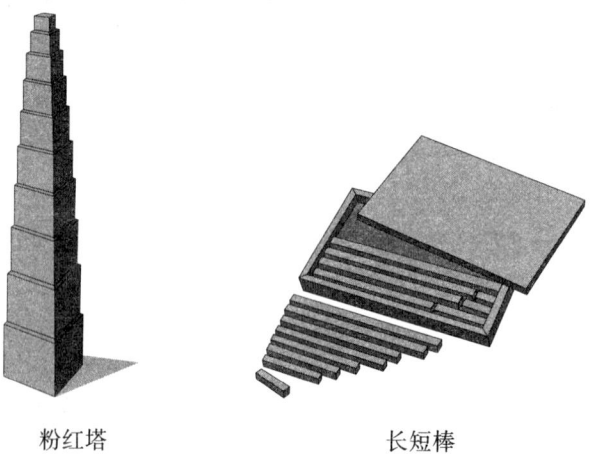

粉红塔　　　　　　　　长短棒

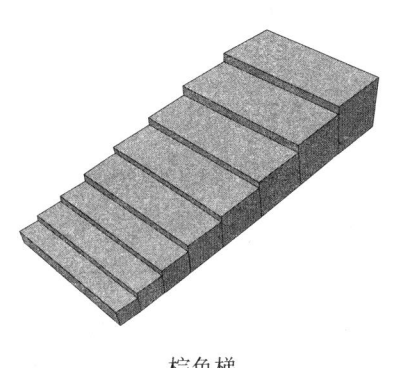 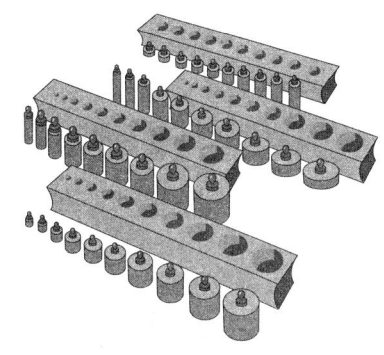

棕色梯　　　　　　　　圆柱插板

7. 在设计上，具有控制错误的特性，可以使儿童自行发现错误，并能自行改正。例如，粉红塔有 10 块，最小的一块是边长 1 厘米的立方体，最大的一块为边长 10 厘米的立方体，中间每块边长递增或递减 1 厘米。在堆完塔后小朋友可以拿起最小的那块，量一量各块之间的差距，他会发现恰好都是 1 厘米。

8. 由步骤、秩序中培养孩子的逻辑习性和推理的能力。

——引自百度百科

蒙台梭利的教育方法也受到不少批评，主要是指责她的教育偏重智能而较忽视儿童情感的陶冶，其感觉教育教具脱离儿童的实际生活，过于狭隘、呆板，操作法过于机械等。然而，尽管如此，蒙台梭利教育方法对世界学前教育的巨大贡献是不可否认的。她的理论的基本精神，特别是重视儿童身心发展特点，重视儿童的自主性和自我学习，重视环境的作用，以及她对教师作用的观点等，无论在蒙台梭利时代还是在今天，都具有不衰的生命力。

4. 皮亚杰的理论和研究

皮亚杰（Jean Piaget，1896—1980）是瑞士心理学家，日内瓦学派的创始人。主要著作有：《儿童的语言与思维》《儿童智慧的起源》《儿童心理学》《结构主义》《发生认识论导论》《教育科学与儿童心理学》等。

他创立的儿童认知发展理论对于现代学前教育产生了巨大的影响。他的研究改变了人们对儿童和儿童发展的认识，改变了人们对学前教育和学前课程的认识，影响到幼儿园的环境创设、教师的角色定位、教育活动的组织和实施以及对儿童发展的评价等各个方面。

皮亚杰依据结构主义的基本原理，提出儿童思维发展结构理论，其核心是"发生认识论"，主要研究儿童认识发展的过程和结构，涉及"图式、同化、顺应、平衡"四个基本概念。图式即人类认识事物的主观上的结构。皮亚杰认为图式是主体活动，包括外部动作和内部思维的功能和心理结构。如果行动是外显的运动行为，就叫做感知运动图式；如果行动是内化的，就叫做认知图式。

皮亚杰认为，主体对环境的适应，或主体图式在适应活动中的功能，包括"同化和顺应"。同化是个体把客观事物纳入原有图式中，会影响图式的生长和图式量的变化，但不会导致图式的质的改变。当个体不能把客观事物纳入主体的图式之中时，就产生了主体活动对环境能动适应的另一种形式——顺应。顺应是个体借助与新奇知识或观念的接触，促成已有结构、图式发生改变的过程。同化只是图式的量变，顺应能使图式发生质变。皮亚杰认为，同化和顺应两种机能活动之间存在着一定的稳定状态称为平衡。每当儿童碰到新事物会试用原有的图式去同化，若成功，便得到暂时的认识上的平衡；反之，则做出调节，调整原有图式或创立新图式去同化新事物，直到认识上达到平衡。在不断地同化、顺应和平衡的过程中，个体的图式不断发展、不断完善，智力从最初的感知活动逐步发展为高级理性思维活动，这就是认知结构的形成和发展的基本过程。

皮亚杰认为儿童最初的智力是外在和实践性的，以感官和动作为基本工具。儿童通过自己的动作和感官与外部事物相互作用，最简单的如吸吮、触摸、抓握、推拉等，建立起自己初步的认知结构，其后又在大量的活动中，通过同化和顺应，使这个认知结构不断发展变化，以后逐渐内化为内部的思维运演。

皮亚杰认为儿童在活动中获得两种经验，一种是关于客观事物特性的物理经验，如物体的软、硬，粗、细等特征；一种是逻辑数理经验，也就是动作经验，是儿童在操作摆弄具体实物的过程中达成的动作协调，就是从胡乱抓拿到会准确抓拿、分类、排列等。所以，儿童的认知能力不能是外部灌输的，只能从内部形成。教育必须致力于发展儿童的主动性，只有儿童自我发现的东西，才能积极地被同化。儿童只有具体地、自发地参与各种活动，才能获得真正的知识。逻辑数理知识的构成同样来自对客体的动作，仅凭听和读是不可能形成诸如数量、长度和面积等概念的。社会知识经验的构成也取决于儿童与他人之间的相互作用。

关于儿童教育，皮亚杰认为教育的主要目标就在于形成儿童的智力的和道德的推理能力，形成和发展儿童的认知结构，是教育的根本任务或最终目的。教育应配合儿童的认知发展顺序，符合儿童的年龄特征，要按照儿童的认知发展顺序编制课程。他认为儿童接受有关的知识，必须具备能同化它们的认知结构，否则事倍功半。教育的理想不是以传授最多的知识为唯一目的，而是以儿童学会学习并得以发展为正途。父母或教师的职责，不应放在加速儿童学习上，而应努力丰富儿童相应发展阶段的生活经验。皮亚杰还规定各个时期教育的重点：两岁以前只有感觉运动智力，教育者应多为他们提供各种有趣的物体，如玩具、模型等，供他们观察、摆弄。学前期为促进表象思维的发展，应注意选择具体形象的教材，如童话故事、图画等，为他们安排游戏活动。学前晚期，利用观察、测量、计算等活动，培养儿童掌握质量、容量、速度、时间、数量等初步科学概念。

在教学方法上，皮亚杰认为教师应为儿童提供合适的器材，供他们自由探究、实验。皮亚杰认为对于学前儿童来说，只有成功地把初步的阅读、计算等以游戏的方式进行，孩子才会热情地沉迷在其中，并获得真正有益的知识。教师要善于运用认知冲突，强调兴趣，重视儿童学习的内在动机。学习内容必须符合适度新奇的原则，不能太难或过易。要鼓励儿童间的交往，儿童只有与别人交流，才能知道自己对事物的看法并非唯一的见解，也才能认识到别人不一定要采取与自己一致的立场。因而激发辩论、讨论、推理和思考，从而有利于儿童养成批判性、客观性，摆脱自我中心状态。

小资料 2-5

知识来源于行动而不是来源于简单的联想反应。知识从深刻得多的意义上来讲，是把现实吸收到必然的和普遍的行动协调中去。认识一个对象就是对它采取行动，改变它，以便当那种转变的机制和转变活动本身联系起来发挥作用的时候来掌握这种转变的机制。所以认知就是把现实同化于转变的结构之中，而这些转变的结构就是作为行动的直接扩展的智力所构成的结构。①

5. 维果茨基的教育思想和方法

维果茨基（Lev Vygotsky，1896—1934），苏联心理学家，社会文化历史学派的创始人。维果茨基强调人的心理发展是受社会的文化历史发展的规律所制约的。从这一原理出发，维果茨基的"教学"概念分广义和狭义的两种。广义的教学，是指儿童通过活动

和交往掌握精神生产的手段，它带有自发的性质，而狭义的教学则是有目的、有计划进行的系统的交际形式，它"创造着"儿童的发展。

他把教学按不同发展阶段分为三种类型：3岁前儿童的教学为自发型的教学，儿童是按自身的大纲来学习的；学龄期儿童的教学则为反应型的教学，是一种按照社会的要求来进行的教学，以向教师学习为主要形式。而

---

① 【瑞士】让·皮亚杰著，傅统先译：《教育科学与儿童心理学》文化教育出版社 1981 年版，第 30 页。

3~6岁的学前儿童的教学处于第一种和第二种类型的教学之间，维果茨基将这种教学称为"自发—反应型"。教学对儿童来说开始变为可能，但其要求必须属于儿童自己的需要才可以被接受。维果茨基还提出，在学前教育阶段，自发型教学会向反应型教学逐渐过渡，随着儿童的年龄发展而不断发生变化，年龄较小会更趋向于自发型教学，但从总体上说，早期儿童在学习过程中能做的只是与他兴趣相符合的事情。

维果茨基认为，教学必须符合儿童的年龄特征，所以教学要遵循儿童的年龄特征，以儿童的年龄特征为中心而展开活动。幼儿园教学更应该如此，以了解儿童独特的学习心理和学习过程为基础。

维果茨基提出了三个重要的思想：一个是最近发展区；一个是教学应当走在发展的前面；一个是关于学习的最佳期限。

最近发展区。这是维果茨基为解决教学与智力发展的复杂关系而提出的。他想用这一概念解释为什么教学能够促进儿童的发展，以及要达到促进儿童发展的目的，教学应该具备的条件与要求。维果茨基给"最近发展区"下的定义是：在有指导的情况下借成人的帮助所达到的解决问题的水平与在独立活动中所达到的解决问题的水平之间的差异。

教学应当走在发展的前面。维果茨基认为教学要想对儿童的发展发挥主导和促进作用，就必须走在儿童发展的前面，为此，教师必须首先确立儿童发展的两种水平：一是儿童已经达到的发展水平，二是儿童可能达到的发展水平，即儿童在他人帮助下能够到达的发展水平。

维果茨基的这个观点是他对教学与发展关系问题的最主要的结论。教学应当走在发展的前面包含两层含义：第一，教学主导着或者说决定着儿童的智力发展。第二，教学创造着最近发展区，儿童的第一发展水平与第二发展水平之间的动力状态是由教学决定的。教学一方面应适应儿童的现有水平，但更重要的是发挥教学对发展的主导作用。

学习的最佳期限。维果茨基揭示了教学的本质特征不在于训练、强化业已形成的内部心理机能，而在于激发、形成目前还不存在的心理机能。关于如何发挥教学的最大作用，维果茨基强调了"学习的最佳期限"。一种教学必须以儿童的成熟和发育为前提，但更重要的是教学必须建立在正在开始形成的心理机能的基础上，走在心理机能形成的前面。

维果茨基注重社会文化对幼儿认知的影响。他认为，人类自初生的婴儿期开始，他就生长在一个属于人的社会里，以后随年龄成长，经儿童期、青少年以至成人，一直都不开人的社会。因此在幼儿园教学内容的选择和教学情景的创设中，我们必须要充分地了解儿童所赖以生存的社会文化是怎样的，并以此为基础来开展教学，才能达到促进儿童发展的目的，也才能启迪儿童的认知发展，否则将会导致幼儿园的教学背离儿童的生活和文化，不能有效地促进儿童的发展。

维果茨基理论和研究内涵丰富，影响深远，伴随着人们对其理论的重视和挖掘，将对教育教学产生更加深刻与巨大的影响。

三、我国学前教育在近现代的发展

（一）我国第一所幼儿园的诞生

我国自己创办的第一所学前教育机构是1903年在湖北武昌创办的湖北幼稚园（1904年清政府将其改名为武昌蒙养院）。当时民族危机深重，救亡图存的呼声响遍中国大地，一些先进人物纷纷向西方寻求救国的真理，西方的教育制度成为他们学习的重要内容。在戊戌维新运动的推动下，"效法西洋、倡办西学"成为潮流，对儿童实行"公教公养"的主张也随之被提了出来。为了满足民众变革的要求以维护封建统治，在兴办新式学堂的热潮中，清政府创办了"湖北幼稚园"。之后又在长沙、北京、上海相继成立了蒙养院。当时的这些学前教育机构多半抄袭日本的样式，显示出半封建半殖民地教育的特点。

（二）幼稚园制度的确立和幼稚园课程标准的颁布[①]

1922年11月，政府颁布《学校系统改革令》，又称壬戌学制，在此学

---

① 参见唐淑主编《学前教育史》，人民教育出版社2007年8月第1版，第82页。

制中将蒙养院改为幼稚园，正式列入学制系统，收受 6 岁以下的儿童。此后各省市的幼稚园不断建立，比较著名的有江西省立第一女子师范附设的幼稚园，陈鹤琴在南京建立的鼓楼幼稚园，陶行知建立的农村幼稚园等。

新学制颁布后，全国的学前教育有了一定的发展，但是没有统一的要求和标准，很难规范幼稚园的发展。在 1928 年 10 月，当时的教育部聘请有关专家 11 人，由陈鹤琴与胡叔异负责拟订全国统一的幼稚园课程标准。草案完成后，1929 年 9 月教育部发给各省市作为暂行标准试验推行，此后收集各方的意见对标准加以修改，并于 1932 年 10 月正式颁布使用。

(三) 出现一些有影响的学前教育家和教育思想

在旧中国，内忧外患，民不聊生。有一些仁人志士怀着教育救国的热情开始着手创办中国人自己的学前教育机构。他们亲历亲为，尽心尽力，为我国早期学前教育的发展做出了一份贡献。比较著名的有张雪门、陶行知、陈鹤琴等。

1. 张雪门

张雪门（1891—1973）在 20 世纪三四十年代曾与陈鹤琴并称为"南陈北张"，对我国的学前教育发展有着重大的影响。

张雪门早年在小学当校长，因不满一些外国人办的托幼机构对孩子的教养方式，1918 年在宁波创办了星荫幼稚园，1924 年编译出版了《福禄培尔母亲游戏辑要》和《蒙台梭利及其教育》，并出版了专著《幼稚园研究》等书，对学前教育的发展起了推动作用。

1933 年张雪门拟订了《中国北方幼稚园课程大纲》，1934 年在北京郊区创办"乡村教育实验区"，区内有幼稚园、儿童工学团、青年工学团等。七七事变以后，张雪门将北平幼稚师范学校迁到桂林，创办了广西幼稚师范学校，培养了大批幼教师资，促进了广西学前教育事业的发展。1946 年，张雪门应邀到台湾主持开办儿童保育院并任院长。此后一直留在台湾从事幼教工作，编写出版了诸如《幼稚教育》《幼稚园课程活动中心》《幼稚园行为课程》等十余本学前教育专著，为学前教育理论的建设做出了积极贡献。

2. 陶行知

陶行知（1891—1946）是我国伟大的人民教育家。在教育救国的思想影响下，他毕生从事旧教育的改革，推行生活教育、大众教育，为我国教育做出了重大贡献。在教育实践中，他创立了生活教育理论和教、学、做合一的教育方法。

陶行知猛烈地批判旧中国学前教育，认为其有三大弊病：一是外国病，二是花钱病，三是富贵病，应当加以改革，建立适合中国国情的、省钱的、平民的幼稚园。他积极宣传中国学前教育的新的发展方向，认为工厂、农村是幼稚园的新大陆。特别难能可贵的是，身为留美归来的大学教授，他身体力行地积极推行平民的、乡村的教育，在南京郊区首创了中国第一所乡村幼儿园——南京燕子矶幼稚园，还创建了乡村儿童师范教育，农村幼教研究会等。

陶行知认为生活即教育，游戏即工作。他提出以幼稚园周围的社会生活、自然现象、家乡生产、风土人情为内容编写教材，以儿童足力所能及的地方为教室，以儿童所能接触到的事物为主要内容，组织儿童参加种植、饲养等劳动，让儿童从中学习，自己解决问题，自己组织游戏，培养出"生龙活虎的体魄、活活泼泼的心灵的儿童来"。

陶行知认为教育要启发、解放儿童的创造力，为他们提供手脑并用的条件和机会。具体包括五个方面：①解放儿童的头脑，把他们的头脑从迷信、成见、曲解和幻想中解放出来；②解放儿童的双手，给儿童动手的机会；③解放儿童的嘴，给儿童说话的自由，尤其是要允许他们发问；④解放儿童的空间，让他们接触大自然、大社会；⑤解放儿童的时间，给他们自己学习、活动的时间，给他们一些空闲时间消化所学知识，学一点他们自己渴望要学的学问，做一点他们自己高兴要做的事。陶行知的学前教育思想在今天仍然具有极大的现实意义。

3. 陈鹤琴

陈鹤琴（1892—1982）是我国著名的学前教育家。他于1923年创办了我国最早的学前教育实验中心——南京鼓楼幼稚园，创立了"活教育"理论，一生致力于探索中国化、平民化、科学化的学前教育道路。他还开创了我国儿童心理的研究工作，是我国最早以观察实验法研究儿童心理发展的学者之一。他先后在江西和上海创办省立、国立实验幼师和幼专，为我国学前教育师资培养事业做出了不可磨灭的贡献。他的学前教育理论和实践对我国学前教育的发展有重要的推动作用。

陈鹤琴反对埋没人性的、读死书的死教育。在抗战时代，他抱着实验新教育的使命，创建了活教育。其教育的三大目标是——①做人、做中国人、做现代中国人；②做中教、做中学、做中求进步；③大自然、大社会是我们的活教材。陈鹤琴的活教育体系对中国学前教育的各方面产生了重大而深远的影响。

陈鹤琴认为在幼稚园必须是儿童"自动的学习、自发的学习"，自己去动手用脑获得知识，教师必须尊重儿童的自主性，不能搞传统的注入式，消极地管束儿童，以培养那种身体健康、能建设、能创造、能合作、能服务的"现代中国人"。

陈鹤琴提出活教育的17条原则，如"凡儿童能做的，让他自己做；凡儿童能想的，让他自己想"等，体现了尊重儿童的主体性，重视儿童动手动脑，重视直接经验的价值等思想，奠定了学前教育原则的基础。

陈鹤琴认为"应当把幼稚园的课程打成一片，成为有系统的组织。"虽然他把课程内容划分为：健康活动、社会活动、科学活动、艺术活动、文学活动等五项，但这五种活动是一个整体，如人的手指与手掌，手指只是手掌的一部分，其骨肉相连，血脉相通，因此被称为"五指活动"。陈鹤琴先生丰富的学前教育思想和实践对我们今天从事学前教育仍有指导的意义。

（四）老解放区的学前教育实践

当时，在中国共产党领导下的农村革命根据地、抗日民主根据地和解放区里，出现了一批适应战争环境和解放区、根据地政治经济特点的各种类型的托幼组织，如边区儿童保育院和托儿所等，成长了一支新型的保教人员队伍，为我国学前教育事业的发展积累了宝贵经验，为以后新中国的社会主义学前教育事业奠定了良好基础。

（五）新中国建立后学前教育的发展

1. 建国初30年学前教育的发展

1949年10月，中华人民共和国成立了。教育权收归国有，学前教育也以老解放区教育经验为基础，借鉴苏联经验，进行了整顿、改造和发展。首先，在办园方向上，旧型幼儿园逐渐转为向工农子女开门，为国家建设服务，让普通劳动人民的子女成为幼儿园的受教育者。幼儿园在教育儿童的同时，极大地解放了妇女劳动力，成为支援国家建设，为工农服务不可缺少的一支力量。其次，在教育思想上，新中国学前教育改革旧的教育思想、内容和方法，批判旧教育中存在的封建、买办、崇洋的思想，废除了宗教色彩的内容与活动，学习苏联先进的学前教育理论和经验，为建立新教育打下了基础。另外，在教育目标上，提出新中国的幼儿园要遵循党的教育方针，对儿童进行初步的体、智、德、美全面发展教育，使儿童的身心"在入小学前获得健全的发育"[①]。在这一目标指导下，幼儿园具体的教养目标、各年龄班的教育任务等也都重新进行了规定。国家陆续颁发了《幼儿园暂行规程草案》《师范学校教育系幼儿教育专业暂行教学计划》《幼儿园幼儿作息制度和各项活动的规定》，规范和促进学前教育的发展。

随着我国社会主义建设的深入，学前教育虽然有起有伏，但总体是向前发展的，一是突出学前教育的双重任务（教育与福利），解决父母参与国家建设的后顾之忧，二是坚持两条腿走路的发展方针，出现了大量企事业单位办园。从1949年到1966年之间的17年中，幼儿园数量大增，幼儿园教师

---

① 见政务院1951年颁发的《关于改革学制的决定》。

队伍也基本建立起来，学前教育的各项规章制度大体确立，一个社会主义学前教育的新体系基本形成。不过在发展中因为经验不足，也走过不少弯路。如学习苏联的经验时，犯了生搬硬套的错误；批判旧教育思想时，把合理的部分也一起否定了；1958年的大跃进中急躁冒进，盲目发展幼儿园，造成幼儿园的数量大起大落等。1966年到1976的10年"文化大革命"时期，学前教育被"左"的路线统治，教育、教学完全陷入混乱。1976年10月，党中央拨乱反正，掀开了我国历史的新篇章。我国学前教育在经过了这一严峻的考验之后，也以更成熟、更坚定的步伐，开始进入新的发展历程。

2. 改革开放以来学前教育的发展

1978年，党的十一届三中全会召开，我国社会主义建设进入了崭新的历史阶段。随着经济的持续发展和改革开放，学前教育机构的发展也出现了重大变化，主要表现在以下几方面。

（1）多形式、多渠道发展。受到人口与经济两大因素的制约，我国学前教育要满足人民的需要显然不能仅仅依靠国家，也不能仅仅依靠正规的学前教育机构。随着我国经济改革的深入，学前教育机构的发展从计划经济下的单一办园模式中解放出来，路子越走越宽，使入园儿童大大增加，其发展趋势是：由国家、企业、机关办，转向各种社会力量办，特别是农村、个人、法人团体等积极办园；灵活多样的非正规学前教育形式的作用日益增大，如在河北、内蒙古、甘肃、贵州等省区出现的儿童活动站、游戏小组、巡回辅导班、草原流动幼儿园、"大篷车"流动服务组等，在动员家庭、社区、传播媒介参与学前教育上，显示出越来越强的生命力。鉴于企事业单位幼儿园的减少，私立幼儿园的增加，幼儿园教育不再强调福利性，开始转而强调公益性。

（2）走上规范化、法制化的轨道。为恢复和发展学前教育，首先恢复建立了从中央到地方的各级学前教育领导机构，提出学前教育重在提高教育质量和增加普惠性。其后，教育部制定颁发了一系列拨乱反正的文件，如《城市幼儿园工作条例》（1979），《幼儿园教育纲要（试行）》（1981），《关于进一步办好幼儿学前班的意见》(1986)等，使广大学前教育工作者重新明确了学前教育的方向。1989年6月，国家教育委员会为了加强幼儿园的科学管理，提高保育和教育质量，制定颁发了《幼儿园工作规程（试行草案）》（以下简称《规程》），并于1996年6月正式施行。《规程》在总结我国学前教育已有成果的基础上，进一步拉开了改革的帷幕。它不仅明确地规定了幼儿园的保教目标、任务，而且用专门的章节对学前教育从原则到活动的组织，教育的形式、方法等做了规定，推进了我国学前教育的科学化、规范化。1989年8月，为了加强幼儿园的管理，促进学前教育事业的发展，经国务院批准，国家教育委员会颁布了《幼儿园管理条例》，这是新中国成立以来，经国务院批准颁发的第一个学前教育法规。该条例用法规的形式规定了幼儿园的任务、管理以及保育教育工作，并明确了各级地方政府在幼儿园的发展、管理等方面的责任。2001年7月，教育部颁发了新制定的《幼儿园教育指导纲要（试行）》，（以下简称《纲要》）为新世纪我国的学前教育发展指出了新的方向，提出了新的要求。这些文件的颁布，使我国学前教育管理从此跨入了规范化、法制化轨道。

（3）规范与发展并举的新阶段。从新世纪开始以来，我国的学前教育比改革开放前30年有了长足的进步。在城市或富裕的村镇，出现了很多很大很漂亮的幼儿园，教师的学历水平也明显提高，不仅有幼师的毕业生，还有大专毕业、本科毕业，甚至是研究生毕业的教师。由于国际交流的增加，各种各样的教育思想和新的课程模式被引进国内，通过多种形式的培训、交流，这些思想和模式迅速传播，在全国各地的幼儿园中生根开花，并带动学前教育的发展走上一个新台阶。在许多办得好的幼儿园中，孩子获得了良好的发展，但是问题和隐忧依然存在。比如：幼儿园的办园水平参差不齐的问题；入托难、收费高的问题；一些幼儿园只注重教学形式，忽略教育保育实效的问题；学前教师收入低，压力大的问题等。这些问题都制约着学前教育未来的发展。

近几年来，儿童入托难的问题变得比较明显。因为国家经济发展较快，城市化的步伐也加快了，人们对高质量学前教育的需求日益增加，许多年轻的父母都追求让孩子上好的幼儿园。所谓好的幼儿园就是既规范又不太贵的公立幼儿园。因为学前教育不是义务教育，公立幼儿园远不能覆盖所有的适龄儿童，于是矛盾逐渐尖锐起来。

2010年国务院颁发了《国家中长期教育改革与发展规划纲要（2010—2020年）》，把学前教育的发展放在突出位置，提出2020年全面普及学前一年教育，基本普及学前两年教育，有条件的地区普及学前三年教育。根据这个纲要的精神，全国各地的教育部门都在重新制定本地的学前教育发展规划，大力增加公办园。据报道，北京市近年将投入3000万元，扩建300个学前班；投入6000万元，改扩建30所幼儿园，这两项措施将增加学位近2万个，一定程度上缓解现有的入园压力。全市在近年内，将建设118所公立幼儿园，而且这些幼儿园的收费水平合理，可以满足一般的工薪收入阶层的孩子入园、入托的需要。江苏省则从2011年开始，全省所有新开办的幼儿园都必须按照省级优质园的标准进行建设，到2012年全省确保以乡镇一级为单位，至少开办一所达到省级优质标准的公办中心幼儿园。全省将推进"公办园建设为主、民办园为辅"的学前教育发展，用3到5年时间，基本解决群众反应最强烈的学前教育"入园难""入园贵"问题。

为了深入贯彻《国家中长期教育改革与发展规划纲要（2010—2020年）》和《国务院关于当前发展学前教育的若干意见》（国发［2010］41号），2012年教育部颁发了《3—6岁儿童学习与发展指南》（以下简称《指南》）。《指南》以儿童的后继学习与终身发展为目标，以促进儿童体、智、德、美各方面的协调发展为核心，通过提出3～6岁各年龄阶段儿童学习与发展目标和相应的教育建议，帮助教师和家长了解3～6岁儿童学习和发展的基本规律和特点，建立对儿童发展的合理期望，实施科学的保育和教育，让儿童度过快乐而有意义的童年。《指南》的颁发，对于规范目前快速发展的学前教育，提高幼儿园教师的专业素质和保教工作质量有重要的意义。

回顾学前教育发展的历史，可以发现，学前教育的产生、发展和变化是与社会政治、经济和文化的发展紧密联系在一起的。随着社会的进步，学前教育也将不断地进步，作为幼教工作者，需要不断地研究新情况，解决新问题，以推进学前教育的发展。

> **思考与练习**
>
> 一、判断下列各题的正误
> 1. 在近代社会，学前教育才从普通教育中分离出来。
> 2. 自从有了人类社会，便有了学前教育。
> 3. 福禄培尔创办的幼儿园是世界上第一所儿童社会教育机构。
> 4. 教育，无论从广义还是狭义上理解，都是一种有目的的活动。
>
> 二、联系实际谈谈学前教育对社会、对个人的意义。
>
> 三、有的家长说："我的孩子从没上过幼儿园，也发展得很好。"请谈谈你的看法。
>
> 四、到图书馆或网上查找本章介绍的有关教育家的资料，在讨论会上重点介绍其中一位的学前教育思想及其对我国学前教育的影响。

第三章 我国学前教育的目标、任务和原则

学习目标

1. 理解教育目的和学前儿童全面发展教育。
2. 认识学前教育目标和任务。
3. 理解并掌握学前教育机构的教育原则。

本章提要

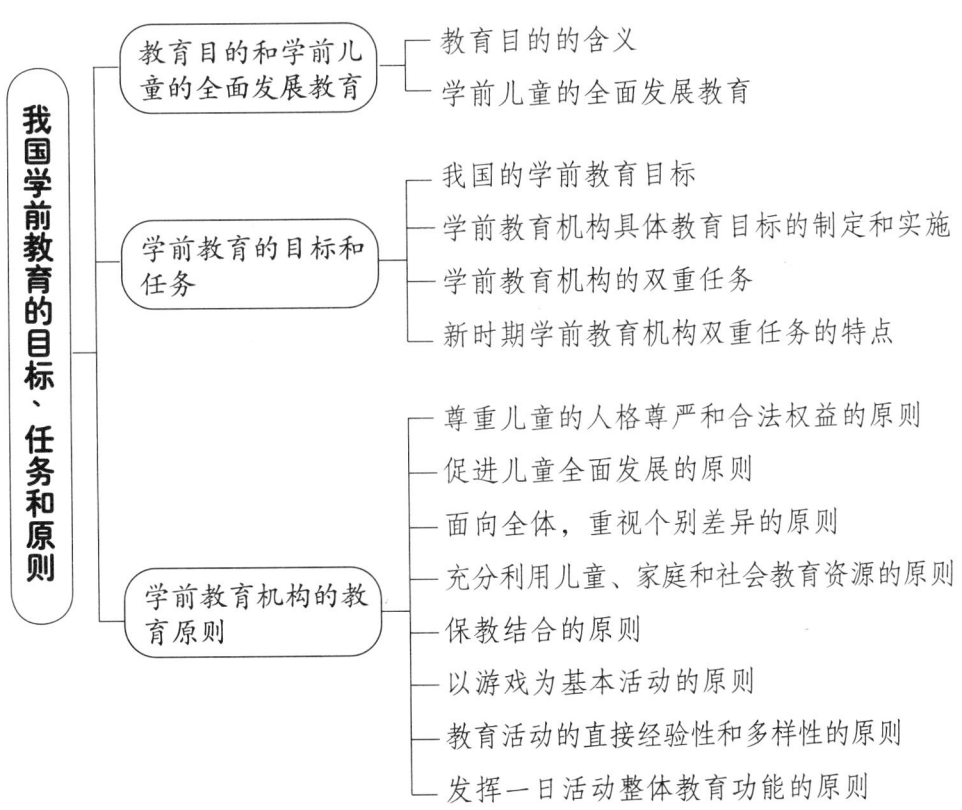

教育目标、任务和原则是学前教育理论和实践中的重要问题。学习理解它们的深刻涵义，认识它们与学前教育工作的关系，将有助于我们真正懂得学前教育的规律，朝着教育目标，自觉地按教育原则规范自己的教育行为，以期较好地完成幼儿园的教育任务。

第一节　教育目的与学前儿童的全面发展教育

教育目的是教育的根本问题。要把受教育者培养成什么样的人，在教育活动开始之前，就应清晰地存在于教师的头脑中。教师从事的一切教育活动都是为了实现这个目的。

一、教育目的的含义

教育目的是国家对新生一代的教育所要培养人才的质量和规格的总设想或规定。一切教育活动，都是直接或间接地为达到一定的教育目的而展开的。在进行教育之先，人们对于要把受教育者培养成什么样的人，已经在观念上有了某种预期的结果或理想的形象。人们所以进行教育活动就是要促使受教育者的身心发生预期的变化，形成他们的个性，使他们成长为合乎社会要求的人。这种预期的结果或理想的形象，就是我们所说的教育目的。

教育目的一般由两部分组成：

①就教育所要培养出的人的身心素质，如德、智、体等方面做出规定，规定了其身心发展的方向、内容和所要达到的水平；

②就教育所要培养出的人的社会价值做出规定，如受教育者所要承担和发挥的社会功能。

教育目的具有社会制约性。在不同的国家和社会历史发展的不同阶段，其教育目的是各不相同的。自新中国建立以来，我国的教育目的主要依据马克思主义关于培养全面发展的人的理论提出来的，有多次不同的表述。1957年，毛泽东同志在《关于正确处理人民内部矛盾的问题》中提出："我们的教育方针，应该使受教育者在德育、智育、体育几方面都得到发展，成为有社会主义觉悟的、有文化的劳动者。"1958年，中共中央国务院在《关于教育工作的指示》中，明确指出："教育的目的是培养有社会主义觉悟的，有文化的劳动者。"

1980年，邓小平同志提出：要培养出一代"有共产主义理想、有道德、有知识、有体力，立志为人民做贡献，为祖国做贡献，为人类做贡献"的新人。1981年，在《关于建国以来党的若干历史问题的决议》中提出："坚持德、智、体全面发展，又红又专，知识分子与工人、农民相结合，脑力劳动和体力劳动相结合的教育方针。"1985年在《中共中央关于教育体制改革的决定》中提出要造就大批的合格人才，"这些人才，都应该有理想，有道德、有文化、有纪律，热爱社会主义祖国和社会主义事业，具有为国家富强和人民富裕而艰苦奋斗的献身精神，都应该不断追求新知，具有实事求是、独立思考、勇于创造的科学精神。"

1995年颁布的《中华人民共和国教育法》规定，我国的教育目的是："教育必须为社会主义现代化建设服务，必须与生产劳动相结合，培养德、智、体等方面全面发展的社会主义事业的建设者和接班人。"这一教育目的指出了我国社会主义现代化建设新时期教育对象的发展方向。

在1999年中共中央国务院颁布的《关于深化教育改革全面推进素质教育的决定》中对我国现阶段教育目的的表述是："全面贯彻党的教育方针，以提高民族素质为根本宗旨，以培养学生的创新精神和实践能力为重点，造就'有理想、有道德、有文化、有纪律'的、德智体美等全面发展的社会主义事业建设者和接班人。"这个表述综合了多种提法，把德智体全面发展改为德智体美全面发展，是我国现阶段一切教育活动的出发点和归宿。

二、学前儿童的全面发展教育

对于中小学生,教育目的一般提的是促进学生德、智、体、美全面发展。具体到学前儿童,根据学前教育的特点,变成体、智、德、美全面发展。把"体"放在第一位,是因为学前儿童身体比较脆弱,容易生病,缺乏自我防护能力,必须首先保障其生命的安全和身体的健康成长,才能开展其他教育活动。

(一) 全面发展教育的意义

全面发展教育是指学前教育机构采取符合儿童身心发展特点的方式、方法和手段,以促进儿童体、智、德、美诸方面全面和谐地发展为目的的活动。学前教育机构的全面发展教育关系到国家的未来与民族的兴旺发达。

从社会的角度来说,重视儿童体育有利于提高全民族的身体素质和劳动者的体能;重视儿童智育能在聪明才智方面为培养社会主义现代化的建设者和接班人打好基础;开展德育可使年轻一代具有正确的方向和积极进取的精神;开展美育能帮助儿童形成健全的人格,为提高全民族的素质打好基础。

从个体发展的角度来说,体育能促进儿童身体的正常生长发育,全面增强体质,并为儿童其他方面的发展奠定良好的物质基础;智育可以满足儿童认知发展的需要,促进儿童智力的发展,并为以后的学习打下良好的知识与能力基础;德育可以帮助儿童适应社会生活,促进个性健康发展;美育可陶冶儿童的心灵,促进其审美能力和创造性的发展。

体、智、德、美四育在人的全面发展教育中各自起着独特的作用,但它们是统一在个体身上的,所以,体、智、德、美任何一方面的发展都是与其他方面的发展相互促进、相互渗透、相互制约,不可分割的。体、智、德、美四育融合在一起,形成一种整体教育力量,促进儿童的全面和谐发展。

(二) 学前儿童体育

学前儿童体育是教育者遵循儿童身体生长发育的规律,运用科学的方法,以增强儿童的体质,促进儿童健康为目的组织的教育。

儿童是否健康,是从体质、体能、适应能力、心理因素等几个方面的表现来综合考察与评价的。发育良好的身体、愉快的情绪、强健的体质、协调的动作、良好的生活卫生习惯和基本生活能力是儿童身心健康的重要标志。

1. 学前儿童体育的目标

儿童生长发育迅速，但身体各部分器官与系统发育尚不成熟，对环境的适应能力和对疾病的抵抗能力较差；可塑性强但又缺乏独立生活能力和生活经验；活动的欲望强烈但自我保护的能力差。因此，学前儿童体育的目标是：保护儿童的生命与健康，促进其身体正常发育和机能的协调发展，增强其体质；培养儿童良好的生活卫生习惯；锻炼儿童身体，发展基本动作，培养其参加体育活动的兴趣。学前儿童体育以上三个方面的目标是有机联系的，必须全面完成，不能偏废。

2. 学前儿童体育的实施

学前教育机构的体育主要通过两方面工作进行。

（1）持之以恒做好卫生保健工作。学前教育机构应创设符合教育和安全卫生要求的物质环境；制定并执行合理的生活制度和卫生保健制度，保证儿童有规律地生活；提供合理均衡的营养；培养良好的生活卫生习惯，包括睡眠、饮食以及保持个人身体、服装及环境清洁的习惯等；加强安全教育，增强儿童自我保护意识，如了解交通规则、安全使用火、电、水的知识及使用各种物品和玩具的正确方法，教育儿童遵守各项活动的规则，如在马路上不乱跑、不爬窗等；创设温馨的人际环境和宽松、自由、愉快的生活氛围，让儿童充分感受到亲情和关爱，形成积极稳定的情绪情感。

（2）有目的、有计划地开展体育活动。合理安排儿童早操、体育教学、体育游戏、户外体育活动；有计划地开展走、跑、跳、投、攀登等基本动作练习，以及听口令做动作、简单的排队及队形变化等练习；增强儿童的体质，发展基本动作，培养勇敢、自信等优良品德和活泼开朗的性格。

儿童身心发育尚未成熟，需要成人的精心呵护与照顾。幼儿园不搞专门的技巧训练，不进行过量活动及需要耐力、爆发力的身体素质训练。但不宜过度保护和包办代替，注意专门的体育活动与日常活动相结合；锻炼与保护并重，注重儿童身体素质的提高；重视培养儿童对体育活动的兴趣和正确态度，为养成儿童自主运动、终身锻炼的习惯打基础。

（三）学前儿童智育

学前儿童智育是按照儿童认知发展的特点，有目的、有计划地增进儿童对周围环境的认识，获得粗浅的知识与技能，发展智力，并培养其学习和探索的兴趣和良好学习习惯的教育。

1. 学前儿童智育的目标

学前儿童智育的目标是建立在儿童学习特点与认知水平基础上的。学前儿童具有好问、好动、好模仿，喜欢听故事，直接兴趣占优势，兴趣不稳定，坚持性差，概括水平有限等特点。因此，根据学前教育总目标和儿童发展特点，《规程》将学前儿童智育目标规定为：发展儿童智力，培养正确运用感官和运用语言交往的基本能力，增进其对环境的认识，培养有益的兴趣和求知欲望，培养初步的动手能力。

2. 学前儿童智育的实施

学前儿童是在各种实践活动中主动学习，获得发展的。因此，幼儿园应将各种教育活动作为实施儿童智育的有效途径。

（1）提供多种实践活动机会，让儿童直接感受和体验，获得周围生活中有关事物与现象的直接经验和初步概念。儿童的学习内容是广泛的，玩沙、玩水、捉迷藏、洗手、如厕都是学习；儿童的学习方式是独特的，实践操作，模仿、感知、探索，在做中学，玩中学，生活中学，不断积累经验，逐步建构起自己的理解与认识。教师要珍视游戏和生活的独特价值，合理安排一日生活，最大限度支持和满足儿童通过直接感知，实践操作和亲身体验获取经验的需要。

（2）鼓励儿童主动学习。建构主义理论主张个体主动地自我建构，反对机械的外部灌输，认为儿童总是根据自己的兴趣、需要和已有经验，去选择、理解与解释来自外部环境的影响的。儿童只有通过自己的加工改造，才有可能将外部环境的影响，转化为促进自身发展的因素。儿童在活动中表现出的积极态度和主动性是终身学习与发展所必需的宝贵品质。教师应充分尊重和保护儿童的好奇心和学习兴趣，创造丰富的教育环境，解放儿童的嘴和手，鼓励儿童用语言、图画、表演等多种方式表达自己探索的感受，帮助儿童逐步养成积极主动、认真专注、不怕困难、敢于探究和尝试、乐于想象和创造等良好学习品质。单纯追求知识技能，小学化的教学和强化训练是短视而有害的。

（四）学前儿童德育

学前儿童德育是指根据学前儿童身心发展的特点和实际情况，按照社会的要求，有目的、有计划地对儿童施加教育影响，发展儿童的社会性与个性品质，使儿童逐渐适应社会的教育。

1. 学前儿童德育的目标

《规程》明确规定了学前儿童德育的目标："萌发幼儿爱家乡、爱祖国、爱集体、爱劳动、爱科学的情感，培养诚实、自信、好问、友爱、勇敢、爱护公物、克服困难、讲礼貌、守纪律等良好的品德行为和习惯，以及活泼、开朗的性格"。由此可以看出，学前儿童德育实质是帮助儿童学习社会群体认可的道德品质、价值观念、生活态度、行为方式等，在逐渐社会化的过程中形成良好的社会性和个性品质，使之成为合格的社会成员。

2. 学前儿童德育的实施

（1）要创造充满爱和尊重的精神环境。体验是儿童学习的重要方式，他们从中可以获得真切感受和领悟。尤其是儿童良好情感和态度的形成，往往不是教师直接教的结果，是儿童在相应的环境与活动中，潜移默化地接受影响，积累有关的经验和体验而形成的。教师要把建立良好的师生关系视为自己的重要任务，主动亲近和关心儿童，经常和儿童一起游戏或活动，让儿童感受到和成人交往的快乐；要以平等的态度对待儿童，使儿童切实感受到自己是被尊重的；与儿童有关的事情尽量征求他们的意见，即使他们的意见与成人不同，也要认真倾听，接受他的合理要求。

（2）坚持教育要求的一致性。儿童品德行为的形成与发展是一个长期的过程，需要循序渐进、持之以恒地培养和塑造。同时，由于儿童的意志力、分辨力较弱，容易随外界环境的变化而变化。为此，学前教育机构要重视教育影响的一致性，要与家庭、社会形成教育的合力。同时，教师与家长要努力规范自己的言行，为儿童提供良好的榜样，共同促进儿童良好品德的形成。

（3）专门的德育活动和生活中的德育相融合。日常生活是实施儿童德育最基本的途径。儿童的社会学习往往融合在各种学习活动中，并渗透于儿童一日生活的各个环节。要建立儿童一日活动常规，对儿童行为提出具体的、一贯的规范与要求，使儿童遵守基本的行为规范，喜欢并适应班级群体生活，具有初步的归属感。专门的德育活动也是实施儿童德育的有效手段。专门的德育活动是指教师根据儿童的年龄特征与各年龄班德育的内容与要求，结合本班儿童的实际情况、行为表现，有目的、有计划组织的德育活动，如谈话、讨论、参观、劳动、节日庆祝活动等。两方面的教育内容相互融合，才能取得良好效果。

（4）运用多种方法对儿童进行教育。针对学前儿童活泼好动、思维具体形象、喜夸奖等特点，教师可以采取榜样法、赞扬法、故事讨论法、移情训练法、角色扮演法、行为练习法等方法，帮助儿童巩固良好行为，实现德育要求。

（五）学前儿童美育

美是客观事物的现象和属性之一。美具有两个特征：一是具体形象，可为人感知；二是使人愉悦、动情，具有吸引力，如美丽的花朵，优美的旋律和人的美德等。美的基本形态包括自然美、社会美和艺术美。自然美如山川原野的美；社会美如环境美，语言美；艺术美是人利用艺术手段来更深刻、更典型地反映大自然和社会生活中的美，如美的音乐、绘画、雕塑等。

美育即审美教育。学前儿童美育是指根据儿童身心特点，利用美的事物，通过组织儿童的审美活动来培育儿童感受美、欣赏美、表现美、创造美的情趣和能力的教育。

1. 学前儿童美育的目标

《规程》中明确提出幼儿美育的目标是培养幼儿初步的感受美和表现美的情趣和能力。学前儿童美育是审美的启蒙教育,其中感受美、欣赏美的能力是基础,在此基础上才能发展表现美的能力。

2. 学前儿童美育的实施

(1) 创设并利用美的环境,引导儿童欣赏体验环境的美。学前儿童的审美情趣是在环境的影响下逐渐形成的。美好的环境可给予儿童最经常而持久的享受,使儿童在潜移默化中形成健康的审美情趣。

学前教育机构应利用并创设美的生活环境,使儿童活动室内外的环境布置达到绿化、美化、儿童化,成为真正的儿童乐园。为充分发挥环境美的教育作用,教师应引导儿童按自己对美的体验,动手动脑改造周围的世界,组织儿童参加环境的美化和保护。这样才能培养儿童表现美和创造美好生活的习惯和能力。

(2) 带领儿童欣赏自然风光,引导儿童体验大自然的美。自然界蕴藏的美是绚丽多彩的,不仅表现为美丽的景色,而且有悦耳的声响,诱人的馨香。大自然本身就是动态美与静态美的统一,形、声、色、味的结合。大自然又是变化多端的,季节的更替、天体的运行、动植物的生长,会使儿童感受到大自然的运动,在愉悦中激发探索大自然的愿望,激发对周围生活和家乡的眷恋,对祖国的热爱,培养儿童最初的和健康的审美情趣。

(3) 利用社会生活中的美好事物感染儿童。现实生活中到处充满了美好的事物,教师要选择其中能为儿童所理解的事物,引导儿童去认识、去感受,从而培养儿童对社会生活美的感受力、鉴别力,以激发儿童对生活的热爱和追求。根据学前儿童的接受能力,社会生活中美育的内容可包括:日益发展的我国现代化建设的新成就,如新矗立起来的楼群、五彩缤纷的街心花园、立交桥和丰富的物资供应;社会生活中的好人好事,如拾金不昧、敬老爱幼、先人后己等社会主义新风尚;家乡及祖国的名胜古迹等。

(4) 充分利用艺术作品并组织儿童参加艺术活动,提升儿童美的感受力与表现力。艺术是人类审美实践的集中体现，艺术美具有直观性、鲜明性并富于表现力，它给人最充分、最完满的美的享受，并易于被儿童理解接受和引起情感上的共鸣。艺术教育不仅对发展儿童审美能力有极大意义，而且可以使儿童更深刻地认识现实，陶冶性情，发展智力。因此，应当使艺术从学前儿童早期就进入其生活。儿童艺术教育的内容很多，主要是音乐、舞蹈、美术、文学。其他如电影、木偶戏、杂技表演等综合艺术的欣赏，也能成为儿童美育的内容和手段。艺术教育是培养儿童创造性的重要途径之一，但是单纯的技能练习与亦步亦趋的模仿学习是不符合学前儿童学习与发展要求的。

第二节 学前教育的目标和任务

教育目的是国家对教育事业培养人的总体的质量要求，但由于社会所需要的人才是多层次、多规格的，教育对象的身心发展水平不同且各有特点，所以国家对各级各类教育提出了特殊和具体的要求，即各级各类教育的目标。

学前教育目标是教育目的在学前教育这一阶段的具体化，是国家对学前教育机构提出的培养人的规格和要求，是全国各类型学前教育机构统一的指导思想。

一、我国的学前教育目标

我国的学前教育目标是根据国家的教育目的并结合学前教育的性质和特点以及儿童身心发展的特点和可能性提出来的。学前教育目标是与时俱进的，各个时期的目标有着不同的内容与特点。

(一)0~3岁儿童的教育目标

1981年6月,由当时领导托儿所工作的卫生部颁发了《三岁前小儿教养大纲(草案)》,提出了托儿所教养工作的教育目标:"培养小儿在德、智、体、美方面得到发展,为造就体魄健壮、智力发达、品德良好的社会主义新一代打下基础"。其具体要求如下:

要发展小儿的基本动作,进行适当的体格锻炼,增强儿童的抵抗力,提高小儿的健康水平,促进身心正常发展。

要发展小儿模仿、理解和运用语言的能力,通过语言及认识周围环境事物,使小儿智力得到发展,并获得简单知识。

要进行友爱、礼貌、诚实、勇敢等良好的品德教育。

要培养小儿的饮食、睡眠、衣着、盥洗、与人交往等各个方面的文明卫生习惯及美的观念

这是新中国成立后首次就0~3岁儿童的集体教育工作做出的明确规范。该文件沿用至今,在提高3岁前教育机构的保教质量方面发挥了重要的指导作用。

(二)3~6岁儿童的教育目标

1996年教育部颁发的《规程》提出我国幼儿园教育的目标是:"对幼儿实施体、智、德、美等方面全面发展的教育,促进其身心和谐发展。"这一目标是确定幼儿园教育任务,评估幼儿园教育质量的根本依据。国家通过这一目标对全国幼儿园教育进行指导和调控。

《规程》在第一章第五条对幼儿园体、智、德、美各方面教育的具体目标做了详细规定如下。

促进幼儿身体正常发育和机能的协调发展,增强体质,培养良好的生活习惯、卫生习惯和参加体育活动的兴趣。

发展幼儿智力,培养正确运用感官和运用语言交往的基本能力,增进其对环境的认识,培养有益的兴趣和求知欲望,培养初步的动手能力。

萌发幼儿爱家乡、爱祖国、爱集体、爱劳动、爱科学的情感,培养诚

实、自信、好问、友爱、勇敢、爱护公物、克服困难、讲礼貌、守纪律等良好的品德行为和习惯，以及活泼、开朗的性格。

培养幼儿初步的感受美和表现美的情趣和能力。

2001年颁布的《纲要》，将教育内容相对划分为健康、语言、社会、科学、艺术五大领域，并分别阐述了幼儿园教育的具体目标如下。

健康领域的目标

1. 身体健康，在集体生活中情绪安定、愉快；
2. 生活、卫生习惯良好，有基本的生活自理能力；
3. 知道必要的安全保健常识，学习保护自己；
4. 喜欢参加体育活动，动作协调、灵活。

语言领域的目标

1. 乐意与人交谈，讲话礼貌；
2. 注意倾听对方讲话，能理解日常用语；
3. 能清楚地说出自己想说的事；
4. 喜欢听故事、看图书；
5. 能听懂和会说普通话。

社会领域的目标

1. 能主动地参与各项活动，有自信心；
2. 乐意与人交往，学习互助、合作和分享，有同情心；
3. 理解并遵守日常生活中基本的社会行为规则；
4. 能努力做好力所能及的事，不怕困难，有初步的责任感；
5. 爱父母长辈、老师和同伴，爱集体、爱家乡、爱祖国。

科学领域的目标

1. 对周围的事物、现象感兴趣，有好奇心和求知欲；
2. 能运用各种感官，动手动脑，探究问题；
3. 能用适当的方式表达、交流探索的过程和结果；
4. 能从生活和游戏中感受事物的数量关系并体验到数学的重要和有趣；

5. 爱护动植物，关心周围环境，亲近大自然，珍惜自然资源，有初步的环保意识。

艺术领域的目标

1. 能初步感受并喜爱环境、生活和艺术中的美；
2. 喜欢参加艺术活动，并能大胆地表现自己的情感和体验；
3. 能用自己喜欢的方式进行艺术表现活动。

2012年颁布的《指南》根据幼儿的年龄特征、认知特征及其身心发展规律，按幼儿健康、语言、社会、科学、艺术学习的五个领域架构，对各年龄段幼儿应该知道什么、能做什么、大致可以达到什么水平提出了合理期望，指明了幼儿学习与发展的具体方向，集中体现了《指南》的教育价值观及其对幼儿学习与发展的理解与追求。

小资料3-1

《指南》健康目标节选

目标2　情绪安定愉快

3～4岁	4～5岁	5～6岁
1. 情绪比较稳定，很少因一点小事哭闹不止。 2. 有比较强烈的情绪反应时，能在成人的安抚下逐渐平静下来。	1. 经常保持愉快的情绪，不高兴时能较快缓解。 2. 有比较强烈情绪反应时，能在成人提醒下逐渐平静下来。 3. 愿意把自己的情绪告诉亲近的人，一起分享快乐或求得安慰。	1. 经常保持愉快的情绪。知道引起自己某种情绪的原因，并努力缓解。 2. 表达情绪的方式比较适度，不乱发脾气。 3. 能随着活动的需要转换情绪和注意。

教育建议

1. 营造温暖、轻松的心理环境，让幼儿形成安全感和信赖感。如：
- 保持良好的情绪状态，以积极、愉快的情绪影响幼儿；
- 以欣赏的态度对待幼儿。注意发现幼儿的优点，接纳他们的个体差异，不简单与同伴做横向比较；

· 幼儿做错事时要冷静处理，不厉声斥责，更不能打骂。

2. 帮助幼儿学会恰当表达和调控情绪。如：

· 成人用恰当的方式表达情绪，为幼儿做出榜样，如生气时不乱发脾气，不迁怒于人；

· 成人和幼儿一起谈论自己高兴或生气的事，鼓励幼儿与人分享自己的情绪；

· 允许幼儿表达自己的情绪，并给予适当的引导，如幼儿发脾气时不硬性压制，等其平静后告诉他什么行为是可以接受的；

· 发现幼儿不高兴时，主动询问情况，帮助他们化解消极情绪。

（三）学前教育机构教育目标的结构

1. 学前教育机构教育目标的层次结构

国家对学前教育目标做了宏观的表述。要实现这一宏观目标，必须将它作层层分解，逐步转化为低一层次的、可操作的具体目标，才能成为教师制定活动计划的有效依据。目标的层层分解就形成了学前教育机构教育目标的金字塔结构。这一结构从上到下由如下几个层次构成（参见图3-1）：

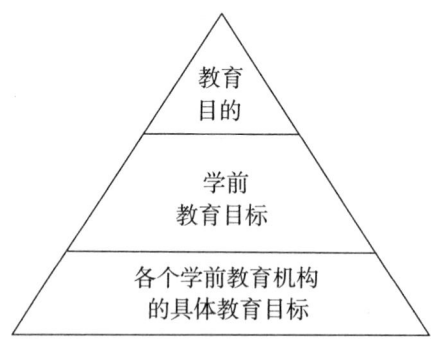

图3-1 学前教育目标的层次结构

· 教育目的。它是我国各级各类教育的总目标，处于金字塔的顶端。

· 学前教育的目标，即学前教育阶段目标。《幼儿园工作规程》所表述的幼儿园保育、教育目标就属于这一层次。

・各个学前教育机构具体的教育目标。学前教育机构的具体教育目标是每个机构根据国家对学前教育的要求，结合本机构的具体情况制定的。它体现了国家对学前教育的一般要求，又具有本机构的特色。

2. 学前教育目标的内容结构

美国心理学家、教育家本杰明·布卢姆（Benjamin Bloom）把教育中应当达到的全部目标分为三大领域：（1）认知领域——包括知识的掌握、理解和认知能力的发展；（2）情感领域——包括兴趣、态度、价值观的形成以及判断能力和适应能力的发展；（3）动作技能领域——包括手的技巧和其他运动技能的发展。布卢姆还将认知领域的目标由简单到复杂地依次分为知识、领会、应用、分类、综合、评价等6类，并对学习者的行为方式进行了描述性的解释。

2001年，美国著名的课程改革专家马扎诺（Robert J. Marzano）提出了新教育目标分类的二维模型，一维是知识，分为：①信息领域（与信息有关的陈述性知识，如词汇、事实、原理等，回答"是什么"等问题）；②心智过程领域（解决问题的策略与技巧等程序性知识，回答"如何做"的问题）；③心因性动作过程领域（为完成具体的目标而使用一系列身体动作及动作的组合过程）。他认为任何学科的知识领域都是由这三类知识组成的，只是不同的科目所占份额不同。二维是思维。马扎诺认为知识是由不同的智力过程控制的，他将心智过程的处理分为认知系统（提取、理解、分析、知识应用）、元认知系统和自我系统。每个层次的目标或期望都比它下一层次需要个体更多的意识加工。

2001年6月我国正式颁布的《基础教育课程改革纲要（试行）》提出了新的教育目标。针对当前课程教学中存在的问题，在传统教学仅注重"知识与技能"的目标中，增加了"过程与方法""情感、态度与价值观"两类目标，突出了教育应使教育对象"学会学习"，强调人的理性发展和人格完善。新课程的"三维教育目标"体现了国家对受教育者的全面发展、个性发展和终身发展的要求,对基础性学习能力、发展性学习能力和创新性学习能力培养的整体要求。

从以上可以看出,教育目标的内容无论按什么维度划分,都包含了教育中应当达到的全部目标,而且构成了从简单目标向复杂目标发展的具有层次性的体系。

小资料3-2

美国的学前教育目标

美国学前教育目标是由各州自定的。到2009年,美国所有的50个州以及哥伦比亚特区均已拥有了成系统的早期学习标准。与此同时,全美学前教育协会和一些教师理事会也制定了各领域的儿童早期学习标准,如全美学前教育协会拟订的学前教育总体目标涵盖了儿童的社会／情感、体能、认知和语言发展等各个领域,其分年龄段的具体目标如下。

婴儿和学步儿学习与发展目标

· 社会—情感的发展:认识自己和他人——信任熟悉的照料者;学习做一个集体成员,能控制自己的行为,和同伴一起游戏;具有照料别人的愿望,并会使用一定技能。

· 体能发展:学习各种活动技能——包括良好的大肌肉动作和小肌肉动作技能。

· 认知发展:认识周围世界——注意和理解物体如何被使用,能初步理解原因和结果;初步理解事物的分类;参加假想游戏时,会运用解决问题的策略。

· 语言发展:学习交流——发展感受性语言和表达性语言;能参与谈话;能表现出对图像和文字的理解并使用文字;对图书和阅读感兴趣;尝试绘画和书写。

3~5岁儿童学习与发展目标

• 社会—情感的发展：发展儿童的自我感知与责任感以及与他人建立积极关系的能力。

• 体能发展：包括儿童的大肌肉和精细动作的发展。

• 认知发展：发展儿童的思维技能，包括逻辑思维和象征性思维；掌握学习方法和解决问题的技能。

• 语言发展：提高儿童有关文字读写和与他人交流的能力。

小资料 3-3

英国的学前教育目标

英国政府于 2008 年 9 月颁布了面向 0~5 岁儿童的《早期奠基阶段教育指导纲要》。2012 年新修订的《指导纲要》主要包括学习与发展要求、儿童发展评价和安全与健康要求三大模块。

（一）学习与发展要求

《指导纲要》将儿童的学习与发展划分为七大领域，其中，交流与语言，身体发育，个性、社会性和情感发展为主要领域，而读写、数学、认知世界，富有表现力的艺术与设计属于特殊领域。

1. 内容与要求

七大领域的具体内容与要求如下。

（1）交流与语言：为儿童营造丰富的语言环境，使其树立表达自我的信心；发展相应技能，学会表达与倾听；为非英语背景儿童提供母语发展和英语学习机会。

（2）身体发育：开展丰富多彩的体育运动，发展儿童的运动、控制和合作能力；使其理解体育活动的重要性，学会选择健康的运动方式。

（3）个性、社会性和情感发展：促进儿童对自我和他人积极情感的发展，发展良好的人际关系和社会交往技能；学会管理情绪和行为，建立自信心。

（4）读写：鼓励儿童将发音与字母相联系并学习初步的读写；给予儿童广泛阅读的机会，激发其兴趣。

（5）数学：为儿童提供认识、使用数字并进行简单加减法运算的机会；使其学会描述形状、空间和计量。

（6）认知世界：为儿童提供探索、观察和寻找相关人物、地点、技术和环境的机会，使其感知物理世界和社区。

（7）富有表现力的艺术和设计：鼓励儿童探索玩耍各种物质和材料，通过大量的艺术、音乐、运动、舞蹈、角色扮演、设计和技能等活动，鼓励儿童分享想法、观点和感情。

2. 目标

《指导纲要》为5岁儿童在相应领域所应具有的知识、技能及理解能力制定了如下目标。

（1）交流与语言目标：能够在不同场合下倾听、理解并做出合理反应；准确表达自我，有时态和空间的概念，初步形成自己的口头表达方式。

（2）身体发育目标：对大小动作有良好的控制和合作，用不同方式移动物体，安全地经过空间，有效传递器材和工具；了解健康、运动以及合理饮食的重要性，管理自己基本的卫生保健事务和需求，独立穿衣、如厕。

（3）个性、社会性和情感发展目标：有信心尝试新的活动和在团队中进行自我表达；懂得选择所需资源，讨论自己和他人的情感、行为及其影响；根据不同的情况调整自己的行为和态度，学会合作与交流，顾及他人的想法、需求和情感，与成人和同伴形成积极的人际关系。

（4）读写目标：能够阅读和理解简单的句子，使用语音的知识拼写单词和简单的句子。

（5）数学目标：能够准确地从1数到20，做两位数的加减法，解决倍数、减半和分享问题；讨论大小、重量、容积、位置、距离、时间和金钱并解决问题；认识、创造和描述图案，使用数学语言予以描述。

（6）认知世界目标：讨论自己和家庭成员生活中过去和现在发生的事

件；了解自己和他人之间、家庭之间、社群之间以及传统之间的异同；知道关于地点、物体、材料和生物的异同；观察动植物，会运用认知技术并学会选择和使用技术达成目的。

(7) 富有表现力的艺术和设计目标：有歌唱、创造音乐和舞蹈等体验；安全地使用和探索不同的材料、工具和技术，用颜色、设计、结构、组织和功能进行尝试；通过设计、技术、艺术、音乐、舞蹈、角色扮演以及故事讲述，陈述自己的观点、想法和情绪。

二、学前教育机构具体教育目标的制定和实施

建立一个学前教育机构，就需要根据学前教育的总目标，本机构的地域特点，收托儿童的年龄特点等，制定出适合本机构的具体教育目标。

(一) 制定学前教育机构具体教育目标的主要方法

1. 选定视角，将教育目标逐层分解落实到儿童的发展上

制定学前教育机构具体教育目标的过程，实际上是将国家的教育目的、学前教育目标层层分解，逐步具体化，并落实在儿童发展上的过程。具体教育目标如何确定，各个学前教育机构都必须首先在理论上确立一个逻辑起点，而且根据本机构实际情况，采用不同的分解方法。

如果按时间的范围划分，那么，学前教育机构具体教育目标可分为四个层次：

第一层次：每一学年的教育目标。

第二层次：学期教育目标。

第三层次：一个月或一周的教育目标，也可以是单元活动目标。"单元"可以是主题活动单元，也可以是教材单元。

第四层次：学前教育机构一日活动和一个活动的教育目标。

如果从教育目标指导的范围来划分，则学前教育机构具体教育目标可以划分为以下四个层次：

第一层次：指导本学前教育机构的教育目标；

第二层次：指导一个班级的教育目标；

第三层次：指导不同活动组的教育目标；

第四层次：指导每个个体的教育目标，即根据每个儿童发展情况确定目标。

这几个由抽象到具体、由统一到多样的层次组成了学前教育目标的阶梯式结构（见图3-2）。

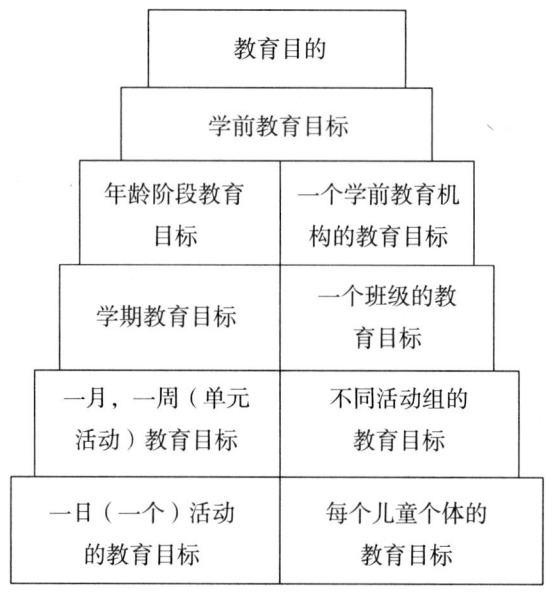

图 3-2　学前教育目标的具体结构

从图3-2可以看出，最上面两个层次基本上是固定的，下面四个层次，根据每个学前教育机构对目标的分解方法不同而不同。由上往下看，最高层次的教育目的体现了社会的要求，之后每一层目标都是上一层目标的具体化，最后转化为促进每个儿童发展的可操作的具体教育目标。由下往上看，每一层次的目标都是受上一层目标制约的，各层次的目标由低到高，共同构成一个达到总目标的阶梯。

2. 每一层次目标的内容涵盖对儿童素质全面发展的要求

制订教育目标有一个坚持一贯的基本精神，就是要使全体受教育者在德、智、体、美等几方面得到全面的发展。它既从总体上规定了我国教育的基本宗旨，同时也对受教育者提出了基本的素质要求。所以在将学前教育目标及其内容层层具体化的过程中，不论分解到哪一层次，都要保证教育目标的整体结构不受损害，其内容的涵盖面一定要全面，即包括儿童全面发展的各个方面和每个方面的全部内容。在实践过程中，制定具体教育目标的指导思想常常出现偏差，如在体、智、德、美四育中，或重德轻智，或重智轻德。在每一育中也有这种情况，如在智育中重知识的掌握而轻智力的培养，在体育中重动作的发展而轻生活卫生习惯的培养，在德育中重社会常识的掌握而轻道德情感的培养，在美育中重艺术技能的掌握，轻创造性的培养等。教育目标的不全面会严重影响儿童的全面发展。

3. 教育目标要有连续性和一致性

教育是一种循序渐进的活动。在学前教育机构中，学前教育是由若干不同的阶段，以学年、学期为单位组织与实施的。因此，每个阶段性目标之间要互相衔接，体现儿童身心发展的渐进性和连续性。同时，下层目标与上层目标之间，局部目标与整体目标之间要协调一致，以保证每一个具体目标的实现都朝总目标前进一步。例如，在布卢姆的认知目标中，从识记开始，经过理解、运用、分析、综合到评价，这六个目标就是有一个从低级到高级，从简单到复杂的渐进关系，都成为实现上层目标的有效环节。

4. 对于较低层次教育目标的表述应具体、可操作

教育目标越往下分解，其表述越具体并可操作。一个完整教育活动目标表述应该包括三个基本要素：（1）行为表现。是指儿童在教育活动结束时能做什么，他有何种能力，可以用行为动词来表示。例如：儿童能将水果分类并说出橘子的特征。这可以通过观察得到，行为表现是教师判断儿童是否达到教育目标的具体证据。（2）条件。即对儿童表现预期行为的条件做出规定。一般来说，它包括"提供条件"和"限制条件"两类，具体包括环境因素（空间、光线、温度、气候、风速、室内或室外、安静或噪音等），人的因素（独立、小组或在教师指导下等），设备因素（投影仪、工具等），图书

资料因素，时间因素等。（3）标准。是指儿童达到目标时表现出来的可以接受的最低行为水平，即合格行为的最低标准。标准一般从行为的速度、准确率和质量三方面来确定。它对行为做出具体说明，使得教育目标具有可测量性。例如，儿童能在游戏结束后5分钟内将玩具收拾好并放回原处。

（二）学前教师是实现教育目标的重要保证

学前教师是按照社会要求去促进儿童发展的，是将教育目标真正落实为儿童发展的实践者。这就要求教师首先必须正确、清楚、全面地理解和把握学前教育目标的内涵，并将这种"外在"的教育目标转化为"内在"的正确的教育观念，再用以指导自己的行动；其次，教师必须掌握将教育目标转化为儿童发展的技术；最后，在教育过程中，教师要依据儿童的实际水平，选择相适应的教育目标、教育模式、教育内容、活动方式、组织形式、指导方法等，去促进儿童的发展。没有教师的这种努力，教育目标的实现是不可能的。

不过，教师即使明确了教育目标，在实施过程中也不一定是一帆风顺的，或多或少总要受到外来的干扰或影响。例如，来自家长的影响，有的家长望子成龙心切，希望学前教育机构训练孩子某种技能，或要求教小学才学习的读、写、算技能。又如，社会影响，社会上各种儿童技能大赛的宣传，偏重学历、追求升学率的风潮等，都可能干扰教师按教育目标组织教育活动，使教师的教育行为偏离教育目标。因此，在实现教育目标的过程中，教师有责任排除一切干扰，坚定地按照教育目标来规范自己的教育行为，以保证教育目标的真正实现。

三、学前教育机构的双重任务

我国学前教育是基础教育的组成部分，与其他各级各类学校一样，应该使受教育者在体、智、德、美等方面得到全面发展，为社会主义现代化建设培养建设者和接班人。但是学前教育机构又是一种社会公共育儿机构，具有公益性。因此，它还担负着其他学校教育机构所没有的为家长服务的特殊任务。学前教育机构的双重任务体现了其在社会主义现代化建设中的独特作用。

（一）学前教育机构对儿童实施保育和教育

学前教育机构是我国对儿童实施保育和教育的组织，因此学前教育机构通过对儿童实施体、智、德、美诸方面全面发展的教育，促进其身心和谐发展，来体现自身的社会价值，为社会主义建设服务。

（二）学前教育机构为家长工作、学习提供便利条件

学前教育机构不仅是一个教育机构，也是一个社会公益机构，负有为儿童家长服务的任务。学前教育机构保护和照顾儿童，有助于解决家长参加工作、学习而子女无人照顾的问题。通过完成这一任务，学前教育机构显示出其他教育机构所不可替代的功能，充分体现出它的特殊价值。

四、新时期学前教育机构双重任务的特点

随着社会的发展，学前教育机构在实现双重任务的过程中遇到了新的挑战。

（一）对儿童身心素质的培养提出了更高的要求

现代科技的飞跃发展使社会进入了以知识、信息为主要生产动力的时代。创新意识与创新精神的培养成为教育的重要目标。这一切使教育面临前所未有的挑战。学前教育如何做才能适应社会的需要呢？显然，必须从素质教育入手，从教育思想到教育的内容、形式、方法等全面地进行改革，否则，学前教育机构是难以跟上时代的步伐，使儿童成长为社会所需要的一代新人的。

（二）为家长服务的范围不断扩大

随着我国社会经济体制改革的日益深入和社会主义市场经济的逐步建立，人们的生活方式、生活意识、价值观念等空前多样化，生活节奏加快，时间意识增强，人员流动量增大。在这种形势下，学前教育机构类型单一、服务范围狭窄、机制不灵活的现状就不可避免地和社会的需求不相适应。家

长要求办园形式更加多样化,除了全日制之外,还应有半日制、计时制、机动的寄宿制等;要求增加节假日服务,甚至晚间服务,护理病孩服务等。总之,要求各种学前教育机构在办园形式、管理制度、收托时间、保育范围、运作机制等各方面更灵活、方便,更能适合家长工作、学习、生活等方面的特点和需要。

(三)家长对学前教育认识不断提高,要求学前教育机构具有更高的教育质量

目前,家长送孩子入园有了选择余地,但是入"好园"还是家长的追求。家长对学前教育在人一生发展中的重要意义的认识不断提高。他们不仅希望孩子在学前教育机构吃得好、长得好,更希望孩子能接受好的教育。教育质量的高低成为家长最关心的问题,提高保育和教育质量成了学前教育机构生存和发展的关键。学前教育机构只有教育质量高,才会生源充足,家长满意,获得良好的社会和经济效益。

总之,学前教育机构要更好地完成双重任务,使家长满意、社会满意,必须关心、顺应社会的发展和变化,不断调整自身的运行机制,深入地进行改革,不断把教育质量提高到新的水平。

第三节 学前教育机构的教育原则

学前教育机构的教育原则是教师在向儿童进行教育时必须遵循的基本要求。这些要求是根据学前教育目标、任务和儿童身心发展的特点,并在总结了长期的学前教育实践经验的基础上提出来的。

小资料 3-4

《规程》提出的教育工作原则

第二十一条：幼儿园教育工作的原则是：

体、智、德、美诸方面的教育应互相渗透，有机结合。

遵循幼儿身心发展的规律，符合幼儿的年龄特点，注重个体差异，因人施教，引导幼儿个性健康发展。

面向全体幼儿，热爱幼儿，坚持积极鼓励、启发诱导的正面教育。

合理地综合组织各方面的教育内容，并渗透于幼儿一日生活的各项活动中，充分发挥各种教育手段的交互作用。

创设与教育相适应的良好环境，为幼儿提供活动和表现能力的机会与条件。

以游戏为基本活动，寓教育于各项活动之中。

一、尊重儿童的人格尊严和合法权益的原则

作为学前教育对象的儿童首先是一个人，是我们社会的一员。因此，他们享有人的尊严和权利，没有对儿童的尊重，就谈不上真正的教育。

（一）尊重儿童的人格尊严

儿童虽然年龄小，但是他们和教师之间的关系是平等的人与人的关系。教师要将儿童作为具有独立人格的人来对待，尊重他的思想感情、兴趣爱好、要求和愿望等。如果教师的言行中处处体现对儿童的尊重，注意倾听儿童的想法，尊重他们的意愿，就会使儿童意识到他们在这个世界上是有价值、有能力、不可缺少的，从而建立起自信心，获得良好的自我概念，为自身的继续发展奠定基础。反之，教师如果随意呵斥、责备、惩罚儿童，让儿童常常感受到委屈、羞辱，他们便会认为自己是无能的，被人看不起的，从而丧失基本的自尊与自信。这种消极的自我概念一旦形成，将会影响儿童终身的发展。

（二）保障儿童的合法权利

儿童是不同于成人的正在发展中的社会成员，他们享有不同于成人的许多特殊的权利，如生存权、受教育权、受抚养权、发展权等，这反映了人类对儿童在社会中的地位和权利的认可与尊重。但是，儿童毕竟是稚嫩、弱小的个体，他们对自己权利的行使还必须通过成人的教育和保护才能实现。家庭、学校、社会应当保障未成年人的合法权益不受侵犯。因此，教师不仅是儿童的"教育者"，也应当是儿童权利的实际维护者。

二、促进儿童全面发展的原则

促进儿童全面发展的原则指的是教师在制订教育计划、设计和实施教育活动时，应当注意以下几点。

（一）儿童的发展是整体的发展而不是片面的发展

教育必须促进儿童体、智、德、美诸方面全面发展，不能偏废任何一个方面。儿童作为未发展完成的人，有使自身的各种潜质都获得发展的需要，而作为社会的预备成员，也需要是全面发展的才符合社会对合格成员的需求。为此，教育应当促进儿童身心各方面的良好发展，才能完成社会交给教育机构的任务。如果培养出来的人只有聪明的头脑但身体虚弱，或是有强壮的身体，却智力低下或道德品质较差，都会给个人生活和社会生活造成困扰，不利于社会的进步与发展。

（二）儿童的发展应是协调的发展

协调发展包括：儿童身体的各个器官、各系统机能的协调发展；儿童各种心理机能，包括认知、情感、性格、社会性、语言等协调发展；儿童的生理和心理协调发展；儿童个体的需要与社会的需求之间的协调等。

（三）儿童的发展是有个性的发展

教育除了要促进每个儿童向统一的教育目标发展之外，还允许根据每个儿童的特点和可能性，充分发挥他们各自的潜能，让不同的儿童在不同的方面能够实现自己有特色的发展，而不是千人一面。

但是全面发展不等于每个儿童的各方面都得到同样的发展。鉴于每个儿童的身心素质各不相同，各有所长，同样的教育活动会对不同的儿童产生不同程度的影响，得到的结果也各不相同。全面发展要求：一是不能偏废任何一个方面的发展；二是要与儿童的个别特点相适应。比如你教跳舞、唱歌，不可能要求所有的孩子跳或唱得一样好，对于缺乏艺术细胞的孩子，只要他们肯积极参加活动，就算是成功的教育。儿童的全面和谐发展就是按其自身的条件得到最佳的发展，保证其特长有较好的发挥又没有偏废和明显的缺憾。

三、面向全体，重视个别差异的原则

在教育过程中，教育者要关注全体受教育对象，重视每个儿童的个别差异，因材施教，有针对性地采取最有效、最合理的方式促进每个儿童的发展。

（一）教育要促进每个儿童的发展

教育必须面向每个儿童，使每个儿童都能达到教育目标的要求。常常有这样的情况：有的教师只关注学习好、能力强的儿童，而那些既不出众，又不吭声的儿童基本上不在教师的视线之内。要保证每个儿童在学校里有同等的受教育机会，教师必须平等地、一视同仁地对待所有的儿童。

（二）教育要促进每个儿童在原有基础上的发展

面向全体，使所有的儿童都得到发展，并不是要求所有的儿童都达到同等水平，也不是要求每个儿童在所有方面都达到同样高度。由于每个儿童的需要、兴趣、性格、能力、学习方式等各有不同的特点，因此，必须考虑每个儿童的特殊需要，因人而异地进行教育，使每个儿童都能发挥优点和特长，在自己原有的水平上得到应有的发展。

（三）多种形式促进儿童的发展

在我国，因为每个班儿童多，场地小，集体活动是教育机构进行教育的主要组织形式，而小组活动、个别活动相对较少。这种方式是不利于充分满

足不同儿童的不同需要的，应注意在教育中灵活地使用集体、小组、个别的教育组织形式。有教师认为，集体活动是"面向全体"，小组和个别活动是"照顾个别差异"，这是不对的。面向全体与照顾个别差异是不可分割的两个方面，是在各种组织形式的活动中统一实现的。不重视个别差异的集体活动是不可能真正面向全体的。

四、充分利用儿童、家庭和社会教育资源的原则

教育必须认识到儿童自身、儿童群体以及家庭、社会都是宝贵的教育资源，要充分发挥它们的教育作用。

教育资源存在于儿童的生活中。在家庭、社会、教育机构、街道、市场、田野，在儿童自身和儿童群体中，在看电视、听广播、交谈、游戏、旅游等各种活动中，都存在着丰富的教育资源，都在对儿童发挥着强大的影响作用，其广泛性、灵活性、多样性、即时性，是学校教育难以比拟的。学校教育如果局限在学校内，不仅造成教育自身的封闭、狭隘，而且也是教育资源的极大浪费。因此，教师应当有意识地去开发、利用这些资源，如与家庭、社区合作，充分利用儿童的经验和儿童之间的相互影响，利用大众媒体等，使学校教育更丰富、更有效。

五、保教结合的原则

教师应从儿童身心发展的特点出发，在全面、有效地对儿童进行教育的同时，重视对儿童生活上的照顾和保护，保教合一，确保儿童真正能健康、全面地发展。把握这个原则应明确以下几点。

1. 保育和教育是幼儿园两大方面的工作

保育主要是为儿童的生存、发展创设有利的环境和提供物质条件，给予儿童精心的照顾和养育，促进其身体发育和机能发展，保证其身心健康。教育则重在培养儿童良好的行为习惯、态度，发展儿童的认知、情感、能力，引导儿童学习必要的知识技能等。这两方面构成了学前教育的全部内容。

2. 保育和教育工作互相联系、互相渗透

幼儿园保育和教育的不可分割的关系是由学前教育工作的特殊性和儿童身心发展的特点决定的。

保育和教育虽然各有自己的主要职能，但并不是截然分离的。教育中包含了保育的成分，保育中也渗透着教育内容。如儿童画画时，教师除了指导绘画之外，还必须在儿童的用眼卫生、坐姿等方面给予指导；教师在组织儿童进餐时，可引导儿童了解食物的名称、营养和对人体健康的好处等。只有保教融合在一起，才能取得好的效果。

儿童正处在长知识、长身体的时期，其自身诸方面的发展是彼此依存、协调统一的，任何一方面的障碍都可能影响其他方面的发展。只有保教结合，儿童身心的全面发展才可能实现。

3. 保育和教育是在同一过程中实现的

对儿童实施保育的过程，实质上也是对儿童在体、智、德、美诸方面实施有效影响的过程。保育和教育不是分别孤立地进行的，而是在统一的教育目标指引下，在同一教育过程中实现的。有的保育员在护理儿童生活时，忽视随机的、有意识的教育，结果，无意识地影响了儿童的发展。比如，儿童起床后要系鞋带，如果儿童知道系鞋带的方法，只是动作不熟练的话，就应当放手让儿童自己系，还可以提供一定的练习器具加以练习。第一次他有可能系不好，但是通过反复练习后就会系得又快又好。对儿童的成功再及时给予表扬和鼓励的话，儿童就会看到自己的能力，以后对做其他事也会更有自信心。但是，如果保育员对儿童说："你系得太慢，来，老师帮你系。"然后，三下两下把鞋带系好的话，儿童面对成人熟练的技巧会感到自己能力太差，而且也不想再去练习。这样不仅助长了儿童的依赖思想，也使他们失去了自信，失去了锻炼自己能力的实践机会。也就是说，保育员的一片好心在无形中却剥夺了儿童发展自己的权利。

有的教师认为保育工作是保育员的事，与自己无关，因而不将保育工作列入教育工作计划中，或将保教结合理解为保、教人员的简单配合，如帮助

保育员拖地板、盛饭等，而没有理解保教结合的深层次含义，因而在教育时忽略保育因素。比如：体育活动时，只考虑对儿童基本动作的要求，只重视运动技巧的提高，而全然不顾运动量的大小、运动时间等对儿童身体的影响；集体活动时长时间地让儿童坐着听讲，连续地进行智力活动，不顾及儿童身体和脑神经系统的疲劳等。

保教结合是全面发展教育方针在儿童期的具体体现，也是我国学前教育实践工作经验的总结。学前教育工作者要充分认识保教结合在儿童全面发展中的意义，真正将保教结合的思想落实到幼儿园每一环节的工作中。

小资料 3-5

像涛涛这种不爱午睡的孩子，我想不少老师都会碰到。有的孩子甚至会说：我喜欢幼儿园，但我不喜欢幼儿园午睡。出现这个问题，原因是多方面的，但其中有一点是，午睡的安排缺乏合理性，就是用一个标准去要求不同个性的孩子，甚至用一个标准去要求不同年龄层的孩子。这样做忽视了孩子的个别差异。

我园国际部，有一百多个外国孩子，他们来自二十多个国家，美国、加拿大、英国的八位教师分别在这些班级负责教学。每天午睡时间，几乎没有一个班级是全体幼儿都在午睡。你会发现，有的幼儿睡得很香甜，有的幼儿玩得很专心，但环境依然是静悄悄的。

我园中国部的孩子是寄宿的，孩子们在集体中生活，晚上睡眠时间比较有保证。每天午睡，教师的主要任务是安排午睡前的安静活动，创设睡眠的环境。例如，幽幽的光线，整洁而安静的卧室，合适的温度，轻柔的音乐。教师希望孩子都参加午睡，至于什么时候起床，由孩子自己选择。这样，既避免了有的孩子因贪玩而不肯睡，又满足了睡眠少的孩子的需求。

午睡过程中，我们发现幼儿自由选择的情况是有规律的。年龄愈小，午睡的时间愈长。午睡时间短或不午睡的孩子，一般都年龄稍大或精力非常充沛。可见，孩子有自己安排生活的能力。同时，在午睡期间活动的孩子，自控状态最佳。他们会非常好地控制自己，避免发出声响。

因此，我们认为，不同的孩子由于年龄、生活背景、先天素质或健康等原因，每个人都有其不同的生活方式、学习方式、行为方式，并在发展过程中显示出其鲜明的个性和其独特的发展进程，也由此带来每个孩子特殊的个体需求，这些需求对孩子而言都是合适而又非常重要的。在可能的条件下，允许孩子自己选择，体现了成人的认可和接纳，带给孩子的是一份安全和尊重，孩子也从中获得自信和自爱。

参与"轻轻，不要影响同伴"活动的孩子接受了老师的忠告，为保持安静所必需的自律、尊重他人的品质在活动中不断得以升华，并在生活的其他方面得到迁移。这些品质是幼儿以后生活成功所必需的。

幼儿园孩子需要午睡，教师应该创设环境保证孩子的睡眠。但这并不意味着，实际工作中（也不可能）让每个幼儿都接受一种共同的、划一的生活安排，千人一面的教养方式不符合幼儿的发展规律。①

六、以游戏为基本活动的原则

游戏是幼儿园的基本活动。什么是基本活动呢？基本活动是指在人生的某个阶段，其出现频率最高，对人的生存发展最有价值，最适合那一年龄阶段的活动。比如，对学龄儿童来说，上学校学习是基本活动；对成人来说，工作、劳动是基本活动；而对学前儿童来说，游戏就是他们的基本活动。

游戏作为儿童健康成长所必需的活动，正如克鲁普斯卡娅所指出的那样："游戏对于儿童有着特殊的意义，游戏对于他们是学习，游戏对于他们是劳动，游戏对于他们是严肃的教育形式。"游戏最符合儿童身心发展的特点，最能满足儿童的需要，有效地促进儿童发展，具有其他活动所不能替代的教育价值。因此在学前教育实践活动中应当注意以下几点。

---

① 封莉蓉：《幼儿园午睡中的保教结合》，载于《学前教育》1998年第5期。

1. 重视儿童的自发性游戏

自发性游戏是儿童自己发起的游戏。在游戏中儿童自己决定玩什么、和谁玩以及怎样玩,表现出极大的自主性、独立性和创造性。

教师应允许、支持儿童进行自发性游戏,保证儿童在一日活动中有一定的时间、适宜的场地和丰富的材料开展游戏,并在儿童需要时适时提供帮助。

2. 充分利用游戏形式组织幼儿园各类教育活动

由于游戏对儿童有着很大的吸引力,为了使学前教育教学活动更适合儿童的需要,更能发挥教育的作用,需要把游戏的因素渗透到这些活动中去,如教育教学中利用游戏的形式巩固儿童所学知识、技能,将游戏形式贯穿于一个活动的全过程,赋予活动一定的情节,让儿童扮演一个角色,给儿童一定的自主性,以达到激发儿童学习的兴趣,使之产生愉悦的体验,增强教育效果的目的。

3. 满足儿童对多种游戏的需要

儿童虽然普遍喜爱游戏,但对各类游戏的需要不尽相同。教师应注意到儿童的个体差异,满足儿童的各种需要,提供多种游戏材料,让儿童自行选择玩自己喜爱的游戏。那种在游戏时间里只允许全班或一组儿童玩一种游戏的做法是错误的。

儿童对游戏的需要又是发展变化的。随着年龄的增长,经验的增加,儿童对游戏的种类、主题、内容、情节等的需要也在不断变化。教师应观察儿童对游戏的需要,灵活地变换游戏环境,支持儿童游戏。

七、教育活动的直接经验性和多样性的原则

学前教育应从儿童身心发展的特点和水平出发,以直接经验的活动为基础展开教育过程。同时,活动形式多样化,让儿童能在多种多样的活动中得到发展。

1. 教育活动的直接经验性

直接经验的活动是儿童发展的基础和源泉。俗话说:"要知道梨子的滋味,你就得亲口尝一尝。"对于感性知识少、直接经验缺乏的儿童来说,更是如此。儿童身心发展的特点决定了他们不可能像中、小学生那样,主要通过课堂书本知识的学习来获得发展,而必须通过自身的感官和动作去接触各种事物和现象,与人交往,实际操作物体,才能逐步积累经验,获得真知。离开了实践性的活动,就没有儿童的发展。

2. 教育活动的多样性

幼儿园的活动不应当是单一的。因为活动的内容、形式不同,在儿童发展中的作用是不一样的。比如,看图书和栽培植物,儿童通过前者获得的是间接经验,是符号认知的发展,而通过后者获得的是直接经验,是操作能力与实践能力的发展。因此,教师要注意教育活动的多样性,才能有效地促进儿童发展。

八、发挥一日活动整体教育功能的原则

教师应充分认识和利用一日生活中各种活动的教育价值,通过合理组织,科学安排,让一日活动发挥一致的、连贯的、整体的教育功能,寓教育于一日活动之中。

幼儿园一日活动是指幼儿园每天进行的所有保育、教育活动。它包括由教师组织的活动(如生活活动、劳动活动、教学活动等)和儿童的自主活动(如自由游戏、区角活动等)。

1. 一日活动中的各种活动不可偏废

无论是儿童吃喝拉撒睡一类的生活活动,还是作业课、参观访问等教学活动;无论是有组织的活动还是儿童自主的活动,都具有重要的教育作用,对儿童的发展都是不可缺少的。因此,不能顾此失彼,随意削弱或取消任何一种活动。

在学前教育实践中,较多地存在重视教学活动,轻视生活活动;重视有

组织的活动，轻视儿童自主活动的倾向。因此，有必要强调生活活动和儿童自主活动的重要性。

生活活动在学前儿童期有特殊的意义。它不仅是儿童健康成长所必需，也是儿童最重要的学习内容和学习途径。将它纳入学前教育机构的教育内容，可以说是学前教育的一大特点。在生活中，儿童可学习自理生活和做各种事情，发展起独立自主的能力，对建立儿童的自信心有重要的作用。

儿童的自主活动对儿童健康人格的发展是至关重要的。一个完全被管死的儿童，会缺乏主动性、独立性，缺乏创造力、想象力，甚至会形成心理问题。因此，教师应当注意克服上述两种错误倾向，保证儿童身心健康成长。

2. 各种活动必须有机统一为一个整体

一日活动中的每种活动不是彼此分离，孤立地对儿童发挥影响力的。一日活动是统一在共同的教育目标下，相互协调，共同发挥整体教育功能的。因此，如何把教育目标渗透到各种活动中，或者说，每个活动怎样围绕目标来展开，就成为实践中应当特别关注的问题。例如：培养儿童独立性，就需要在生活中注意培养儿童自己吃饭、穿衣，自己上厕所等自理能力；在教学活动中，指导儿童独立思考、有困难自己多动脑筋，尽量自己完成学习任务；自由活动时，鼓励儿童自己设计游戏，自己想出办法来玩，主动去与别人交往等。没有这样的有机统一，就不可能实现整体的教育功能。

上述学前教育原则，前四项是教育的一般原则，是幼儿园、小学、中学教师均应遵循的，它反映了教育的一般要求；后四项是学前教育的特殊原则，是根据学前教育的特点提出来的，是学前教育对教师的特殊要求。各条原则彼此密切联系、相互渗透，不可分割。因此，应当在深刻理解每条原则的基础上综合地运用它们。

思考与练习

一、判断下列各题的正误

1. 学前教育目标的制定不仅仅根据儿童的需要。
2. 学前教育目标能否贯彻完全是行政管理部门的事。
3. 尊重儿童的人格尊严和合法权益意味着教师要根据儿童的意愿来安排教育活动。
4. 实施集体、小组、个别教育与面向全体，照顾个别差异不是一回事。
5. 儿童日常生活活动对应保育，作业课、游戏等活动对应教育。
6. 保教结合就是教师要与保育员沟通，相互帮助。

二、讨论

小明的父母因在单位加班，没能按时来接孩子。你如果是孩子的老师，该怎么办？为什么？

三、以下是某幼儿园的教育目标，你能选择其中几条将其落实为具体的教育活动目标吗？

培养对学习的积极态度

发展观察力

学习与小朋友合作

培养初步的生活自理能力

发展小肌肉的控制和协调能力

四、收集并记录幼儿园贯彻教育原则的实例，在同学之间进行交流。

第四章 学前教育的基本要素

学习目标

1. 认识学前教师的地位、职业特点、权利和义务以及专业素质和专业发展。
2. 了解学前儿童的特点、在教育中的地位以及他们是如何发展的。
3. 理解环境、学前教育环境的功能以及创设教育环境的原则。

本章提要

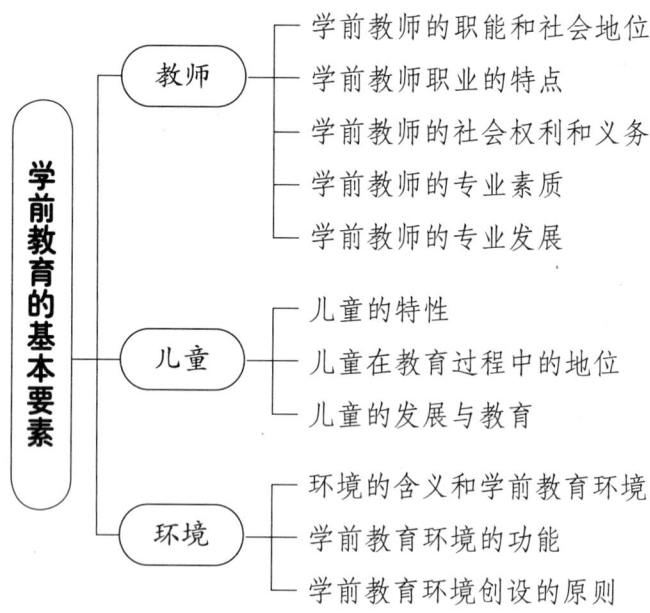

学前教育机构中教育的基本要素包括教师、儿童和环境三个方面，这三个方面的要素互相联系、互相制约，各自发挥着重要的作用。

教师是受过专门训练的专业教育工作者。在教育过程中，教师是"教"的主体，扮演着多元角色，并通过确立教育目标，创设相应的教育环境，有目的、有计划地对儿童施加影响。

儿童是"学"的主体，是独特的正在发展中的人，也是具有主观能动性的个体。教育只有在儿童积极主动地参与教育过程的情况下，才能取得良好的效果。

学前教育环境是教育的客观因素，是师生共同依存和作用的对象，是师生发生联系的重要纽带。教师的观念和行为不仅是构成环境的重要因素，而且是影响环境质量的决定因素。教师将教育意图隐含在环境中，让丰富多彩的环境引发儿童相应的行为，使儿童主动与环境相互作用，从而实现教育的目标，促进儿童的发展。

第一节 教 师

通常人们习惯的教师形象是在教室里上课，向学生传授各种各样的知识。但是这样的教师多半是在中小学，因为义务教育要求学龄儿童必须学习国家规定的各种知识和技能。

在幼儿阶段，儿童没有法定的学习任务。所以政府在颁布的各种针对幼儿教育的文件中反复强调："游戏是幼儿的基本活动。"为此，在幼儿园把孩子圈在教室里灌输各种知识的做法就是错误的。学前教师应当成为儿童的朋友，并代行部分母亲的职责，同时是儿童生活、学习和游戏的支持者、指导者。这要求学前教师有爱心、有道德、有学识，还要多才多艺。

一、学前教师的职能和社会地位

在教育学意义上,学前教师是专门的职业和专业人员。如果一个人选择学前教师作为自己的职业,随后接受过专门的师范教育,在学前教育工作岗位上,不断学习研究,提高自己的专业知识和技能,以使自己更能适应所从事的职业,那么,他可以说是真正意义上的学前教育专业人员。

学前教师作为专业教育工作者,承担着培养合格的社会成员,延续人类社会发展的重要职责。培养合格的社会成员的过程,实际是帮助每个个体从自然人向社会人的转化过程。学前教师承担的是促进儿童早期发展的重要任务。儿童从母体来到人世间,起初只是一个自然人,在家庭和社会上受到各种人和事的影响,但这些影响是零散的、潜移默化的。学前教师要遵循国家的教育方针对儿童进行启蒙教育,使他们了解社会是什么样的,社会对他有什么需要与期望;自己可以做什么,不可以做什么,怎样做才能逐步实现社会的期望等。学前教师正是根据社会的要求,把人类社会积累起来的知识经验、科学文化、思想意识和行为规范等社会精神财富,以最适合儿童的方式,传授给儿童,使儿童初步适应现实社会,以此为推动社会发展做出贡献。因此学前教师职业和其他教师职业一样,是培养人,造就合格社会成员的职业。

理想的教师应当是什么样呢?按照唐代文人韩愈的说法,教师就是"传道、授业、解惑"的人。要能传道、授业、解惑,教师必须是品德高尚和学识高深的人,这才能为人师表而不误人子弟。可见能做教师是一件对人的品德、才学要求很高的事,需要终身修炼,不是人人都能做的。

学前教师的工作对于社会培养人才起着重要的奠基作用。随着我国《教育法》《教师法》的实施,随着人们对学前教育在社会发展中作用的认识的不断提高,学前教师越来越受到全社会的尊重。

二、学前教师职业的特点

(一)学前教师职业的劳动特点

1. 学前教师的劳动复杂而富有创造性

学前教师劳动的对象是儿童。儿童生长发育迅速，但身体比较稚嫩，对外界的适应能力和对疾病的抵抗力较差，易受损伤，易感染疾病。而且，儿童在园时间长，因而对儿童保育和教育并重是我国幼儿园教育的传统特色。学前教师不仅要根据儿童年龄特征和个别差异，合理安排儿童一日生活，精心组织各项活动，使儿童吃好、睡好、玩好、学习好，而且要严密观察，防止集体教养中意外事故和传染病的发生，做好卫生保健工作，因此学前教师的教育任务是多方面的、复杂的。

儿童来自不同的家庭，接受着来自方方面面的影响，因而儿童具有不同的个性和发展潜力。教师对儿童的教育，不可能像物质生产那样，用固定的工艺流程，统一型号，统一模式，用同样的方法进行，而要因人而异，寻找适合每个儿童的教育方案，在实施中根据儿童的思想状况、发展水平及变化不断地进行调整，寻找新的、更有效的教育内容、方法和形式，因材施教，才能让儿童在各自的基础上得到最大限度发展。可见教师的劳动是具有科学性和创造性的。

2. 学前教师的劳动具有示范性

教师劳动与其他劳动不一样。教师在工作中对劳动对象施加影响的工具或劳动手段，不同于一般劳动的机器或工具，而主要是教师本人的思想、学识和言行。不管教师是否意识到这一点，自觉还是不自觉，实际上，教师的一举一动无时无刻不是在向劳动对象进行示范。

模仿是儿童重要的学习方式，在儿童的心目中，教师的形象是高大的，是学习的典范。教师的一举手、一投足，常常引起儿童不自觉的模仿。你常常可以听到儿童说："这是我们老师说的。""我们老师就是这样做的。"可见，儿童会毫不怀疑地接受教师的一言一行，儿童的身上常会反映出教师的某些个性品质。可以说，学前教师劳动的效果主要取决于其自身的发展水平。教师只有不断学习，提高修养，完善自我，才能成为儿童的表率。

> **案例4-1**
>
> 某大班的孩子都喜欢他们新来的小刘老师，因为小刘老师年轻、漂亮、爱唱、爱跳，总带着小朋友做各种有趣的事。有一天，洋洋找刘老师告状："刘老师，青青拿走了我的鞋带。"刘老师低头一看，洋洋脚上的鞋真的没有了鞋带。小刘老师把青青叫来一看，可不是嘛！青青脚上的一双单襻鞋上加系了一双黑色的鞋带。小刘老师问："青青，你的鞋又不需要鞋带，你拿洋洋的鞋带干嘛？"青青说："我想和刘老师的鞋一样。"原来，最近几天，小刘老师穿了一双系带的皮鞋。

3. 学前教师的劳动具有长期性

在一般的改造自然界的物质生产中，随着劳动产品的获得，劳动过程也就完成了，而教师的劳动则完全不同。教育的产品是人，培养人是一个长期的过程。一个人能够成才，需要幼儿园、小学、中学、大学等各个教育阶段的教育者共同的集体劳动，学前教师做的是人才培养的奠基性工作。将儿童送入小学后，虽然本阶段的教育任务完成了，但学前教师给儿童的影响是不会消失的，启蒙时代给予一个人的印象是极其深刻的，有些事会影响儿童的一生。

（二）学前教师职业的角色特点

与其他职业相比，学前教师职业的角色是多元的。

1. 教师是儿童生活的照料者

由于自主性、独立性较弱，儿童对成人有很强的依恋感和依赖性。儿童在家庭受到父母多方面的照顾。入园后，儿童常把教师当妈妈看待，家长也常要求教师把儿童当作自己的孩子一样看待和照料。这样，教师不仅要对儿童生活进行精心料理，还要像妈妈一样给予儿童情感上的呵护和关心，使儿童在生理、心理方面得到和谐发展。

案例 4-2

某园是个寄宿制幼儿园。有一天早上，大班的孩子都起床了，就是一个女孩没有起，她说自己起不来。当班的年轻教师有点起急，认为她是故意赖床，给老师捣乱。一位老教师看见了，说："别着急，我去给她冲碗糖水来。"糖水给这女孩喝下去后不久，她就起来自己穿衣服到班里去了。老教师对年轻教师说："她这样是血糖低，可能因为昨天的晚饭吃得早，又吃得少，支持不到今天吃早饭。"

2. 教师是儿童学习的支持者

在传统的教学过程中，教师主要是知识的传授者，学生则是知识的接收者。目前，我们已经身处于一个教育的新时代，让学习者掌握学习方法，学会学习，学会思考，学会生活，学会创造，已成为教育的共识。这就意味着教师不再只是知识的传授者，更应该成为儿童学习的支持者。教师的任务是为儿童的学习创造适宜的环境，激发儿童的学习欲望，同时放手让儿童自主活动、自主学习、主动发展。这种教育过程就好比"在儿童与社会建设的人才之间架起一座座桥梁。教师要引导孩子自己走过桥，首先把孩子放在一个主动迈步的位置，始终注视着孩子的脚步，有时在前引，有时在旁扶，有时在后促，让孩子一步一个脚印地走过桥"[①]。这样做，教师虽然很辛苦，但儿童却获得了主动发展。

3. 教师是儿童与社会沟通的中介者

幼儿园是儿童最早接触的家庭以外的社会环境，教师是儿童学习社会行为规范和人际交往，体验社会角色和彼此情感，初步学习适应社会生活的引路人。

教师是班集体的领导者，在教师的领导下，班级建立起自己共同活动的目标。每个儿童服从集体的共同行为规范，互相开展行为的评价，形成良好

---

① 参见赵寄石：《让孩子做学习的主人》，《学前教育》1984 年第 9 期。

班级文化氛围。在这个过程中，教师的教育思想、专业知识、教育素养、教风、教态起着非常重要的作用。

教师也是班级活动的组织者，教师组织思想认识各异、需要和兴趣不同的儿童通过共同的学习生活和园内、园外丰富的集体活动，体现人际交往中的真诚和理解，激发儿童热爱集体、热爱生活的思想感情，为儿童走向更为广阔的社会生活奠定基础。

三、学前教师的社会权利和义务

我国的《教育法》和《教师法》规定："教师享有法律规定的权利，履行法律规定的义务，忠诚于人民的教育事业。"

教师职业享有的社会权利除了一般的权利外，主要是职业本身所赋予的专业方面的权利，包括在遵守有关法律法规基础上的教育教学、科学研究、学术交流等方面的自由和自主权。

我国学前教师的权利有：进行保育教育活动，开展保育教育改革和实验的权利；从事科学研究、学术交流，参加专业的学术团体，在学术活动中充分发表意见的权利；指导儿童的学习和发展，评定儿童成长发展的权利；按时获取工资报酬，享受国家规定的福利待遇以及寒暑假带薪休假的权利；参与幼儿园民主管理的权利；参加进修或者其他方式的培训的权利。

我国学前教师的义务有：遵守法律和职业道德，为人师表；贯彻党的教育方针，遵守规章制度，执行幼儿园保教计划，履行聘约，完成工作任务；按国家规定的保教目标，组织、带领儿童开展有目的、有计划的教育活动；关心、爱护全体儿童，尊重儿童的人格，促进儿童的全面发展；制止有害于儿童的行为或其他侵犯儿童合法权益的行为，批评和抵制有害于儿童健康成长的现象；不断提高思想政治觉悟和教育教学业务水平。

作为一个公民和专业教育工作者，学前教师应当为从事这种神圣的职业而自豪，应珍惜和保护自己的权利，认真履行自己的义务，为学前教育事业的发展贡献自己的光和热。

四、学前教师的专业素质

学前教师的专业素质主要包括职业道德素质、身心素质、知识素质、能力素质,其中,职业道德素质居首位。因为学前教师面对的是幼弱的孩子,他们几乎没有自我保护的能力。如果教师缺乏道德操守,为所欲为,必定会给孩子造成伤害。

在教育部2012颁发的《幼儿园教师专业标准》(以下简称《专业标准》)中,要求幼儿园教师:"热爱学前教育事业,具有职业理想,践行社会主义核心价值观,履行教师职业道德规范,关爱幼儿,依法执教。尊重幼儿人格,富有爱心、责任心、耐心和细心,为人师表,教书育人,自尊自律,做幼儿健康成长的启蒙者和引路人。"

幼儿园工作的特殊性,决定学前教师的权力比其他任何教育阶段教师的权力都大,其职业道德素质也自然而然地比其他教师显得更为关键。

(一)职业道德素质

职业道德素质是做好教师的前提条件,包含如下几点。

1. 爱岗敬业,虚心好学

对事业的爱是建立在对事业的认识的基础上的。人才的成长是一个连续教育、培养的过程,在这个过程中,学前教育是不可缺少的重要阶段。它是为培养合格人才打基础的。学前教育质量的提高,关系到国家的兴旺、民族素质的提高。有了这种认识,学前教师才会产生高度的责任感、使命感,也才会增强对学前教育事业热爱的情感,才会对工作倾注满腔的爱和热情,任劳任怨,不计较个人得失,在任何情况下,竭尽全力把工作做好。

教师工作的性质要求教师不断地进行理论学习和实践探讨,以提高自身的素养。教师要树立正确的教育观念,尊重儿童身心发展的规律,刻苦钻研业务,不断学习新知识,探索教育教学规律,提高教育教学水平。

2. 尊重和爱护儿童,因材施教

伟大的俄罗斯文学家高尔基说过:"教育儿童的事业是要求对儿童有伟大爱抚的事业。"教师对儿童的关心和爱护是儿童身心健康发展的重要条件。

成人的尊重和爱护，能使儿童得到情感上的满足，产生积极的情绪体验，增强自信心、安全感。爱也是做好教育工作的前提条件之一。苏联教育家苏霍姆林斯基说过："学习——这不是把知识从教师的头脑里移注到学生的头脑里，而首先是教师跟儿童之间的活生生的人的相互关系。"教师和儿童间的良好关系，可以使儿童乐意接受教育。

小资料 4-1

有研究者问儿童喜欢什么样子的老师？孩子的回答是："小朋友哭了，马上给他擦眼泪的""经常给小朋友系鞋带的""不厉害的""不发脾气的""不打人的""不把小孩拉出来的"……一句话，爱孩子的老师受小朋友欢迎和喜爱。

教师对儿童的爱是一种理智的爱，俗称教育爱。这就意味着教师要态度宽容地爱护全体儿童，平等公正地对待每一个儿童，尊重儿童的人格，保护儿童的合法权益，做儿童的老师，也做儿童的朋友。在教育过程中耐心细致，照顾儿童的生活和学习，发展儿童的个性，对不同的儿童使用不同的教育方法，开发每个儿童的潜能，使每个孩子都得到应有的发展。

3. 自尊自律，为人师表

教师是儿童模仿的榜样，为此，教师需要严格要求自己，模范遵守社会公德，作风正派，以身作则，注重身教。

（1）衣着得体，举止端庄

教师应穿着美观、整洁、大方，姿态得体，举止端庄；不坦胸露背，浓妆艳抹，不戴过多的金银首饰，不涂指甲油。

（2）说话有礼貌，行为文明

教师要使用普通话进行教育和教学，在日常的生活、工作和交往中使用礼貌用语，说话的语气要亲切、温和，切忌生硬、粗暴和不耐烦；与人发生争执时，言语也要有分寸，冷静耐心地化解矛盾；在公共场合不大声喧哗，爱护公物，遵守公共秩序。

（3）尊重家长　廉洁从教

主动与儿童家长联系，认真听取意见和建议，争取家长的支持和配合；积极宣传科学育儿的思想和方法，不训斥、指责家长；坚持高尚情操，发扬奉献精神，自觉抵制社会不良风气影响，不利用职务之便谋取私利。

（4）团结协作，顾全大局

与同事相处要谦虚谨慎，诚恳待人，互相学习，互相帮助，团结协作，顾全大局；不议论、传播流言蜚语，为自己说的话负责。

（二）身心素质

除了师德之外，教师的身体状况、个性品质和修养也关系到教育的质量。缺乏教师应有的身心素质的就不适合做教师。

1. 教师应当身体健康、体貌端正

教师要为人师表，体貌不一定要漂亮，但一定要正常和健康，这是搞好学前教育工作的重要保证。身体健康的教师，精力充沛，工作效率高，与儿童一起活动，给儿童带来自信和欢乐。如果教师体质差，精神状态欠佳，则班级气氛压抑沉闷，影响儿童的心理健康。

2. 教师应当有良好的个性品质和修养

做一个合格的教师需要有良好的个性品质和修养。良好的个性品质表现在性情上就是乐观向上、热情开朗、有亲和力，让人看见就愿意接近。近来社会上经常有幼儿园教师以各种方式虐待儿童的传闻，如经常体罚孩子，戏耍孩子，甚至为了取乐，拎着孩子的耳朵拍照，并把照片传到网上，等等。过去虽然也有类似的事情发生，但在资讯非常发达的今天，坏事更容易广为传播。同时，也因为现在幼儿园非正常大量发展，师资比较缺乏，许多连普通高中都考不上的人稍加培训就成为了幼儿园教师。很多人自身就有很多身心问题，学识和修养更谈不上，怎么可能做好教师。所以幼儿园今后发展的关键就是提高教师质量，把不适于做教师的人请出幼儿园。

按照《专业标准》,教师的修养包括以下几点:

富有爱心、责任心、耐心和细心;

善于自我调节情绪,保持平和心态;

勤于学习,不断进取;

衣冠整洁得体,语言规范健康,举止文明礼貌。

小资料4-2

教师的心理素质影响儿童的个性品质形成,大致有以下几种情况:

- 情绪欠稳定,主观武断,易冲动的教师,其工作方式可能是专制型的,凡事有主见,个人说了算,所任教班级儿童可能守纪律、听话,但胆小、缺乏自信,依赖性强;

- 缺乏独立性、自信心的教师,其工作方式通常是放任型的,对儿童态度好,但胆子小,做事优柔寡断,所任教班级儿童可能大多能力强,有主见,但纪律性差,缺乏自制力;

- 具有优秀心理素质的教师,其工作方式倾向于民主型,心胸开朗,思维敏捷,情绪稳定,善于自制,对儿童充满热情,工作主动,处事机智灵活,所任教班级儿童大多守纪律,有礼貌,与人亲近,能友好相处。

学前教师必须加强身心修养,在儿童面前,展现出自身的人格魅力,以获得儿童的信赖和喜爱。

(三)知识素质

作为学前教师应当有三方面的知识,一是通识性知识,即一定的自然科学和人文科学的知识,音乐、美术欣赏和表现的知识以及现代信息技术知识等;二是儿童发展方面的知识,如关于儿童身体、心理的特点,发展中易出现的问题及应对策略等;三是要了解和掌握学前教育和保育的基本知识,熟悉幼儿园教育的目标、任务、内容、要求和基本原则,掌握幼儿园各领域教育的基本内容和幼儿园环境创设、一日活动安排、观察了解儿童、保护儿童安全和健康的方法,能对意外事故进行妥善处理,了解学前教育发展动向和最新研究成果,等等。学习这些知识将有助于教师掌握学前教育规律,提高工作的目的性、计划性和工作效率,也有助于教师树立正确的教育观念。实际上,每个教师都是按照自己对儿童发展与教育的看法来组织教育教学的。教师的教育观念决定了他在教育过程中确立什么样的教育目标、教育内容和教育策略,对儿童采取什么样的态度。可以说,有什么样的教育观念就会产生什么样的教育行为,它影响教育的效果和儿童发展方向。学前教师只有不断学习专业知识,关注教育形势的变化,研究教育实践,才能使自己的教育观念不断提升。

长期以来,社会上有一些误解,认为学前教师所教知识浅薄,没有很高的学术性,谈不上专业性,似乎谁都可以当学前教师。其实这种看法是片面的。学前教师和一般教师职业一样,是具有双专业性的职业,即不仅要具备所教学科的专业知识和技能,解决"教什么"的问题,同时,要具备传递知识技能的技巧,解决"如何教"的问题。教师同医生、律师一样,必须经过严格的、持续不断的教师专业训练,能"诊断""分析""开处方",成为教育方面的"临床专家"。与一般教师职业不同的是,学前教师不是某一学科的教师,而是担负着儿童的全面教育工作。学前教师对儿童的教育内容涉及科学、社会、语言、艺术、健康等各个领域。教师需要有比较广阔的多学科知识和教育艺术,才能满足儿童发展的需要,才能胜任幼儿园的工作。

(四)能力素质

学前教师要实现自己的职业理想,成为教育儿童的行家里手,应将教育理论知识转化为教育、教学实际能力,这是搞好教育教学的重要条件。《专业标准》中要求教师:"把学前教育理论与保教实际相结合,突出保教实践能力;研究幼儿,遵循幼儿成长规律,提升保教工作专业化水平;坚持实践、反思、再实践、再反思,不断提高专业能力。"可以说,在《专业标准》中强调的是三种能力:一是与理论相结合的保教实践能力;二是研究儿童的专业能力；三是反思提高自己的自我发展能力。这些能力要在专业学习开始时就不断地历练，通过理论学习、见习、实习，实际入职做教师后不断地思考、实践和主动参与培训和自主研修才能逐步完成。教师的专业能力大致可以从以下几个方面来加以陈述。

1. 教育环境的创设和利用的能力

教育环境包括物质环境和精神环境。教师要建立起适宜的班级秩序与规则，营造良好的班级氛围，与儿童建立良好的关系并鼓励儿童之间建立良好的伙伴关系，使儿童在园和在班级感到温暖和愉悦。

2. 观察了解和研究儿童的能力

教育儿童是一门科学，只有了解儿童，才能教好儿童，而观察是了解儿童重要的途径之一。由于儿童自身控制能力差，情绪易外露，其内心活动，身体状况常通过表情、动作或简短语言表现出来。往往儿童的一个细小动作，一刹那的活动，会反映出一个真实的内心活动。

小资料4-3

儿童很重视教师对自己的评价，并在行动中不经意地表现出来。犯了错误，常常不自觉地望老师一眼；当值日生分苹果，将小苹果留给自己，大苹果让给小朋友时，常充满希望地看看老师。教师如果能理解其外在行为所传递的内部信息，敏感地觉察出儿童的最迫切需要，并根据该儿童的特点做出及时的、有利于儿童发展的恰当反应，那么教师就赢得了教育的主动权。

学前教师需要发展观察的技能。教师观察的技能表现在随机的观察和有计划的观察中。随机观察时，必须尽可能准确而又客观地察看儿童，要将自己的眼睛训练得如同鹰眼般的敏锐，能最快地捕捉到儿童最细微的动作，能探知到儿童最细微的需要，能了解儿童某个行为的意义，并做出及时反馈。

教师还要能够针对保教工作的现实需要和问题，进行探索和研究，不断收集分析有关信息，综合归纳出每个儿童的优点和缺点，有针对性地对儿童进行教育指导，促进儿童有个性的发展。如果有余力，也可以针对教育工作中一些有疑惑的问题设定研究课题，有意识地进行专门的研究和总结，以不断提高教育的质量。

3. 一日生活的组织和保育能力

教师要能够合理安排和组织一日生活的各个环节，将教育灵活地渗透到一日生活中。儿童的安全健康是幼儿园的首要任务，教师要能够科学地照料儿童的生活，指导和协助保育员做好班级常规保育和卫生工作；要注意排除环境中的不安全因素，保护儿童的安全；如果出现意外事故要及时处理，危急情况下要优先救护儿童。另外，教师要学会充分利用一日生活中的各种教育契机，随机对儿童进行教育。

4. 支持和引导儿童开展游戏的能力

游戏是儿童学习的重要方式。教师应当能够按照儿童的兴趣、需要、年龄特点和发展目标为儿童提供游戏条件，会充分利用，合理设计游戏活动的空间，提供丰富、适宜的游戏材料，支持、引发和促进儿童的游戏；在游戏中鼓励儿童自主选择游戏内容、伙伴和材料，主动和有创造性地开展游戏，充分体验游戏的快乐和满足。教师可以同伴的身份参与游戏，引导儿童在游戏中获得身体、认知、语言和社会性等多方面的发展。

5. 制订教育活动计划，组织和实施教育活动的能力

教育全班儿童，使儿童在体、智、德、美几方面全面发展是教师的中心工作。在班级组织管理中，教师肩负着重大职责。从教育内容看，有健康、语言、科学、社会、艺术诸领域；从工作任务看有保育和教育两方面；从教育途径看，有上课、劳动、游戏、日常生活活动等；从组织形式看，有集体、个别、小组活动等。教师要将这些内容和活动形式，合理计划，科学安排，制订出最佳方案，促进儿童发展，不是一件容易的事，这需要教师具有很强的组织和实施能力。

教师这方面能力包括：制订班级教育工作计划的能力；创设与教育内容

相适宜的环境的能力；建立一个良好班集体，包括确定班级教育目标，树立良好班风，建立班级常规，维持正常的教学秩序和纪律的能力；按照儿童的发展水平，进行分组及灵活地指导各小组同时进行活动的能力；组织儿童开展各类教育活动的能力等。

课堂管理是教师组织管理班级的一个重要方面，新教师开始时难以一下子学会。但是当班级管理不善时，课堂的无序和混乱就会侵占儿童的学习时间，弄得教师疲惫不堪，即使教师备课很充分，不良的课堂管理也会导致儿童的纪律问题和行为不良等，妨碍教师运用教学策略。这一点在小组合作学习、实验和手工操作等活动中反映更为明显。对此，教师可预先制订课堂规则，规定违反规则所应承担的后果，提高儿童的自律能力，同时加强师生之间的交流，加强对教育过程的监控，教师的课堂管理效果就会增强。

教师组织能力的提高是有一个过程的。每做一件工作，事先经过周密的设计，考虑好行动的每一步骤，实施时认真细致，泼辣大胆。每一次行动结束，都认真总结经验教训，教师的组织能力就会在不断的实践中得到提高。

6. 沟通与合作能力

沟通是人与人之间通过信息交流，彼此相互理解，彼此接纳对方观点、行为，彼此协调，达到合作的默契过程。教师与儿童、家长之间的沟通能力是教师重要的基本功。

（1）教师与儿童的沟通。其沟通的方式有言语的和非言语的两种。教师与儿童的言语沟通，通常是围绕一个话题展开的。教师应注意谈话的策略，观察发现儿童感兴趣的话题，将儿童引入交谈主题之中，运用简洁有趣的提问，保持儿童交谈的兴趣。儿童发言时，教师要表现出热情和耐心，倾听并给予鼓励。

与儿童进行言语沟通时，教师本身的语言素养非常重要。鉴于儿童的知识经验和理解能力不足，教师的口语表达应符合儿童的接受水平，有以下几种表述的方式：

• 说话的态度温和，使儿童有一种安全感，并乐意听从；

- 语气坚定，使儿童感到教师充满自信；
- 表述简单明了，从容不迫，使儿童容易听懂；
- 尽量用愉快的声调并走到儿童身边说话，而不是老远地大声嚷嚷，因为这样做，会使儿童感到恐惧。

教师应讲究语言艺术，由于儿童的思维具有直觉行动性和具体形象性，因此教师的口语应该生动形象，引人入胜，并伴有动态语言。教师始终要用正面的语言与儿童谈话，告诉儿童应当做什么，而不是告诉他不应当做什么。比如说："请轻轻地搬椅子"而不说"别把椅子碰得叮咚响"；说"请把积木放在筐子里"而不说"别把积木放在地上"。教师的语言不仅是向儿童传递信息，进行思想教育的重要手段，也是儿童模仿的对象，教师的语言应该为儿童树立榜样。

教师与儿童的非言语沟通主要是指教师运用微笑、点头、抚摸、搂抱、蹲下与儿童交谈等方式与儿童沟通。这种方式比言语更容易表达教师对儿童的尊重、关心、爱护和肯定，符合儿童的心理需要。教师的这种动作语言的运用，是建立在教师对儿童的爱的基础上的。教师如果像母亲一样对孩子从内心充满爱，这种内心的爱的情感就会自然而然地流露出来并转化为动作语言。

（2）教师与家长的沟通。家园之间互相沟通，关系和谐，是协调各种教育因素，形成教育合力的重要保证。家园关系建构中，教师处于主动的一方，教师对家长的了解和尊重是沟通的前提。教师需要了解家长对子女的期望、家长的个性、教育观念、教育方法、职业特点、文化水平等，在此基础上，确定自己的工作方法和策略。

①以关心孩子成长为目的，确立平等信任的关系。教师应与家长建立情感上的联系，在与家长沟通时，应发自内心地关心其子女成长，主动向家长介绍儿童在园情况，对不同个性的家长采取宽容的态度，主动邀请家长参加幼儿园课程设计、实施和评估工作，仔细聆听家长的想法和意见，在教育孩子的问题上出现矛盾时，绝不互相指责，而是设身处地地为家长着想，尽自

己所能解决家长在教育子女方面遇到的困难，使家长感到教师是爱自己的孩子的。这样才会调动家长主动与教师沟通的积极性，共同为孩子的进步而努力。

②掌握沟通的技巧。在与家长沟通时，掌握沟通的技巧很重要，如与家长面对面交谈时，聆听的技巧；适宜于不同家长个性的谈话技巧；向不同个性的家长汇报孩子发展情况的技巧等。只要教师本着爱护、关心孩子的目的，注意沟通的技巧，同时利用谈话，巧妙地指导家长掌握科学育儿的方法，就能够在沟通的过程中得到家长的尊重、理解与支持。

案例4-3

某小班新入园的孩子滔滔的奶奶，每天来送孩子时都对老师说："老师，滔滔不会吃饭，你喂喂他。"老师微笑着摸摸滔滔的头说："滔滔吃饭很能干的，都是自己吃的。"奶奶不大相信，教师就邀请她中午吃饭时过来"偷偷地"看一看。奶奶看见自家的孙子吃饭的表现，激动地对老师说："这下我真正放心了，滔滔自己会吃饭了，还是你们的办法灵，谢谢老师，老师辛苦了！"

原来在家访中老师了解到，滔滔在家不肯自己吃饭，都要大人喂，而且要一边玩一边吃。到幼儿园后，在老师的鼓励下，滔滔的饭吃得很好，经常受到表扬。

③利用多种形式与家长沟通。家长的工作性质不一样，接送孩子的时间也不尽相同，教师可利用家长接送孩子的时间，短暂交谈，或采取家访、家园联系手册、写简信、便条等与家长沟通。

7. 教育监控与评价能力

教师的教育监控能力是指教师对自己组织的教育教学活动进行积极主动的自我认识、自我调节和自我反思的能力，包括以下几方面内容。

（1）计划与准备。在具体的教育活动之前，教师应根据教育任务、材料、儿童的兴趣与需要、儿童的发展水平与潜能、教师自己的教育教学能力等来确定适宜的教育目标，计划各种活动，选择活动内容与实现任务的策略，安排教学步骤，构想出各种解决问题的可能办法，预测可能达到的效果。

（2）反馈与评价。教师在教育过程中，要随时监控班级情况，获取反馈的信息，根据教育目标，针对自己的教育过程、教育策略、教育行为、教育效果及儿童发展状况做出初步的评价。

（3）控制与调节。在教育过程中，根据反馈信息，发现和分析存在的问题及原因，及时调节活动的各环节，对下一步活动进行调整和监控。

（4）反思与校正。一次或一阶段教育活动完成后，教师要深入总结和反思，如回顾自己组织的教育活动，反省自己的活动是否适合儿童的实际水平，能否有效促进儿童发展，分析哪些方面是成功的，哪些方面有待改进，反思自身教育行为的特点与不足，对所发现的问题或不足，找出其主要症结，假设一种或多种解决办法或途径，进行相应的调整并采取补救措施。

教师教育监控能力是教师综合素质的具体体现。教师对自己的教育过程进行监控，是教师运用专业知识和教育观念，审视教育实践，发现、分析、解决问题的过程，有助于教师明确问题是否解决，解决到了哪一步，还有什么问题需要进一步解决，在此基础上发现新的问题或提出新的假设，在不断反思教学的过程中，把教学实践提升到新的高度。因此，对自己的教育过程实行监控，是教师提高自己的专业素养，改进教育实践的一种学习方式，是使教师由单纯的教学者成长为研究型、专家型教师的重要途径。

五、学前教师的专业发展

学前教师的专业发展是教师个体不断接受新信息，增长专业能力，成为相对成熟的学前教育专业人员的过程。相对成熟的学前教育专业人员主要表现在：有教育理想，能对自己的教学生涯做出规划并根据环境变化及时调整；热爱、尊重儿童，有积极的师生互动；能通过不断学习，获得新的专业知识和技能；能参与设计专业发展规划，进行教育教学研究，具有反省的习惯；能敏感地觉察到周围环境中有意义的事物，利用其作为教育素材；能协调各方面的关系，具有较强的适应性；等等。学前教师的专业发展主要通过以下三个途径实现。

1. 接受师范教育或职前培训

在3~5年的职前学习或培训中，未来的学前教师要学习从教必需的知识、技能，对教师行为规范有一定的了解和认识，知道哪些行为是正确的，哪些行为是错误的，对自己将要承担的教师角色和身份有全面而正确的认识。

2. 新教师培训

进入教育岗位后的新教师，从学生到教师的角色转换有一个过程。在最初的一至三年里，新教师可能对所从事的工作难以适应，这是很正常的，这时需要有经验的教师对新教师在生活、学习、教育教学内容与方法等方面进行系统而专门的辅导，使之亲身体验自己作为教育专业人员所应承担的社会责任，能以此衡量和控制自己的教育行为，逐渐对学前教育事业和教育对象产生较深的感情。

3. 在职进修

时代的发展和科学的进步，促进了教育思想和教育实践的不断发展。教师必须具备终身学习的观念和强烈的研究意识，不断追求新知，才能使自己赶上日益变化的教育形势。教师的业务进修主要包括自学、定期脱产进修和参加教研活动，如教学观摩、相互研讨、参加教育专题研究、去其他幼儿园调查研究，运用教育理论审视自己的教育实践，发现问题、分析问题、解决问题等。

教师只有不断地学习，积极参与教育改革与研究，才能不断地创造出适应时代和教育对象的有效教育方法，也才能提高自身的专业素养，而逐渐达到专业成熟，成为追求教育理想，具有强烈的敬业精神、广泛的专业知识、技能和良好个性品质的教育专业人员。

第二节 儿 童

如何看待儿童,这是作为教育者需要明确的问题。我们过去常说教师是园丁,儿童是花朵。这个比喻部分说明了儿童特性,即儿童不是知识的容器,可以任由成人去装填。儿童就像一株幼弱的植物,有着自己成长的规律,如果得到合适的土壤、阳光、雨露和适当的栽培,就会茁壮成长。反之,则可能会过早衰萎或夭折。

其实,作为人这种复杂生物体的后代,儿童的特性远比植物复杂,合理地教育他们,使他们得到理想的或应有的发展是很不容易的。儿童生活在家庭、社会和学校中,他们看到、听到和碰到的各种人物、现象、事件都在对其发展产生影响,有积极的、消极的,甚至可能是对儿童有伤害的。作为专职的教育者,教师需要爱护儿童,减少环境对他们的不良影响,通过鼓励形成儿童积极主动的学习态度,引导儿童学会学习,学会生存,学会做人,成为能有利于社会进步与发展的合格接班人。

一、儿童的特性

(一) 儿童是完整的人

把儿童看成完整的人,包含以下两个方面的含义。

1. 儿童是整体发展的人

儿童是有思想,有感情的个体。他一出生,就是所在社会的成员,是国家未来的公民。从这个角度看,儿童作为人的权利应该受到尊重。同时,儿童的身心发展是互相联系、不可分割的整体,任何一个方面的发展都可能影响到他其他方面的发展。比如，儿童早期受到养育者良好的照应，身体好，动作的发展状况较好，就代表他的智力和认知能力发展比较好，由此延伸到语言和社会交往的能力也会较强。这可能直接影响他在同伴中的地位和他的社交方式。他与人交往可能充满自信，在同伴群体中可能威信较高，甚至成为领导者。反之，如果儿童早期受到忽视，身体较差，动作发展会迟缓，智力和认知能力发展也会迟缓，由于缺少与人的沟通交往，语言和社会交往能力也会比较弱，在群体中可能显得比较退缩和不自信。所以，我们提倡在教育中要首先保障儿童身体的健康和正常发育，以动作和感觉为基础，促进儿童身心全面和谐的发展，反对在教育中对儿童的某种技能进行强化训练的做法，如训练认字能力、计算能力等，这种强化的训练会对整体的和谐发展造成障碍。

2. 儿童是具有主观能动性的人

儿童在家庭、社会和幼儿园的环境中，通过各种活动获得身心的发展。教师在幼儿园组织各种学习活动，目的是通过这些学习活动来促进儿童的发展。但儿童是活生生的、有意识和有主观能动性的人，他在教育过程中的一切行为，他能否接受教育，以及接受教育的程度，在相当程度上都要受自己发展水平和需求的支配，绝不是教师想让儿童怎样做，儿童就会怎样做。教师不能把自己的意愿强加给儿童，只能根据儿童的特点，提供适合儿童发展需求和认识规律的教育环境、学习材料和教育指导，让每个儿童通过自身的主动活动得到应有的发展。

（二）儿童是独特的人

1. 儿童是具有巨大发展潜能的人

初生的儿童与成人相比较，是软弱无能和无知无识的，但是他们在这个年龄阶段所具有的巨大的学习潜力是其他阶段都无法比拟的。例如：在出生后几个小时，新生儿就能进行工具性条件反射的学习；出生后半年内，儿童就可以感知到颜色、大小、远近、节奏、气味、位置等。因此，应当在保护儿童生命安全的前提下，尽可能为他们提供尝试、接触、交往、表现的机会，顺水推舟，使儿童获得最佳的发展。

儿童所具有的巨大的学习潜力还体现在他们的发展具有极大的可塑性，使他们可以适应各种环境，具有最大的发展可能性。随着儿童年龄的增长，经验的丰富和能力的发展，他们的发展可塑性就日益降低，后期的发展日益为早期的发展所制约。

教育者应把握儿童发展的大好时机，提供各种儿童感兴趣的材料，合理地引导儿童从事多种多样的活动，为儿童的未来发展打下良好基础。

2. 儿童是处于快速成长和发展过程中的人

儿童是处在快速生长发育阶段的人，也是有多种发展可能的人。儿童没有成人的成熟，自然就没有成人的顾虑。孩子拿起笔画画，自由挥洒，心里想什么就画什么，不管画成什么效果，而成人却迟疑不决，难以下笔，他要考虑诸多的社会评价标准。成人知道鸟儿会飞，但只有孩子问：我为什么不会飞？如果我们始终能保持孩子一样的好奇心，像孩子那样善于追问，或许我们也会成为发明家。正因为儿童的观察、思考、选择和体验都与成人有明显不同，所以应当把成人看作成人，把孩子看作孩子，他的发展阶段的特点应当受到尊重。从教育的角度看，这是使教育活动区别于其他社会活动的重要原因之一。教育机构的一切工作都要适应儿童的年龄特征，教师应掌握儿童身心发展理论，熟悉不同年龄阶段儿童发展特点，并依据其特点开展教育活动，才能收到预期的效果。

3. 儿童是发展中各具特点的人

由于每个儿童的遗传素质和先天特点不同，又受到出生后社会环境的不同影响，因而具有各自不同的特点和秉性。古话说："人心不同，各如其面"，就是说人的心性就像人的五官长相那样千差万别。

在生活中，我们确实可以发现有的人艺术细胞比较发达，有的人比较会说话，有的人擅长解数学题。上世纪八十年代，美国心理学家加德纳提出多元智能理论，认为人类的智能是多元的而非单一的，主要是由语言文字智能、数理逻辑智能、视觉空间智能、身体运动智能、音乐旋律智能、人际交往智能、自我认知智能、自然探索智能八项组成。每个人都有这些智能，但是擅长的程度各不相同，所以教育的时候需要区别对待。例如：有擅长数理逻辑的，可以把数学、物理学得较好；擅长语言文字的可以把语文、辩论、讲演学得较好；擅长身体运动的可以在身体运动方面比较出色。教育者不可强求擅长体育运动的人把数学、物理学得与擅长数理逻辑的人一样出色。

关于儿童的个别差异，我们可以这样来理解：每个人是生而不同的，各有其特点和长处，不能用一个标准去衡量或要求所有的儿童。要尊重儿童的独特性并培养具有独特个性的人，这应成为教育者对待儿童的基本态度。独特性也意味着差异性，要认识和尊重儿童的不同需要，因材施教，使每个儿童在自身原有的基础上得到全面和谐的发展。

二、儿童在教育过程中的地位

（一）儿童是教育的客体

在教育过程中，教师根据一定的教育目的，按照一定的教育计划，有组织地对儿童施加影响，是"教"的活动的主体，而儿童则是"教"的对象，是教育的客体。

（二）儿童是自身学习的主体

教师虽然掌握着教的主动权，但并不能够主宰儿童的学。儿童是具有主观能动性的人，是教育过程中的主动参与者，是客观世界的探索者、发现者，是自身学习的主体。对教师所教的内容，儿童可以根据自己的兴趣、需要，接受自己所需要的部分，并按自己的方式和特点加以理解和吸收，而对不适合自己兴趣或需要的内容则不予理会，甚至抗拒学习。如果教师把儿童当作知识容器进行灌输，是肯定教不好的。教师只能引导儿童自己动手，自己学习，他才能真正学习到知识。

（三）儿童是自身权利的主体

儿童虽然年龄小，但有着独立的社会地位，是行使权利的主体，享有法律所规定的各项社会权利。目前，保障儿童各项权利的问题正在受到学前教育界乃至全社会的普遍重视，但社会仍未彻底把儿童本身看成是独立存在的个体。许多成人往往出于"为了孩子，关心孩子"的主观目的而把自己的价值观强加给儿童，完全不考虑儿童的需要。在教育实践中也并未彻底改变儿童对于教师的绝对服从的关系，体罚、剥夺儿童的学习和游戏权的现象依然存在。要改变这种状况，关键是教师要树立儿童的主体地位意识，在实践中切实保障其合法权益。

三、儿童的发展与教育

（一）怎样看待儿童的发展

关于儿童发展的决定因素，历史上曾有几种不同的观点。有的人认为儿童的发展是遗传决定的，儿童将成为什么样的人早在出生以前已经决定好了，出生后的发展不过是天赋的逐渐展开，即所谓"龙生龙，凤生凤，老鼠生儿会打洞"。上等人的孩子总是上等人，下等人的孩子总是下等人，因为遗传是不可改变的。

另一种观点与上述观点针锋相对，认为发展是环境决定的，儿童出生后什么也不是，他长成什么样子完全是后天环境造成的。美国的行为心理学家华生甚至认为教育万能，只要提供合适的条件就可以把孩子培养成任何一种人，诸如国王、大臣、科学家乃至盗贼和乞丐。

在我国传统的教育理论中提出的发展观则是："遗传素质提供可能性，环境和教育起决定作用。"也就是说遗传提供发展的条件，环境和教育决定儿童的发展。粗看这个观点似乎避免了遗传决定论和环境决定论走极端的弊病，但仔细考察一下还是可以发现它基本上还是一种环境决定论的观点（教育在大分类里属于环境），虽然承认遗传有作用，但是只承认了孩子从父母那里获得的遗传素质，总的还是把孩子看成一份待塑造的材料，而不是一个会主动作用于外界，会有选择地吸收外界影响并对外界施加自己影响的人。

究竟应当如何看待儿童的发展呢？现在大多数人都接受了皮亚杰的观点，就是承认儿童的发展包括生理上的生长和成熟，能力的形成和认知的发展,也就是心智的发展。这些生长和发展与孩子自身的活动及儿童主动与外界的相互作用是不可分离的。也就是说我们不承认任何外界的因素可以单独地对儿童的发展起这样或那样的作用,除非儿童与之积极地发生了相互作用。各种外部因素只有被纳入儿童的活动中,才能真正地对儿童的发展产生影响。

（二）活动和儿童的发展

环境和教育只是儿童发展的外部因素,都不能决定儿童的发展,决定儿童发展的是儿童与外界的相互作用的活动。儿童在一定的遗传、环境和教育的条件下,通过自身的主动活动,不断地对外界的各种影响进行同化或顺应,保持自身各种发展因素的动态平衡,儿童的整体发展由此而实现。

因此,活动成了儿童发展的关键。需要确定的是,活动指的是儿童自身主动与外界的相互作用,或者说是儿童自身的实践活动。成人发出指令让儿童做模仿操或活动手脚,不是我们所说的活动,因为不具有主动性。儿童的身体和心理的发展都是在与外界环境相互作用的过程实现的。儿童机体的生长发育是儿童机体不断地与外界环境进行物质交换,摄取食物、空气,排出废料、废气,循环往复,新陈代谢的过程。儿童的身体动作和感官也需要主动探索,反复练习才能逐渐发展,而儿童的心理则是在与外界环境中的人、事、物接触的过程中不断吸收各种信息,不断加工整理,改变原有认知结构而发展起来的。因此,没有儿童个体与环境的相互作用,就没有儿童的身心发展。

儿童与环境相互作用的过程实际是儿童主动参与实践活动的过程,也是儿童认知、情感、社会性等不断提高的过程。例如：儿童通过日常生活活动,学习穿衣、吃饭等,满足了生理需要,提高了生活自理能力;在探索、游戏活动中,儿童通过观察、理解、记忆、思考、做出判断,提高了思维的水平和能力,发展了心理活动的指向性、稳定性;动手操作和人际交往活动,扩展了儿童的知识,发展了其社会性等。

由于遗传素质、先天特点和早期家庭生活的影响,每个儿童都有自己的个性特征，有不同的特长、兴趣和需求，加上个人在生活过程中获得的经验不同，因而发展成为各不相同的人。

小资料4-4

1920年，有人在印度山里的狼窝里，救出两个由狼抚养的小孩，推断年龄是一个8岁，一个1岁半，被送到孤儿院抚养和教育。这两个孩子不会说话，不会站立，会像狼一样吃生肉，昼伏夜出，也会发出嚎叫。一年后小的狼孩因病去世，大的继续受到教育训练，但是始终无法像人一样活动，9年后因病去世。[1]

（三）学前教育与儿童的发展

儿童在身心发展的早期具有极大的发展潜力和可塑性，但是他们又是敏感、脆弱和易受伤害的。这样的特点，使学前教育变得复杂而难以把握，因为在这个时期有许多自然因素，如遗传、成熟、生理成长和变化在起作用。教育处置不当，会使儿童受到永久性的伤害，作为学前教师必须明确这一点。目前社会上有许多进行早期智力开发的机构设计的教育方案或书籍，需要仔细加以研究和辨别，不可盲目照搬。

儿童的发展要通过主动的活动，那么教师的作用是否被否定了呢？如果我们只把教育理解为一个教师传授和灌输知识的过程，那么强调儿童要在主动的活动中获得发展，是使教师显得不重要了，因为主角变成了儿童而不是教师。但是我们如果把教育看作成人主动和系统地对儿童发展施加影响的过程，把教师看成促进儿童整体和谐发展的指导者和引路人，教师仍是重要的和不可缺少的。在教育过程中，儿童是学习的主人，教师不是预备一些知识技能灌输给他们，而是要安排适宜的生活和学习环境，激发儿童的活动，使

---

[1] 参见［印］J. A. L 辛格著，陆甦生 李青编译：《狼孩》，吉林人民出版社1982年4月版。

儿童在活动中发展。

教育者如果想达到某个目的，就必须在组织儿童的活动上做出努力。教师需要了解每个孩子的发展水平、特点和需要，找出他们的最近发展区，组织适宜的教学活动或其他活动来促进其发展。在活动中，教师的教育成果不会立竿见影，像教 1+1=2 那样简单。儿童的发展存在一个转换和建构的过程，他们在活动中的收获不是外显的和肤浅的，而是深层次的、实在的和有长久效益的。因为儿童在活动中学会用自己的双手、感官和头脑去感知和认识事物，学习调整自己与事物、与周围人的关系，积累了丰富感性经验和动作经验，发展起独立性和自信心，为更高级的发展打下坚实的基础。

儿童的发展既然是在活动中获得的，他们受教育的场所就是全方位的，不会限于教师、教室和幼儿园。自然环境、社会环境和家庭环境都是儿童学习的场所。儿童可以在日常的家庭和社会生活中汲取丰富的经验，可以在自然环境中，在社会和家庭中从事多种多样的活动，接受来自各方面的教育影响，获得更全面的影响。当然，由于学校以外的教育影响包含无意识和消极的成分，需要对全社会进行宣传教育，让所有的人都来关心教育，正确对待儿童。

在儿童发展的早期，教育应该提供适宜儿童生长发育和发展需求的环境和条件，保障儿童生命和健康，排除不良的影响和刺激，在儿童的各种主动活动中，给予适宜的指导和帮助，以促成儿童早期的最佳发展。如果成人没有掌握早期教育的规律，按自己的方便和喜好来任意地对待儿童，就可能造成儿童发展的偏差，或是错过了发展的好时机，使儿童的发展延迟，甚至形成了障碍和缺陷以至于将来难以纠正。有的人在孩子一两岁就开始教识字、数数，三四岁就开始练长跑等，结果未能开发出孩子超人的能力，反而造成发展的不均衡，甚至伤害了孩子的身心健康。

第三节 环　境

一、环境的含义和学前教育环境

环境通常指的是生物有机体生存空间内各种状况和条件的总和。人类的生存和发展离不开一定的环境，需要从环境中获得维持生存的一切元素，包括生活生产所需的资料，如空气、太阳、水、土地、植物、动物等。人作为环境的一部分在与环境的相互作用中展开了人类发展的历史。这种相互作用既成就了个体的生活，也成就了人类的进步。人通过自身的活动作用于环境，不断改变环境的不利因素使之更适于生存，但是环境也对人的活动有制约和影响。如果一意孤行，过度索取，最后就会受到惩罚，如水源枯竭了、土地沙化了、空气污染了。如何与环境中的各种要素共存共荣，是人类社会发展永恒的课题。

人是社会动物，人类社会对于个体也是一个环境。社会的结构、分配制度、法律法规以及人与人的关系都在不断地运转、碰撞和变化，量变引起质变，社会矛盾积攒多了就会引起大的波动和变革，社会也由此不断进步。

对于儿童来说，环境指的是他们生活周围的情况和条件，包括大自然、大社会中一切可以对儿童的发展产生影响的因素，既包括以空气、水、土地、植物、动物等为内容的物质因素，也包括以观念、制度、行为准则等为内容的非物质因素；既包括自然因素，也包括社会因素；既包括非生命体形式，也包括生命体形式。环境是相对于某个主体而言的，主体不同，环境的大小、内容等也就不同。

学前教育机构是一种特殊的环境，为教育儿童而创设。狭义的学前教育环境是指学前教育机构中，对儿童身心发展产生影响的物质与精神要素的总和。过去，我们所讲的学前教育环境，通常是从狭义上来理解的，比较重视小环境的创设，试图让儿童在一个理想的小环境中受到良好的教育，而对大环境的影响重视不够。儿童是社会的人，儿童的成长不可避免地要受到社会各个方面，包括园内的、园外的，物质的、精神的因素的影响。脱离社会大环境对儿童进行教育是不现实的，所培养出来的儿童也是难以适应复杂的社会生活的。因此，研究环境与儿童的发展问题应从大教育观出发，对学前教育的环境进行广义的探讨。

广义的学前教育环境是指学前教育赖以进行的一切条件的总和，它包括幼儿园、家庭、社会中一切对儿童身心发展产生影响的因素。

学前教育环境按其性质可分为物质环境和精神环境两大类。物质环境是指对学前教育产生影响的一切天然环境和人工环境中物的要素的总和，如自然风光、城市建筑、社区绿化、家庭物质条件、居室空间和装饰、园舍及装饰、设备材料、幼儿园空间的设计与利用、各种游戏材料和教具等。精神环境是指对学前教育产生影响的社会中精神因素的总和，主要包括社会政治、经济、文化、艺术、道德、风俗习惯、人的生活方式、人际关系以及幼儿园中教师的教育观念和行为、文化氛围、师生关系等。

20世纪70年代，美国心理学家布朗芬布伦纳（Urie Bronfenbrenner, 1917—2005）有关人类发展生态学的研究，为我们分析人类生活、工作、学习的环境提供了新视角。布朗芬布伦纳认为："人类发展生态学研究的是发展着的个体与其直接生长于其中的变化着的环境之间的渐进的双向的互动，而这个互动过程又受到个体不同的直接环境之间的相互联系的影响，并受到这些环境所处的文化背景的制约。"[①]

人类发展生态学的基本观点如下。

（1）人的行为是在自身与环境相互作用的过程中发展起来的。人与环境之间的相互作用既是双向的，又是不断变化发展的。

（2）影响人发展的环境是一个整体，其整体结构称为社会生态环境，它

[①] 洪秀敏：《儿童社会性交往的生态学分析》，载于《学前教育研究》，2003第4期。

包括微观系统、中间系统、外层系统、宏观系统、时代系统等几个不同层次的环境。这些不同层次的环境好像儿童们玩的"套蛋"（参见下页图），由一个层次套入另一个层次，其核心是正在发展着的人。微观系统（Microsystem）是指儿童生活的场所及其周边环境，如家庭、幼儿园、学校、邻居和社区。中间系统（Mesosystem）是指处于微观系统中的两个或更多的事物（如幼儿园与家庭、幼儿园与社区、家庭与社区）之间的关系或联系。当儿童进入幼儿园，家庭与幼儿园之间的相互联系对儿童的发展会产生很大的影响。外层系统（Exosystem）是指"发展着的人不直接参与的，但又影响或受其中所发生的一切所影响的一个或多个环境"。它对儿童的发展只有间接而无直接的影响，比如，父母工作场所、家庭生活条件、幼儿园的管理部门、各种视听媒体等。宏观系统（Macrosystem）是指微观系统、中间系统、外系统中的一些共同的因素，表现所在社会的信念和思想体系。时代系统（Chronosystem）主要是指儿童所生活的时代及其所发生的社会历史事件。以上每一个系统都对儿童的发展有着复杂的生态学意义，各个系统是相互联系、相互制约的，其中任何一个系统的变化都会波及到另外一个系统。

（3）微观系统是由活动、人际结构、角色三个要素组成，直接环境对人的发展的影响就是通过这三个要素发生作用的。[1]

从人类发展生态学理论可以看出，每一个系统都对儿童的发展有着复杂的生态学意义。中间系统中各微观系统间的互动质量越高，促进儿童发展的可能性就越大。对于儿童来说，幼儿园、家庭、社区是最常接触的微观系统，它们之间的关系便构成了影响儿童发展的非常重要的中间系统。

从人类发展生态学理论模型中，我们可以得到如下启示：①要充分认识环境在儿童发展中的独特作用。②要重视幼儿从家庭、幼儿园、小学的"生态变迁"，逐步扩大儿童认识世界的范围，培养儿童的适应能力。③要重视从幼儿园与家庭和社区的相互联系中，来研究影响儿童发展的因素，以优化儿童成

---

[1] Urie Bronfenbrenner, *The Ecology of Human Development*. Harvard university Press. 1979, 25.

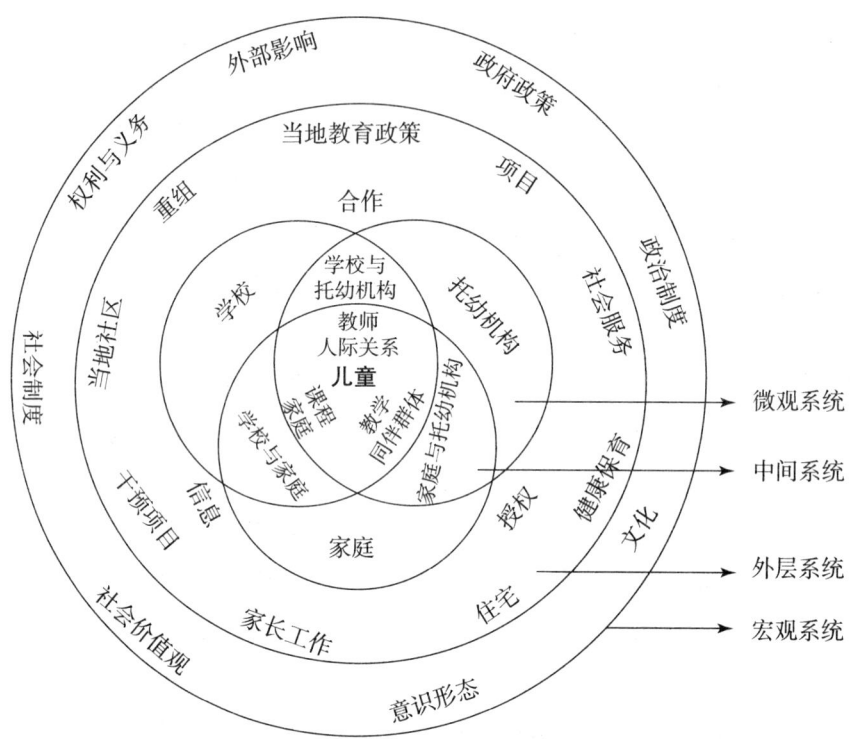

长的环境。④加强幼儿园、家庭、社区之间的联系，形成正向的互动关系。⑤重视学前教育在时间上和空间上的延续性，加强幼儿园与家庭、社区的合作，形成良好的促进儿童健康发展的教育生态环境，为儿童终身发展打基础。①

二、学前教育环境的功能

儿童身心发展的各方面无一不受环境的作用和影响。幼儿园是一种特别设置的环境，它给予儿童的影响是有目的、有系统的，其中包括幼儿园的建筑和设施，幼儿园的装饰和学习材料的配备，幼儿园的各种规章制度、行为规范以及幼儿园中教师与教师、教师与儿童、儿童与儿童之间的关系。

幼儿园的建筑负有教育的使命，应该与整洁、安静的街道为邻，远离噪音，能使儿童感受到文明、和谐、安宁的气氛。房屋建筑应有明快的形状和

---

① 参见李生兰：《幼儿园与家庭、社区合作共育的研究》，华东师范大学出版社 2003 年版。

颜色，采光好，符合儿童健康、安全的需求，也符合儿童的年龄特点和喜好。幼儿园里要有与儿童人数相适宜的绿化面积，能净化空气，有益儿童健康，方便儿童开展生活、游戏和学习，如一定面积的绿地配以花草树木以及游戏场、水池、沙坑、种植园地等。

幼儿园房舍和设施的装饰也是给予儿童良好影响的因素，如在寝室挂上颜色淡雅的窗帘有利于儿童安静下来，走廊里挂上好看的图画或温馨的提示标志等，桌椅和其他用具的颜色、材质、形状等不仅要有利于儿童的安全、方便，还要有利于美感和良好情绪的培养。

根据儿童学习发展需要通过与各种具体的事物相互作用的需求和特点，在幼儿园提供丰富多样的学习和游戏材料是幼儿园作为教育场所的基本要素，这也是幼儿园和小学的主要区别。如果一个幼儿园只有教室、上课的桌椅和一些书面的学习材料，就不能称之为幼儿园。幼儿园应当提供室外体育活动的设备和材料，如滑梯、秋千、转椅、攀登架等大型设备，还要提供小车、各式皮球、绳、圈、沙袋、玩沙玩水的材料等。在室内要提供练习生活技能的材料，积木、积塑等拼搭材料，玩娃娃家的游戏材料，做表演游戏和美工游戏的材料，还要提供各种有趣的儿童图书。丰富多样的操作材料能激起儿童游戏、学习和探索的兴趣，促进儿童的学习与发展。

小资料 4-5

蒙台梭利认为儿童的身心是在外界刺激的帮助下发展起来的，是个人对环境自然和自发的活动，因此必须提供适合儿童发展的外在环境。她认为，旧教育只包括教师和儿童两个方面。教师教，儿童学。新的教育应当是教师、儿童和环境的相互影响。如果儿童被置于一个有利于他自然发展的环境中，使他能按自己的需要、发展的节奏和速度来行动，他们就会显示出非常惊人的特性和智慧。

蒙台梭利认为儿童喜欢秩序，尤其小的儿童需要有秩序的环境。紊乱会干扰他，使他困惑。在蒙台梭利学校的活动室，每样东西都有固定的位置，并且必须安排得井井有条。各种活动必须有顺序、有步骤地进行。因为儿童是借环境来建构自己。有组织、有秩序的环境可以帮助幼儿反应迅速，实现自我塑造。①

幼儿园是儿童集体生活的场所，是个微缩的社会环境。在其中，有一定的生活常规，提倡儿童与教师、儿童与儿童之间友好和谐的关系，能使儿童学习和体验人际交往的基本态度和社会行为规范，学习到适应社会生活的许多有益的经验。幼儿园同时还一定的生活作息制度，能使儿童养成有规律的生活习惯；合理的膳食结构，保证了儿童营养，促进儿童生长发育。

家庭是儿童成长最自然的生态环境。儿童与父母有着浓浓的感情和深厚的血缘关系。儿童从一出生就感受到家庭的天伦之乐，与父母在一起，有着强烈的依恋感和安全感。家庭也是儿童的第一所学校，在日常生活中，儿童耳濡目染，潜移默化地从自己的家庭生活方式和家长言行举止中获得不同于他人的经验，形成自己的行为习惯，发展待人处事的能力和方法等。这一切，在儿童入园后，仍然极大地影响和制约着学前教育。家长是学前教育环境中重要的教育因素。家长亲自参与幼儿园的活动，能大大提高儿童的活动兴趣和积极性，进一步促进儿童与家人的密切关系。儿童家庭中有许多可供利用的材料，家长中有许多人是某一方面的行家里手，这些都是幼儿园重要的教育资源。家长与幼儿园配合，能使教育儿童的目标、内容和要求达到一致，从而增强教育的效果。

小资料 4-6

《孟母三迁》的故事：孟子小时候很贪玩，模仿性很强。他家原来住在坟地附近，他常常玩筑坟或学别人哭拜的游戏。孟母认为这样不好，就把家

---

① 参见黄人颂编：《学前教育学参考资料》上册，人民教育出版社1991年版，第43页。

搬到集市附近，孟子又模仿别人玩做生意和杀猪的游戏。孟母认为这个环境也不好，就把家搬到学堂旁边。孟子就跟着学生们学习礼节和知识。孟母认为这才是孩子应该学习的，心里很高兴，就不再搬家了。

儿童家庭所在的社区的自然环境、富有教育意义的人文景观、革命历史和人物，以及社区内为儿童设置的多层次、多内容、多种类的教育设施和教育活动，社区整洁的街道，人们文明的言行举止，良好的道德风貌，友善的邻里往来，有益的报刊、影视的内容与导向以及社会各界对学前教育的关心，深深影响着儿童的发展。幼儿园利用这些社会资源和社区文化对儿童进行教育，将大大提高其教育质量。

从以上可以看出，幼儿园、家庭和社区都是对儿童的发展起重要作用的环境因素，学前教育则是环境中的自觉因素。幼儿园只有主动、积极地组织多方面力量，促进家庭、社区的配合，才能取得良好的教育效果。

三、学前教育环境创设的原则

学前教育环境创设的原则主要是指幼儿园教师创设教育环境时应遵循的基本要求。这些要求是根据学前教育的原则、任务和儿童发展的特点提出来的。学前教育环境创设必须遵循的基本原则有以下几个。

(一) 安全性原则

学前教育面对的是相对柔弱的儿童，缺乏经验和自我保护能力，所以环境创设的首要原则是安全。

1. 房屋设备坚固安全，不易造成伤害

托幼机构的各种房屋设备应当是适合儿童安全使用的，如房屋坚固，电源插座设在高处，家具是圆角的，台阶是较矮的，阳台有合适的防护，大型玩具坚固而无锋利边角，场地上无碎石、瓦片和碎玻璃等。

2. 各种家具、玩具材料要无毒害和适用

儿童使用的桌椅、文具和玩教具的材料应当是用无毒、无异味的材料做成的,有合适的尺寸,不能被塞进鼻孔和耳朵,或造成其他伤害的。

3. 各种新增材料和区角的创设要保无毒害和安全

有针对性创设的环境如自然角、科学角、美术角、音乐角、墙饰、吊饰等,其材料经常更新变换,购置前要进行考察,看是用否无毒无害材料制成,外表有无可造成伤害的因素,如剪刀的尖、牛皮纸的边缘都可能造成划伤,要预先有所防范。

(二) 一致性原则

环境是幼儿园课程的一部分,在创设环境时,要考虑它的教育性,应使环境创设的目标与学前教育目标一致。

过去有的幼儿园,虽然也重视环境创设,但很大程度上只是追求美观,为的是布置环境,或者只是盲目地提供材料,对环境的教育性考虑很少。注重环境为教育目标服务,应该考虑以下两点。

1. 环境创设要有利于教育目标的实现

学前教育的目标是促进儿童全面发展。那么,在环境创设时对儿童体、智、德、美育四要素就不能重此轻彼。如果教师仅仅注重儿童的认知活动,设置读写算等区域,而缺少儿童健康、社会、艺术教育的环境;在创设发展儿童社会性的环境时,只提供儿童社会认知的环境,而对儿童有关社会规则、社会情感、社会行为发展的环境考虑很少,就不利于儿童的全面发展。

2. 依据学前教育目标,对环境教育做系统规划

在制订学期、月、周、日及每一个活动计划时,当教育目标确定后,应考虑:为了达到这些目标,需要有怎样的环境与之配合?现有的环境因素中,哪些因素对教育目标的实现是有用的,可以继续使用?哪些环境因素是要创设的,需要儿童家庭、社区做哪些工作?等等,应将这些列入教育计划并积极实施。

(三) 适宜性原则

儿童正处在身体、智力迅速发展以及个性形成的重要时期,有许多发展需要,学前教育环境创设应与儿童身心发展的特点和发展需要相适应。例

如：儿童天性好奇，有强烈的探索愿望，教师就应为儿童创设问题情境，使儿童能学习发现问题，解决问题，提高思维水平和动手能力；儿童知识经验少，需要学习感性知识，若需要感知雨，就应给儿童准备雨伞或雨衣及雨靴，下雨时，儿童可以在雨中散步；若需要感知春天，就应组织观察活动，让儿童观察春天的动物、植物、人们生活、生产的变化；儿童需要阅读，就应提供各种各样的图书，开阔他们的眼界。处于不同年龄阶段的儿童，身心发展特点和需要表现出不同的年龄特征，即使同一年龄阶段的儿童，在兴趣、能力、学习方式方面都存在很大差异。环境创设应适应儿童的这种差异。例如：小班儿童喜欢玩平行游戏，（即儿童各玩各的，彼此玩的游戏相同），提供的玩具就应该同品种的数量多一点；中大班象征性游戏水平较高，提供的玩具材料可以是一物多用的；有的儿童小肌肉动作发展较差，可提供一些筷子夹玻璃球，穿珠等活动的材料，让儿童以游戏的方式学习和练习；有的儿童大肌肉动作发展差，就可提供攀登架、脚踏车等，让儿童练习。

儿童的身心特点和发展需要还会随着其年龄增长而发展变化，因此环境创设不是一次就可以完成的，它是一个设计→实施→修正→再实施→再修正的螺旋式发展过程。

（四）参与性原则

环境创设的过程是儿童与教师共同参与合作的过程。教育者要有让儿童参与环境创设的意识，认识到学前教育环境的教育性不仅蕴含于环境之中，而且蕴含于环境创设的过程中。以往，学前教育环境创设常常较多地由教师包办，即使有儿童参与，也仅限于将儿童的作品拿来作为环境的点缀。学期初，教师经常为了布置环境加班加点，而一旦环境布置好了，就认为大功告成，一学期难得更换一次，因而环境对于儿童没有持久的吸引力。教师应将儿童参与环境创设融入课程，以便对儿童进行有针对性的教育。

（五）开放性原则

开放性原则是指创设学前教育环境，不仅要考虑幼儿园内环境要素，同时也要重视园外环境的各要素，两者有机结合，协同一致地对儿童施加影响。

利用开放的教育环境对儿童进行教育，是教育者应该树立的大教育观。因为科学技术发展所带来的信息量给儿童的刺激可以说是全方位的，儿童的成长受到多方面的影响，因此，幼儿园不能关起门来办教育。脱离幼儿园园外环境进行园内封闭式的环境创设几乎是不可能的。例如，幼儿园要求儿童学习基本的生活自理技能，有的家长却常常忘记了这个教育任务。儿童在家自己穿鞋袜，家长认为孩子穿得慢，耽误大人的时间，于是包办代替帮儿童穿上，孩子愿意自己做，说在幼儿园也是自己做的，家长却说："幼儿园有幼儿园的一套，你这是在家里！"一句话就把幼儿园好的教育影响抵消了。面对外界环境的复杂影响，幼儿园应采取积极的态度，主动与外界结合，让家庭、社区成员更进一步了解儿童和幼儿园，使学前教育获得家庭、社区的支持和配合，有针对性地对儿童进行教育，同时，也促使家长和社区成员从教师那里学习教育知识和技能，改善自身的教育观念和行为。幼儿园与家庭、社区合作的一般做法是：一方面选择、利用外界环境中有价值的因素教育儿童，另一方面要控制和削弱消极因素对儿童的影响。当然每个园、每个教师也有自己独特的做法，但重要的是要把与家庭、社区结合的活动纳入到学前教育过程之中。例如：请交警来园模拟操作，给儿童介绍交通安全知识；让家长制作一盘反映幼儿园一天典型生活的录像；带领儿童参观附近市场（街市）；等等。更为重要的是要摸索出一整套策略和做法，在幼儿园、家庭、社区之间形成长期、稳定的合作关系。

（六）经济性原则

经济性原则是指创设学前教育环境应考虑幼儿园自身经济条件，勤俭办园，因地制宜办园。

我国近几年来经济发展速度较快，但由于人口多，底子薄，经济水平仍相对较落后，所有的幼儿园都应当发挥艰苦奋斗的精神，勤俭办教育，给儿童提供物质条件时，应以物质条件对儿童发展的功能大小和经济实用性为依据。

小资料 4-7

农村幼儿园可以因陋就简地进行环境创设,如图书架用几根木条,做成信封袋似的许多小格,钉在墙上,能放书,儿童易拿到,还可在墙根放几把小椅子,儿童看书方便,书架又不占地方。有的山区盛产竹子,可利用它做一些积竹、高跷之类的玩具,供儿童游戏。农村幼儿园用三合土做活动场地,就比水泥地省钱又安全。

四、创设学前教育环境应注意的问题

学前教育环境是教师根据既定的教育目标,有目的、有计划地运用环境中的各种要素,创设出来的具有教育功能的环境。长期以来,我国教育中较为重视学科教学,重视教师的"教",而对环境的潜在教育功能的开发与利用研究较少。近些年来,学前教育界开始重视对儿童"学"的研究,教师思想上对儿童与环境相互作用的重要性的认识有了提高,但在实践中,环境在学前教育中的地位仍有待确立。教育工作者在环境创设时仍需注意以下一些问题。

(一)重视精神环境的创设

与物质环境相比较,精神环境是制约教育质量的更为重要的因素,在幼儿园,应当建立接纳、理解和宽容的氛围,师生关系和儿童的同伴关系问题要给予足够的重视。

1. 建立良好的师生关系

在幼儿园,由于师生在一起的时间长,教师对儿童具有特别的感召力,因而教师与儿童的相互关系是影响教育质量的最重要的因素。建立良好的师生关系,主要从两个方面入手。

(1)正确理解教师与儿童之间的关系。教师和儿童都是社会的基本成员,其相互关系是平等的社会成员关系。在师生互动中,教师的角色身份不仅仅是管理者、指挥者或机械的传授者,而且是良好互动环境的创设者,是儿童主体性发展的帮助者、指导者和促进者。只有尊重儿童在互动中的主体

地位，摒弃那种认为儿童年龄小、不懂事，而将他们看作"受纳器"的做法，才可能真正建立平等、和谐的师生关系。

在幼儿园，教师和儿童的相互关系是师生关系。在师生互动中，教师是成熟的社会成员，儿童是正在发展中的社会成员。教师按照国家要求教育好儿童，是教育者，儿童是受教育者。教师是儿童合法权益的保护者，儿童则是被保护者。教师有职责和义务保障儿童在教育过程中的主体地位并维护其相应的权利，按照社会培养人才的要求教育儿童，使他们健康成长。不能认识到这一点，就会导致教师的失职，导致教育上的放任自流。

（2）建立师生之间良好的情感关系。教师对儿童的教育和保护，并不是要求儿童盲目服从教师的意志和权威，而是建立在对儿童的爱的基础上的。教师要爱护、尊重、信任儿童，与儿童平等协商或对话，关注儿童和儿童的活动，了解他们的需要和愿望，理解和宽容他们的错误，儿童才会感到教师是他们的朋友，是合作的伙伴，从而对教师产生亲近感和信任感。这种情感对于建立良好和谐的班级心理氛围有重要的作用。

2. 帮助儿童建立良好的同伴关系

同伴关系是儿童生活中重要的人际关系，良好的同伴关系有利于儿童情感、品德、个性的发展。教师应明确同伴关系对儿童发展的价值，积极创设儿童交往的有利条件，如提供交往的时间和场所，提供作为交往媒介的游戏材料，不把纪律和规则变成束缚儿童的条条框框等，指导儿童学习积极交往的态度，学习交往规则和交往技能，学习和实践帮助、分享、合作、同情、关心、诚信等亲社会行为。教师要以热情的态度对待儿童，对同伴交往中遇到困难的儿童提供及时、有效的帮助，对不良的同伴关系进行矫正等，在班级建立起宽松的人际关系氛围，以此感染儿童，促进儿童的发展。

（二）重视教师在环境创设中的作用

环境对于儿童身心发展的价值，是通过教师创设环境并引导儿童积极与环境相互作用而实现的。教师是环境创设中重要的人的因素，其作用具体体现在环境创设中的角色身份的转换和工作任务上。

1. 教师是学前教育环境的设计者

为了使环境能促进儿童身心各方面和谐发展,教师必须对环境进行精心设计和准备,分析为了促进儿童的发展,应该开展哪些活动,设置哪些环境来引发儿童活动,这些环境是否使儿童从心里认同,环境中,应蕴含哪些教育信息或要求,周围的人际关系和物质条件哪些可以利用,所设置的环境以什么样的形式与儿童"对话"更为合适,即怎样引发儿童活动,告诉儿童怎样做。

案例4—4

• 在墙角放一块黑板,几支粉笔,一块黑板刷,孩子很快就会发现粉笔能写字或画画的秘密;

• 将沙发面朝墙壁放置,看起来像一个小房间,孩子很快就会知道,这个地方很安静,和朋友在这里说说悄悄话,是非常惬意的事情。

教师对环境的准备不是一次可以完成的,随着儿童的兴趣、需要、能力的变化及季节、单元内容的进度或临时性变化,已经准备好的环境或者已经做好的计划要进行调整。例如,在商店游戏中,儿童将商店的商品一下子买完了,商店没有了商品,"顾客"拿着买来的东西不知干什么,活动难以开展下去。教师应迅速调整计划,如增加制作工厂等,重新激起儿童游戏的热情。每次活动后,教师要反思环境创设的优点与不足,想想还有什么办法使之能符合儿童需要。这样不断设计、调整环境,环境与儿童的发展才能适应并共同达到一个新的水平。

2. 教师是儿童与环境相互作用的引导者

教师设计与准备环境的根本目的是引发儿童的活动。在儿童活动时,教师的主要任务是引导儿童与环境相互作用,利用环境激发儿童活动的积极性,帮助儿童利用环境条件发展自己。

(1) 引导儿童观察、体验事物的性质及关系。观察中的引导可以随时随地进行，如园外的活动，应注重引导儿童利用各种感官感知客观世界，如社区中弥漫着各种各样的声音、气味，飞驶而过的汽车，不同软硬度及质地的道路，各个季节的动物、植物、人的变化等。在农村户外活动中，可鼓励儿童在小山坡上自由玩耍，攀爬树木、小山，跨越沟坎，让儿童体验空间、时间与人的关系。只要教师、家长引导儿童观察，细心去感受、体验，儿童对事物的感知和观察能力就能进一步增强，如果幼儿园因条件简陋，不具备有关的活动环境，可多组织儿童外出活动，以弥补园内环境条件的不足。

（2）引导儿童思考、发现和解决问题。在儿童与环境相互作用时，教师应有针对性地提出问题，使儿童面临问题情境，并鼓励儿童自己去寻求解决问题的途径，注重儿童自身的创意与判断，只有在儿童陷于困境时，才提供帮助。这样做，对于养成儿童务实、求真的学习态度有重要作用。

教师对儿童与环境相互作用的引导体现在儿童活动的全过程中，主要通过边观察，边采用直接或间接提供帮助的形式进行。

案例4-5

教师提供的水、文具盒、泡沫塑料盒、水瓢、铁盒等材料引发了儿童做沉浮实验的活动。教师在观察时发现，儿童往往只注意物体沉浮的表面现象，而不注意沉浮的条件，便提醒儿童，看看是不是重的东西一定会沉下去，轻的东西一定会浮起来。许多儿童操作后再次发现，原来铁盒里面不放水时就是浮着的，放满了水就沉下去了，泡沫塑料盒即使放满水，也是浮着的。

从以上案例可见，教师及时鼓励和启发，可以在较长时间里保持儿童探索的兴趣，并使儿童获得解决问题的乐趣，从而更加渴望学习、探索并掌握探索方法。教师对儿童活动的引导，是一种教育艺术，需要教师不断学习、研究，才能掌握它。

思考与练习

一、判断下列各题的正误

1. 学前教师担负着儿童的全面教育工作,需要有综合性的知识与技能。

2. 教师与儿童是教育者与被教育者的关系。

3. 教师与家长和儿童的沟通,主要是技巧问题。

4. 教师的教育研究主要是指教育科学研究。

5. 儿童在自发的学习、游戏活动中是主体,在教师组织的活动中不是主体。

6. 幼儿园是以环境为中介对儿童进行教育的。

7. 幼儿园内的一切环境中都渗透有教育的因素。

8. 幼儿园园外环境给予儿童的影响有许多是自发性质的,这些影响很复杂。幼儿园应少让儿童与社会接触,提供给儿童一个安全发展的环境。

9. 学前教育环境创设应与儿童身心发展特点和发展需要相适宜,即儿童需要什么,教师就提供什么。

二、讨论与练习

1. 尝试和一个儿童交谈 20 分钟,记录下你的发现。

2. 观察幼儿园教师指导的一个活动,了解教师是怎样引导儿童与环境相互作用的。

3. 根据自己的实际情况,制订一份促进自身专业发展的三年计划。

4. 帮助幼儿园一个班级的教师制订一个活动区规划,简述这样做的理由。

5. 做一次社区或家长问卷调查,了解他们对学前教育的要求。

第五章　0~3岁儿童的教育

学习目标

1. 认识0~3岁儿童教育的意义、任务和教育原则。
2. 了解0~3岁儿童教育的内容与要求。
3. 学习组织0~3岁儿童教育机构的保教活动。

本章提要

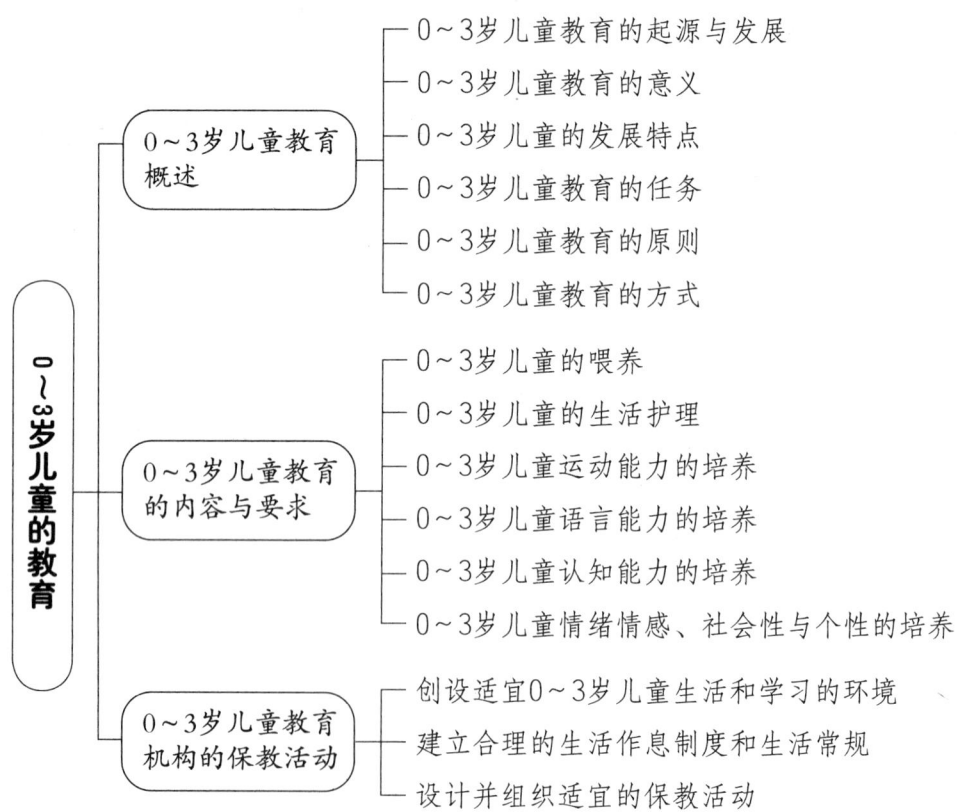

当孩子出生后，开始感知外面的世界并试图作用于外界时，他们的身体、认知、情感和社会性也开始发展。学前早期，即0～3岁，是儿童一生中发展最快，也是最容易受到伤害，最容易被外界影响，最需要对他们在身心各方面细致关怀和保护的时期。这个时期儿童的教育与幼儿阶段有明显差异，所以需要做专门陈述。

第一节 0～3岁儿童教育概述

一、0～3岁儿童教育的起源与发展

人类的自然繁衍，使0～3岁儿童的养育一直以自然的形式存在着，在早期和其他动物并无多少差别。但是当人类社会的经济文化有了一定的发展之后，人们开始思考如何从孩子一出生就开始，更加合理有效地养育孩子。

古代中国和外国的思想家们一直在探讨有关人类发展和新生一代的教育问题。这方面的著述散见于古代的许多著作中。但是系统的、有意识的早期教育尝试首推19世纪初一名德国牧师威特对儿子卡尔·威特的成功的教育。他在当时遗传论占优势的德国，用自己的实践宣布"婴儿期的教育会产生惊人的成果"。英国生物学家达尔文（1809—1882）根据长期观察自己孩子的心理发展的记录，在1876年写出《一个婴儿的传略》一书。这本书是关于婴儿心理发展最早的报告。德国心理学家普莱尔（W. T. Preyer 1841—1897）对自己的孩子进行0～3岁的系统研究，1882年发表了《儿童心理》专著，由此引起了人们对婴儿心理研究的兴趣，并将理论的研究引向深入和具体化。

20世纪40～50年代，英国心理学家波尔比（J. Bowlby 1907—1990）对婴儿社会化的研究，为有关婴儿的研究在理论和实践上开辟了新的领域。现

代早期教育理论最有代表性的著作是美国心理学家布鲁纳（J. S. Bruner，1915— ）的《教育过程》（1960），其中提出的著名观点是：儿童发展的每个阶段都有他自己观察世界和解释世界的独特方式。给任何特定年龄的儿童教授某种学科，其任务就是按照这个年龄儿童观察事物的方式去阐述那门学科的结构。

此后许多学者对早期教育理论和实践进行了深入的研究，比较著名的如美国心理学家亨特（Hunt）在1960年所著《智力与经验》一书中强调环境与教育对儿童发展的作用。他的实验证明，在周围安排多样的教具就可以诱导和加速婴儿的发展，提早丰富儿童的生活经验。这对于生长在没有文化的家庭的儿童是一种补救，使智力迟钝的儿童得到矫治。他的结论是婴儿时期是防止心理活动停滞不前的时期。认为到了四岁再给儿童以教育，已为时过晚，丰富儿童的经验越早越好。美国心理学家本杰明·布鲁姆（Benjamin Bloom）1964年发表了《人性的稳定与变化》，他认为智力发展的速率是：1岁儿童达到成人的20%，4岁时达到50%，8岁时达到80%，12岁时达到92%。也就是说，人的智力的四分之三是在入小学前形成的。在这个问题上虽有不少争论，但是大多数发展心理学家都承认智力的绝对水平的发展是先快后慢，到最后阶段甚至还有下降的趋势。这就为早期教育的重要性提供了心理基础。

在当代，通过大量早期教育研究和实践，人们已经普遍认识到了早期教育的重要性，确认应当从孩子出生开始就对儿童进行关于身体动作、认知、情感和社会性的全方位合理教育，而不是仅仅是开发智力。人们尝试根据现代教育学与心理学的发展理论设计0~3岁儿童的教养计划，从感觉和动作入手对婴儿进行初步的训练，以促进儿童早期的较佳发展。

二、0~3岁儿童教育的意义

（一）0~3岁是人的一生中许多方面发展的敏感期，可塑性最强

敏感期是指学习或形成某种行为的最佳时期。在这个时期提供刺激最容

易获得反应，过了这个时期，反应或者不能获得，或者不能达到最好水平。

小资料 5-1

奥地利生物学家劳伦茨（Lorenz）在观察小鸭的追随行为时发现：在小鸭孵出后 24 小时内，会有追随一个活动着的东西的行为，主要是追随母亲。如果在此期间看到的是别的动物或人，就很难再形成追随自己母亲的行为了。所以他认为小鸭出生后 24 小时内是形成追随行为的敏感期。

脑科学研究表明，0~3 岁是儿童大脑生理发育的敏感期。在这一时期，大脑在结构和功能上都有很强的适应和重组的能力，脑结构与脑功能的发展易于受环境的影响。在敏感期内保证脑结构与脑功能发展的条件是适当的运动、感觉和语言。脑的可塑性表现为其结构与功能的可变更性和代偿性。在儿童早期，中枢神经系统受损后，仍可在功能上形成通路，如轴突绕道投射，树突出现不寻常分叉，或产生非常规的神经突触，以达到代偿目的。

小资料 5-2

先天白内障的儿童从出生后就会因缺乏视觉刺激而加剧病情，如果到了 3 岁仍然不能复明，其视觉脑细胞萎缩或转而从事其他任务。如果过了视觉发展的敏感期，即使做手术治疗，患儿仍将永久性地丧失视觉功能。

人的视觉发展敏感期，是在出生后半年内，一般认为可长达 4~5 年。儿童从初生到 3 岁，是掌握语言的最佳时期，尤其在 2 岁左右，学说话的积极性最高，心理学家称之为孩子"叽叽咕咕，滔滔不绝"时期。3 岁左右，孩子的动作开始表现得比较成熟。同时，自我意识得到发展，逐渐把自己从周围环境中分化出来，在行为上力图摆脱外界的束缚，出现"第一反抗期"。

近代科学认为，儿童在3岁时已经在人生道路上跨进了新的阶段，在体格、神经、心理和智能水平方面都出现了新的特点，人格是否健全在3岁左右就奠定了基础。

（二）0～3岁是人一生中发展的初始时期，良好的环境和教育使儿童身心的发展有良好的开端并影响其未来的发展

国内外许多科学研究证明，0～3岁的儿童不仅能够适应环境的要求，而且还可以向外界环境提出自己的要求，遇到问题时能主动去探索解决问题的方法。儿童发展的关键在于接受教育的环境，决定儿童之间个性差异的主要原因在于接受教育的时间和程度。对儿童进行教育的环境和条件，即在大脑敏感期接受外界影响的状况，直接决定儿童整体的发展水平。家长或主要抚育人对儿童的态度和交往方式，对儿童的教养内容，周围生活环境中人和物的数量、性质等均对儿童有重要的影响。

小资料 5-3

1975年，美国学者海勃尔发现贫穷家庭儿童中一部分智力落后，这些孩子并无生理缺陷，怀疑是环境因素造成的。他选择了40名环境高危的儿童，分为两组，20人从3个月就开始早期干预，另外20人做对照，到66个月时早期干预组平均智商124分，对照组94分，相差30分之多。90年代初，最大样本的研究是美国"儿童健康和发育项目"，研究者对近1000名出生低体重儿（少于2500克）和早产儿（少于37周）早期干预，按随机分配原则分为早期干预和常规随访组。36个月时，干预组儿童IQ（智商）比常规随访组高13.2分（体重2～2.5公斤组）和6.6分（体重少于2公斤组）。

0～3岁是一个人出生后发展的初始阶段，儿童在身体、情感、社会性和智力各方面的发展都处于萌芽时期，而逐渐地形成一个人发展的各种倾向，为以后的发展留下了深刻的烙印。

在 3 岁前，儿童身体、智力、社会性和情感发展比以后各阶段更为密切地互相交错在一起，各项教育、保育工作对儿童都具有重要的教育意义。日常的哺喂或进食，换尿布或盥洗，以及衣着等生活活动，不仅保障儿童的饮食和营养，保持他们皮肤清洁、卫生，使他们的身体正常生长和发育，而且通过抚育者与儿童的这些互相交往可以促进儿童社会性与情感的发展。抚育者除了满足儿童的生理和情感的需要之外，又提供各种适宜的物品支持和鼓励儿童去感知和探索，不仅能促进儿童身体或动作的发展，而且能帮助儿童扩大认识范围，发展起初步的智能，并养成自信心及成功感。

初生时，儿童基本没有生活能力，进食、身体清洁、衣着，所看、所听以及与人们和周围环境的接触等，完全依赖于成人。只有在成人的精心抚育下，才能维持儿童的生存，促进他们身心健康发展。如果抚育人忽视教养儿童，或教养方法不当，都会不利或延迟儿童发展，严重的甚至会造成儿童的身心残障或死亡。

关注 0~3 岁儿童教育已成为当今世界各国的共同趋势。自 20 世纪 60 年代以后，一些国家都开始重视 0~3 岁儿童的教育，广泛开展有关的实验和研究，在大学中设置有关的专业课程和硕士、博士学位的学习，注意改进托儿所教育，广泛进行家庭教育辅导，开展早期诊断和干预（对环境不利及残障儿童给以相应的医药治疗、训练和教育），对于改善家庭中儿童的养育及教育机构中 0~3 岁儿童的教育起到了推动作用。但是在教育实践和生活中，对 0~3 岁儿童的教育还存在种种不正确的看法和做法，如认为 0~3 岁儿童只需给予生活照料和卫生保健，教育是可有可无的或认为儿童什么都不懂，不需教育。有的人缺乏 0~3 岁儿童发展和教育的知识，一味娇惯等。这些想法和做法是不利于儿童的成长和发展的。我国 0~6 岁的儿童接近 1 个亿，通过对这些儿童进行适宜的教育，必将提高基础教育的效益，对于培养新时期的建设者和接班人，促进国家经济和社会的持续发展具有重要的战略意义。

三、0～3岁儿童的发展特点

从初生到3岁是人的一生中身心发展最迅速的阶段，以初生的孩子身长约50厘米，体重约3千克来说，第一年时，身长增加25厘米，为1.5倍（即75厘米），体重增加6千克，为3倍（即9千克）；第二年比第一年身长约增加10厘米左右，体重约增加2.5～3.5千克①；而在3～6岁时，每年身长约增3～4厘米，体重约增1千克左右。从大脑的生长和发展来说，孕期最后3个月到出生后一年半是大脑快速生长和发展时期。出生时小儿脑重为成人的25%，6个月时增为30%，一年时为60%，30个月时为75%。以后在3～5岁这两年中只增加15%，达到成人脑重的90%。

0～3岁也是也是神经系统形成过程的敏感期。人脑中的神经细胞增殖期是从妊娠头3个月至出生后1岁，过了此时期，神经细胞不再复制或再生。而维护神经细胞的营养、传导等支持细胞的增殖是从妊娠后期延续到出生后两年。神经细胞之间由突触连接，突触数目在孩子出生后迅速增加，6个月时约为出生时的7倍，4岁左右，突触的密度约为成人的1倍半，这样的变化持续到10～11岁，以后逐渐减少到成人水平。与突触密度变化相应，神经回路在出生后迅速发育。目前对神经系统的形成有两种观点：一种假说强调在生命的早期就形成了过剩的神经元连接，并在发育过程中得到修剪式的选择；另一种假说强调可以通过学习重组大脑的神经连接。前一种假说可以支持自然选择论的观点，后一种假说可以用来支持建构主义的观点。但无论是修剪式的选择，还是连接重组，都强调经验在塑造大脑生理构造中的意义。② 在2岁前，良好的育儿刺激对脑功能和结构，无论在生理和生化方面均有重要影响。

儿童从嗷嗷待哺的个体成长为可以开口表达自己需要，能独立行动，有独立意识的个体，其变化之大不是以年计算，而是以月计算或以周计算，甚至是以天计算。从整体上来说，儿童发展具有主动性、有序性、阶段性、差

---

① 引自卫生部颁发的《托儿所、幼儿园卫生保健制度》附表三、四。
② 参见黄人颂主编《学前教育学》第二版，人民教育出版社2009年版，第145页。

异性、身心发展关联性等特点。具体可以参见下表。

表 5-1　小儿神经心理发育的主要标志①

年　龄	发育的主要标志
1 个月	出现微笑。
2 个月	会发咿呀的喉音，眼能随物转动，头能转向有声音的方向，能拿住抓到手里的东西。
3 个月	逗引时能发出笑声，会试着用手抓东西，俯卧或垂直时能抬头片刻。
4 个月	呀呀学语，俯卧时能用肘支持着抬起前胸，可由仰卧转向侧卧位；哺喂时双手能扶住奶瓶；较久地玩弄挂在胸前的玩具。
5 个月	长时间拉长声发喉音，认识亲近的人，能拿着东西往嘴里放；从仰卧位翻向俯卧位。
6 个月	对不同的声音表示不同的反应，能抓握悬挂的玩具，会翻身；从俯卧位翻向仰卧位。
7 个月	开始发出爸、妈等音节，能自己吃饼干，会摇发响玩具，会爬。
8 个月	能用眼睛找所问的东西，模仿成人发音；长时间玩弄玩具，观赏和用玩具互相敲击。
9 个月	能对简单语言做回答性动作，如说"再见"会招手，说"谢谢"，会点头；能抓住栏杆站起来，能挑选自己喜欢的玩具。
10 个月	会模仿叫爸爸妈妈，认识常见的人和物，独站片刻，牵手能走几步；能从成人拿着的碗里喝水。
11 个月	能理解简单的词意，如"灯""吃饭"；能指出身体某些部位。
12 个月	能执行简单的任务，会独走数步；会用碗喝水。
1 岁～ 1 岁 3 个月	会主动叫"爸爸""妈妈"；会独立行走，能蹲下；会搭起数块积木。
1 岁 3 个月～ 1 岁半	认识简单图片，会说简单的词如"再见""给我""不要"等；会扶着栏杆上下小滑梯。
1 岁半～ 2 岁	会说出 3～4 个字构成的句子，见不同的人会打招呼，知道某些常见物品的用途，会自己擦鼻涕，逐渐会用勺吃饭；在成人启发下会用积木搭成简单的形状，能上下台阶，认识红色，能握笔随意画。

① 引自卫生部 1981 年颁发的《三岁前小儿教养大纲（草案）》。

续表

年 龄	发育的主要标志
2岁~2岁半	能说明一件简单的事情，会说简单儿歌，能唱短歌；会模仿成人简单的动作，会跑，会双脚离地跳，会拣豆豆，会自己洗手、脸，认识自己的茶杯、毛巾的标记；有时会自动要求坐盆，能认识红绿颜色。
2岁半~3岁	能用语言表达自己的要求，会讲故事简单的情节；能手口一致对物数1~5，认识方形、圆形、三角形；会走平衡木，会双脚向前跳，会握笔画横竖线，能区别红、黄、蓝、绿等常见的颜色；会解及扣衣服的纽扣，会脱袜子、裤子，懂得饭前洗手；学会自己去坐盆。

四、0~3岁儿童教育的任务

0~3岁儿童教育的任务是结合儿童发展的特点，通过儿童的一日生活，促使儿童身心得到全面和谐发展，主要包括以下几方面。

（一）身体发展

精心照料儿童的起居饮食，逐步培养儿童在饮食、睡眠、衣着、盥洗、如厕、爱清洁等方面的文明卫生习惯及生活自理能力；做好卫生防疫、安全保健工作；增强儿童的身体活动能力，发展儿童的基本动作，从抬头、翻身、坐、爬、站立到行走、跑跳、攀登、跨越、投掷等，培养身体各部分的敏感性、灵活性、主动性以及动作的协调性，促进儿童的生长发育，增强儿童的身体抵抗力，提高儿童的健康水平。

（二）认知发展

在活动中促进儿童视觉、听觉、嗅觉、味觉、触摸觉等感知觉的发展；通过认识日常生活中的人和物，培养儿童的注意力、观察力、记忆力、想象力以及初步的思维能力；培养儿童积极探究周围环境的兴趣，增长儿童适应环境的能力；积极与儿童交流沟通，发展儿童模仿、理解和运用语言的能力，使儿童初步掌握发音、词汇、语句和语法，培养儿童良好的倾听、表达习惯。

（三）情绪情感和社会性发展

让儿童获得更多愉快的情绪体验，使儿童与抚养者之间形成信赖和依恋，培养儿童的安全感和积极的情绪情感；鼓励儿童与周围的成人和同伴积极友好交往，并知道自己的行为要受到一定的限制，培养儿童礼貌、诚实、友爱、勇敢等良好的品德；培养儿童的亲社会行为，塑造儿童活泼开朗的良好性格。

（四）对美的感受与兴趣的发展

通过日常生活、自然景物以及故事、儿歌、音乐、舞蹈等艺术形式使儿童获得初步的审美感受，陶冶儿童的性情，萌发儿童初步的审美情趣；提供一些儿童喜欢看的色彩、形象以及简单的图画，鼓励儿童大胆地用颜色、手工材料进行涂画、操作活动，培养儿童初步的审美兴趣和表现能力。

小资料 5-4

人类发展的五个重要领域①

领域一　身体：身高、体重、一般运动协调能力、视力和听力的敏锐程度等。

领域二　情感：感情、自我知觉、对于自己相关的人的知觉、自信、安全等。

领域三　社会：与同伴，即比自己大或小的孩子的互动，一对一的活动和集体活动。

领域四　认知：推理、问题解决、概念形成、抽象、想象、创造性等。

领域五　发展性学习技巧：视觉、听觉、口语、运动、精确输入信息所需的知觉技巧、记忆和解释信息。

以上各方面的发展在教育中是相互融合和相互促进的。家长或保育机构的教养人员应当提供适宜的条件，让孩子在愉快的氛围中从事各种活动，使

---

① ［美］琳达·杜威尔-沃森等著，苏贵民、陈晓霞译：《婴儿和学步儿的课程与教学》，人民教育出版社 2009 年版，第 28 页。

其获得和谐与全面的发展。作为社会保教机构的托儿所或其他专门服务于0~3岁儿童的集体教育机构，除了要完成0~3岁儿童教育的任务，还担负着为家长服务的任务，在教育实践中需要考虑到这两个方面，有效地开展工作。

五、0~3岁儿童教育的原则

在对0~3岁儿童实施教育的过程中，会受到很多因素的制约和影响，尤其是对0~3岁儿童的认识和看法。为确保教育能有效地促进儿童身心健康发展，应把握以下原则。

（一）保育为主，保教结合的原则

儿童由于独立生存能力极低，从一出生起，吃、喝、拉、撒等生理活动必须完全仰仗成人，直到两三岁，保障他们的生命与健康的保育活动仍然是首要的，这与幼儿教育是有一定差别的。所以，0~3岁儿童教育要以保育活动为主，在保育活动中适当结合教育是首要原则。

父母或抚育人在日常生活中对儿童生理需求的护理和保育不仅是一项维护儿童生存，增进儿童健康的必要活动，而且是一项促进他们社会性和情感的发展，引起他们对周围事物的兴趣，发展自理能力，加强对语言的理解和运用的重要的教育活动。

成人在养育孩子的过程中要真诚地关怀和爱护孩子，及时地满足孩子各种生理和情感需求，与孩子建立起良好的信赖与依恋关系，以保证孩子的社会性与情感的正常发展。有关孤儿院的研究表明，在儿童早期如果只是满足孩子的饮食、排泄等生理需求，无人经常关怀、照料、抚抱和用语言与之交往，孩子就会出现发展障碍或夭折。

在生活中出现的材料（如奶瓶、各种食物、衣物）、动作（如扶奶瓶、用汤匙、穿脱衣）是真实的、具体形象的，一方面满足儿童生理的需求，一方面成为儿童学习认识的对象，而且经常重复，易为儿童接受和理解。保育活动在儿童生活中占据大量的时间，通过这项活动进行教育，可以达到保教结合，有效促进儿童的发展。

小资料 5-5

需要的五个层次①

帮助潜力无限的儿童实现潜能,这一责任需要保育者、家庭、社区和社会的共同努力才能实现。你知道从哪里开始吗?你知道要留意什么吗?马斯洛的需要层次(hierarchy of needs)是开始审视婴儿和学步儿最好的结构。

马斯洛定义了一个人类需要的等级层次,这些需要按顺序得到满足,才能保证人们过上幸福的生活,实现自己的抱负(Maslow, 1954)。最基本的层次是身体的需要:食物、空气、水、庇护所,等等。作为一个基本原则,婴儿和学步儿的需要实现得越迅速、越彻底,他们的发展就会越安全、越幸福。每个婴儿保育者都有这样令人沮丧的体验,即婴儿除了哭泣之外,不能清楚地表达他们的哪些需要还没有得到满足。这使得保育者手足无措。为了减轻这种挫折,保育者们应该系统地检查马斯洛需要层次中每一层次的所有需要。这一实践总是从层次一开始,即身体的需要。

一旦身体的需要得到满足,儿童就能开启层次二,即安全的需要:安全、稳定,等等。我们的身体和心理环境越安全、越稳定,安全的需要就越能满足。这通过常规、稳定性、对人员和环境的熟悉程度等而得以实现。实现安全需要的关键在于尽可能减少突然的变化和外伤。对于保育者来说,在发生变化时要保持平静。

马斯洛的需要层次理论

层次五	自我实现的需要	帮助别人、有创造性、精神上的成长等
层次四	自我需要	重要、被视为特别等
层次三	社会需要	得到关注、赞赏、情感、友谊、伙伴关系、结合等
层次二	安全的需要	免于伤害、安全、稳定等
层次一	身体需要	食物、空气、水、庇护所等

---

① [美] 琳达·杜威尔-沃森等著,苏贵民、陈晓霞译:《婴儿和学步儿的课程与教学》,人民教育出版社 2009 年版,第 25~26 页。

（二）注重感知与动作发展的原则

0~3岁儿童是处于初始发展阶段的人，其感觉与动作的发展是身心发展的起点和标志。比如儿童学会抬头、坐、站、走，学会摸、抓、看、听、嗅、尝，学会分辨自己与他人、听话、说话等，不仅标志着智能的发展，也标志身体和心理各方面机能的正常发展。因为智力起源于感知和动作，情感和社会性也伴随着孩子各种具体的交往和探索活动而发展。在孩子出生后，抚育人要关注孩子的视力、听力、抓握能力等是否有正常的反应或表现。随着孩子的成长，就要关注孩子的各种感官和动作发展状况是否有障碍或延迟，如果和正常的发展模型有较大差异，就要及早请教专家并加以干预，以帮助孩子克服障碍，顺利发展。

0~3岁儿童的发展从感知和动作开始，其发展方式有其自身的规律和需求，缺乏相应的条件可能使孩子的发展出现障碍。意大利教育家蒙台梭利早期作为医生在医院里发现一些弱智的幼童因为无物可以把玩，用面包来替代的现象，从中受到启发，开始设计出一系列有关儿童感觉和动作的教具让儿童进行操作练习，结果极大地改善了这些儿童的发展状况。蒙台梭利更进一步把这些教具用于处境不利的贫民区的正常孩子，也取得了非常明显的效果，由此诞生了流传至今的蒙台梭利教学法。这个教学法对儿童教育有一整套独特的理论、方法和材料，可供我们进行研究和使用。

在今天，关于儿童早期发展的各种理论、方法和相应的材料都极大地丰富了，抚育者应当了解相关的理论，提供足够的材料来帮助孩子有效地发展各种感觉和动作，为孩子进一步的发展打下良好基础。

（三）主动性原则

儿童初生时虽然只有一些本能反应，但是以这些最初的反应为种子，孩子可以发展起自主自立的能力来。既然终极目标是孩子的自主自立，抚育者从一开始就不应当任意摆布孩子，而应当提供条件，让儿童主动地与周围环境中的物体和人们互相交往、互相作用。比如，儿童出生后，可能的话，不要把孩子捆成"蜡烛包"，而应让他的手足可以自由活动，这样可以及早帮助孩子把自身与环境区分开来。又如，孩子学走路，不要用带子捆着孩子腰，牵引着他到处走，而应当提供场地和器材，如宽敞可爬行的地面、低矮的台阶和可抓扶的围拦，让孩子可以自由地爬、滚，逐渐自己学会站和走。如果只是为了成人的方便，经常把孩子往小车或小床上一放，圈在那里，对孩子自主能力的发展就不利。

抚育者要创设适宜的环境，激发儿童活动的积极性，有意识地放手让孩子通过他们的动作和感觉去反复地探究、尝试、模仿、操作，与环境互动，使他们获得足够的经验，推动其正常的发展。

小资料 5-6

美国心理学家格赛尔在 20 世纪初做了一个"双生子爬梯试验"，研究的是双生子（即双胞胎）在不同的时间学习爬楼梯的过程和结果。

格赛尔选择了一对双胞胎，他们的身高、体重、健康状况都一样，让哥哥在出生后的第 48 周开始学习爬楼梯。48 周的小孩刚刚学会站立，或者仅会摇摇晃晃勉勉强强地走。格赛尔每天训练这个孩子 15 分钟，中间经历了许多的跌倒、哭闹、爬起的过程。终于，在对这个孩子艰苦训练了 6 周后，也就是到了孩子 54 周的时候，他终于能够自己独立爬楼梯了。

双胞胎中的弟弟，基础情况跟哥哥完全一样，不过格赛尔让他在 52 周的时候才开始练习爬楼梯，这时孩子的基本走路姿势已经比较稳定了，腿部肌肉的力量也比哥哥刚开始练的时候更加有力，并且他每天看着哥哥训练，自己也一直跃跃欲试，结果，同样的训练强度和内容，他只用了两周就能独立地爬楼梯了，并且还总想跟哥哥比个高低。

一个是从 48 周开始，练了 6 周，到 54 周时学会了爬楼梯；另一个是从 52 周开始，练了 2 周，也是在 54 周时学会了。后学的尽管用时短，但效果不差，而且具有更强的继续学习意愿。

格赛尔原来认为这只是个偶然现象，于是他就换了另一对双生子，结果类似；又换了一对，仍然如此。如此反复地做了上百个对比试验，最终得出的结果是相同的，即孩子在52周左右，学习爬楼梯的效果最佳，能够用最短的时间达成最佳的训练效果。

以上实验表明，孩子身心的发展是和身体机能的成熟联系在一起的。当孩子身体的成熟水平还不够时，过早的训练是事倍功半的。教育者需要做的不是拔苗助长，而是顺水推舟，就是在孩子有需要、有愿望时，轻推一把，促成孩子的发展。

（四）因材施教的原则

每个儿童由于遗传和环境教育不同，各有自己发展的水平和速率。0~3岁时可以说是人生中个别差异最明显的时期。抚育者要了解孩子的不同特点，按照其特点和水平，给予适宜的指导和培养，切忌用统一的模式去对待所有的儿童。

成人应在具体观察、了解儿童的日常生活节奏、习惯、各种能力发展的水平及他们的喜爱和兴趣等的基础上，有目的地选定活动的内容、方法及其难易程度等，更有效地促进儿童的发展。当然，也要注意孩子的发展状况是否与正常孩子差异过大。如果发现明显的异常，就要及早咨询专家，进行干预和补救。

六、0~3岁儿童教育的方式

0~3岁儿童教育的方式有家庭教育、托儿所或托班、社区亲子教育等。其中家庭教育占有主要地位，因为在家庭中比较容易为儿童所需的个别的、关系亲密的、相对周全的养育提供条件，特别是在两岁以前。

由于3岁前儿童的发展对其以后的发展有奠基作用，可能产生深远的影响，所以对家长或抚育者进行科学育儿的宣传普及就很重要。抚育者应当了解儿童身心发展的特点和需求，学会用合理的方法来照料孩子的身心健康，满足孩子的各种需求，注意培养孩子好的习惯，不可过分溺爱，也不可冷淡嫌弃。要以仁慈、宽容、平常的心态来对待孩子，培养孩子良好的个性品质，独立自信的能力，积极乐观的情绪情感。

在新中国成立之初，由政府机关、工矿企业、学校和社会开办了一些托儿所，主要收托3岁以下的孩子，当时在帮助女职工解除后顾之忧上发挥了很好的作用。托儿所由卫生部门主管，把保障儿童的健康作为托儿所的首要任务。1981年，卫生部颁发《三岁前小儿教养大纲（草案）》，对托儿所教育工作的任务、集体教养原则、教育内容、方法与要求做出说明与规定。

20世纪80年代以后，随着计划生育政策的实行与经济发展，0~3岁儿童送托减少，托儿所的数量逐渐萎缩，许多幼儿园开始增开托班，招收2~3岁的儿童，还有一些为亲子双方提供服务的亲子早教机构，招收2岁左右的儿童及其抚育者一起到机构中参与各种活动。另外，各种类型的亲子活动增加，如家长沙龙、网上交流等。多种多样的方式满足了家长的不同需求，促进了0~3岁儿童教育的发展。

第二节　0~3岁儿童教育的内容与要求

一、0~3岁儿童的喂养

（一）提倡母乳喂养

所谓母乳喂养通常是指4个月以内的儿童不加任何辅食、代乳类食物，而是以纯母乳喂养。母乳中含有儿童需要的营养，有利于儿童的体格、智力发育，而且在哺乳过程中，通过对儿童的爱抚、偎抱等亲昵动作，增进母子交往及情感。

（二）及时添加辅食

在母乳喂养的基础上及时添加辅食，并且注意以下事项。

1. 按照年龄增长由一种到多种，并按纯流质、半流质到固体食物的顺序添加辅食。一般4~6个月，可添加蛋黄、菜泥和稀粥。7~8个月，可添加稀烂的面条、碎菜、蛋、鱼、肉末、豆腐以及烤馒头片、饼干等。以后辅食种类可以逐渐多样化，量逐步加大，慢慢断奶，再过渡到以辅食为主。

2. 营养搭配合理，并做到细、软、烂。

3. 单独烹调，做到色、香、味俱全，避免营养不良、营养不均、营养过剩而导致儿童的免疫能力下降或肥胖。

二、0~3岁儿童的生活护理

儿童的生活护理，一方面要根据儿童的生长发育规律科学地进行，另一方面要注意培养儿童良好的生活习惯。

（一）为儿童提供良好的物质环境和设备

要保证儿童居住的室内环境光线充足、空气流通、温度适宜。要提供给儿童环保、安全、卫生的活动场地和用具，如舒适、环保、安全的儿童床、儿童椅及各种用具和玩具，可供孩子自由学习翻滚、爬行和行走的场地和器具等。

（二）保证衣着干净、整洁舒适

儿童的衣服和尿布应当干净、柔软和舒适，衣物要选购质地柔软，前面有较宽开口或有开领的天然纤维制品。新生儿内衣应选择浅色花型或素色，便于发现脏物，最好穿睡袍，方便更换和换尿布。给儿童换尿布时，要先清洁儿童的臀部，清洁时不要用肥皂，水温以40℃左右为宜。洗净后要充分擦干，特别是皮肤的褶皱处。擦干后应用护臀膏擦抹以保护皮肤。随着年龄增长，逐步有意识地训练儿童定时大小便的反应和习惯。

0~3岁儿童适合反穿衣，不适宜穿松紧带裤。一般在1岁半左右要告别开裆裤，穿整裆裤。因为儿童穿开裆裤易养成"就地"大小便的坏习惯，且冬天易着凉，或引起尿道感染。

（三）培养良好睡眠习惯

睡眠能保护和发展儿童的神经系统，使儿童保持愉快的情绪。新生儿出生后经常在睡觉，2个月以后觉醒的时间逐渐增加，从每天睡18个小时逐渐到每天睡13个小时左右。要根据儿童的发展状况，适当安排一昼夜的睡眠，让他们睡足、睡好并自然醒来，可放些轻柔的音乐作为入睡的信号，避免养成需要抱着、摇着才能入睡习惯。

儿童的睡眠姿势一般采用仰卧和侧卧，大一些后可以短时间练习俯卧。这种姿势可以促进孩子竖头动作的发展。孩子初生时头部各器官都比较柔软，容易变形。成人要注意经常变换孩子睡觉的姿势，防止长时间的固定姿势把儿童的头或耳朵睡得变形，可提供单独的小床，从小培养儿童独睡的习惯，有利于帮助儿童发展独立性。

（四）培养良好卫生习惯

从初生开始，尽量每天给儿童洗澡以保持儿童皮肤的清洁，养成清洁卫生的习惯。成人事先要做好准备工作，保证安全卫生，洗澡的动作要轻柔、熟练并伴随与孩子说话，使儿童喜欢洗澡。三四个月后可以开始培养孩子勤洗脸、洗手等。对于口腔清洁，未长牙和刚开始长牙的儿童，可以用开水消毒后的纱布，蘸温开水（或淡盐水）轻轻抚擦儿童的牙龈，去除奶垢，再用小勺喂些温开水，清洗口腔。1~2岁儿童已长出数颗牙齿，可用套在成人手指上的软毛牙刷，轻刷小牙齿，并告诉儿童这是刷牙，让他养成刷牙的习惯。2岁时要学会漱口，到3岁左右牙齿长齐后，教儿童用清水刷牙。

儿童一般还不能学会自己把脸、手、脚、身体洗干净，需要成人帮忙。但成人可以通过让儿童挑选盥洗用品，或给予一定的奖赏等方法和手段来激发儿童的兴趣，培养儿童喜欢整洁干净的习惯。

（五）给儿童进行预防接种

要按计划免疫程序及时给儿童进行预防接种，同时要积极预防各种疾病，及早发现儿童的各种异常，并进行及时治疗。儿童生病，要合理用药，适时服药。1~2个月的儿童味道辨别能力已比较灵敏，可将药溶解在糖水里，用奶瓶喂进去。1岁左右，水剂药可用小匙直接喂，如果是粉剂药则用开水调匀后用小匙喂。喂药时，应让儿童半卧，用小匙将药液自口角灌入，使药液到达舌根部，等儿童咽下后再拿出小匙，且动作要迅速。到 3 岁时，就可以通过说服教育或借助讲故事、奖励糖果等方法鼓励儿童自己服药。

三、0~3 岁儿童运动能力的培养

0~3 岁是人类运动能力产生、发展的最重要的时期，主要指的是大肌肉动作和精细动作的发展。从大肌肉动作发展来说，3 个月到 3 岁分别是翻身、爬行、独自站立、独自行走、单腿站立、单脚跳跃、控制身体平衡能力发展的敏感期。从精细动作发展来说，5 个月到 3 岁分别是双手协作、单手抓住多物、放物入孔、双手控制物品、垒叠平衡、用笔画直线、建构等能力发展的敏感期。错过了敏感期，缺乏活动的机会就可能造成儿童运动能力的发展迟滞。具体内容参见下表。

表 5-2　小儿动作发展的一般规律及教养内容和要求①

	动作发展的一般规律	教养内容和要求
1	2~3 个月俯卧位时能抬头片刻，3 个月头可自由抬起。	①2~3 个月的小儿空腹时可练习俯卧，逐渐延长俯卧时间，培养俯卧抬头。 ②2 个月开始做小儿体操。 ③小儿醒后抱放在围栏里，便于发展动作。
2	4~5 个月俯卧时前臂支持抬起前胸，会由仰卧位转为侧卧位。手能握紧东西。	①让小儿练习在俯卧的基础上用手支持前身。 ②利用玩具和个别训练培养翻身的动作和用手握物。
3	5~6 个月能抓握悬挂的玩具，会翻身，握住成人两手，能从坐位站起来。扶腋下会做跳跃动作。	①训练小儿学会抓握悬挂的玩具，玩具色彩要鲜艳，便于抓握。 ②成人握住儿童的手练习坐起来的动作。 ③成人扶小儿腋下练习跳跃动作。
4	6~7 个月能通过翻身取得玩具，会摇发响的玩具。	①用玩具引导小儿翻身的动作，必要时成人用手轻推儿童的脚，帮助向前移动。 ②为小儿练习爬行创造条件。

---

① 引自卫生部 1981 年颁发的《三岁前小儿教养大纲（草案）》。

续表

	动作发展的一般规律	教养内容和要求
5	8~9个月会爬，抓住栏杆能站起来，自己能从坐位到卧位，扶着能走几步。用拇指和食指将细小物品捏起。	①用玩具引导小儿爬的积极性。 ②培养小儿从扶站到学着迈步。 ③通过成人示范教会小儿模仿动作，如拍手、招手、举手等。 ④给小儿小的物品练习用手指握物。
6	9~10个月能独站片刻，能自己坐下，牵着两手会走，扶栏杆走来走去。	①给小儿练习站、坐和走的机会。 ②为小儿安排练习走的场所和设备。
7	11个月牵着一只手能很好地走，能推着东西向前走或转弯走。	①安排设备，鼓励小儿练习走。 ②从扶着东西走到推着东西向前、转弯走。
8	1岁~1岁3个月由独立起来到会独走，不用扶能蹲下，会玩简单的玩具。	①以教会小儿独走为任务，要有宽阔平坦（练习走）的场地。 ②利用玩具练习手的动作，如套圈、积木等。 ③每日做竹竿操。
9	1岁3个月~1岁半能开始参加成人组织的游戏，会上下小滑梯，会滚球。	①有小型滑梯设备，小儿可练习上下滑梯。 ②用各种球通过游戏活动练习滚、扔的动作。
10	1岁半~2岁已掌握基本动作，如走路、跳跃、攀登、投掷、上下台阶，但肌肉活动不协调，平衡能力不强，动作不够灵活。能独立玩，会搭积木，会穿串珠。	①通过游戏活动练习走、跑、跳跃、上下台阶、扔球、投沙袋等基本动作。 ②在成人带领下，做简单的模仿操及简单的游戏。 ③利用玩具、教具发展精细动作，如穿珠、搭积木。 ④创造条件，安排平坦宽阔场地，玩教具和运动设备。 ⑤培养动作过程中要注意安全。
11	2岁~2岁半会双脚离地跳，会跑，有较大的自由活动能力和模仿能力，能拣豆豆。	①通过活动性游戏和自由活动及短时间的体育作业，发展小儿基本动作，并让小儿能自己随意地跑、跳、游戏和玩运动器械，每日坚持做操。 ②利用玩具、教具，如穿塑料管、拣豆豆等发展精细动作。 ③用积木搭火车、房子等简单形状。

	动作发展的一般规律	教养内容和要求
12	2岁半～3岁动作已基本协调，会双脚向前跳，迈过障碍物，走平衡木，会双脚交替上下楼梯，会作简单的表演。能用橡皮泥捏简单物品，会握笔画横竖线。	①进一步通过游戏活动及体育作业，促进走、跑、跳跃、攀登、走平衡木、钻、爬、投掷等基本动作的发展，并通过每日简单的操节等，使动作日益协调、灵敏。 ②利用玩教具以及通过运动、游戏、作业、培养精细动作和技能技巧，如画画、折纸、捏泥等。

四、0～3岁儿童语言能力的培养

自儿童出生起，各发音器官和听觉器官就开始逐渐发育成熟，在大脑中相应的语言运动区和听觉区的功能开始有明显的单侧化倾向，语言中枢已具备了初级语言的功能。从出生开始就应对儿童进行语言能力培养，同时要根据儿童不同成长期的特点，用不同的方法、途径进行训练。具体参见下表。

表5-3 小儿语言发展的一般规律及教养内容和要求[①]

	语言发展的一般规律	教养内容和要求
1	2个月的小儿有时伴着微笑能发出声音。	成人要经常和小小儿说话，给他唱歌，或听一些音乐，发展小儿的听力，引小儿微笑。
2	3～4个月的小儿能咿呀学语，逗引时能大声笑，5个月会拉长声发喉音，能将头转向叫名字的人，成人与小儿说话时，有手脚不断活动的反应。	成人在和小儿讲话时，要引导小儿咿呀学语，手脚不断活动，培养小儿对声音的反应，能将头转向发音的方向。引小儿用发音回答。
3	6个月的小儿能发出比较复杂的声音，用不同声音表示不同反映，能分辨和蔼与严肃的表情和声音。	成人用温柔的声音表示鼓励，用严肃的声音表示禁止，培养小儿分辨声调。

---

① 引自卫生部1981年颁发《三岁前小儿教养大纲（草案）》。

续表

	语言发展的一般规律	教养内容和要求
4	7~8个月能发"爸""妈"等音节，有理解简单语言的能力，如能用眼睛找所问的东西。能做简单的回答性动作，如说再见时知道摆手，不要的东西就摇头。	①培养小儿理解语言的能力，引起小儿用语声和动作回答，如指某一物品，或熟悉的人在哪里，训练小儿用眼睛找或用手指出。 ②培养小儿在成人提醒下，做一些简单的动作。
5	9~11个月认识常见的人和物，会模仿叫"爸爸""妈妈"。	①对小儿进行语言发展的训练，通过日常生活所接触到的物品和动作，使他理解这个单词的意义，并逐步发展对各种声音的模仿。 ②培养小儿模仿成人的发音，从发单音到随成人重复一些音节，如"爸爸""妈妈""咿咿"。
6	1岁~1岁3个月会用单词表达要求，会主动叫"爸爸""妈妈"。	启发小儿用单词表达自己的愿望，引导小儿称呼亲近的人。
7	1岁3个月~1岁半会说一些简单的词，如"再见""给我""不要"等，会说出自己的名字，对不会说的词有时会用表情来代替，认识自己的床位和衣服。	①通过日常生活所接触到的事物，引导小儿将语言与实物或动作联系起来。 ②利用玩玩具、看图片及游戏等方式发展语言。
8	1岁半~2岁语言逐渐发展，词汇增加，会说由3~4个字组成的短句。2岁时知道常见物名称，喜欢跟着成人学语、唱歌、说歌谣，并且爱重复结尾的语句。	①充实丰富小儿生活，使他们对周围环境发生兴趣，引导鼓励他们简单地说出周围成人的称呼，人体某部位的名称，日常生活中常见物品的名称；认识托儿所，知道两三种常见交通工具名称，知道两种常见水果、蔬菜和常见动物的名称。 ②培养小儿正确发音，教小儿由单词逐步会说由3~4个字组成的短句。 ③给小儿讲故事、看图片，教简单儿歌，发展小儿的语言。 ④对语言发展较为迟缓的小儿要做个别指导、启发、鼓励，多给练习机会，使其语言发展达到一般水平。

续表

	语言发展的一般规律	教养内容和要求
9	2岁~2岁半开始会提问题，会说出完整的句子，能说明一件简单事情，会说简单儿歌，爱听故事、能唱短歌。	①启发小儿提出和回答问题，避免以手势来代替语言。成人要认真回答小儿的提问，同时注意培养小儿发音清楚，用词准确。 ②通过一日生活各项活动，发展小儿语言，要创造条件，扩大小儿眼界，使他们多听、多看、多说、多问、多想。除必要纪律外不限制小儿讲话。 ③通过短时间的语言作业，听故事，朗诵儿歌，看图讲述，认识社会环境和自然环境等，发展小儿的语言。
10	2岁半~3岁已能将词连接成有秩序的语言，语言的内容与结构开始复杂起来，同时语言开始成为交际及认识自然现象和社会环境的主要工具。会用简单的词句表达自己的愿望，并能讲述自己的印象，会讲出故事的简单情节。	①教小儿正确地运用词类说出较复杂的句子，鼓励小儿用语言表达自己的愿望，使语言成为与成人及小儿相互间交往的工具。 ②成人讲话时语言要正确，尽量使用普通话，教育小儿要富有感情，用有表现力的语言，并用语言进行常识教育。 ③语言作业时间逐渐增至10分钟左右，学会背诵简单儿歌，听完故事能讲出简单情节及主要人物，会做表演游戏。

五、0~3岁儿童认知能力的培养

0~3岁期间，儿童思维的特点是直觉行动性，与感觉和动作联系在一起，可在发展视觉、听觉、触觉等感觉的基础上逐步发展注意、记忆、观察、思维等认识和适应环境的能力。具体参见下表。

表5-4 小儿认识能力的发展及教养内容和要求[①]

	认识能力的发展	教养内容和要求
1	2个月眼能随物移动，目视大人的脸及鲜艳的玩具和吸引他的动作。	把视线吸引到色彩鲜艳的玩具上，引导小儿视线随玩具移动。

---

① 引自卫生部1981年颁发《三岁前小儿教养大纲（草案）》。

续表

	认识能力的发展	教养内容和要求
2	3～5个月开始把视线从一个物体转移到另一个物体。5个月会"藏猫猫"。	成人每次接触小儿时,态度亲切和蔼,吸引小儿注视。
3	6个月对周围环境的兴趣大为提高,能注视周围更多的物件和人。对不同的事物表现出不同的表情,会把注意力集中到他感兴趣的事物与鲜艳的玩具上并采取相应的动作。会找当面藏起来的东西。	创造多种发展观察力的条件,使小儿醒时能看到成人和周围的物体。
4	10个月开始对自己感兴趣的事物能做较长时间的观察,并会用手势和声音对观察到的事物表示不同的反应,会模仿观察过的某些动作和声音。	引导小儿观察周围的一些事物,培养小儿模仿所看到的某些事物的声音和动作。
5	1岁半～2岁注意力能短时间集中,观察图片能认识一些熟悉的物品或动物;认识自己的毛巾、茶杯的标记,能记住自己的座位、床位、衣物及本组小朋友的名字;认识红颜色。	①观察周围事物,并通过日常生活环节培养小儿注意、观察、记忆和思维的发展。 ②创造条件,为小儿组织各种丰富多彩的游戏和活动,充分利用玩教具发展小儿的认识能力,增长小儿的知识。
6	2岁以后能观察事物的变化,并在游戏中反映出来;看到常见的物品能知道它的用途,认识基本颜色、形状,有初步的时间、空间、数的概念。	①启发小儿从事物的表面辨别内容、特征及用途。 ②通过直观教育,使小儿反复看、触、嗅到具体的实物,逐步巩固和加深对周围事物的印象。 ③通过游戏、作业发展小儿的认识能力。逐步区别红、绿、黄、蓝、黑、白等颜色,认识方形、三角形、圆形,能从不同距离观察辨别物体的大小,有上、下、前、后和晚上等空间和时间的概念,会对物数1～5。 ④定期更换小儿活动室的布置,丰富活动内容。

六、0～3岁儿童情绪情感、社会性与个性的培养

0～3岁是儿童交往和情绪反应形成与发展的敏感期。儿童对与情绪密切相关的事物十分敏感,如果在这段时间内缺乏与人的交往,日后在生活中便很难与他人建立起亲密的情感关系。

小资料 5-7

有研究者发现：孩子出生后头两年，母婴关系极端重要。即使生活上照顾很好，如果母爱被剥夺，儿童的情绪情感、社会性与个性会出现终生的缺陷，表现为啼哭很长时间，陷入忧郁状态，显得呆板冷漠，甚至出现成人精神病的症状。[①]

在这个时期，可以通过日常生活中成人对儿童的动作、表情、语言等做出积极愉快的反应，培养儿童良好的情绪状态。和小伙伴见面时，鼓励儿童相互握握手，对小伙伴点点头或拍拍手表示欢迎，引导儿童交换玩具并点头表示谢意，让儿童在一起互相追逐、嬉闹，和小伙伴们分手时挥挥手表示再见等，有意识地让儿童和同伴接触，减少儿童的怯生程度，让儿童积累与同伴交往的经验，训练他们和同伴相处的能力。父母要多带儿童外出活动，主动与他人问候、交流、道别，培养儿童与人沟通的能力，学会建立良好的人际关系。可以玩"跟我学""跟我这样做"的游戏，体验与人交往的乐趣，增强儿童的社会性。要结合日常生活，让儿童自己能做的事情自己学着做，如吃饭、喝水、如厕、独处等，培养儿童的独立能力，鼓励孩子主动邀请同伴一起玩耍，与同伴分享玩具、食物，同时尊重儿童的兴趣和自主选择的权利，促进良好个性的发展。关于人际交往关系的发展和培养具体参见下表。

表 5-5 小儿相互关系的发展及教养内容和要求[②]

	相互关系的发展	教养内容和要求
1	2~3个月，大部分醒着的时间都在快乐状态中，对自己亲近的人特别注视，快乐时会发出笑声，会用声音应答。	①小儿醒着的时候要放在围栏里，有适合年龄的玩具。 ②应有时间轮流抱一抱每一个小儿，经常逗引，使他们情绪愉快。

---

① Spitz, R., Anaclitic Depression, *Psychoanalytic Study of the Child*, 2: 313, 1946.
② 引自卫生部1981年颁发《三岁前小儿教养大纲（草案）》。

续表

	相互关系的发展	教养内容和要求
2	4~5个月对人持有选择性的态度。	成人要经常用和蔼的态度，轻柔的动作，多接近和逗引小儿，培养小儿良好的情绪。
3	6~7个月，开始能表示愉快或不高兴等情感，要东西拿不到就哭闹，喜欢接近亲近的人，开始认生。	以有趣的游戏充实小儿生活内容，使每个小儿从事他感兴趣的活动。当小儿要玩具时，应满足他的要求。
4	8个月以后开始能辨别出严肃与和蔼的声调，并表现出不同的反应。	成人可用温柔的声音表示鼓励，严厉的声音表示禁止。
5	9个月以后喜欢自己活动，会用面部表情、手势和简单的语言与成人交往。对突然出现他不认识的动物或声音时，会害怕。表扬时表示高兴，批评时表示不愉快。	成人要与小儿多接近，在组织他们游戏时要关心爱护他们，当有困难时帮助他们克服并安慰他们。
6	1岁以后开始对其他小儿感兴趣，能共同玩一会，会保护自己手中的玩具，有时也想夺取其他小儿的玩具。	①成人要尊重小儿。 ②将几个小儿组织成小组进行游戏活动，在小儿自由活动时，注意照顾，避免互相干扰，以培养他们彼此间的良好关系。 ③培养小儿喜欢到托儿所。
7	1岁半~2岁能较准确地重复成人教给的动作，能开始参加成人组织的集体游戏。感情进一步丰富，初步懂得喜、怒、哀、乐等；开始知道对与不对，喜欢和成人与小儿共同活动；看到小朋友摔倒能扶起；见到不同的人会打招呼。	①组织各种游戏活动，丰富小儿生活，使小儿情绪愉快。在小儿活动时，注意照顾，避免互相干扰，培养小儿互相友好。 ②成人要积极组织并参加到游戏中去，引起小儿兴趣，并建立良好的关系。 ③培养小儿有礼貌，在成人提醒下，会问"早"，问"好"，说"再见"，见到不同的人会打招呼。
8	2~3岁懂得同情，有帮助别人的愿望，喜欢与小朋友一起玩，能用语言叙述自己的所见，以吸引成人的注意；能互相帮助，懂得爱护小弟弟、小妹妹，对成人有礼貌。	①通过活动及作业培养小儿懂得互相谦让，表示同情、关心和安慰别人。 ②成人要对小儿进行正确教育，各方面做小儿榜样，不要斥责恐吓小儿。

第三节 0~3岁儿童教育机构的保教活动

0~3岁儿童教育机构的保教活动,是指根据0~3岁儿童教育的任务和内容,创设适宜的生活学习环境,由保教人员有目的、有计划引导儿童开展的,旨在促进儿童身心健康发展的各项活动。

一、创设适宜0~3岁儿童生活和学习的环境

0~3岁儿童生活学习的环境需要精心规划,选择的设备和材料应当有助于完成教育的任务,即可以帮助孩子发展身体、情感、认知等多方面的能力。这涉及环境和空间的设计,基本保育设备的提供,游戏和学习材料的提供及活动区域的设计等。

(一)环境和空间

为孩子设计环境空间时,安全是最主要的考虑。首先要考虑的是室外的大环境是否远离各种污染源,如空气污染、水源污染。环境是否优美,有无足够的绿化,日照是否充足,场地是否干燥,排水是否通畅,这些都是事关儿童健康的基本条件,应当在办托幼机构之前就做好选择。

室内需要有足够大的空间,活动室面积不小于50平方米,寝室面积也不小于50平方米。按托儿所每班的人数的规定①,人均应在3平方米左右比较合适。室内的家具的边角、管子、电源插口和粗糙的墙面以及取暖设备等都要做适当的处置和安排,以保障孩子的安全。

---

① 参见城乡建设环境保护部、国家教育委员会1987年颁发《托儿所、幼儿园建筑设计规范》的总则部分。

(二) 基本保育设备

要为婴儿吃饭提供合适的桌椅,如高椅子、矮桌和矮凳;睡觉用的婴儿床、摇摇床等;盥洗用的材料,如各式坐便器、换尿布的台面、储藏物品的小柜等;保育人员使用的桌椅、柜子和公告板等。这些物品要根据需求合理安排,要方便清洗并保证安全。

(三) 游戏和学习材料

要提供适于不同年龄孩子游戏和学习用的玩具、图书和相应的储藏柜。室内材料包括玩具,如毛绒玩具、橡皮玩具、积木、皮球等,还有合适的画书、纸张、颜料、粘土、小工具等。室外要提供攀爬设备,小滑梯、玩沙玩水的设施等。

(四) 活动区域的设计

孩子要通过和环境中的各种人和物的互动来获得发展,所以保育环境和活动区域创设的宗旨就是为孩子提供一个积极的学习环境,满足孩子"运动的需要,感到舒适的需要和感到有能力的需要"[1]。

既然儿童的所有心智功能都是以感知和动作经验为基础的,所以要为儿童提供满足此方面需要的活动和设施,如以下五类活动。[2]

1. 安静的、平静的活动。

2. 结构化的活动。

3. 手工和发现活动。

4. 戏剧游戏活动。

5. 大肌肉活动。

活动区域可有娃娃家区、玩沙玩水区,有关听、写、读和绘画的区,积木区、种植养殖或科学探索区等。这些区域的安排要宽松、舒适,材料要便于孩子操作和掌控,而且可以分出安静区和喧闹区,合作区和独处区。

---

[1][2] [美] 琳达·杜威尔-沃森等著,苏贵民、陈晓霞译:《婴儿和学步儿的课程与教学》,人民教育出版社 2009 年版,第 249 页。

二、建立合理的生活作息制度和生活常规

为确保保教人员有条不紊地组织各项保教活动，0~3岁儿童教育机构必须对儿童一日生活中各项保教活动的内容与时间做出详细的规定，即制定科学合理的生活作息制度和生活常规。

制定生活作息制度和生活常规的主要依据是：①符合儿童身心发展特点及规律；②结合季节变化特点和托儿所实际；③注意动静交替，智力活动与体力活动交替，室内外活动交替，有组织活动与自由活动交替；④生活、游戏和专门教育活动比例合适；⑤个人、小组和集体活动比例恰当；⑥酌情考虑家长的需要。具体生活作息制度和生活常规参见下表。

表5-6　上海黄浦区重庆北路托儿所的作息时间表①

宝宝班（1~1.5岁）	贝贝班（1.5~2岁）	豆豆班（2~3岁）
7：00~9：05 意愿活动、生活活动	7：00~8：50 意愿活动、生活活动	7：00~8：15 意愿活动
9：05~9：15 阅读活动（12个月以下儿童第一次睡眠）	8：50~9：30 户外身体运动	8：15~9：25 户外身体运动、生活活动
9：15~10：00 户外身体运动（有被动操、竹竿操等）	9：30~10：10 区域、集体小组活动（交替）	9：25~10：25 区域、集体小组活动（交替）
10：00~10：30 区域活动、个别交流	10：10~10：40 阅读、自由活动（交替）	10：25~10：45 阅读、自由活动（交替）
10：30~11：30 生活活动、室内自由活动（个别儿童提前午餐或提前午睡）	10：40~11：40 生活活动、自由活动	10：45~11：45 生活活动、自由活动

---

① 引自华爱华、黄琼主编：《托幼机构0~3岁婴幼儿教养活动的实践与研究》，上海科技教育出版社2006年版。

续表

宝宝班（1~1.5岁）	贝贝班（1.5~2岁）	豆豆班（2~3岁）
11：30~15：30 生活活动，包括午睡、午间操、点心（视个别儿童情况进行）	11：40~15：30 生活活动，包括午睡、午间操、点心（个别儿童午睡时间可以延长）	11：45~15：30 生活活动（午睡、午间操、点心）
15：30~15：50 室内或室外身体运动	15：30~15：50 户外身体运动	15：30~15：50 户外身体运动
15：50 区角游戏、离园	15：50 区角游戏、离园	15：50 区角游戏、离园

表5-7 托儿所一日生活常规①

时间	托儿行为要求	教师行为要求
7：30~8：40 室内活动	根据兴趣选择活动，遵守活动规则。	接待托儿，稳定情绪，重点指导某组活动。
8：40~9：00 户外活动	根据要求进行游戏，遵守游戏规则，注意安全。	分工进行集体和个别指导，提醒托儿注意安全，分工做好活动的结束工作。
9：00~9：20 晨点	按次序小便，按要求洗手，拿自己的茶杯，自己吃饼干，吃一口饼干，喝一口豆浆，冲洗自己的茶杯，放在指定地方。	督促托儿认真完成活动程序，检查托儿洗手、擦手情况，提醒动作慢的托儿加快活动。
9：20~9：30 模仿操	听音乐有精神地做操，跟老师和同伴一起念儿歌。	放录音带托儿集体做操，个别指导，做操动作到位，有精神。
9：30~9：40 集体活动	安静地坐好，眼睛看老师，积极参与活动。	用有趣的形式调动托儿的积极性，用温和、亲切的声调与托儿交谈，鼓励托儿做出反应。

---

① 引自赵寄石、任捷主编：《托儿综合教育课程》，南京师范大学出版社2007年版。

续表

时　间	托儿行为要求	教师行为要求
9：40～10：10 户外活动 （9：40～9：55 小天使乐园；9：55～10：10 轻器械活动）	积极、大胆地参与活动；遵守活动规则，注意安全；爱护花草树木；互相关心，互相帮助；管好自己的活动材料，玩后放回原处。	提醒托儿注意安全、遵守规则；观察托儿的运动量，及时调整衣服；鼓励个别托儿投入活动；配班老师收拾活动材料。
10：10～10：30 室内活动角	根据兴趣自由地选择活动，玩具轻拿轻放；玩后收拾好，放回原处；玩具放在中间，大家一起玩。	主班老师重点指导新活动组或个别托儿，配班老师注意全体，不定点地个别指导，帮助个别托儿选择活动；主班老师组织全班进行环节过渡，配班老师收拾玩具。
10：30～10：35 读《儿童画报》	集中注意力听老师朗读；用手点读报名、故事名；用普通话响亮地集体跟读故事。	带领全班托儿阅读故事，引导托儿欣赏新故事，配班老师做好餐前准备工作。
10：35～10：50 餐前活动	听指令如厕，洗手擦手；积极参加老师组织的餐前活动；洗过手，两手抱好，放在桌上。	配班老师组织一半托儿洗手，主班老师组织另一半开展活动，提醒托儿放好椅子，抱好手不乱摸。
10：50～11：30 午餐	愿意自己进餐；吃完自己的一份饭菜（不挑食，不剩饭）；保持桌面、地面干净，饭后自己擦嘴。	督促、帮助个别托儿进餐，表扬有进步的托儿。
11：30～11：50 餐后活动	和同伴一起玩安静的游戏。	主班老师组织托儿安静地游戏，配班老师收拾餐桌，准备托儿午睡。
11：50～14：30 午睡	双手搬椅子进活动室；安静地上厕所；自己脱鞋，摆放整齐，解扣子，脱衣服；自己找被子，初步学习进入铺好的被子，安静地午睡。	提醒托儿安静地午睡，不说话；提醒托儿把鞋放整齐；注意观察托儿午睡，及时发现特殊情况；帮助托儿盖好被子，提醒个别托儿小便。

续表

时　间	托儿行为要求	教师行为要求
14：30～14：50 起床	安静地起床，请老师帮助穿衣，自己穿鞋；女孩子请老师帮助梳头发。	以身作则，不互相讲话，保持室内安静；检查托儿的鞋是否穿对，帮助托儿整理衣裤；主班老师照顾全体，配班老师给女孩子梳头。
14：50～15：20 户外活动	要求与上午相同。	主班老师进行单元评价的测查，配班老师照顾全体托儿。其他要求同上午。
15：20～15：40 午点	按要求洗手、擦手，拿茶杯，双手端稳茶杯；拿点心不挑拣，安静地吃完自己的一份。	提醒、督促托儿安静地活动，鼓励托儿吃完自己的一份。
15：40～16：30 室内分散活动	按兴趣自由地选择游戏；把玩具放在中间，让大家一起玩；爱护玩具，不乱扔；不敲打玩具，玩具掉地立即拾起；根据要求进行创造性游戏。	提醒托儿遵守游戏规则，做好托儿离园的接待工作，记住每个托儿被谁接走。
16：30～17：10 离园	收拾好自己的玩具，架好自己用的椅子；主动向老师、小朋友说再见；自己换鞋。	与个别家长进行简短的交谈，做好第二天的玩、教具准备工作，打扫卫生。

三、设计并组织适宜的保教活动

0～3岁儿童教育机构儿童一日生活保教活动的构成，通常可以分为日常生活活动、游戏活动和集体教学活动三大类。

（一）日常生活活动

日常生活活动是指儿童一日生活中的生活环节和一些每日都要进行的日常活动。具体包括进餐、饮水、睡眠、盥洗、如厕、入（离）园（所）、过渡活动、自由活动以及散步等。儿童年龄越小，日常生活活动占据儿童一日生活中的时间就越长。儿童日常生活活动蕴含着丰富的保育和教育因素，对儿童的身心发展起着非常重要的作用。

1. 日常生活活动的设计要求

应根据儿童的年龄特点和个别差异合理安排，从小注重儿童良好生活习惯的培养，同时注意感觉和动作、情绪情感、社会性以及其他各方面能力发展的渗透教育。

2. 日常生活活动的组织

（1）进餐。为儿童提供空气新鲜、整洁卫生、光线柔和、环境优雅、秩序良好、宽松和谐的进餐环境，并以表情、语言引导儿童，激发儿童的食欲，让儿童保持良好的进餐情绪。在进餐过程中应使儿童情绪愉快，进餐时可以小声播放一些旋律优美、节奏舒缓的轻音乐。按照不同年龄照顾儿童按时吃饭，适当掌握儿童的进食数量，保证儿童吃饱吃好。注意培养儿童良好的饮食习惯和生活自理能力，如饭前要洗手，饭后要洗脸，专心进食，不挑食，不偏食，不边吃边玩，保持正确的进餐姿势。4~5个月的儿童自己扶瓶吃奶，6~7个月自己拿饼干吃，10个月练习用杯子喝水，1岁半以后自己吃饭，2岁会自己双手捧碗喝水，2岁半以后能吃得干净，并保持桌面干净，不剩饭菜。

（2）睡眠。根据儿童的年龄和体质，合理安排睡眠的次数，确定睡眠和起床的顺序，年龄小、体质弱的儿童先睡后起。要为儿童创设良好的睡眠环境，如保证环境安静、光线适宜，开窗睡眠时要避免对流风，可轻声播放催眠乐曲帮助入睡，使用的被褥要适合季节。安排儿童入睡时动作要轻柔，态度要和蔼。注意培养儿童按时入睡，按时起床，有正确的睡眠姿势等习惯。要使1岁半以上的儿童懂得上床后闭上眼睛，不要说话，学习做一些穿脱鞋袜和衣裤等力所能及的事情。

（3）盥洗。根据不同的年龄和季节经常给儿童洗头、洗澡。每天给儿童洗脚、洗屁股，注意水温适宜，最好用流动水，勿让水进入儿童的眼睛、耳朵，保证儿童仪表整洁，穿着适宜。培养儿童爱清洁、讲卫生的良好习惯，积极参加盥洗，能愉快配合。注意儿童的盥洗用具要分开，并保证专人专用，毛巾每天要消毒。在盥洗过程中，要注意用语言启发和帮助儿童逐步发展自我服务的能力，如在穿脱衣服时能伸手伸脚，学会自己解扣子和鞋带等。

（4）如厕。根据儿童的年龄特点、个体差异以及气候、饮食和环境的变化，掌握儿童大小便规律，观察大小便的情况。注意培养儿童定时坐盆，在大小便时用语言进行指导，让儿童对大小便时的习惯语言以及姿势形成条件反射。8个月开始练习坐盆，1岁半以前提醒儿童按固定时间坐盆，1岁半以后培养儿童自动坐盆，2岁半以后学会自动坐盆。儿童坐盆时要有专人照顾，每天坐盆次数不宜过多，每次坐盆时间不宜超过5分钟，要注意培养儿童在固定的地方大小便，坐盆时不能吃食物或玩耍。夜间要根据儿童小便规律把尿。

（5）入（离）园（所）。入园（所）时，应热情接待儿童，主动与儿童及其家长问好，与家长进行简单的交流，了解儿童在家各方面的情况，稳定好儿童的情绪。

离园（所）时，应热情接待家长，主动问候并简短告知家长儿童在园（所）的情况，与儿童及家长道别。

（二）游戏活动

游戏是儿童生活中最为重要的活动，儿童除日常生活活动和集体教学活动以外的时间，都是在游戏中度过的。通过各种各样的游戏活动，能有效促进儿童的身体动作、语言能力、观察力、注意力、记忆力以及情绪情感和社会性等各方面的发展。

1. 0~3岁儿童游戏活动的特点

（1）成人对儿童游戏的安排和指导具有决定性的意义。儿童年龄越小，对成人的依赖性越大。

（2）儿童游戏的内容和性质在不同的年龄阶段有所不同。随着儿童年龄的增长，动作能力、语言能力的增强，活动空间的增大以及活动经验的增多，儿童游戏的方法、内容会逐渐复杂。

（3）儿童生活的环境，特别是用于儿童游戏的物品和玩具，对儿童游戏的发展有非常重要的影响。

2. 游戏活动的设计要求

（1）应保证儿童有充分的游戏时间。随着儿童年龄的增长，每天游戏的次数应逐渐增加，每次游戏的时间可以逐渐延长。

（2）应根据儿童年龄特点选择合适的游戏形式和内容。

（3）应为儿童游戏创设适当的活动场地，并提供适宜的专用设备。例如，室内外应有为儿童练习爬行、走、跑、跳、攀登以及进行桌面活动的场地，玩沙、玩水的条件，并有围栏、小滑梯、小桌、小椅等设施。

（4）应为儿童提供适合年龄特点的玩教具，并保证种类和数量。

3. 游戏活动的组织

在组织游戏活动时，要注意引发儿童的兴趣，使儿童保持情绪愉快。要告诉儿童简单的游戏规则和要求，并进行示范。每天都要有计划地安排两三种游戏。一般新游戏应在上午进行，每周要计划学习一到二种新游戏。对不同儿童，游戏要求要有所区别，如要引导喜欢动的儿童多做些安静型的游戏，要逗引不喜欢动的儿童多做些运动型的游戏。对不同类型的游戏，指导要点也要加以区别，如活动性游戏应根据季节和天气的变化合理安排。冬天天冷，可以做些活动量大的游戏，夏天天热，可以选择一些活动量小的游戏。一般在正常天气的情况下，每天可以组织两三次游戏，每种游戏一般可以重复三四次，但不要使儿童玩得太累，特别是进餐前后半小时左右不要做活动性游戏。游戏活动常见的类型有以下一些。

（1）活动性游戏。练习走的游戏有：捡皮球、拉鸭子车、捡花片、捉蝴蝶、插红旗等；练习跑的游戏有：开飞机、看谁能追上我等。练习跳的游戏有：小青蛙、小白兔等。练习投掷的游戏有：丢沙包、抛球等。练习平衡的游戏有：过小河、走独木桥等。

（2）音乐游戏。如欣赏发声玩具，听各种轻快柔和的乐曲，跟着音乐做各种手舞足蹈的动作，伴着音乐玩捉迷藏，学唱简单的歌曲等。

（3）桌面游戏。如摆积木、拼图、穿花片、穿珠子、捏橡皮泥等。

（4）娱乐游戏。如玩各种发声发光的玩具、吹泡泡、抓气球、踩影子、堆雪人、玩沙、玩水等。

（5）智力游戏。如听声音、辨声源，看看小动物们都喜欢吃什么，哪个多哪个少，比一比哪里不一样等。

案例 5-1

体育游戏：钻山洞（2～3岁）

活动目标

练习弯腰钻过障碍物，手膝着地向前爬，能积极与同伴一起活动。

活动准备

"山洞"教具、垫子、小猫头饰若干。

活动建议

以小猫做客的形式导入主题。猫妈妈（教师）示范钻爬动作，边做边讲解规则。

玩游戏"小猫做客"，让儿童戴小猫头饰练习钻爬动作。在音乐声中，小猫跟着猫妈妈慢慢地回家。

（三）集体教学活动

对1岁以下的儿童，主要是采取个别教育的方式。随着儿童年龄的增长，1～2岁的儿童可以增加小组教育方式。对2岁以上的儿童，可以每天安排1～2次集体教学活动，每次时间约为5～10分钟。

1. 集体教学活动的设计要求

（1）应根据儿童的年龄特点制定具体可行的集体教学活动计划。集体教学活动的目标要简单具体，活动的内容和途径要贴近儿童的生活和实际需要。

（2）应为儿童创设适宜的活动情境，准备可供儿童操作的、直观的活动材料。

（3）应注重儿童活动兴趣的激发，宜采用启发、诱导等生动活泼的教学方法，体现游戏性。

2. 集体教学活动的组织

在组织集体教学活动时，应让儿童的身体和感官充分作用于客观材料。在观察、对话的基础上了解儿童的已有经验，使之通过操作获得新的经验，让二者互相渗透、融合。教师应尊重儿童的个别差异，满足不同能力儿童的需要，让不同发展水平的儿童都有表现的机会；要与儿童进行积极的情感交流，以满腔热情去接纳、鼓励、赞赏、帮助每一个儿童的正面行为；多让儿童放松、随意地席地而坐，与儿童保持亲近的距离；应注重将集体教学活动与日常生活活动、游戏活动相互结合。

集体教学活动常见的类型如下。

（1）语言活动。如说话，讲故事，念儿歌以及语言游戏等。

（2）动作发展活动。如体操，球类运动，室内外运动器械的攀、爬、钻等运动，体育游戏，以及捏、揉搓、穿插等精细运动。

（3）数学活动。如点数，认识图形，配对，比较大小，区分早上、晚上等。

（4）音乐活动。如唱歌，跳舞，演奏等。

（5）美工活动。如绘画，粘贴，剪纸，折纸，泥工等。

（6）社会活动。如与人打招呼、道别，认识自己和朋友的衣物，帮助、安慰他人，分享玩具和食物等。

案例5-2

集体语言教学活动：儿歌"春天到"（2~3岁）

活动目标

初步学会说儿歌，知道春天来了花草树木的变化，正确发音"春"（chūn）。

活动准备

春天背景图一幅，小花、小草、柳树、农民伯伯、牛等桌面教具及头饰。

活动建议

出示春天背景图。教师边说儿歌边出示教具。儿童跟着教师一起说儿歌。

在音乐声中，儿童（扮演小花、小草）与教师（扮演农民伯伯）一起边说儿歌边做动作。

附：儿歌

春天到

春天到了暖洋洋，

柳树穿了绿衣裳。

花儿开，草儿长，

农民伯伯春耕忙。

思考与练习

一、为什么说儿童早期的教育对儿童的未来有重大影响？

二、谈谈日常生活活动在0~3岁儿童教育中的价值。

三、结合实例说明以下0~3岁儿童教育工作的要点。

1. 发展动作的教育
2. 发展语言的教育
3. 发展认知的教育

四、试根据0~3岁儿童教育的任务和原则，对一个托班的教育工作进行分析和评议。

第六章 幼儿园的课程与教学活动

学习目标

1. 了解幼儿园课程与教学的含义和关系。
2. 学习幼儿园课程与教学活动计划的制订。
3. 认识幼儿园教学活动的内容与原则。
4. 掌握幼儿园常用的教学活动手段和方法。
5. 学会幼儿园教学的设计、组织和指导。

本章提要

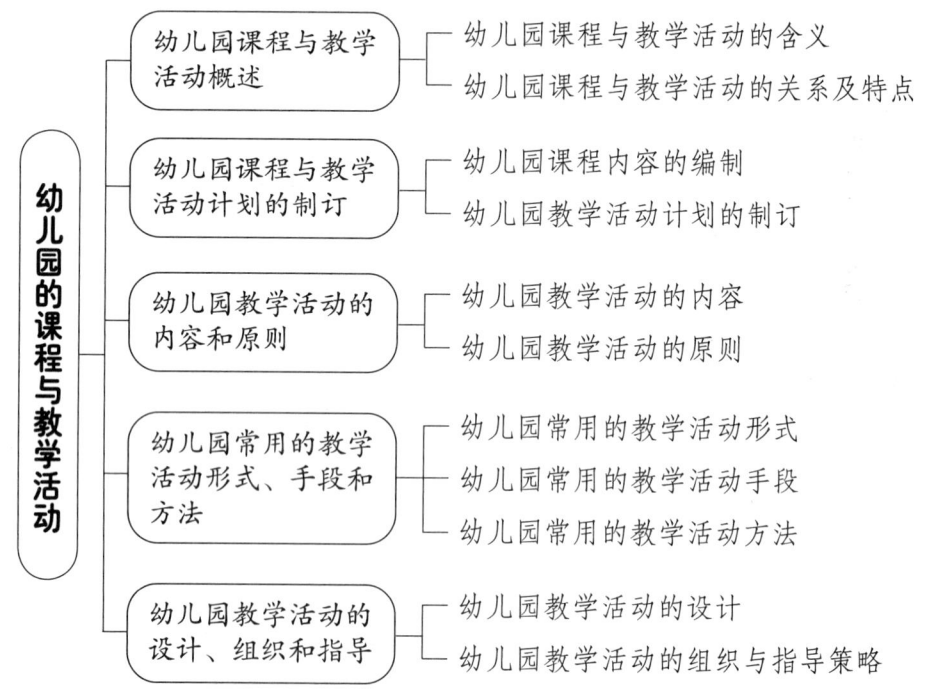

从儿童一日生活活动的构成来看,幼儿园的教育活动应包含教学活动、游戏活动和生活活动,其中课程与教学活动是一个研究重点。我国学前教育理论发展到今天,关于课程与教学的概念与关系仍有一些含混不清,为此本章将先澄清幼儿园课程与教学活动的概念及关系,然后介绍如何制订幼儿园课程与教学活动计划,讲解幼儿园教学活动的内容和原则,幼儿园常用的教学活动手段和方法,幼儿园教学活动的设计、组织和指导。

第一节 幼儿园课程与教学活动概述

一、幼儿园课程与教学活动的含义

（一）课程的含义

"课程"是用得最普遍的一个教育术语。人们常常问:"你在学校学过哪些课程?""你这门课程学得好吗?"这些问话反映了人们对"课程"内涵的传统看法,比较一致地将课程看成是"教学科目",也就是那些体现在课表上的较为固定的学科门类。随着社会的发展,特别是教育研究和实践的发展与变化,课程涵义被扩展了,主要表现在以下几方面。

1. 课程不仅仅包括静态的结构化、系统化的学科方面的知识,也包括受教育者动态的活动和在活动中吸取的知识技能及态度、情感、价值观等非学科方面的经验。

2. 课程不再被看作单向的教育者向受教育者传递的过程,而是师生双向互动的实践活动过程。

3. 课程不再仅仅强调教育者是课程指导的主体,而且强调受教育者也是课程的主体,是课程学习活动的主体。

4. 课程不仅仅是教育者有计划、有目的提供的知识经验,而且也包括课程实施中可能出现的各种教育影响和受教育者可能获得的难以预测的经验,即受教育者在教育机构中,在教师直接和间接指导下所获得的一切知识经验。

5. 课程实施的工具或条件不仅仅是教材、教具,也包括受教育者与之相互作用的教育的其他因素,如师生关系、室内外装饰和设施、校园文化、家庭、社区等。

综合这些对课程的看法,可以将"课程"理解为:课程系指在学校教师的直接和间接指导之下出现的学习者与教育环境相互作用的学习活动的总体。①

它不仅包括教育机构中课程表上所列教师有计划组织的各学科的教育教学活动,还包括有计划组织的和学生自动自发的所有课外活动,甚至包括课间活动。

结合学前教育的特点,幼儿园课程可定义为:幼儿园课程是实现学前教育目标的手段,是帮助儿童获得有益的学习经验,以促进其身心全面和谐发展的各种活动的总和。

教师作为课程实践者之一,应当深刻理解课程的含义,明白幼儿园所进行的一切活动,不论是专门的教学活动,还是儿童自选或自发的各种游戏活动,以及儿童的日常生活活动等,都是幼儿园课程的组成部分,都对儿童的全面和谐发展起重要作用,应该全面兼顾,精心设计与指导,使儿童在各种活动中得到真正的发展。

(二)幼儿园教学活动的含义

教学活动指的是在某一特定的文化背景和和社会环境中由教育者有目的地指导受教育者开展学习活动,进而获得发展的过程。

什么是幼儿园教学活动呢?回答这个问题之前,让我们先来看下面这个幼儿园教学活动案例。

---

① 引自钟启泉:《现代课程论》,上海教育出版社1989版。

案例6-1

某幼儿园大班，星期一早上，有个儿童说到自己周末上超市购物的经历，马上引起其他孩子的共鸣，大家争相回忆起自己上超市的有关经历。"超市有玩具卖吗？"有个儿童若有所思地问。"有啊！"另一个孩子马上回答。"那超市里还有什么东西呢？"于是，从孩子的兴趣和实际水平出发，结合大班教育目标的需要，教师设计组织了以"超市"为主题的教学活动。在接下来的几天中，教师和孩子们一起到超市参观；每个孩子尝试用一些钱购买自己喜欢的东西；孩子们和教师一起津津有味地分享自己采购的食物，谈论自己在超市购物过程中的发现……当谈到各自购买的食物时，有个孩子说："我买的酸奶最好喝，因为这是我妈妈单位做出来的。"（这个孩子的妈妈是某酸奶公司的）这一下，孩子们的新问题又来了："我买的东西是从哪儿来的？"面对儿童的新问题，教师调整自己的方案，开始新的教学活动设计……

这是一个由儿童的兴趣和经验引发的幼儿园教学活动。教师以"超市"为主题，通过参观、购物等途径，引导儿童对自己感兴趣的事情进行探究，思考并解决"超市是什么""超市中有什么""怎样用一元钱买到自己喜欢的东西"等问题，帮助儿童了解超市中的成人劳动和超市购物程序。这个过程既能丰富儿童对社会生活环境的认识，体验生活设施给人带来的方便，又能促进儿童之间的交往与互动，还能加深儿童对人民币的认识，培养他们"发现问题、解决问题"的能力。而这些也是幼儿园大班教育目标中的有关要求。由此，可以将幼儿园教学活动理解为：幼儿园教学活动系指教师从儿童的兴趣和实际水平出发，根据幼儿园教育目标，有目的、有计划地组织和指导儿童主动学习，以获取有利于其身心发展的经验的教育活动。

从上述"超市"的系列教学活动中可以看出，幼儿园教学活动绝不只是知识的传递活动，它是实现儿童全面发展的重要手段。

同时，幼儿园教学活动是由教师的"教"和儿童的"学"组成的双边活动。"教"和"学"是矛盾统一的，教师的"教"为儿童的"学"服务。在幼儿园的各种活动中都蕴含了"教"与"学"的因素，教师既可以通过专门教学活动（即我们常说的"上课"）的实施来教导儿童，也可以将教学活动渗透在儿童自选或自发的游戏活动以及儿童的日常生活活动中（如利用生活环节中的散步活动引导儿童观察小草等），因此，简单地将"幼儿园教学活动"等同于"上课"是不对的。上述超市购物活动中，既有教师直接的"教"，如向儿童介绍该超市的工作人员，也有教师间接的"教"，如在超市购物活动中，当孩子们选定了自己想要的物品后，都集中到出口准备付钱。每一个孩子都迫切地希望享受自己好不容易选购的物品，收银台瞬间被挤得水泄不通，收银员面对一片喧闹、嘈杂的场面，根本无法开展工作。这时，教师向儿童提了一个问题："怎样才能又快又好地交钱？"在教师的提醒下，孩子们自己协商，决定排队交款。可见，幼儿园教学活动是教师直接"教"与间接"教"相结合的活动，而不仅仅是教师直接教的活动。也就是说，要处理好预设与生成的关系。在教学活动过程中，虽然事先有计划，仍需要教师根据儿童的需要和反应随时调整既定的方案。从这个角度看来，幼儿园教学活动是教师创造和体验的过程。

从儿童的发展特点来说，游戏是他们的基本活动。游戏能有效地促进儿童认知、社会性、情感和身体等各方面的发展，但游戏不是幼儿园唯一的活动。对于儿童来说，有一些影响他们现在生活的至关重要的经验以及其终身可持续发展所需要的素质，如安全常识、强烈的学习兴趣、有效地与环境互动的能力、责任感等，是不能仅靠在游戏中习得和养成的，而且，即使在游戏过程中，儿童也需要成人的帮助、支持与引导，这样，才能使他们发生在游戏过程中的学习更有意义，更富有成效。因此，幼儿园教学活动是实现课程目标的重要手段。幼儿园需要专门设计和组织教学活动，才能保证儿童全面发展目标的实现。专门的教学活动是指教师从一定的教学活动目标和原则出发，结合本班儿童的实际需要，选择相应的内容，精心设计教学活动过程并组织实施，以完成一定的教学活动任务。它要求教师加强工作的针对性和计划性。当然，教师在教学实施过程中要有一定的灵活机动性，会及时发现有利的教育契机并加以利用，处理好预设与生成的关系，以有效促进儿童在原有基础上发展。

二、幼儿园课程与教学活动的关系及特点

（一）幼儿园课程与教学活动的关系

在我国实施改革开放之前，教育界人士主要接受来自苏联教育理论的影响，把课程当作教学活动理论的一部分，采用的是大教学、小课程的观点，重视各科教学，很少谈论课程。

但是在西方，欧美国家把教学作为课程的一个部分，采用的是大课程、小教学的观点。他们的观点在20世纪80年代传入我国，在教育界引起了对这两个概念的理解混乱和争执。为了避免不必要的争执，我们认为可以这样来理解两者的关系：课程和教学活动是相互联系、相互制约、密不可分、辩证统一的关系。课程是培养人的蓝图，是教学活动的指南、方向和目标，指导教学活动的实施。教学活动是根据课程规定的标准、内容等对儿童实施课程的手段、过程和活动。

小资料 6-1

美国学者塞勒（J. G. Saylor）曾对课程和教学的关系做出如下三个比喻：[1]

课程是一幢建筑物的设计图纸，教学活动是具体的施工；

课程是一场球赛的方案，教学活动则是球赛进行的过程；

课程是一个乐谱，教学活动则是作品的演奏。

同样的乐谱，不同的演奏家会有不同的体会，有不同的演绎，产生不同

---

[1] 参见黄人颂主编《学前教育学》第二版，人民教育出版社2009年版，第242页。

的效果。

(二) 幼儿园课程和教学活动的特点

幼儿园的课程和教学活动面对的是正在迅速成长的儿童。他们的机体柔弱，大脑正在发育而未完全成熟，认知能力有限，却有巨大的发展潜力和可塑性。如果在适宜的环境中，有成人适宜的教育指导，就能获得较好的发展；如果在不利的环境中，成人不予理睬或给予拔苗助长式的教育，则可能造成损害并妨碍儿童进一步的发展。

幼儿园的课程和教学活动不仅关注教师应该"教什么"，更关注"儿童是怎样学习的"；不仅关注儿童获得知识量的多少，更关注其获得知识的过程与方法。具体说来，幼儿园的课程和教学活动的特点有以下几个。

1. 生活性与启蒙性

生活性是指幼儿园的课程和教学活动要从帮助儿童积累生活的感性经验出发，其内容和途径必须贴近儿童的实际生活，教学活动设计必须针对儿童生活中出现的问题和儿童的实际需要。从这个角度出发，幼儿园更多地通过教学活动引导儿童认识周围环境，理解人际关系，获得基本经验。

案例 6-2

如何在教学中贴近儿童的生活：

- 利用各种动物或植物如小白兔、大灰狼、蝴蝶、小鸟、小花、小草之类作为幼儿园教学活动的素材；
- 利用每天散步的时间带儿童观察植物的生长情况；
- 当天气出现变化，儿童穿上不同季节的衣服，看见小草发芽或是从地上捡起一片片飘落的树叶时，便是教师引导他们感知季节变化的好时机；
- 每天吃点心的环节引导儿童感知"1和许多""大和小"，认识各种食物和水果，体验分享的快乐；

- 当儿童出现纠纷和矛盾时,就可以作为社会行为规范教育的时机,引导儿童学习分享、合作、轮流、谦让等。

可见,专门的教学活动、游戏和日常生活都是幼儿园课程和教学活动实施的途径。

由于儿童年龄尚小,思维带有明显的具体形象性,难以理解抽象事物,所以,在幼儿园教学活动中,注重在认识简单的事物和现象时,引导儿童认识事物之间的关系,强调教师在教学活动过程中借助儿童已有的生活经验,并注意通过教学活动丰富儿童的有益经验,帮助儿童学习并适应生活,获得粗浅的知识,使他们的经验和视野得以拓展。总体的内容是启蒙性的。

案例6-3

一组3岁的孩子在各种不同的地面上(如木地板、草地、斜坡、铺满石子的地面、水泥地等)和同伴比赛他们的玩具小汽车,体验玩汽车的乐趣,并感受汽车"在不同路面上车速有变化"的现象,积攒有关"摩擦力"的经验。这种经验将有利于他们将来理解"摩擦力"的概念和原理。

同样的道理,"儿童掌握词汇量的多少"与"能不能运用语言很好地与人交往"比较起来,我们更关注后者。

2. 活动性与参与性

直接经验的获得离不开具体的活动。儿童主要通过感官来接触环境中的事物,通过在环境中与他人共同活动来获得经验,他们的学习是以直接经验为基础的。所以,幼儿园教学活动是在儿童积极主动的活动过程中完成的,强调每个儿童的实践与参与。在教学活动中,只有调动他们的多种感官,鼓励他们去看一看、听一听、闻一闻、尝一尝、摸一摸或者摆弄摆弄,才能帮助他们在多种活动中更好地认识环境中的事物。对于孩子来说,告诉他关于水果的知识，不如和他一起去市场欣赏并购买苹果、梨、香蕉、葡萄，和他一起清洗并品尝这些水果的味道，和他一起尝试用各种方式挤榨出果汁等。同样，儿童更愿意通过嚼一根青草，闻一闻小草的清香，和伙伴一起在草地上打滚玩游戏，躺在草地上看天空和云彩，听风声和小鸟的歌唱，寻找草中的小虫子等这样一些活动来认识小草。这样做，也避免了由于儿童注意的稳定性比较差，长时间坐着听讲对其身心发展所带来的不良影响。

3. 游戏性与情境性

由于儿童的思维具体形象，注意力容易分散等原因，教师在组织教学活动时需要借助一定的游戏或情境，加强儿童注意的持久性，唤起和调动儿童的有关经验和感受，吸引他们在游戏的假想情境中积极地交往，活跃地想象，主动地表达……在玩中学。只有这样，教学活动内容才能为儿童所理解。

案例6-4

某老师在引导中班孩子学唱歌曲《小树叶》时，以游戏的形式引导儿童理解歌词和体验歌曲情感：请儿童自由选择角色，将自己假想成一片小树叶、秋风或大树，在歌声中自由表现。

很多幼儿园教师经常利用收放玩具的游戏引导小班孩子感知集合。教师将许多玩具一个一个地发给每个孩子，让孩子们自由地玩玩具，再将孩子们手中的玩具一个一个地收拢来。通过这个过程，儿童感受到许多可以分成一个一个，一个一个合起来是许多。离开教学活动的游戏性和情境性，幼儿园教学活动就容易小学化。

第二节 幼儿园课程与教学活动计划的制订

一、幼儿园课程内容的编制

课程内容的编制是指对课程内容进行组合、结构化的工作，其目的是利用儿童的已有经验，使儿童获得的知识经验系统化。这里所说知识经验的系统化并不是指儿童学习系统的学科知识，而是指随着儿童的认知结构的发展，儿童在已有经验的基础上，在日常生活和活动中，与外界不断相互作用，使自己的知识经验由少到多、由简单到复杂、由松散到系统、由无序到有序的发展过程。课程内容的编制过程实际上就是遵循儿童自身的这种知识经验系统化的"内在大纲"构建"教育大纲"的过程。

不同的课程内容编制方式背后隐含着不同的课程理念，并在教育教学活动中体现出不同的倾向。幼儿园所采用的编制课程内容的方式目前一般有以下三种。

（一）分科课程

分科课程是以科目为单位对课程内容进行编制的一种方式。这种方式有利于儿童获得系统的知识，但由于科目分化容易造成忽视各科间的联系以及组织教育教学活动时忽视儿童的生活经验和兴趣。

过去，我国幼儿园教育普遍采用分科（如语言、数学、常识、音乐、美术、体育等）组织的方式，当前，则有大量的幼儿园采用分领域（如语言、科学、社会、健康、艺术等）组织的方式。领域课程属于分科课程，它与上世纪50~60年代的分科课程的区别是经过对分科课程的否定之后产生的，所以它一出现就有了较高的起点。从五大领域课程的目标可以清楚地看到，"知识性目标"被弱化，而"发展性目标"凸显。五个领域的课程是围绕促进和保障幼儿身体、认知、语言、社会性等方面的发展而设立的。具体案例如下。

案例6-5

奇妙的根（科学活动）①

目标

1. 让幼儿知道植物都有根，根是多种多样的。

2. 使幼儿知道根有吸收水分、养料及贮藏养料的作用，激发幼儿对植物根的探索兴趣。

准备

1. 连根的葱、小青菜及萝卜、红薯等若干，每组一份。

2. 榕树的图片一张。

3. 活动前一两天带领幼儿做实验：在一个玻璃瓶中盛满水，将一棵带根的小青菜插入瓶盖孔中，封住瓶口，让菜根浸没在水中，在瓶外画出水面高度的记号，放在阳光下，提醒幼儿观察瓶内水高度的变化。

4. 教育挂图"榕树"。

5. 操作卡片"哪里是根"

过程

1. 引导幼儿观察多种多样的根，启发讨论

教师提问：

你们的桌上有些什么？（葱、青菜……）

请你们仔细看看、摸摸，再来说说它们是什么样子的？

请你在桌上找出有根的植物，告诉大家，根是什么样子的？（葱的根全是须根。青菜的根有一主根，旁边是须根。）

---

① 引自王志明、张慧和主编：《幼儿园课程指导丛书·科学》，南京师范大学出版社1996年版。

除了葱和青菜的根，桌上还有没有植物的根？

若幼儿讲不出，可启发幼儿：

萝卜、红薯是根吗？它们的根与葱、青菜的根一样吗？（萝卜是肉质根，红薯是块根。）原来萝卜和红薯也是根，过去你们知道吗？

真有趣。还有一种奇妙的根，你们想看吗？（出示榕树图片，让幼儿观察）

这是一棵什么树？它的根在哪里？

除了泥土中的根，那像树枝随风摇动的一条条的是什么？

这是一种奇异的树，叫榕树，那一条条随风摇动的也是它的根，叫气生根，气生根碰到泥土就会钻入土中，又长出一棵榕树。

你还知道哪些植物有根？（是植物都有根）

2. 引导幼儿观察、了解根的作用

教师提问：

植物的根是多种多样的，根长在哪儿？

它们对植物有什么用呢？（根长在泥土里，吸收泥土中的水分。）。

让我们来看看，前两天我们做的实验，水怎么变少了？（被根吸收了）

根还有什么作用？（吸收养料，贮藏养料，固着泥土等）

没有根植物会怎样？

3. 小结

教师小结：植物的根是多种多样的，有的还很有趣。植物没有根吸收水分和养料就无法生长。根的作用是很大的，我们平时可不要去摇小树，要是摇断了它的根，小树就不能活了。现在我们去给小树和花浇浇水，让它们的根吸收足够的水，使小树和花快快长大吧！

活动建议

1. 南方的幼儿园可带领幼儿参观大榕树。

2. 结合参观农村，认识各种农作物的根。

（二）核心课程

核心课程有两个含义，其一是指所有课程中最重要、最基础的课程（英文称为 core curriculum）；其二是指在一定时期内，儿童的学习有一个中心，所有学习活动都围绕着这个中心来进行（英文称为 wheel curriculum）。在幼儿园，核心课程通常是指生活中心课程或单元课程，就是从儿童能接触到的自然、社会现象中，选取其中的重要课题为中心组织课程内容，其他科目则环绕它与之搭配。"主题综合课程"即是如此。核心课程有利于儿童获得完整的生活经验，但不利于儿童掌握系统的知识。具体案例如下。

案例6-6

南京的城门（综合）①

目标

1. 知道南京是座历史名城，有许多古老的建筑，其中城门是一大特色。
2. 乐于将自己的经验讲给大家听。

准备

1. 幼儿用书，人手一本。
2. 请家长协助幼儿填写调查表并收集有关南京城门名称的资料、图片（照片）。

过程

1. 听故事引出谈论南京城门的话题

• 教师讲故事《小老鼠进城》。

• 提问：你们能告诉小老鼠，南京有哪些城门吗？（幼儿根据自己调查的内容说）

---

① 南京市实验幼儿园编著：《幼儿园综合教育课程·主题活动方案设计》，南京大学出版社 2003 年版。

2. 了解城门的来历和南京现有的城门

• 提问：什么叫城门？城门有什么用？

• 你能在图上找到大家说的城门吗？

• 教师出示所收集的各种城门的图片资料，请幼儿说出图上这些城门的名字。

3. 语言游戏：开汽车（汽车所到站是城门的名字）

师生共同用游戏的形式将南京城门的名字串起来。（游戏可以循环玩，提醒幼儿尽量不重复说过的城门。）

• 游戏开始。独：小朋友快快来，我的汽车就要开；众：往哪开？独：××门开；众：谁来开？独：××开。

建议

1. 可以让幼儿在游戏活动中用结构材料搭建城门；在美工区可以画城门，用废旧纸盒制作城门。

2. 请家长在休息日带幼儿参观附近的城门。

（三）活动课程

活动课程又称经验课程，在课程内容组织方面，它强调以儿童的活动为中心，以儿童的兴趣、需要和能力为编制的起点，重视依据儿童的兴趣、需要和能力的变化不断调整和组织课程内容，"方案教学活动""探索性主题课程"即是如此。这种方式有利于儿童个人的直接经验的发展，但通常容易忽视学习内容本身的知识体系以及传统文化的价值。活动课程通常需要配备大量供儿童活动和操作的材料，儿童的学习活动主要就是操作和体验。蒙台梭利教学法可说是一种活动课程。

小资料6-2

现代比较著名活动课程之一是美国海伊斯科普（High/Scope）教育科学

研究所推出的幼儿认知发展课程《活动中的幼儿》①。此课程比较有特色的一点就是提出儿童发展各方面的几十条关键经验,通过提供多种操作材料,每天安排儿童制订活动计划、进行操作活动、收拾整理、对活动进行回顾,以及组织儿童进行小组活动、户外活动、集体活动等来帮助儿童获得这些关键经验。

上述三种课程内容的编制方式是各有利弊的:分科课程强调各领域知识的系统性,但是缺乏横向联系,比较强调教,忽视儿童的操作和体验;核心课程或综合课程比较强调生活性以及各领域内容的横向的自然关联,却削弱了各领域知识自身的系统性,使之变得零散;活动课程较强调儿童的操作和体验,也容易忽视各领域知识的体系和社会文化方面的培养。无论选择哪种方式,都应在充分发挥该方式优势的基础上尽量克服其可能的缺点,并吸取其他方式的优点。

二、幼儿园教学活动计划的制订

制订幼儿园教学活动计划是指依据课程目标,对一定时段内的教育教学活动系统地进行设计和安排。总体上,幼儿园教学活动计划应该包括以下几方面的内容:教师按课程要求有目的、有计划设计和组织的教学活动;儿童在园一日生活的安排与组织;儿童自选活动的组织与指导;幼儿园环境的创设与利用;幼儿园家长工作和与社区的联系等。

与各层次课程目标和各时段相对应,幼儿园教学活动计划分为:年龄班(全年)计划、学期计划、月(周)计划、具体教育教学活动计划。

(一)年龄班(全年)计划

年龄班(全年)计划是一个整体性规划,一般由园领导组织有关教师集体制订。年龄班(全年)计划是在说明各年龄班的课程目标,对全园的教育

---

① [美]玛丽·霍曼等著,郝和平、周欣译《活动中的幼儿》,人民教育出版社1995年版。

资源做出统筹安排，考虑全园全年重大活动的基础上，对各年龄班全年的课程范围和进度做出计划。比如，若采用"主题综合课程"，要订出全年的活动主题及顺序，每个主题的教育要点、教育环境创设要求、主要活动内容及所需时间。

（二）学期计划

学期计划由班级教师共同制订。它是依据年龄班的课程目标和年龄班计划订出学期的课程目标和学期各月（周）的活动安排。实质上它是对全年计划按学期进行划分。

（三）月（周）计划

月（周）计划同样由班级教师共同制订。它是在学期计划的指导下，订出月（周）的教育要点，并将教育教学活动安排到月（周）内的每天当中。如果采用"主题综合课程"，则由主题计划代替月（周）计划，即学期计划的下位便是主题计划。主题计划要订出主题所需时间、主题活动目标、教育环境创设的要求和内容、每天的主要活动安排。

（四）具体教育教学活动计划

具体教育教学活动计划包括一日活动安排和活动设计，也由班级教师共同制订。

一日活动安排是对一天的各个具体时段上的活动做出安排。这种安排一般要注意以下几个方面：各种类型的活动综合考虑、平衡安排；遵循动静交替的原则；尽量减少环节的转换，并使用相对稳定的一日日程表以形成制度。一日活动安排可以通过周计划表体现，如下页表。

周计划表

内容 \ 日期 时间及程序		星期一	星期二	星期三	星期四	星期五
7：30~8：10	晨间活动	早操及户外活动				
8：50~9：20	集体活动	讨论：社区摄影展	谈话：你能做到吗？	音乐：数高楼	数学活动：多吃少	远足前的谈话
9：30~11：20	分组活动	实践：去邮局寄信	语言区：文学作品"我的屋子我的家" 写生活动：画社区	美工区：制作大幅社区画	认知区：数学活动 建筑区：美丽的社区 角色区：美容院	远足到笔架山
11：20~11：35	集体活动	语言游戏：量词接龙		音乐游戏：数高楼		远足小结
		午餐和午睡				
2：30~3：20	户外活动					
3：50~4：40	分组活动	写数练习	色彩游戏	自由建构	区域活动	区域活动
4：40~5：00	集体活动	谈话：户外写生感受	欣赏儿童绘画	听故事	听故事	布置假日收集的作业

说明：表内分组活动时，同时展开三种学习活动，即教师指导的、儿童自学的、儿童自选的。

从上面的周计划表里可以看到儿童在园的生活与活动的基本内容及安排。儿童在园一日活动细致地划分，有班集体活动、小组活动、区域活动、户外活动以及进餐等生活活动等。

活动设计是对教育教学活动的展开过程进行设计。活动设计以教案的形式呈现，阐明在预定时间内要做什么、怎么做、达到什么目标等，其具体内容包括：活动目标、内容、环境创设、步骤、方法及教师指导。

活动设计工作一般由确定目标、设计活动、观察或评价三个环节组成，它们彼此联系，构成一个完整的计划过程。具体进行活动设计时，可以选择从对儿童的观察或评价入手，通过观察或评价了解儿童当前的兴趣和需要，结合课程目标的要求制订活动目标，而后设计可达成目标的活动，其计划过程是：观察或评价——确定目标——设计活动；也可以选择从系统的课程目标入手，依据目标来选择适当的活动内容进行设计，然后对所设计的活动进行分析评价，看这些活动能否达成目标，其计划过程是：确定目标——设计活动——分析评价；还可以选择从儿童的已有活动入手，观察或评价儿童在活动中的反应，看还需要补充哪些经验，再设计活动，其计划过程是：（前）设计活动——观察或评价——确定目标——再设计活动。

上述各层次计划之间的关系与课程目标各层次之间的关系是一致的，上位计划对下位计划具有指导和约束作用，下位计划是执行上位计划的措施。前三类阶段性工作计划，内容上要包含幼儿园所有的教育教学工作，要对所有活动作统筹组织和安排，特别要处理各领域活动之间的平衡关系，以及保持在组织与指导上各具特性的各类活动之间的适当比例，而具体教育教学活动则要更多地结合班上儿童的实际情况制订，是儿童直接参与的活动。只有具体教育教学活动才与儿童发生直接关系，所以，具体教育教学活动计划是计划拟定的重点。

第三节 幼儿园教学活动的内容和原则

幼儿园教学活动过程是儿童在教师的指导下，积极主动地认识世界和获得发展的过程，是教师和儿童的双边活动过程，是教师根据一定的教学活动目标、教学活动计划，通过师生互动，引导儿童实现全面发展的过程。

著名的意大利瑞吉欧儿童教育体系将幼儿园教学活动的过程比作教师和儿童在进行乒乓球游戏，教师"必须接住儿童推过来的球，并以某种方式推挡给他们，使他们想同我们一起继续游戏，或许还能发展出其他游戏。"并强调这种游戏是双方合作进行的，离开任何一方，游戏就无法进行下去。这个比喻非常贴切，是对幼儿园教学活动过程生动形象的描述。

在幼儿园教学活动过程中，教师以一定的教学活动内容为中介，按照一定的教学原则，采用合适的教育方法和手段与儿童相互作用，促进他们的发展。

一、幼儿园教学活动的内容

按照《纲要》，幼儿园教学活动内容可以相对划分为五个领域，即健康、语言、社会、科学和艺术领域。各领域的内容相互渗透，从不同的角度促进儿童情感、态度、能力、知识、技能等方面的发展。《指南》则把各领域的目标、内容进一步具体化。在实际应用时，需要彼此参照加以考虑。

幼儿园健康领域的内容分为体育活动和健康教育两个部分。体育活动包括：基本动作如走、跑、跳、钻、爬、投掷、攀登等，基本体操如模仿操、器械操等，另外还有体育游戏。

健康教育包括：健康生活的基本知识，如认识身体各部分，探究身体的奥秘；良好的生活卫生习惯如生活自理，不挑食、偏食等；安全生活的基本知识如交通安全知识和自我保护常识等。

幼儿园语言领域的内容包括：儿童就自己熟悉和感兴趣的某些话题进行的谈话；欣赏诗歌、故事和散文等优秀的儿童文学作品；猜谜、编谜游戏以及其他听说游戏；根据图片、具体情境或结合生活经验而进行的讲述；认识生活中常见的简单标记和文字符号，阅读图文并茂的儿童读物；熟悉、听懂并学说普通话和本民族语言等。

幼儿园社会领域的内容涉及儿童社会生活的各个方面，主要涉及自我意识、人际交往、社会适应几大方面。具体内容包括：正确认识自己和他人，学习初步的人际交往技能；认识、体验并理解基本的社会行为规则，爱护玩具和物品，爱护公物和公共环境；了解自己的亲人以及与生活有关的各行各业人们的劳动；认识家乡、祖国，感受祖国文化的丰富与优秀；认识我国各民族和世界其他国家的民族文化，感知人类文化的多样性和差异性等。

幼儿园科学领域的内容包含科学和数学两个部分。科学的内容主要包括：探究和认识植物，如观察、探究周围环境（幼儿园及家庭周围，附近公园和郊外等场所）中的各种植物，自己种植和护理自然角、种植园中的植物，记录植物的生长变化和自己的发现；关爱和研究动物，如关注和发现周围空地上、花园里或田野里的许多小生命，通过观察、探究和记录，了解它们的生长、活动、进食等明显和有趣的特征及其与环境的依存关系；使用水、沙、石、泥、面、颜料、纸、木、塑料、铁、布等多种材料进行操作、实验，了解材料的性质及其简单的相互关系；尝试使用温度计、尺子、剪刀、放大镜、锤子、漏斗、筛子、各种容器等，体验技术设计和制作；认识生活中常见的科技成果，了解社区的民族工艺和技术，尝试简单的机器操作，如用榨汁机自制鲜水果汁等；通过多种有趣的方式了解、记录、报告、预测和感受天气变化，发现自然奥秘；了解自然、环境与人类的关系，利用身边的资源和各种有利的时机，从事力所能及的环保活动等。

数学的内容包括：在生活情境中进行分类、排序、感知集合、数数、比较数的大小、认识几何形体、认识常见量、认识时间与空间；寻找周围环境中的数、量、形、时间和空间等现象；建构初步的数概念，学习简单的加减，学习用简单的数学方法解决生活和游戏中的某些问题。

幼儿园艺术领域的教学活动内容包括音乐和美术两部分。音乐的内容包括：学习演唱简单的儿童歌曲；随音乐进行有节奏的身体动作表演；尝试用打击乐器为简单的歌曲或乐曲伴奏；欣赏简单的儿童歌曲和器乐曲。

美术的内容包括：用各种绘画材料尝试物体画、情节画和意愿画等多种绘画形式；利用身边的物品或废旧材料进行泥工、折纸、剪纸、粘贴、染纸和自制玩具；欣赏儿童画和中外著名的艺术品等。

教学活动内容是教师对儿童施加教育影响，完成教学活动目标的中介。教师所选择的教学活动内容合适与否，直接影响到教学活动目标的实现程度。教师应根据幼儿园教育目标，综合考虑体、智、德、美各育的具体内容与要求，并结合儿童发展的实际需要，选择与现实生活密切联系的、对儿童健康发展有益的、粗浅的、具有启蒙性的教学活动内容。

来自生活中的素材是多方面的，涉及的范围也十分广泛，儿童不可能、也没有必要样样都学习。因此，教师在考虑儿童发展的实际需要，选取生活中常见的，儿童感兴趣，同时对他们的发展有价值的素材作为教学活动内容的同时，还应注意挖掘教材中蕴含的各种教育因素，促使儿童得到综合的发展。

案例6-7

某幼儿园教师讲童话《小牛哞哞》，让儿童感受可爱的小牛在大自然中吃青草的闲适，体验小牛将青草变形的乐趣，并让儿童从青草被吃掉→雨后重新长出的过程中，领悟到大自然的生生不息。

评析：这个童话，既符合儿童的兴趣（动物、小草、阳光和雨，都是小孩子所喜欢的），又能让他们在轻松愉快的过程中认识小牛、草地、云朵、太阳之间和谐的关系以及青草的生长过程，拓展其视野，丰富其知识和积极的情感体验，可以说是较好的教学活动内容。

值得注意的是："教学活动内容贴近儿童的生活"并不意味着幼儿园只能选择现实生活中的素材作为教学活动内容，实际上，像神话、传说这类深受儿童喜爱且又对其发展有益的素材，也是较好的教学活动内容。

二、幼儿园教学活动的原则

教学活动原则是教学活动必须遵循的基本要求。它反映教学活动过程的客观规律,是指导教学活动的一般原理。教学活动原则是根据教育目的、任务、儿童发展特点及教学活动经验提出的,它应贯穿于教学活动的全过程,全面地指导教学活动。

教育的一般原则和幼儿园教育的原则都是幼儿园教学活动应遵循的基本原则,此外,在幼儿园教学活动中还应特别注意遵循以下几条原则。

(一)科学性和思想性相结合的原则

教学活动的科学性是指教师在教学活动过程中向儿童传授的知识技能应该正确,符合客观规律,所采用的教学活动组织形式和教学活动方法应符合儿童的认识特点。幼儿园传授的知识虽然是粗浅的、启蒙的,却绝不等于教师可以信口开河地随意解释,致使儿童获得错误的知识,如某教师在实验操作中将水蒸气说成"白烟",就是对孩子的误导。教师应研究如何用儿童能理解的方式,深入浅出地讲解科学道理。

案例6-8

有位教师这样讲解下雨的原因:太阳在天上晒呀晒,地上的好多水气就蒸发到天上变成了云彩。云彩在天上挤呀挤呀,挤在一起,遇到冷空气,就变成雨落下来了。这样的说法比较形象,小朋友听起来就容易接受。

教学活动的思想性是指教师在教学活动过程中应注意实施德育,促进儿童的品德和社会性发展。例如,教师在组织儿童练习走平衡木的教学活动中,就应注意根据教学活动内容的特点,运用激励和表扬的方法来培养他们勇敢的品质和意志力。在教育过程中,科学性和思想性是统一的。教师既教给儿童正确可靠的知识、技能,提高其认识能力,又进行品德教育,才能科学有效地完成幼儿园教学活动的任务。贯彻这一原则时应注意以下几点。

1. 教给儿童科学的知识,使儿童获得正确的观念

教师的思想水平和专业能力是实现教学活动的科学性与思想性相结合原

则的条件。教师的教学活动态度、思想作风、科学文化知识素养及实事求是的科学态度,一丝不苟、精益求精的治学精神,循循善诱的教学活动方法等,会对儿童产生潜移默化的影响。教师应该不断加强自身的修养。

2. 科学回答儿童的提问,帮助儿童形成对待事物的正确态度

儿童对客观事物和现象充满好奇,经常会向教师提出各种稀奇古怪的问题。对于这些问题,教师应尽量给予科学而正确的回答。当然,这并不意味着教师需要直接解答儿童所提出的每个问题。实际上,对于经过儿童自己努力能解决的问题,教师应当反问他们,促使他们主动思考。当教师不知如何回答儿童提出的问题时,不妨直接告诉儿童:"你这个问题提得真好!把老师给难住了。让我们一起去查找一些资料好吗?"这样,既给儿童一个明确的表态,让儿童感到教师是关注他的问题的,又让儿童清楚地知道老师也需要学习。而最为重要的是,让儿童感受到教师对待科学问题严谨的态度,这种态度的形成将有益于其今后的学习。

小资料6-3

孩子有趣的提问举例

香蕉为什么是弯的?

天为什么是蓝的?

小狗为什么抬起一条腿撒尿?

奶牛有没有公的?

为什么说买东西不说买南北?

人的头为什么是圆的?

如果电视坏了,里面的水会不会淹到家里呢?

人为什么只有一个嘴巴呢?

如果我越来越小,就会成为婴儿吗?

如果我吃得比姐姐多,是不是可以当姐姐呢?

这鱼在水里不冷吗？不会感冒吗？

蛀牙的蛀虫到底住在哪里？

为什么石头是硬的呢？

为什么雪是白色的呢？

为什么狗是"汪汪"地叫，猫咪是"喵喵"地叫呢？

为什么人有五根手指呢？

3. 注重情感渗透，切忌说教

实施教学活动时，教师应在了解儿童内心真实想法的基础上，设置与儿童生活经验相关的情境，使儿童置身其中，激发他们的情感，使他们于无形中受到影响，而不是简单生硬地说教。诗歌《小熊过桥》描述的是一只小熊害怕过桥，在得到鲤鱼的鼓励和帮助之后，勇敢地走过桥的场景。有位教师在引导儿童欣赏这首诗歌时，没有简单地教育儿童应该勇敢，而是首先布置了独木桥的情境，请孩子们自由地尝试过桥，然后讲讲自己是怎样过桥的，是否需要和得到朋友的帮助，走在桥上和得到帮助的心情及感受怎样。欣赏完诗歌之后，教师再次请儿童自己过桥，结果原先那些胆怯的孩子变得敢于尝试，大胆的孩子则变得热心。孩子们在亲身体验的过程中受到勇敢和助人的教育，并加深了对诗歌内容的理解。

（二）积极性原则

积极性原则是指教师在教学活动中应注意激发儿童主动学习的愿望，引发和促进儿童积极地与环境相互作用，得到发展。教学活动过程中，教师只是教与学这对矛盾的一个方面，是外部条件，儿童是学习的主体，是内因，是最后起决定作用的因素。例如，有一个关于探索易拉罐玩法的活动，教师在准备了易拉罐之后，要想办法引起儿童对它们的兴趣，促使儿童积极地探索和研究它，并在这个过程中帮助同伴或是受到同伴的启发，从而找到多种玩法。因为只有当儿童的积极性被调动起来之后，他们才能全身心地投入到学习活动中，成为学习的主人。贯彻这个原则时应注意以下几点。

1. 科学选材、精心设计、灵活调整

教师应注意研究如何将自己的"教"转化为儿童的"学",精心地选择和编排教学活动内容,精心设计教学活动计划。在教学活动过程中,注意调动儿童的生活经验,较多地运用启发式的方法。另外,教师还应注意观察儿童在活动中的反应,随时调整自己的教学活动行为,以利于最大程度地发挥儿童的积极性。

2. 建立平等的师生关系,鼓励儿童多通道参与和创造

在教学活动过程中,教师应用多种方式加强与儿童的交流,如教师既可以用语言激励和表扬儿童,也可以用眼神或手势暗示他们,甚至仅仅一个拥抱,也能让儿童深深地感受到老师对他的关爱。总之,教师和儿童沟通的方法和形式是多种多样的。在平等的师生关系之下,教师还应调动儿童的多种感知觉通道,使儿童利用看、听、说、摸、闻、尝、运动等多种途径学习,并在此过程中极大地发挥他们的创造性。

3. 允许儿童出错,促使儿童在学习过程中得到积极的情感体验

每个儿童都有自己的探索特点。在同一个活动中,儿童可能会用不同的方式进行探索,并用不同的方式表达自己独特的发现。由于年龄尚小,经验有限,在探索的过程中,儿童难免会出错,有时甚至表现出怪异的行为。有些教师认为儿童在活动中与众不同的行为是淘气的表现,殊不知,这恰恰可能是其创造的火花,应当给予支持。对于儿童来说,在探索过程中,不论哪种行为,都是他们积极主动学习的表现,教师应充分认识这些行为对儿童的发展价值,关注儿童与众不同的行为,允许儿童用不同方式尝试和表达,促使他们在学习过程中得到积极的情感体验。

(三)发展性原则

发展性原则是指教学活动要能使每一个儿童在原有基础上得到最大限度的发展。也就是说,一切教学活动必须以促进儿童的发展为追求的目的。贯彻这一原则时应注意以下两点。

1. 树立终身可持续发展观念

人的心理是不断发展变化的,教学活动中应特别注意培养儿童积极主动的态度、强烈的学习兴趣、有效地与环境互动的能力、责任感、自信心等终身可持续发展所必需的基本素质。

2. 了解儿童的发展需要,科学选择教学活动素材

著名教育心理学家奥苏伯尔认为:影响学习的一个最重要的因素,就是学习者已经知道了什么,教师应据此进行教学活动。所以,教师要研究儿童的发展水平和发展潜力,深入地了解每个儿童,分析其认知特点与发展需要,并对其做出正确的估价,找到教育他们的最佳切入点,面向全体,因材施教,使每个儿童能得到最大限度的发展。教师不仅要注意选取深浅难易恰当、儿童付出一定努力能学会的素材作为教学活动内容。在教学活动过程中,教师还应不断调整教学内容和方法,通过有针对性的教学活动来发挥孩子的特长,运用适当的、多样化的教学活动手段对其不足之处加以引导和补充,引导全体儿童共同进步。

(四)活动性原则

活动性原则就是要让儿童在主动和真实的活动中,通过感知、操作、体验、交流来进行学习。儿童是在活动中学习,获取经验并发展的。活动首先是儿童认知发展的关键,这是由儿童认知发展水平决定的。根据皮亚杰的观点,学前儿童最初的智力活动是外显的,他们通过感觉和动作与外界的事物相互作用,进而了解外界事物的特征,也在摆弄物品的过程中获得动作经验,达成动作协调。前者逐渐内化为经验、知识和概念,而动作经验则内化为头脑本身的思维运演能力。所以为了发展儿童的认知能力必须让他们运用动作和感官,亲自操作和亲身体验,真正地活动起来。

案例 6-9

激发儿童主动学习的活动比较①

实例一

在一所保育学校的小组活动中，8个幼儿围成半圆而坐。教师带来一个新鲜的菠萝、果盘、一把锋利的刀和餐巾。教师坐在中间，举起菠萝来问："谁知道这是什么？"然后，她把菠萝递给头一个幼儿，其他的幼儿则等待着轮到自己来接触感受这个菠萝。教师告诫幼儿："坐着别动，不然会被扎着。这菠萝有很多带刺的叶柄"。这时，坐在最后的一个幼儿开始东张西望，烦躁不安起来。他现在看不见那个菠萝，因为教师正挡在拿菠萝的幼儿前。

在所有的幼儿都接触、感受过菠萝后，教师拿起刀，警告锋利的刀很危险，然后切开菠萝，闻了闻切口部分新鲜菠萝的气味，幼儿仍坐着看。教师随即把菠萝切成片，用手举着问："谁知道中间硬的部分叫什么？现在就能吃，还是要做其他什么事？这片像一个方块吗？"

仅有少部分幼儿做出反应，大部分幼儿都在座位上蠕动。这时，教师才把它切成更小的片分给每个幼儿吃。

接触、感受一个新鲜菠萝并作为点心吃，是令幼儿兴奋的活动。在上述活动中，教师预先计划好活动进程，为此提供材料和时间让幼儿看、摸、尝。为什么幼儿会东张西望，烦躁不安？其原因就是他们没有主动地参与到活动中去。他们只是看到教师切、闻并切成薄片，听教师讲和提问，自己没有谈话和提问的机会。他们实际花了很多时间来等待轮流，幼儿是在看、听、等待而不是行动。

实例二

小组活动时教师带来一个新鲜菠萝。"我不要碰它，因为它身上有刺。"特丽莎说。"让我摸摸，让我摸摸。"萨姆说。

---

① 引自玛丽·霍曼等人著，郝和平、周欣译：《活动中的幼儿》，人民教育出版社1995年版，第149~151页。

教师说:"我们把它传一遍,让每个人都摸一摸。"特丽莎说:"它有刺。"教师说:"比尔,你说呢?""它扎我的手。"比尔回答。

"看我,我抓住叶子把它拿起来了!它好重。"詹妮弗兴奋地喊道。"我能让它滚,你看。"凯西说。

在每个幼儿都感受并谈论菠萝后,教师问:"你认为它里面是什么样的?"幼儿七嘴八舌地说:"湿的""有种子""它像香蕉一样软"。

"你怎么知道的?"教师问。"切它!切它!"幼儿喊。于是,教师就把菠萝切成片,并给每个幼儿一片。"现在关于这种水果你还能说什么?""嗯,味道挺香。"琼斯舔了舔自己的菠萝片说。"我喜欢它,"吉夫说,"它是甜的。"特丽莎跑到娃娃家区带回一把钝刀:"我要切切看。""我也要。"弗利克斯跟着说。

"闻上去怎样?"教师问。正在仔细感受与品尝菠萝的艾里说:"黏糊糊的,我的黏糊糊的。""气味怎么样呢?"教师又问。

"它的气味像一个,像一个,像一个菠萝!"萨拉兴奋地喊道。

儿童生活在社会环境中,他的活动不仅涉及具体的物品,还涉及人和事,涉及他的全部社会生活。儿童是在对具体事物的操作摆弄中,在与他人的交往中,遭遇的事件和问题中,发展着自己的认知能力、语言、情感和社会性,实现着人的心理发展。所以,教育儿童,就需要从活动入手,让孩子在实践中学习,获得必要的经验和体验,从而真正促成儿童的发展。为此,幼儿园教师要想方设法创设环境和条件,让儿童在具体的活动中来感知探索、操作练习、与人交往、进行身体运动、思考解决问题、进行表达和表现,从中不断获得新的经验而实现发展。实现活动性原则要注意以下几点。

1. 教师要作为儿童学习的指导者和帮助者,让儿童成为活动的主人

教师在教学活动中要创设合适的环境,为儿童组织各种生动有趣的活动,提供丰富的材料和充分的活动时间,以及同伴交往的机会,支持和引导儿童选择参加,让他们成为活动的主人。

2. 活动形式要全面多样

教师组织的活动要有多种形式，可以调动儿童多方面的能力，以利于儿童全面发展。

3. 放手让儿童充分活动

教师要放手让儿童充分活动，并注意根据儿童的个性特点进行指导，在活动中促进不同儿童的发展。

（五）直观性原则

直观性原则指的是在教学活动过程中，教师应当利用实物、教具材料、挂图等，充分调动儿童的各种感官，丰富其感性经验，使他们获得直接具体的感知。贯彻这一原则时应注意以下两点。

1. 根据教学活动目标、内容及儿童实际恰当选择和运用直观手段

幼儿园直观手段有包括：

实物直观（指观察实物、标本、实地参观、小实验等）；

模具直观（指观察图片、图书、模型、贴绒教具、沙盘、玩具等）；

电化教具直观（包括幻灯、录像、录音、唱片、电视、电影、多媒体课件等）；

语言和动作直观（教师的情境性语言和肢体动作）。

教师应根据不同教学活动的目标、内容及年龄班的要求，灵活地选择直观手段，以利于培养儿童的注意、分析、比较、分类、归类及创造能力。不论在哪个年龄班，教师的情境性语言对于帮助儿童理解学习内容，激发其学习动机都有较好的作用，适用于各年龄班，尤其在大班的教学活动中运用较多。对于小班儿童来说，除了教师的情境性语言外，还要较多地选用色彩鲜艳、会响会动、特点突出、清晰可见的直观教具，以更好地实现教学活动目标。但应注意所用教具要有代表性，并紧扣教学活动内容，且教具不宜过多。

2. 直观手段要与训练儿童感官结合

运用直观手段时，应让儿童有较多机会摆弄物体，可以看、听、摸、闻、尝、做。供儿童操作的材料力求人手一份或每组一份，以训练儿童的感

官和动手动脑能力。

第四节　幼儿园常用的教学活动形式、手段和方法

在教学活动的目标、任务和内容确定以后，教师恰当地选用教学活动的形式、手段和教学活动方法，就成为完成任务，实现预期目标的重要环节。

一、幼儿园常用的教学活动形式

（一）集体、小组和个别活动

按照活动的形式，幼儿园教学活动可分为集体活动、小组活动、个别活动。

1. 集体教学活动

集体教学活动是指全班儿童、全年级（小班、中班或大班）儿童或全园儿童在教师直接指导下进行的活动。集体教学活动是我国幼儿园教育传统的教学形式，教师可以面对整个集体在同一时间进行统一活动，显得省时、高效，也有利于培养儿童的集体感和纪律感等。然而，在集体教学活动中，由于儿童人数多，个体差异性大，教师无法顾及每个儿童的需要，难以让每个儿童积极参与，而且儿童的学习往往需要多感官参与，也需要较多的相互交流和情感支持。这些是集体教学活动难以满足的。因此，集体教学活动有一定的局限性，并非在所有的情况下都适合，应当结合儿童学习的特点根据学习的目标、内容来确定。

2. 小组教学活动

小组教学活动是指两人或两人以上少数成员，以共同的"任务目标"组

合而成的有分工、有配合的"共同体"① 活动。这种活动形式可以是教师有计划安排的活动，也可以是教师组织引导的活动，还可以是儿童自发的活动。

小组教学活动主要是以儿童主动学习为主，由于人数少、个体承担的活动任务较多，儿童在活动过程中能积极主动地操作材料、与同伴交流。教师也能更深入地了解和观察儿童，在此基础上对儿童活动的指导也更具针对性。

在小组教学活动中，教师要相信儿童的能力，充分调动儿童学习的积极性和主动性，以多种方式引导儿童主动学习。当然，在小组教学活动中，并不等于教师对儿童完全放手，任其自由活动。教师要更加细致地观察儿童小组活动的进程，适时、适度地给予指导和帮助。

3. 个别教学活动

个别教学活动是指由教师面对一两个儿童进行指导的教学活动，包括专门安排的个别辅导以及在儿童自选、自发的自由活动中对儿童进行指导。在个别教学活动中，教师一般作为同伴参与到儿童的活动当中去，与个别儿童互动，或是针对个别儿童的特殊情况，进行专门辅导。

个别教学活动对个别儿童的关注度最高，有利于教师全面细致地了解儿童的个性特征，做到有的放矢的教育。当然，个别教学活动对教师的要求也比较高，其教育教学方式要灵活多样，因人而异，不同的儿童应用不同的方法。在进行个别教学时要尽量安排适合儿童个性和发展水平的教学内容，使儿童能在原有水平的基础上得到发展。另外，个别化教学活动还应渗透到儿童的日常生活之中，对个别儿童适时进行随机教育。

以上三种教学活动形式都有其自身的独特功能和适用范围。在具体组织活动时，要根据教学活动目标、内容以及儿童发展的实际情况进行灵活选择。

---

① 参见袁爱玲，何秀英著：《幼儿园教育活动指导策略》，北京师范大学出版社 2007 年版。

（二）直接教学和间接教学

按照教师的指导方式，教学活动可分为直接教学活动、间接教学活动。

1. 直接教学活动

直接教学活动包括教师的直接教和儿童的接受学习。教师直接教是指教师按照教学活动目标，直接把教育内容传递给儿童。儿童的接受学习是指儿童主要通过教师的言语讲授获得知识的学习方式。直接教学活动的时候，教育内容、方法、步骤等都按照教育目标进行了精心准备，因而，这种方式清楚明确、系统有序、省时经济。如果教师在"教"之前对儿童的情况非常了解，所讲内容又符合儿童的兴趣、经验和理解水平，并能在讲的过程中注意调动儿童的积极性，使儿童进行主动的有意义的学习，也能很好地起到促进儿童学习和发展的作用。

直接教学活动的局限性是容易形成教师向儿童的单向灌输。儿童可能因为经验和理解能力的欠缺，对"教"的内容难以真正理解和运用。儿童自主学习机会少，其主动性、创造性难以发挥。因此，在运用直接教学活动方式时，教师应注意在了解儿童的兴趣和原有经验的基础上，充分调动儿童的情感体验，利用直观教具和材料，较多地运用启发、暗示和游戏的方法，与儿童进行言语和非言语的多种方式的沟通，充分调动儿童的多种感官，引导儿童主动思考，切忌简单地灌输。

2. 间接教学活动

间接教学活动包括教师的间接教和儿童的发现学习两个方面。教师间接教是指教师通过物质环境和人际环境，利用适当的中介（榜样、材料、事件等），让儿童与中介相互作用，迂回地达到教育目的。儿童的发现学习是指儿童通过动手操作、亲身实践、与人交往等去发现自己原来不知道的东西，从而获得各种直接经验、体验以及思维方法的学习方式。间接教学活动能充分发挥儿童的自主性，儿童通过尝试主动学习和发展。儿童获得的都是有意义的直接经验，有利于从根本上发展儿童的兴趣、情感、能力等。教师以平等姿态参与儿童活动，不但丰富了儿童的交往，也有利于提高活动的效果，以自然的方式接近儿童的生活,甚至与儿童的生活完全融合。儿童可能在不知不觉的情况下接受教育影响。

间接教学活动也有一定的局限性,即儿童获得的知识、经验容易浮于表面、缺乏系统,有时甚至会得出错误结论。间接教学活动中教师的指导困难得多,其中虽有一定规律可循,但是却没有一个固定、统一的模式可套,对儿童活动的指导要求较高的技能技巧,特别是需要教育的灵活性、随机性。

可见,直接教学活动和间接教学活动各有自身的优势和不足,教师在组织幼儿园教学活动时,应根据具体的情境需要,灵活选择和交替运用这两种教学活动指导方式,有效地支持和促进儿童的学习与发展。

二、幼儿园常用的教学活动手段

教学活动手段是教师有效地传递信息,促使主体与客体相互作用以及发挥主体学习的积极性和主动性的重要因素。目前在幼儿园普遍使用的教学活动手段主要有实物、图书、挂图、图片、照片、幻灯片、录像带,以及自制教具等,教师应根据具体的教学活动需要灵活选用。

在现代社会中,教师应努力学习使用电脑、投影仪、幻灯机、录音机、录像机等电化教具,尤其是利用电脑从网上下载大量的图片和信息,自制多媒体课件,既方便快捷又经济,是实现教学活动最优化的有效手段。

三、幼儿园常用的教学活动方法

(一) 活动法

这是一种以儿童的实践活动为主的教学活动方法,是教师在教学活动过程中,通过创设情境或提供材料,引导儿童在各种实践活动中自己探索和发现。幼儿园常用的活动法主要是游戏法、实验法和操作练习法。

1. 游戏法

游戏法是指教师以游戏的口吻或用有规则游戏组织教学活动的方法。

案例 6-10

某教师在进行分类教学活动时,组织儿童玩"小司机"停车的游戏。每个儿童分别从装有红、黄、蓝色玩具方向盘的篮子中任选一个方向盘,扮演小司机,自由地模仿开汽车的动作,并在教师的信号声中找到与自己的方向盘颜色一致的停车场。在快乐的游戏中,儿童按颜色分类的能力得到提高。

游戏法能将教学活动目标和儿童的兴趣结合起来,在儿童感兴趣的形式中轻松地完成教学活动任务,符合儿童喜好游戏的天性,深受他们的欢迎。幼儿园各领域的教学活动中,都可以适当地采用这种方法。运用游戏法时应注意以下两点。

(1)教师既可以将游戏作为教学活动中的一个环节,也可以用一个游戏贯穿于整个教学活动中。上面所举的例子中,教师就是用"小司机开车"的游戏贯穿整个教学活动过程的。

(2)使用游戏法时,教师应清楚地认识到所采用的游戏是为教学活动服务的,所选游戏的目标和规则应与教学活动要求相吻合。教师应该研究如何通过该游戏更好地完成教学活动目标。在游戏进行中,儿童可能会因为对某个无关紧要的游戏情节感兴趣,而使游戏偏离了教学活动目标的要求。此时,教师应在尊重儿童兴趣的基础上,灵活地将他们的注意力吸引回来,以保证游戏作用的充分发挥。

案例 6-11

"熊和石头人"是孩子们非常喜欢的一个传统游戏,游戏的高潮是"大熊走出来,小朋友变成石头人"的场景。教师通常利用这个游戏引导儿童感受音乐情绪的变化和大熊出来时的重音。但实际游戏的情形经常是:许多儿童在大熊走出来的时候尖叫,或是早就摆好了姿势不动,反而不太注意大熊出来时音乐的变化。这时,教师就帮助儿童分析大熊出场的时间并寻找对策(如害怕→找准大熊来的信息,想叫一叫→等大熊走了以后再欢呼等),在鼓励儿童想办法的基础上,引导儿童注意音乐的变化。

2. 实验法

当儿童对某种事物或现象的变化产生兴趣,提出疑问或设想时,一种比较好的解决办法便是提供一定的仪器设备,鼓励儿童通过亲自动手操作来观察和寻找这些变化或产生变化的原因,验证自己的设想,这就是实验法。这种方法比较多地运用在科学活动中。

案例6-12

一个小女孩抱着大皮球神秘地告诉老师:"老师,皮球还能拍呢。""你知道皮球为什么能拍吗?"教师反问她。她一本正经地说:"因为它里面有弹簧。"边说边用两手按了按球。老师问:"你怎么知道有弹簧呀?"她认真地说:"我们家的气筒上面有一个小弹簧,妈妈把小弹簧一打,就打进去了。皮球就能弹起来了。"原来,在气筒上有一小节弹簧,在打气的过程中,弹簧被压下去又弹上来,她便认为弹簧被打到球里去了。与小女孩交谈后,教师找来一个打气筒,鼓励她自己给一个瘪瘪的皮球打气。操作开始,教师引导她将气筒口对着自己的手心打气,看看到底有没有弹簧出来;打好气之后,又让她将皮球中的气挤到手心,看看打进皮球里去的到底是什么。最后,小女孩终于确认皮球里装的不是弹簧,而是空气。由此可见,实验法可以使儿童通过动手获得直接经验,有利于激发他们的学习兴趣,培养动手能力,同时,也能萌发儿童一丝不苟、实事求是的科学精神和意识。

运用实验法要注意以下几点。

(1) 实验的安全性。实验所用的器具必须符合安全、卫生的原则,实验程序应当是儿童在教师的指导下可以独立操作的。

（2）教师预先操作实验，以形成完美的实验指导计划，并观察儿童实验的全过程，提供有针对性的指导，使儿童在实验过程中获得成功感。

组织儿童动手实验之前，教师必须将实验全过程预先操作一遍，以了解该实验的难点和实验成功的条件，给儿童以针对性的指导。例如，在指导儿童动手做"糖到水里会怎样"的实验前，教师要通过预先的操作，确定为儿童所准备的糖和水的比例为多少比较合适，所挑选的白糖是否含有杂质（以免给儿童造成错觉）等问题。每个儿童都是带着问题进行实验的，其实验的过程往往就是解决问题和再发现问题的过程。教师在仔细观察儿童在实验中的举动，深入了解儿童的想法之后就会发现，儿童在实验中所表现出的与众不同的行为甚至是过失行为，往往是他们学习和思考的结果，也可能是其独特的创造。教师必须了解儿童行为背后的原因，给以有针对性的指导。

（3）实验法强调的是儿童的亲自动手，所以，在实验过程中，教师应注意让每个儿童都有操作的机会。实验结束后，注意引导儿童自己寻找和归纳实验结果。例如，在进行"想办法让一片树叶飞起来"的实验时，教师应鼓励儿童大胆设想、尝试、记录和归纳自己所想的办法，充分发挥儿童的主动性，促使他们动脑动手，培养其解决问题的能力。

3. 操作练习法

操作练习法是指儿童在教师的指导下，通过多次实践练习而巩固和掌握某种技能的方法，如儿童听指令出示相应数量的小木棍以巩固他们对10以内数的认识，挥臂击打悬挂在头上方的玩具来练习投掷动作，为纸上的小兔添画小草来练习画直线等，都是操作练习法的具体运用。在幼儿园科学（包括数学）、艺术、社会、健康等领域的教学活动中，操作练习法运用得比较多。运用操作练习法时应注意以下两点。

（1）明确练习的目的、要求和方法，以儿童感兴趣的方式进行练习。例如：教师以猫妈妈带着猫宝宝找老鼠的口吻，指导儿童在草地上做爬行练习；在指导儿童洗手时，教师将洗手的动作顺序编成儿歌，让儿童边说儿歌边洗手，以掌握洗手顺序等。这些方法能引起儿童对练习的兴趣，带给他们愉悦感和成就感，极大地调动他们的积极性，提高练习的效率。

（2）观察儿童练习的情况，及时做出反馈。教师要观察儿童练习的情况，并注意针对儿童练习中出现的问题，及时做出反馈，必要时，教师可以做出示范。同时，在练习过程中，教师不应只关注儿童的机械模仿，而应注意通过启发性问题来引导儿童想象，留给儿童探索的空间。

案例6-13

某教师在儿童练习小鸟飞的动作（双手手臂上下摆动）时，引导儿童联想还可以用这个动作表演什么。结果孩子想出了：双手高举→大树；双手体侧平举→蜻蜓；双手下摆→小鸡等。

（二）直观法

直观法是一种让儿童直接感知认识对象的教学活动方法。幼儿园常用的直观法主要有观察法、参观法、演示和示范。

1. 观察法

观察法是指教师有目的、有计划地引导儿童运用视觉、听觉、味觉、嗅觉等多种感官去感知所选定的客观事物与现象，使之获得感性经验，并在此基础上逐步形成概念的方法，如观察动植物生长过程，观察某活动的一个片段或某物体的部分特征等。幼儿园教学活动中除了按计划组织的短期观察和长期观察外，有经验的教师还经常会抓住生活中的突发事件或现象，引导儿童进行随机观察，如在夏天雷雨到来前，引导儿童观察天气的变化和动物的活动等。

对于儿童来说，观察可以丰富他们的感性经验，刺激其多种感官，引发他们关注周围事物，培养其积极的态度和观察力，同时，也能激发儿童的求知欲，对培养他们的学习兴趣很有好处。因此，观察法是幼儿园教学活动的一种重要方法。运用观察法时应注意以下几点。

（1）根据教学活动要求，做好观察前的准备。包括：确定观察目的，选择观察对象，拟定观察计划，创设观察的环境条件。

（2）观察开始时，教师要向儿童提出观察目的，用设疑等方法引起儿童观察的兴趣，先让儿童自由观察，允许他们相互交谈，并鼓励他们发现问题，提出问题。这样才能更好地调动儿童主动观察的积极性。

案例6-14

某教师将一只兔子带到班上，对儿童说："我们班来了一个新朋友，小朋友们快来看看它长什么样？"儿童高兴地蹲在兔子旁边，有的在给兔子喂食青菜和萝卜，有的在用手轻轻地抚摸它，还有的孩子用一根小棍轻轻地赶着小兔，希望它跑起来……他们还不时地通过交谈提出自己的问题或是发表感想，显得认真而投入。

（3）观察过程中，教师要充分发挥语言、手势的指导作用，从儿童的兴趣点切入，启发儿童从不同方面感知并用语言描述观察的对象，学习观察的方法。例如，在孩子充分自由观察小兔的基础上，教师可自然地引导儿童运用看、摸、运动等多种感官，按从整体到局部，从头到尾等方法对小兔进行有序的观察，使孩子们对小兔的外形、生活习性等有比较清晰的认识。

（4）观察结束时，要总结观察的印象，让儿童将观察到的知识进一步巩固和条理化，也可运用文艺作品，如歌曲、儿歌等，巩固所观察到的知识。

2. 演示和示范

演示是指教师向儿童展示各种实物、直观教具或做实验。在幼儿园，教师逐一出示并介绍各种小乐器，或者一边讲故事一边操作故事中的各种角色玩偶等，都是演示法的运用。

示范是指教师通过自己的表演，为儿童提供榜样。在音乐活动中，教师对于歌曲的演唱和舞蹈动作的表演，都属于示范。示范分语言示范和动作示范两种。

演示和示范经常结合起来进行。例如，教师在演示各种小乐器的时候，通常都会用语言和动作来示范如何演奏它们。演示的直观教具和实物要求形象生动、色彩鲜艳，实验过程要清晰可见，便于儿童观察。教师的示范则要富有情趣，要能引起儿童的兴趣，而且力求化繁为简，突出难点、重点。

（三）口授法

口授法是一种运用语言进行教学活动的方法。幼儿园常用的口授法有谈话与讨论、讲解与讲述等。

1. 谈话与讨论

谈话与讨论是教师和儿童双方围绕某一个问题或主题，自由地发表自己的想法和意见，表达自己的感受和体验，进行交流，相互学习的方法。运用此方法时，应注意以下几点。

（1）谈话和讨论必须在儿童已具有某一方面知识和印象时才能进行。例如，有关春天的总结性谈话就是在引导儿童通过多种活动积累有关经验的基础上进行的。

（2）教师应鼓励儿童大胆地说出自己的想法，并充分尊重他们的意见，允许儿童争论。

案例6-15

在听完故事《三只蝴蝶》之后，某幼儿园教师就"三只蝴蝶宁可被大雨淋湿，也不愿分开"的故事情节在本班组织了一场谈话活动。孩子们进行了热烈的讨论，纷纷发表了自己的看法：有的儿童认为蝴蝶们做得很好；有的儿童则建议它们暂时分开，分别躲在三朵花下；有的儿童认为它们应该去寻找新的避雨地点；还有的儿童则建议蝴蝶们想办法说服其中的某一朵花……在民主的气氛下，儿童的主动性、创造性和解决问题的能力均得到发展。

（3）谈话和讨论必须有明确的要求和步骤。组织谈话前，教师应围绕主题科学设计具体明确、富有启发性的提问。谈话过程中，既要面向全体，也要照顾个别儿童的需要；既要引导儿童围绕中心讨论，又要注意及时拓展话题。谈话结束时，教师应针对谈话主题做出简短明确的小结，帮助儿童形成正确的概念。

2. 讲解与讲述

讲解是运用口头语言向儿童说明、解释事物或事情。讲述则是运用语言向儿童叙述事实材料或描绘所讲的对象。讲解与讲述都要求教师语言生动、形象、清晰、准确、富有感情、简明扼要，能引起儿童的兴趣，容易理解和接受。必要时还可适当重复。在实践中，一般不宜孤立地运用讲解法。根据需要，可将它与以下其他方法结合起来使用，以收到更好的效果。

（1）讲解与示范相结合。如教师在指导儿童学习"踵趾小跑步"时，可以边讲解边示范，并配以简单好记的顺口溜"脚跟脚尖跑跑跑"，儿童就比较容易学会这个动作。

（2）讲解与设疑相结合。这种方式一般包括先设疑再讲解，在讲解的过程中设疑两种情况。例如，教师给儿童讲解糖的溶化现象前，先请儿童猜猜：糖放入水中之后会不会变？会变成什么样？以引起儿童主动观察和思考的兴趣。

（3）讲解与讨论相结合。讲解与讨论相结合的优点是可以调动儿童的主动性和积极性，帮助儿童更好地理解或记住教师所讲的问题。讲解可以根据需要在讨论前、讨论中或讨论后进行。

案例6-16

某教师在向儿童讲解"不能跟陌生人走"的安全问题时，组织儿童讨论：如果你一个人在家里，有陌生人敲门，你该怎么办？教师请儿童先自由讨论，互相辩论，儿童的积极性都调动了起来，大家争先恐后地发言，最后教师做总结性讲解。

第五节 幼儿园教学活动的设计、组织和指导

一、幼儿园教学活动的设计

教学活动设计是指教师在思考"如何将儿童的兴趣、需要与幼儿园教育目标有机地结合,以及如何通过教学活动利用和扩展儿童的生活经验"的基础上,制订教学活动计划的过程。教师要根据班级周和日的教学活动计划设计具体教学活动的教案,这是幼儿园教师最为基本的工作。

(一)教学活动方案设计的类型

根据计划设计的时间,可将教学活动方案的设计类型划分为预成设计和生成设计两种。

1. 预成设计

预成设计是指教师在教学活动开展之前,在分析儿童已有知识经验、能力发展的基础上,结合教育目标的要求,选择适当的内容和方法,设想教学活动的进程、步骤、可能出现的问题以及解决方法等,写出教学活动计划的过程。预成设计能加强教学活动工作的目的性和科学性,对于缺乏经验的教师来说,掌握这种教学活动设计技能尤为重要。

然而,作为教学活动对象的儿童时刻都在发展变化,他们是学习的主动者和建构者。因此,在实际教学活动过程中,教师不能机械地照搬已制定的计划,用预成的思维模式机械地执行计划,束缚儿童的创造,而应该留意儿童的活动情况,随时调整计划,成为一个体验者和创造者。

2. 生成设计

生成设计是指教师在实施预成计划,开展教学活动的过程中,根据儿童的学习情况,活动中暴露出来的问题、现象和价值等,为接下来所要进行的

有针对性的教学活动而进行的临时设计。生成设计要求教师对眼前儿童正在进行的活动有充分的把握和了解,能够根据眼前的信息进行动态设计——充分挖掘儿童自身活动中所蕴含的教育价值,迅速地凭借经验联想到几个接下来可开展的活动,并对所要开展的活动是否符合儿童的发展需要做出及时的分析,然后,选择一个切入点,引导儿童讨论,灵活地派生出后面的活动,实现从上一个活动向下一个活动的过渡。

生成设计是教师在情境中的决策活动,对教师个人的生活经验、工作经验、直觉能力以及把握儿童发展需要和可能的能力都有较高要求。作为一种较高水平的教学活动设计能力,要开展生成设计,必须首先要能够熟练地进行预成设计。在此基础上,要多观察了解儿童,多与儿童共同活动,多阅读有价值、有创新性的教学活动材料和教学活动方案,多对自己和他人的教学活动进行反思,还要多深入儿童生活,多积累教学经验,才有可能提高自己生成设计教学活动的能力。

案例6-17

在进行主题为"我在暑假中"的活动时,教师的预期目标是和幼儿共同交流在暑假中的趣事。出人意料的是,在活动过程中,有一个曾非常瘦的小女孩告诉大家:"假期里我吃了好多东西,我胖了3公斤。"眼前的女孩好像变戏法似的,脸蛋和身体都圆起来了,大家望着这个女孩都忍不住笑了。同时,"女孩胖了3公斤"的话题吸引了不少孩子:"真的有3公斤吗?""3公斤有多重?"

针对幼儿的好奇心,教师及时抓住契机,反问幼儿:"你知道3公斤有多重?"由于绝大多数幼儿缺乏事物间重量与数量关系的正确概念,所以尽管大家说了一大堆话,可谁也说不清3公斤到底有多重。因为谁也说服不了对方,于是,教师乘势提议:"能不能做个试验来知道3公斤有多重?"在教师的建议下,孩子们个个兴趣高涨,他们和老师共同讨论如何准备实验,在哪里做实验。最后商量决定把班级靠墙的一角变为探索实验角，让教师负责提供秤，幼儿自己去找不同的东西和材料，利用区角活动时间自己做实验并记录等。幼儿通过自己的实践活动，收获不小，呈现在他们面前的是表示3公斤重量的不同东西，他们分别记下了："26只橘子、6瓶可乐、34本书、19块石头……"

（二）教学活动方案设计的内容及要求

教学活动方案设计是对具体教学活动的开展过程进行设计。将教学活动的整个过程以文本形式呈现出来，就称为教案。其具体内容包括：活动名称、活动背景、活动目标、活动内容、活动准备、活动过程、活动延伸、活动评价与反思。

1. 活动名称

活动名称是指所组织的教学活动的具体名称。活动名称的命名方式有多种，可以用教学活动内容进行直接命名，如"认识蚂蚁"，也可以根据儿童的认知特点和兴趣来命名，如"蚂蚁真神奇"。活动名称一般要能反映出教学活动的内容。

2. 活动背景

活动背景是本教学活动的来源。分析活动背景一般要分析儿童的生活经验与兴趣、教学活动内容的选材、教学活动设计的思路等。

3. 活动目标

活动目标是指教学活动所能达到的预期结果。活动目标的设计要以儿童年龄特点为依据，尽量从儿童的角度出发对活动目标进行明确、清楚的表述。活动目标是整个教学活动计划的核心，对整个教学活动具有引领作用，也是进行教学活动反思的依据。

4. 活动准备

活动准备是指教师在活动实施前为活动开展做的准备工作。一般包括活动材料准备和儿童生活经验准备两个方面。活动材料准备是指准备教学活动所需的设备、教具、学具、资料等。在表述所用的材料时，应写清具体内容、形式与数量。材料的准备必须为教学活动目标服务，而不要喧宾夺主，分散儿童的注意力，影响活动的效果。儿童生活经验准备是指为让儿童在开展教学活动之前具备一定的认识和行动基础而组织或要求儿童了解周围相关环境，开展相关活动。

5. 活动过程

活动过程是组织儿童开展活动的具体步骤，应体现教学活动的组织形式、基本方法和活动的方式等。其内容主要包括以下几个方面。

（1）活动导入。这是教师引导儿童参与活动的第一个步骤。此环节的目的是要向儿童说明本次活动的任务，提出明确的要求，并用孩子感兴趣的方法初步引起儿童的有意注意，激发儿童的学习兴趣，调动儿童学习的积极性。可以通过猜谜语、讲故事、提出生活中的问题、出示教具、设置情景等方式导入。在这一环节，教师的主要作用是提出问题，为启发儿童的思考和下一步的活动做准备。活动方式强调自然，时间不宜过长。

（2）活动基本部分。这是完成活动目标的主要部分。它包括教师向儿童展示学习内容（如音乐作品、美术作品、文学作品、自然物品等），引导儿童参与活动，和儿童一起共同活动，以及儿童进行自主探索、学习、练习的过程。可采用不同的方法和形式，如教师讲解、示范，与儿童谈话，儿童操作、实验、练习、讨论等，要求围绕目标、循序渐进、层次清楚。这一部分的时间相对较长。

（3）活动结束部分。在这一环节中，教师对儿童的活动进行评价、小结或展示活动的成果，也可以让儿童参与归纳整理、总结和评价。主要任务是使儿童体验在活动中获得成功的快乐，让儿童在轻松愉快的情绪中自然结束活动，持续时间不宜过长。

（4）活动延伸。这是指教学活动结束后，教师在日常生活中引导、鼓励儿童对学习内容继续进行探索、练习、巩固和运用。活动延伸并不是必要环节，可根据具体活动的情况决定是否开展延伸活动。活动可向区域活动、生活活动及家庭生活中延伸。

6. 活动评价与反思

活动评价一般是指在活动结束后由教师本人或其他教师对整个活动过程给予客观的评价。活动评价主要结合儿童在活动中的行为表现从目标制定的合理性、科学性、准确性以及活动中方法的运用、各环节的衔接、材料的使用情况、师生关系等方面进行分析、评价、记录。评价分析可以是全面的分析，也可以是有侧重点的分析。

活动反思是指组织活动的教师本人在活动评价的基础上进一步分析教学活动中的成功与不足，并提出教学活动行为的改进方案。教学活动反思一般包括对活动目标、内容、方法的反思，也包含教师对自身行为、教学活动特点等方面的反思。

二、幼儿园教学活动的组织与指导策略

为保证教学活动的效果，我们必须认真研究幼儿园教学活动的组织策略，以最大限度地发挥其作用。

（一）科学运用直接教学活动和间接教学活动方式

尽管直接教学活动是以实现知识的直接传授，引导儿童接受学习为主要特征的教学活动方式，但是，运用直接教学活动方式时，教师应注意在了解儿童的兴趣和原有经验的基础上，充分调动儿童的情感体验，利用直观教具和材料，较多地运用启发、暗示和游戏的方法，和儿童进行言语和非言语的多种方式的沟通，充分调动儿童的多种感官，引导儿童主动思考，切忌简单地灌输。例如，某教师在教洗澡的舞蹈动作时，先请儿童回忆自己平时是怎样洗澡的，并在音乐声中用动作表现，当儿童兴致勃勃地表演时，教师加入其中，和儿童一起表演。然后请儿童分析：教师的动作和小朋友的动作有什么不同？在教师的启发下，儿童发现教师动作幅度大一些，教师脚的动作和小朋友的不同。有了这些发现后，许多儿童开始改进自己的动作，主动向教师学习。可以说，在这个过程中，教师是很巧妙地教给儿童舞蹈动作的。

相比较而言，以利用物质环境和人际环境，引导儿童发现学习为主要特征的间接教学活动更能调动儿童的兴趣和创造性，使他们在主动积极的活动中得到发展。因此，教学活动应较多地运用这种方式。教师运用间接教学活动方式时，应注意灵活地协调物质环境、儿童同伴和教师自身的关系，准确把握和抓住儿童的兴趣所在，给予及时有效的支持。如在"超市购物"活动中，有个儿童喜欢上一个玩具飞机，它的标价是三元钱（而每个孩子只有一元钱），他很想买下这个飞机，可是钱不够，于是向教师求助。老师说："每个小朋友都有一块钱，你能不能和朋友们一起想想办法？"在教师的暗示下，他找到另两个同伴，三人合伙买下了那个玩具飞机。这个事例中，教师抓住儿童对飞机的兴趣和购买欲望，灵活地运用儿童的同伴群体，巧妙地引导孩子自己寻找解决问题的办法，同时使孩子的数概念及与他人合作的能力得到发展。

案例6-18

在某小班"好玩的塑料袋"活动中，教师首先出示塑料袋，告诉儿童塑料袋除了可以装东西外，还是一样很好的玩具，接着，教师演示将一个塑料袋的袋口扎紧，变成"气球"玩，鼓励儿童自由选择大小不同的塑料袋并探索它的多种玩法（教师交代探索的任务并演示，这是直接教学活动）。儿童很快找到了很多玩法——将塑料袋抛向空中；扎紧袋口当球踢；背在背上当背包；将两只脚套进袋中学袋鼠跳等。大约六分钟之后，大部分儿童由于找不到更多的玩法而显得有些无所事事了，观察到这种情形，教师马上请儿童看一看他的新办法——撕开袋口，将塑料片围在腰际变成"裙子"（当儿童的探索出现困难时，教师运用直接教学活动，暗示儿童在新的思路下探索并拓展玩法，对保护儿童的自信心，保持其继续探索的兴趣和培养儿童求异的思维方法很有好处）。在教师的提醒下，一些儿童马上用撕开、捆扎、粘贴等方法将塑料袋变成了"头巾""衣服""袋子娃娃""塑料袋长绳"等，其他儿童也纷纷效仿（借助材料和同伴环境，促使儿童自己探索新的玩法，是间接教学活动）。

以上案例说明，在实际工作中，需要将直接教学活动与间接教学活动结合起来，根据具体的情境需要，交替运用两种教学活动方式，有效地支持和促进儿童的学习。

（二）指导儿童自主学习

今天，教育的一个重要使命就是让人们学习如何去获取知识，即学会学习。因此，如何指导儿童自主学习，让儿童真正成为学习的主人，就成为教师组织教学活动时必须思考的问题。

所谓自主学习，主要是指学习者对自己学习过程的调控。儿童自主学习，更多是指向学习品质的，即强调儿童应有强烈的学习兴趣，有主动学习的表现，善于发现问题并自己寻找解决问题的途径和方法，而不是等待和依赖教师的帮助。一般来说，儿童在活动中表现出专注的神情；儿童感到疑惑并向教师或同伴发问；儿童出现探索行为；儿童之间就某个问题产生争辩或协商行为等都是儿童主动学习的表现。教师应注意从以下几方面为儿童的自主学习创造条件。

1. 充分利用环境条件

教师应充分利用和创设环境，根据儿童的兴趣和原有经验提供不同的可操作材料，并使材料蕴含教学活动目标，鼓励儿童对材料进行多种组合操作，力求通过儿童对材料的自由摆弄实现教学活动目标。例如：在让儿童摆弄大小不同的易拉罐的过程中比较大小、多少，感受物体的稳定和滚动条件；在让儿童玩各种塑料袋的过程中找到多种玩法并学习一物多用等。

2. 放手鼓励儿童探索和操作

教师应放手鼓励儿童探索和操作，关注儿童在探究过程中的行为表现，使儿童在活动中能够主动地选择、参与、探索、决定和表达，获得愉快的学习体验，而不必对儿童的探究做过高的知识要求。因为对于人的终身发展来说，学习兴趣比学习本身重要，思维方法的习得比获得知识重要。

3. 及时提供支持和帮助

教师还应观察儿童操作的情况，了解儿童的学习兴趣和需要，敏锐地感知儿童在学习中所面临的困难，通过问题情境与开放性问题的提出，促使儿童与环境相互作用，掌握解决问题的途径和方法，对儿童的学习给予及时有效的支持。

（三）组织形式多样化

组织教学活动需要将集体活动、小组活动和个别活动有机地结合起来。集体教学活动作为一种以全班儿童统一进行学习为主要特征的活动，能较好地保障教学活动的效益，促使儿童从集体中较容易地学到新的经验，同时，儿童也将自己已有的经验无私地贡献给他所在的集体。因此，教师要将同伴群体视为儿童学习的宝贵资源。

为了更好地照顾儿童的个别差异，调动儿童学习的主动性，儿童的小组活动应成为幼儿园教学活动的重要组织形式。教师在小组活动中应成为观察者、支持者与合作者，根据儿童的差异进行个别指导，促进小组成员之间有效的相互作用，只有这样才能保证小组学习的成功。教师应根据儿童的年龄特点和教育内容的特点确定明确的小组活动目标以及分组的原则，建立必要的纪律和规范，使小组活动朝期待的目标发展，而不是任由儿童无目的地活动，造成时间的隐性浪费。例如：每个小组成员要认同并遵守共同目标，承担责任，小组内要进行协商和讨论；在可以产生明显活动结果的小组学习中，还要形成共同的活动成果。教师应根据儿童活动的情况随时调控，确定对不同组的指导策略和指导的先后顺序。在小组活动结束时，一般还应该针对各组活动的情况进行集体讲评。总之，教师应加强对小组活动的指导，激励儿童与同伴相互学习，发挥同伴共同体的作用，使儿童在观念共享、情感交流、资源互补的基础上共同发展。

另外，在实际工作中，教师还应注意针对儿童的个性特点来设计和实施个别教学活动，并试图找到和每个儿童相互交流的特殊方式，以满足每个儿童学习和发展的需要。例如：对不爱说话的孩子，教师除了在集体教学活动中用眼神和体态暗示鼓励他积极发言外，还应注意在生活环节和游戏活动中增加和他交谈的机会；对于那些对结构活动不感兴趣的孩子，教师则应选择时机，吸引他们参与其中。

（四）注意教学活动内容的综合

儿童在生活中需要运用的知识是综合的，从这个角度出发，儿童所学习的内容最好是有联系的、综合的知识。这就需要教师挖掘每个活动素材中所蕴含的各种教育因素，力图在一个活动中促使儿童得到多方面的学习和发展。例如，某散文诗《听雨》讲述的是在下雨天里，蝴蝶妈妈引导自己的孩子——一只无聊的小花蝴蝶从倾听雨声中得到快乐的事情。在引导儿童欣赏这篇散文诗的过程中，既可以使儿童感受优美的语言（语言），又可以培养儿童乐观的生活态度（社会），还可以鼓励儿童倾听不同的雨点声以及雨点落在不同物体上的声音，增强其听力，增进他们对声音的认识（艺术、科学），等等。此外，注意教学活动内容的综合，还应强调在整体上考虑一定时段内各领域、各方面教学活动内容的平衡安排。

（五）将教学活动有机地渗透在游戏和日常生活环节中

1. 在游戏和日常生活环节中有机地渗透教学活动

在游戏和日常生活环节中有机地渗透教学活动对巩固儿童的知识很有好处。例如，欣赏童话《小牛哞哞》之后，教师可以借助散步的机会引导儿童观察园内的小草，鼓励儿童在草地上自由活动等，以加深儿童对小草的印象和认识兴趣。一般说来，能通过儿童的生活和游戏完成的学习内容，就不需要教师组织专门的教学活动。

2. 重视对儿童游戏和日常生活中的学习的指导

儿童是积极的学习主体，他们在日常生活和游戏中经常会有学习的表现。例如，一个孩子用塑料袋收拾完积塑类玩具后，发现还有一个多余的袋子，就将自己的双腿套进袋中，两手提着袋口，高兴地学起袋鼠跳来。这既是他的新游戏，又是他自发学习的表现。教师应注意观察儿童在游戏和日常生活中学习的行为表现，关注儿童的个别活动，善于在情境中辨别儿童行为的发展意义（是否能促使他向"最近发展区"发展），捕捉随机教育的时机，组织能引起儿童兴趣的活动，促使其活动向纵深发展，或者通过开放性提问，引导儿童自己开展活动，并为其创造条件。

3. 注意利用生活中的突发事件随机开展教学活动

教师应注意利用生活中的突发事件进行随机教学活动，如下雪天是引导儿童认识雪的大好时机。教师可以将儿童带到户外，让儿童看漫天的雪花飞舞，鼓励儿童用手接住雪花，摸一摸、闻一闻、比一比，再想一想：雪花是棉花吗？雪花是糖吗？雪花是盐吗？为什么不是？还可以鼓励儿童在雪地上跑步、打雪仗等。这种生动的教学活动会让儿童兴奋不已，也会令他们对雪留下深刻的印象。

（六）重视家园合作，取得家长对教学活动的支持

儿童的学习与他们的生活密不可分。因此，教师除了在幼儿园中尽心尽职实施教学活动外，还应调动家长的主动积极性，取得家长对教学活动的支持，使家长在认识到家园共育意义的基础上，参与到幼儿园教学活动工作中来，更好地实现教学活动目标。

教师可以有计划地向家长公布本班的教学活动要求与教学活动进度，请家长配合班级教学活动做一些工作。例如：可以请家长提供家中富余的材料（物质材料或资讯等），给予教师力所能及的支持，帮助教师节省时间与精力；可以请家长在园外生活中配合教学活动，巩固儿童的有关知识；还可以鼓励家长从孩子的兴趣表现来反馈教学活动效果，提出教学活动建议等。

案例6-19

某幼儿园中班教师在开展以"鞋子"为主题的教学活动之前，先将有关的教学活动设想以主题网络的形式张贴在本班家园联系栏中，一方面使家长对即将展开的教学活动有了较为全面的了解，另一方面也诚恳地提出了教学

活动进行的过程中需要家长配合的工作。例如：搜集各种各样的鞋子实物或图片；带孩子参观鞋店，观察人们买鞋的过程；在回家的路上和商店里观察人们所穿的各种鞋子；在家中观察比较爸爸妈妈和自己的鞋子，鼓励儿童穿上父母的大鞋并说说自己的感受；动手按大小、颜色、质地等分类整理鞋柜，数一数鞋柜中的鞋子有多少双；教孩子分辨鞋子的左右并指导孩子系鞋带；与孩子一起用收集的硬纸板剪成鞋面并打孔，练习穿鞋带、系鞋带等。在该主题活动进行的过程中，有个家长发现自己的孩子对爸爸皮鞋里的鞋垫很感兴趣（那双鞋垫是手工缝制的，上面有好看的装饰花纹），就将孩子在家中的表现讲给老师听了，并建议老师组织一个欣赏鞋垫的活动。于是，一个新的活动内容产生了。

（七）研究教学活动行为

要改进教学活动，提高教育质量，促进儿童的学习发展及教师自身的专业成长，就必须重视对教学活动行为的研究。应该强调的是，教师要抱着探究和体验的态度实施每一个教学活动，善于根据儿童新的学习兴趣和需求灵活修改和调整自己的指导策略，支持和促进儿童的学习活动，形成合作研究式的师生互动。与教学活动设计相对应，教师在每个教学活动开展之前，教学活动进行中和每个教学活动结束后都应注意研究自己的教学活动行为是否适宜，并不断加以改善，在研究的过程中不断提高自己的教学活动能力，使自己逐渐成长为一位专家型教师。

思考与练习

一、讨论：可运用哪些教学方法引导儿童认识"水的三态"。

二、寻找并阅读童话《小蝌蚪找妈妈》，分析这个童话中蕴含了哪些领域的教育因素，可设计哪些相应的教学活动，并写出教学活动计划。

三、利用见习机会，做以下事情：

1. 调查该园各班教师在近期教学活动中与家长合作的情况；

2. 和各年龄班儿童交谈，并以此为基础分析是否可以将"恐龙"作为幼儿园教学活动内容。

四、阅读以下教学活动计划，试着分析：计划中的活动分别适宜用哪种组织形式（集体、小组或个别），并设想在活动进行的哪些环节教师可以采取直接教学活动方式或间接教学活动方式。

幼儿园中班教学活动计划——风在哪里

活动目标

1. 感受和了解风的特征，并对风产生探究兴趣。

2. 尝试用多种方式表达自己的发现，体验发现的乐趣。

活动准备

1. 扇子、风筝、风车、纸飞机、彩色纸条、羽毛等。

2. 教师和幼儿共同收集有关风的图片，呈现有益的风和有害的风，做成展示板。

3. 选择一个刮风天组织此活动。

活动过程

1. 户外找风

（1）教师说谜语请幼儿猜，激发幼儿的兴趣。

树见了它摇头，

花见了它弯腰，

水见了它皱眉，

云见了它溜走。

（2）教师提问：你们见过风吗？风在哪里？引导幼儿用多种感官来感受风，寻找风。

（3）请幼儿说一说自己在哪里看到或感受到风，鼓励幼儿不同的表述。

2. 探索自己造风

（1）教师提问：我们可以自己造风吗？有哪些办法可以造风，鼓励幼儿提出不同的办法。

(2) 教师请幼儿分组尝试以各种方式造风，如用扇子扇，用嘴吹，用书本扇等。教师鼓励幼儿尝试造出大风和小风。

3. 参观和讨论

(1) 教师带领幼儿参观展板，看看风有什么好处和害处。

(2) 教师带领幼儿讨论风的好处和害处，鼓励幼儿大胆发言，然后共同总结。例如：风可以把湿衣服吹干，可以把风筝吹上天，能传播种子和花粉，能给人带来凉爽等；大风、台风、龙卷风会给人带来灾害，如吹翻海里的船，吹倒房子，形成沙尘暴等。

4. 做有关风的游戏

教师出示各种有关风的玩具和材料，如风筝、风车、纸飞机、纸条、羽毛、塑料袋等，供幼儿自由选择，进行游戏。在有趣的活动中进一步体验风的特征及其与材料的关系。

建议

本活动可以扩展成系列的活动，使幼儿有更多的时间感受风、认识风、讨论风、学习造风和做风车等玩具，并有足够的时间玩有关风的游戏。

第七章　幼儿园的游戏

学习目标

1. 理解儿童游戏的涵义和理论。
2. 认识学前儿童游戏的教育作用和分类。
3. 掌握创造性游戏的指导方法。
4. 掌握规则游戏的指导方法。

本章提要

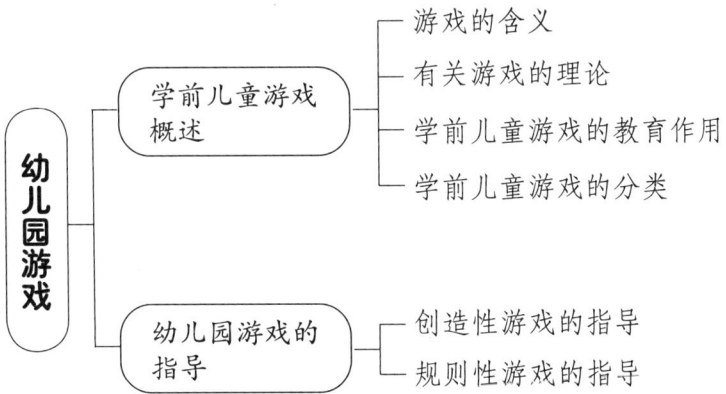

游戏是人类社会常见的活动，对于成人，主要作为一种娱乐活动，对于儿童则明显具有学习和促进发展的价值，只要观察动物如猫、狗、狮子、老虎的幼崽的游戏状态，就可知道这一点。可以说，游戏是幼小动物学习与发展不可缺少的活动。苏联心理学家艾里康宁研究了儿童各年龄阶段的主导活动的特点，提出了他的儿童发展阶段论，并提出游戏活动是3~7岁儿童的主导活动。在我国，教育部颁发的《规程》和《纲要》中则提出游戏是儿童的基本活动。因此，作为教师必须重视学前儿童的游戏活动，了解有关儿童游戏的理论和儿童游戏的教育意义，并学习如何在幼儿园教育中通过游戏促进儿童的发展。

第一节 学前儿童游戏概述

一、游戏的含义

游戏是儿童喜爱的一种活动，它经常混迹在儿童的各种活动中，不是特别容易辨别。例如：孩子在穿衣服的过程中，突然对扣子感兴趣，玩了起来；孩子在画画的过程中，突然放弃画某个形象，玩起了颜色。要明确游戏的概念，需要了解游戏的几个基本特征。

（一）游戏没有明确的结果和外在目标

游戏的首要特征就是没有外在的目的，不能直接获益。儿童游戏追求的就是玩的过程，没有明显的目的。这是游戏和儿童的其他活动最大的区别。由此可以分析上述例子，穿衣服是儿童的劳动，但是玩扣子就是游戏；画画是儿童的学习，但玩颜色是游戏。

（二）游戏是儿童的主动活动

游戏是儿童主动从事或参与的活动，如玩沙、玩水，玩老鹰捉小鸡。这可以把游戏和幻想、闲逛之类的活动区分开来，也可以把游戏和学习、劳动区分开来。学习和劳动通常是按成人的要求做的，而游戏是完全自发和自主的。

（三）游戏是儿童轻松愉悦的活动

游戏活动对儿童来说是自由和快乐的活动，无目的、无责任给儿童带来轻松和愉悦。例如，儿童之间的追跑活动，如果是"闹着玩"的，就是一种游戏。儿童会避免碰伤同伴，使游戏可以持续快乐地进行下去。

（四）游戏具有虚构性和假想性

儿童在玩游戏时有明确的假想性和虚构性，比如玩娃娃家，儿童会主动承担爸爸、妈妈、孩子的角色，模拟出日常生活的各种情景。

综上所述，我们可以把儿童游戏大致定义为：游戏是儿童主动开展或参与的，没有外在目标，具有虚构性和假想性的快乐活动。

二、有关游戏的理论

游戏作为人类社会常见的活动由来已久，很多学者也不断地进行研究，想从理论上系统解释游戏的发生、发展和价值。因为每个人所处的时代和背景各不相同，所提出的理论也各不相同，按照产生的时间，可分为早期的游戏理论和现代的游戏理论。

（一）早期的游戏理论

早期的游戏理论多产生于19世纪和20世纪初，比较有代表性的理论有精力过剩论、松弛论、生活预备论及复演论。

1. 精力过剩论

这种理论认为儿童之所以游戏是因为精力过剩。德国诗人席勒在研究美学问题时提出了这个观点。他把愉悦看成游戏和审美的共同特征，而愉悦的产生正是源于过剩精力的消耗。游戏就是机体的基本生存需要满足后，仍有富余精力的产物。小动物和人类的儿童，由于对自己的生存不需要承担责任，因此总体精力过剩，可通过游戏加以消耗。

2. 松弛论

与精力过剩理论相反，松弛论认为游戏是人精力不足时才从事的活动。这个观点由德国哲学家拉扎鲁斯（Lazarus）提出。他认为游戏的目的是储存能量以供工作之消耗。人们的工作使身体能量被消耗，需要睡眠和游戏来补充。游戏和工作是不同的，其无目的性是一种理想的休闲方式，恰恰起到工作之余放松或娱乐的功效。

3. 生活预备论

德国哲学家格罗斯（Gross）对动物和人类的游戏加以观察研究，写出了《动物的游戏》和《人类的游戏》两本书。在书中指出：游戏是本能动作。高等动物生活条件复杂，幼小时必须有训练才能适应以后生活的需要。游戏的功能就是帮助个体练习维持生存的基本技巧，以便为将来的生活做准备。例如，儿童玩娃娃家，就是练习为人父母的技巧。

4. 复演论

美国心理学家霍尔（Hall）认为人的成长过程就是在重复人类的演化过程。成人阶段代表人类演化的最高阶段，而胎儿出生前后的过程就是逐步展开由动物到人类的各个阶段。儿童游戏的阶段性也是遵循人类历史的演进。例如，最初是类似动物的肢体运动游戏，其后是类似早期人类的渔猎游戏，再往后是类似农耕时代的娃娃家和沙土游戏等。

以上四种观点都抓住了游戏的一些基本特征，可以解释一些游戏行为，但都不能解释所有的游戏行为，有很多例外情况。例如：精力过剩论难以解释儿童即使是累了，还是要玩的现象；松弛论不能解释成人游戏时间比儿童少的现象，因为成人更需要松弛；生活预备论解释小动物的游戏比较合适，解释儿童的游戏有问题，因为童年在游戏中获得的技巧在成人后发挥的作用有限；复演论涉及儿童的游戏内容，很难把儿童的所有游戏内容按这个理论解释清楚，如肢体运动游戏，儿童会有兴趣就玩，反复玩，而且越来越复杂，难以套进复演的顺序中。

（二）现代游戏理论

现代游戏理论指的是 20 世纪 20 年代以后出现的游戏理论，有代表性的理论包括精神分析学派的游戏理论、皮亚杰的游戏理论、以维果茨基为首的社会文化历史学派的游戏理论、后皮亚杰学派的唤醒理论和元交际理论。

1. 精神分析学派的游戏理论

精神分析学派的创始人是奥地利心理学家弗洛伊德,他在研究精神分析理论时涉及儿童游戏。这个学派认为,一切生物生存的基础离不开与生俱来的原始冲动和欲望。这些冲动和欲望在动物界可以无所顾忌地发泄出来,但是在人类社会,由于社会道德规范的约束,不允许这些原始的冲动和欲望直接表现出来,而是被压抑到人的精神的潜意识层面。当这些压抑在潜意识里的冲动和欲望积累起来时,就会不由自主地寻找出路,做梦、口误、笔误、幻想等就是潜意识的泄露。过度压抑会造成心理失常,因此人需要为这些压抑找一个出口。游戏就是为受压抑的冲动和欲望解压的最好途径。

(1) 弗洛伊德的游戏理论。弗洛伊德关于儿童游戏的观点是从他的人格构成学说中派生出来的。弗洛伊德认为人格是由三部分构成的,即本我、自我和超我。他把本能欲望看成人格构成中的最低境界,称为本我;社会规范是人格构成的最高境界,称为超我;协调本我和超我之间的矛盾而获得的现实性人格则是自我。个体社会化的过程就是不断认识和掌握社会规范,以超我的境界来控制和把握本我,获得完善的自我。

弗洛伊德认为个体在发展过程中,本我和超我的对立冲突是逐渐达到平衡的,年龄越小越不平衡。自我得以调节和平衡在某种程度上是通过游戏实现的。游戏的调节机制表现在以下两个方面。

①游戏能实现生活中不能实现的愿望。游戏为儿童发泄那些现实中不被允许的冲动提供了安全环境。在游戏中,儿童可以逃避现实的强制和约束,满足内心的冲动和愿望。弗洛伊德认为儿童有两个内心需求,一个是长大的需求,即做成人能做的事;二是承担主动角色的需求,以补偿生活中处于被支配地位的缺憾。娃娃家游戏或医院游戏就是例子。

②游戏能控制现实生活中的创伤性事件。在儿童生活中会常有痛苦体验,如生病打针的恐惧,被同伴孤立的忧伤,被冒犯的愤怒等。为了排解这

些不良情绪，儿童便在游戏中通过重复那些不快的事件，将痛苦的体验转嫁出去，从而把痛苦的体验转变为愉快的体验。

弗洛伊德关于游戏的观点在临床治疗中得到普遍应用。儿童游戏治疗就是在此基础上发展而成的一种专门治疗手段。

（2）埃里克森的游戏理论

新精神分析学派的埃里克森提出的理论是关于儿童正常的自我发展是如何通过游戏实现的。埃里克森承认游戏对本能欲望的宣泄作用，即对本我与超我冲突的调节，又超越这一立场，强调游戏对接纳社会要求，协调本我和超我之间的冲突，推进自我发展的作用，从而扩展了弗洛伊德的游戏理论。其关键内容有如下两点。

①游戏是自我的一种机能。埃里克森不同于弗洛伊德，他认为自我是人格构成中积极主动的因素，游戏可以帮助自我对生物因素和社会因素进行协调整合。因为游戏创造一种"典型情景"，在其中可以重现过去，表现与更新现在，并预期未来。游戏作为自我的一种机能，它能使身体发育和社会性发展两种过程同步进行。游戏的形式往往随年龄的增长和人格的发展而变化，帮助儿童在一定范围内定向，辨认想象与现实之间的界限，辨认在文化环境中什么是有意义的，什么是被允许的。

②游戏调节了发展的阶段性冲突。埃里克森把人格发展分为八个阶段，每一个阶段都有自己特定的任务。如果发展任务完成得好，就形成理想的人格，完成得不好就形成负面人格。在童年期的几个阶段，主要通过游戏来解决两极性的矛盾冲突，并控制矛盾所产生的伤害，帮助儿童从一个阶段向另一个阶段发展。

埃里克森将儿童游戏的发展分为三个阶段：第一个阶段是从出生开始到两岁左右，称为自我世界的游戏阶段。儿童从反复探索自己的身体器官及其功能，如吸吮手指或抓自己的脚丫啃一啃等获得快乐，并了解自己和他人的区别。第二阶段大致在2～3岁，称为小小世界的游戏阶段，在这个阶段，儿童从摆弄身边的物品和玩具获得控制周围世界的感觉，增进自我概念。第三阶段大致从3岁起,称为大大世界游戏阶段,儿童开始可以和他人共同游戏,通过扮演角色来表现内心的冲突和焦虑,从和同伴的互动中,增进社会技能,增强自我概念。

2. 皮亚杰认知发展的游戏理论

皮亚杰认为游戏不是有独立意义的活动,只是认知水平的表现形式而已。在游戏中,儿童将现实世界中的新事物、新情境以及新行为纳入现有的认知结构中,使之更符合现有的认知结构。所以在游戏中,认知上的同化作用大于顺应作用。如果顺应大于同化,主体往往会出现重复动作,如模仿动作。如果同化大于顺应,主体则完全不考虑现实的客观特征而只是为某种愿望去活动,去改变现实,这就是游戏。例如,儿童把竹竿当成马,把积木当成电话,就是改变现实以符合现有的认知结构。

皮亚杰根据儿童认知发展的不同水平,将游戏划分为相应的阶段。在感觉运动阶段(0~2岁),儿童的游戏表现为不断重复习得的动作或活动,从中获得快乐,称为练习性游戏阶段。到了前运算阶段(2~7岁),儿童的游戏突破了时空限制,表现为一种象征性游戏,即利用替代物做假想游戏,如玩娃娃家、骑马打仗等。这是幼儿阶段最为典型的游戏,它通过象征性物品来改变现实,以满足自我在情感方面的需要。到了具体运算阶段(7~12岁),规则游戏开始发展。[1]

3. 维果茨基社会文化历史学派的游戏理论

以苏联心理学家维果茨基为代表的社会文化历史学派比较强调社会文化历史在儿童发展过程中的作用,认为儿童游戏不同于小动物的游戏,具有社会文化历史的起源。

(1)维果茨基的游戏理论。维果茨基认为儿童的行为之所以被界定为游戏,必须包含下列三个特征,一是他创造了一个想象的情境,在这个情境中有"假装"的行为出现;二是有角色的界定,每个人依照该角色应有的行为加以扮演;三是他能够对角色加以命名,并且描述他所想象的情境。

---

[1] 参见刘焱著:《儿童游戏通论》,北京师范大学出版社2004年版,第112~114页。

如前所述，维果茨基创立了"最近发展期"的概念，他认为游戏创造了儿童的最近发展区。在游戏中，儿童的行为超越其平均年龄，高于其日常的行为表现。游戏以一种集中的方式包含了所有的发展趋势，而且它本身就是一个主要的发展源。此外，成人和同伴在儿童发展过程中有重要的作用，他们为儿童搭建了游戏的支架，提升了儿童游戏的层次，因而也提升了儿童的心理层次。

（2）艾里康宁的游戏理论。艾里康宁重点研究的是儿童的角色游戏，强调角色游戏是在真实条件之外，借助想象，利用象征性材料再现人与人的关系。儿童在游戏中，不仅模仿，而且创造。艾里康宁认为游戏作为儿童生活的一种组织形式，是由于儿童的社会地位在社会发展的一定阶段上发生了变化而出现的。当儿童不能直接参与使用复杂工具的生产劳动时，他们就在游戏这种特殊的活动中模仿成人的劳动，满足自己的需要，以及与成人共同生活的愿望。

4. 后皮亚杰学派的游戏理论

后皮亚杰学派的游戏理论，即唤醒理论和元交际理论出现在20世纪60～70年代，后皮亚杰理论以探讨游戏发生的生理机制与环境的影响为特色。

（1）游戏的唤醒理论。此理论认为个体的中枢神经系统总是通过控制环境刺激的输入量来维持和和追求最佳觉醒水平的。唤醒和两个因素有关，一个是外部环境刺激，一个是机体内部平衡机制。当外界的刺激对儿童来说是新异的，表明这一刺激较强，机体处于一种紧张状态，使主体产生一种不确定性。中枢神经系统的激活水平高于最佳状态，这时主体便通过对这新异刺激的探究活动来减弱刺激，从而降低激活水平，使之达到最佳。在外部刺激单调贫乏时，使主体产生厌倦、疲劳，中枢神经系统的觉醒水平低于最佳状态，这时主体便通过主动寻求刺激的活动来提高激活水平，使之达到最佳。以儿童玩滑梯为例，儿童一开始会循规蹈矩地滑，当他们足够熟悉滑梯的特点和玩法后，就产生了厌倦。这时，他们会变换滑滑梯的方式，如趴着滑、倒着滑、蹲着滑等。

（2）游戏的元交际理论。游戏的元交际理论是由人类学家贝特森（Bateson）提出来的。他认为人类社会是一个表征世界，人类的交际活动也带有丰富的深层含义。元交际是指交际活动中双方识别、理解对方交际表现中隐含意义的活动。游戏正是一种元交际过程，游戏是以玩和假装为背景来表现种种现实生活中的行为，只有理解这些行为背后的含义，参与者才能真正进入游戏情境，如孩子彼此理解"打斗"是在玩，不是真的，才能真正玩起来。游戏实际上是将人类的表层活动与活动的深层含义联系起来，也体现了活动及其含义之间的差异和统一，能引导游戏者在练习中增进认识。因此，体现了儿童元交际活动的游戏，对于儿童理解和建构表征世界具有先导作用。儿童游戏的价值不在于教会儿童某种认知技能，而在于向儿童传递特定文化下的行为框架，并教儿童如何联系所处的情境来看待行为，以及如何在练习中评价事物。①

了解了各家各派有关游戏的理论，我们可以认识到，游戏不是简单的"玩"，而是有着丰富的内涵和意义。各个流派的理论从不同的角度解释了儿童游戏价值和意义，使我们可以深刻地认识、理解游戏，并学习如何合理地通过游戏去促进儿童的身心发展。

三、学前儿童游戏的教育作用

（一）游戏能促进儿童身体的发展

游戏中儿童身体各器官处于积极的活动状态，各种不同的游戏活动量大小不同，身体活动部位不同，不仅促进了儿童神经、呼吸、消化、循环等各系统的发育，而且也促进了儿童动作的发展。儿童在奔跑、跳跃、攀登、钻爬等运动性游戏活动中，大肌肉动作和多种运动技能得到了发展，其协调性、灵敏度和平衡能力也得到了提高。儿童在摆弄、操作各种物品、材料的游戏中，小肌肉动作和技能获得了发展，手眼协调能力也得到了提高，为将

---

① 参见黄人颂主编：《学前教育学》（第二版）人民教育出版社 2009 年版，第 187～195 页。

来书写和阅读提供了必要的条件。

(二) 游戏能促进儿童智力和语言的发展

儿童早期是奠定其智力发展基础的最佳时期，而游戏是儿童智力发展的动力。儿童在游戏中与环境相互作用，操作物品，注意到物体之间的相似与不同，进而意识到事物之间的关系与联系，能对物体进行分类，形成概念。游戏过程中产生的问题，能激发他们思维的积极性，从而将已有的知识经验以独特的方式重新加以组合，寻找出更多解决问题的富有创造性的方法。这正是儿童创造性思维的源泉。由于游戏中交流的需要，儿童有许多运用语言的机会，从中可以学习理解他人语言和用语言表达自己的思想，其语言能力得到迅速发展。

(三) 游戏能促进儿童良好情感的发展

游戏是儿童表达情感的一种方式，对儿童情感的满足和稳定具有重要价值。游戏是没有压力的活动，儿童在游戏中可以不受压抑地实现自己的愿望，自然地表现自己的情感和态度。他们可以自由支配物体，操作材料，大胆创造，其创造的欲望可以得到极大的满足，从而获得自信和快乐。

游戏还为儿童提供了学习、理解和接纳他人情感，妥善表达自己情感的途径，从而学习对压力、冲突或变化做出适当的反应，控制不友好的攻击性行为，学会放松的技巧，解决情感上的冲突和问题，这对他们的心理健康是十分重要的。

案例 7-1

害怕打针的儿童可以通过在角色游戏中扮演护士给娃娃打针来克服由真实的经历所带来的恐惧感；那些害怕某些东西或与父母分离的儿童也可以在游戏中面对和控制这些恐惧的情感，战胜现实中他们所不能战胜的事物。

(四) 游戏能促进儿童社会性的发展

游戏为儿童社会性发展提供了一条途径。游戏中儿童作为集体的成员，必须自觉遵守集体的规则，学会一些社会行为，如轮流、合作、分享和互相帮助，理解社会角色之间的关系，学习并遵守社会生活准则。

小资料7-1

游戏中同伴之间的合作、协商，使儿童：

能考虑和接纳他人的观点，协调彼此的行为；

能促进与同伴之间的和平交往，在一种公平、积极的氛围中解决互相之间发生的冲突；

能学会互相尊重和照顾，从而产生积极的人际关系，使他们从自我中心状态过渡发展成为一个具有社会性的人。

儿童游戏是以活动本身为目的，是为游戏而游戏，它不能创造具有社会意义的价值，无实际功能。但是，并不能因此而抵消游戏对于个体发展的重大意义。儿童正是通过游戏学习社会文化，习得社会行为，积累知识经验，体验成功和快乐，获得自信和满足的。因此，不应以成人的功利性观点看待儿童游戏，把它们仅仅看作毫无意义的玩耍、嬉戏的活动，应当认识到游戏与学习不是截然分离的，更不是相互对立的。游戏是儿童的一种独特的、最佳的学习方式，是儿童的一种积极的行为。正是由于游戏这种儿童个体内在动机激发的与其周围环境相互作用的活动，使他们在认识世界的同时，实现了自身的发展。

专家在解读《指南》时指出："《指南》在说明部分特别提出要注意的四个方面：一是要关注幼儿学习与发展的整体性；二是要尊重幼儿的个体差异；三是要理解幼儿的学习方式和特点；四是重视幼儿的学习品质。这四个方面明确地提示我们，必须立足于幼儿，从幼儿出发去思考他们的学习与发展问题。具体地说，就是在解读幼儿学习与发展的基础上，推进他们的学习与发展,而游戏则是最能体现这一要求的活动。"[1]

学前教师应该树立正确的游戏观,从儿童角度理解游戏,保障儿童游戏的权利,将游戏作为儿童教育的有效手段,运用到教育活动之中,使游戏真正成为儿童的基本活动。

四、学前儿童游戏的分类

学前儿童游戏的分类可有很多种,如可以从儿童认知发展的特点来分,可以从游戏的社会性特点来分,还有就是幼儿园教育中传统的分法。

(一)根据儿童认知发展特点分类

皮亚杰的认知理论学派倾向于将认知发展特点作为儿童游戏分类的依据,将游戏分为以下四种。

1. 感觉和动作机能性游戏

它是儿童发展中出现最早的游戏形式,由简单的重复动作所组成,如敲打或摆弄物体、奔跑、跳跃、攀登、骑木马等,这类游戏往往以独自游戏或各自游戏的方式出现,随着儿童年龄增长,这类游戏所占比例逐渐减少。

2. 象征性游戏

象征性游戏是2~7岁儿童经常进行的游戏,是儿童把知觉到的事物用某种替代物来象征的一种游戏形式,如木棍变成马来骑。随着儿童年龄的增长,儿童的象征能力不断发展,他们会通过使用替代物并扮演角色来模仿真实生活,常见的游戏如"娃娃家""医院""超市"等。

3. 结构性游戏

结构性游戏又称建构游戏或造型游戏,是指儿童使用积木、泥、沙、金属或塑料构件等多种材料进行建构,反映现实生活的游戏。结构游戏随着儿童生活经验的丰富和能力的增强不断趋于复杂,从单人游戏逐渐变为多人共同游戏,从简单的堆叠变成明确的构型。

---

[1] 李季湄、冯晓霞主编:《〈3—6岁儿童学习与发展指南〉解读》,人民教育出版社2013年版,第246页。

4. 规则性游戏

这是一种至少两人，按一定规则进行的游戏。规则可以是成人事先制定的，也可以是玩家事先约定的。这类游戏通常在儿童4~5岁时出现，如体育竞赛、棋类游戏、智力竞赛等。这类游戏可以一直延续到成人。

（二）根据游戏的社会性特点分类

按照参与游戏的儿童之间所呈现的相互关系这一维度来分类可有以下四种游戏。

1. 独自游戏

独自游戏就是自己玩。这是儿童在早期尚无玩伴意识时的游戏方式，一般出现在两岁以内，表现为旁若无人，自己专心摆弄各种物品。

2. 平行游戏

平行游戏是指在多人的空间里，每个孩子各自做自己的游戏。他们能感到别人的存在，也会看别人或模仿别人的操作，但无意参与别人的活动，没有合作行为。这类游戏通常出现在2~3岁。

3. 联合游戏

联合游戏是多个儿童一起进行同样或类似的游戏。没有分工，也没有组织。儿童之间可能交换材料，进行语言沟通，对别人的活动表示赞赏，但没有共同意愿，每个人仍按自己的兴趣来游戏。

4. 合作游戏

合作游戏是幼儿后期出现的比较高级的游戏形式，是一种有共同需要、共同计划、共同协商完成的游戏。游戏者之间有明确的分工和协作，有领头者，也有随从者，有共同遵守的规则。这种游戏要在3岁以上才会出现，5~6岁时得到明显发展，反映出儿童社会性发展的状况。

（三）依据传统理论的游戏分类

这种分类是从苏联教育理论流传下来的分类方法，把学前儿童游戏分为两类，一类是创造性游戏，一类是规则性游戏。

1. 创造性游戏

这类游戏包括角色游戏、结构游戏、表演游戏。这类游戏是儿童从兴趣爱好出发，自主选择，自由玩耍的。在这类游戏中，儿童可以无拘无束、自由自在地操作、摆弄玩具材料，充分表达自己的情感，实现自己的愿望，创造性地解决各种问题。儿童的创造性、积极性在这类游戏中获得了极大的发展。开展创造性游戏一般有以下两种情况。

①儿童完全自发地游戏。包括游戏发起、主题确定、材料组织、成员分工、游戏展开等均由儿童自主，教师可参与游戏，做适当指导。

②教师控制游戏环境创设，如在游戏区设置多个主题的游戏场地，儿童根据自己的兴趣爱好在有限的条件下做出选择，自由游戏。这种情况称为儿童自选游戏。在儿童自选游戏的开展过程中，教师也可参与儿童游戏，做适当指导。

2. 规则性游戏

这是指依据一定的教育任务而设计编定规则的游戏，如体育游戏、智力游戏等，一般将其用于教学活动中，称为教学游戏。教学游戏是教师根据一定的教育目标和儿童发展的需要，有目的地采用游戏形式进行教学活动的一种手段。在这类游戏中，教师一定程度上考虑了儿童的兴趣和爱好，尊重儿童的意愿，儿童的自主性和主动性得到了一定的体现。从本质上讲，教学游戏是一种愉快的教学活动，是寓教学于游戏之中的活动。当然，当积累了一定的游戏经验后，儿童也能自发地玩有规则的游戏。

第二节　幼儿园游戏的指导

学前儿童的游戏主要在幼儿园进行。因为学前儿童的身心发展需要游戏，为此政府在颁发的教育指导文件里反复强调这一点。例如：在《纲要》

总则第五条中,要求幼儿园以游戏为基本活动;在《指南》说明第三条中指出:"理解幼儿的学习方式和特点。幼儿的学习是以直接经验为基础,在游戏和日常生活中进行的。"这表明游戏是幼儿园重要的教育活动,教师应当为儿童创造游戏的条件,鼓励和支持儿童的游戏。我们说游戏是儿童自主的活动,并非说游戏不需要教师的指导和帮助。相反,教师合理的指导可以在儿童的游戏中起到促进作用。但是,教师对游戏的指导必须以保证体现儿童游戏的特点为前提,否则,这种指导只能成为儿童游戏的障碍,影响儿童游戏的开展。

一、创造性游戏的指导

创造性游戏包括角色游戏、结构游戏和表演游戏,对这类游戏的指导首先要明确指导要求,再明确几种游戏的指导特点。

(一)创造性游戏的指导要求

1. 尊重儿童游戏的自主性,满足儿童游戏的多种需要

游戏的实质在于它的自主性。儿童之所以喜欢游戏,是因为儿童的自主性在游戏中能够得到充分的体现和发挥。当儿童在游戏中按照自己的兴趣和意愿活动时,就有了很高的自主性。他们对游戏的开始、进行、结束都有自己的想法,教师应予以尊重。不能因为不符合自己预先的设想就予以否定,并强行将儿童游戏的发展纳入到自己事先预设好的轨道中来。教师应该认识到儿童的游戏反映的是其自身的生活经验,是他们可以理解并感兴趣的内容,是不可以统一安排、硬性规定活动内容和形式的,如教师提出"我们今天玩娃娃商场的游戏",或是规定周一大班玩结构游戏,中班玩表演游戏,小班玩角色游戏等。如果游戏不能让儿童自己做主,这样的游戏就失去了其本质特征而不成其为游戏了。另外还要尽量避免游戏类型或活动形式单调,如有的幼儿园只玩结构游戏或角色游戏,很少玩表演游戏;有的则室内游戏多,室外游戏少;有的安静性游戏多,运动性游戏少等。游戏的形式缺乏多样性,不能满足儿童的需要,不利于儿童的发展。教师应该充分了解儿童的

兴趣和爱好，创造条件满足儿童游戏的多种需要。

2. 创造能引发儿童创造性游戏的环境，保证儿童的游戏时间

游戏的环境主要包括游戏的场地及游戏材料等物质条件，以及这些物质条件之间的相互关系。能引发儿童创造性游戏的环境首先应该是能满足儿童需要的，包括满足同伴间交往需要的环境。例如，一个中班儿童的游戏环境应保证其有足够的区域玩各种角色游戏，这些区域的材料应涉及儿童熟悉和感兴趣的，能反映社会生活的各个方面的主题，有娃娃家、医院、超市、儿童乐园、餐厅、街道、邮局、车站等。材料的投放要体现非常鲜明的特征，使儿童一看这些材料便会自然地想到开展某种游戏。

案例7-2

教师在角色游戏区，放上白大褂、听诊器等，儿童进入这个环境，三四个儿童一同商量，玩起了医院游戏。游戏又吸引了更多的儿童，于是出现爸爸妈妈带着娃娃上医院，因为娃娃要住院，医院又开设了住院部。就这样，参与游戏的孩子越来越多，游戏内容也就越来越丰富。

关于游戏环境的创设，要注意以下几个问题。

（1）教师应该研究儿童，了解儿童发展水平，已有的知识经验、能力和需要；了解他们共同的状况及个别差异；同时还需研究游戏材料的功能，以适合儿童的发展水平、兴趣和需要。

（2）良好的游戏环境应蕴含着教师的教育意图和观念，有目的、有计划地促进儿童的发展。例如，随着儿童游戏能力的增强，教师在积木区有意识地投放一些大型板材和废旧物品等半成品的材料，引导儿童学习综合运用这些材料，还可增加一些小动物、小车等辅助材料，帮助儿童丰富建构的主题和情节。

（3）游戏材料的投放要注意其适宜性。既不能琳琅满目，给予儿童过多

的新异刺激，使儿童无法保持相对集中的注意力，变得无所适从，又要注意适量地、有计划地增加可以引起儿童兴趣的东西，以便不断地引起儿童的兴趣。例如，当中班儿童对娃娃家兴趣减弱，一些儿童常跑到积木区玩卖买积木的游戏时，教师就可因势利导，投放相应的材料将积木区变成积木城，引起儿童更大的兴趣，满足儿童游戏的需要。

要考虑每个儿童的活动量，保证活动的多样性，如果活动室里只有让儿童玩一次或玩一种类型游戏的材料，那不仅使儿童感到厌倦，还可能出现争抢玩具等不适当行为。

（4）游戏场地的安排应注意相对集中，相互协调，互不干扰，如结构区、角色游戏区、表演游戏区等场地尽可能大一些，同时要有足够的通道，不至于相互碰撞，影响游戏。

（5）良好的游戏环境，还应具有参与性。例如，可以让儿童从家中带来图书、娃娃、各种瓶、盒等废旧材料以丰富环境材料，儿童可以合作搬桌椅，放玩具，调整或改变游戏的场地。这样，既改变了环境，又使儿童主动参与的需要得到了满足。此外，有了游戏的场地和材料，还应保证儿童游戏的时间。幼儿园每天都应该有一个相对集中的时间，最好在一个小时左右，供儿童玩各种创造性游戏。

3. 通过观察确定指导儿童游戏的方法和途径，引导游戏进程，提高游戏水平

游戏中观察的目的在于：一是了解儿童在游戏中的表现，游戏的进程及水平；二是了解游戏中场地的设置能否满足活动需要及儿童对游戏材料的使用情况等。

教师通过观察可以了解儿童喜欢的游戏主题、内容和玩具材料；儿童在游戏中玩了什么，做了什么，遇到了什么困难，是否解决了，是怎样解决的；了解为儿童提供的游戏时间和空间是否合适，游戏材料的投放是否有效；了解儿童近来最感兴趣的是什么，认知经验和社会性有了哪些进步，还存在哪些问题等；从而确定以何种方式指导儿童的游戏。教师指导儿童游戏

的方式一般有以下两种。

（1）教师作为游戏伙伴的隐性指导。教师以游戏参加者的身份用自己的行动以及游戏的语言或游戏的材料，暗示儿童的游戏行为，促进儿童游戏的发展。这是创造性游戏的主要指导方式。

案例7-3

小班儿童玩"娃娃家"的角色游戏。"爸爸""妈妈"和其他成员都在各玩各的，根本就没有意识到自己的角色行为。教师这时以"客人"的身份加入，说："有人在家吗？我是爸爸的同事，到你们家来做客，快来欢迎啊！妈妈在忙什么呢，是为我做好吃的吗？"这样"娃娃家"的每个成员都能意识到自己应该做什么，游戏就开展起来并向更深层次发展。

案例7-4

教师看到儿童想搭一座大桥，但选择的材料都是小型的积木，结果，桥面搭了很久也没搭好。这时，教师悄悄地拿来一些大型的板材，在儿童旁边搭起了大桥。儿童一看也学着拿大板材搭了起来，教师微笑着点头表示鼓励。不一会儿，大桥就搭好了。

评析：在以上两个例子中，教师始终以游戏参与者的身份参与儿童游戏，在不知不觉中指导儿童游戏。

（2）以教师身份直接点拨的显性指导。这种指导的目的是为了帮助儿童获得一定的经验，从而更好地开展游戏，或当游戏中出现一些偶发事件时，有必要进行及时的指导。例如，游戏中儿童有过激的行为，有不安全的倾向，有遇到困难想退缩的表现或有了特殊的困难等，都应该加以指导。

> **案例 7-5**

教师看到儿童搭了一艘漂亮的小船,但是小船没有栏杆,教师直接用语言指导说:"你的小船很漂亮,但它没有栏杆,人会掉到水里去的,快给它加上栏杆吧!"儿童连忙加上栏杆,使小船更像了。

4. 按照儿童游戏发展的规律指导游戏

儿童的游戏随着儿童的成长发生和发展,教师在指导儿童游戏时应该考虑这种发展。例如,小班儿童处在创造性游戏的初期,他们常从事平行游戏,即各人玩各人的,彼此玩的游戏相同,但又互不相关。他们喜欢模仿成人的活动,但游戏的目的性较差,主题和内容也极不稳定。因此对于小班的儿童应多丰富其生活经验,帮助儿童确定游戏主题,了解游戏规则,逐步学会合作游戏。中班儿童处于创造性游戏的高峰时期,在游戏中有合作也有分工,能有目的地玩,但是计划性较差,组织能力也较差,教师应尽量多地为儿童提供多种条件,满足其开展各种游戏的需要,同时注意引导其有组织、有计划地开展游戏。大班儿童创造性游戏水平较高,并开始对复杂的有规则游戏感兴趣。对大班儿童可以逐渐减少创造性游戏的时间,增加棋类等有竞争性的规则游戏,增加儿童在游戏中思考问题,解决问题的机会。

5. 探索多样化的指导方式

对于儿童游戏的指导没有固定的模式,应根据不同的游戏活动类型选择不同的指导方式。各类游戏活动如角色游戏、构造游戏、表演游戏等,其特点不同,教育功能不同,指导的方式也应不同。

(二) 角色游戏的特点及指导

角色游戏是儿童通过扮演角色,运用想象,创造性地反映个人生活印象的一种游戏。其通常都有一定的主题,如娃娃家、商店、医院等,所以又称为主题角色游戏。角色游戏是儿童期最典型,最有特色的一种游戏。

1. 角色游戏的特点

(1) 儿童对社会现实生活的印象是角色游戏的源泉。角色游戏是儿童对现实生活的一种积极主动的再现活动,游戏主题、角色、情节、材料的使用均与儿童的社会生活经验有关。

案例7-6

某班幼儿在"医院"的角色游戏中,扮演医生的儿童,用听诊器给人看病,不能正确地使用听诊器,出现病人说头痛则听头,说肚子痛则听肚子,说脚痛则听脚。有时儿童还会病人哪里痛就给哪里打针,也有的儿童会一边打针一边说:"小朋友,别害怕,阿姨轻轻地打""小朋友,真勇敢!"等等。

当儿童了解了交通规则后则会玩交通警察的游戏,坐公交车遇到售票员态度不好,在游戏中儿童也会对乘客很凶。还有教师的孩子喜欢"当老师",医生的孩子喜欢"当医生"等。这些都证明了儿童在角色游戏中所反映的是他们的社会生活经验。儿童生活经验越丰富,角色游戏的水平也就越高。

摄影:金虹

（2）想象活动是角色游戏的支柱。角色游戏过程是创造性想象的过程。在角色游戏中，创造性想象主要表现在三个方面。一是对游戏角色的假想（以人代人），如扮演妈妈、老师、司机、经理等儿童生活中熟悉的人物。儿童运用各种材料，通过语言、表情、动作等表现自己对这些角色的认识与体验。二是对游戏材料的假想（以物代物）。在角色游戏中，儿童常常以一种物品代替另一种，还能一物多用，如用纸条当面条，用小积塑片当饭，用冰棒棍当筷子等。同样一种物品在不同游戏中可以充当不同的东西，如塑料小棍可以是老爷爷的"拐杖"，可以是火车的"铁轨"，可以是护士的"注射器"，还可以是警察叔叔的"警棍"等。三是对游戏情景的假想（情景转换）。儿童常常通过一个或几个动作和想象，将游戏情景进行浓缩或转换。例如，玩娃娃家时，妈妈一摸孩子额头："呀！小孩发烧了，送医院吧。"结果抱着孩子在院子里走一圈回来了，说打针了，孩子病好了。

在角色游戏中，儿童可以自由地发挥其想象力和创造力，因而他们对角色游戏的兴趣最为浓厚，而游戏的主题、角色、情节也十分多样与新颖。

2. 角色游戏的指导

（1）丰富儿童的生活经验。角色游戏是儿童对现实生活的反映，儿童的生活内容越丰富，游戏内容就越充实、新颖，游戏的水平也就越高。儿童对外界的事物有了较丰富而深刻的印象，为儿童在游戏中发挥想象力、创造性提供了条件，否则，组织游戏只能是教师的一厢情愿。

案例7-7

某幼儿园小班，教师提供儿童制作糕点的材料，试图引发其玩"糕点厂"的游戏。教师费了很大的力气，试图让儿童能用橡皮泥制作糕点，并放进"电烤炉"烤制，结果儿童根本不予理睬，糕点厂的游戏也没玩起来。之所以出现这种状况是因为儿童不知道"糕点厂""电烤炉"为何物，教师提供的游戏材料脱离了儿童的生活实际。

儿童的生活经验主要来自家庭、社会、幼儿园、图书及影视等方面。教师应有计划地经常组织儿童参观、观察，丰富印象，如外出游览和参观时，要有意识地引导儿童观察交通警察是怎样指挥交通的，来往的车辆和行人应该遵守哪些交通规则等。只有在生活中观察得细致，感性认识越丰富，在游戏中的反映才越逼真。

教师也可要求家长配合，经常带孩子散步、参观、听故事、看电影，参加各种社会活动，或外出旅游，扩大儿童的眼界。儿童"见多识广"，开展各种角色游戏就有了基础。

（2）加强对游戏过程的具体指导。小班应着重在增强儿童的角色意识。小班儿童在游戏中常常忘记自己是什么角色，教师应以游戏的口吻经常提醒。中班应注重游戏中儿童交往能力的发展。中班儿童角色意识强烈，往往争当同一角色，教师应引导儿童学会如何处理与同伴间的矛盾，学会用自报公议、推选、轮换等方法来确定角色。大班则应注重鼓励儿童与同伴商量，确定角色的分配，并懂得谦让。此外，还应促进儿童对游戏材料的想象与使用，使儿童能以物代物，一物多用，激发丰富的想象和创造力。

（三）结构游戏的种类与指导

随着科学技术的发展，结构游戏无论从材料、玩法还是在结构造型上都发生了很大的变化，出现了塑料接插，金属螺丝结构等，使结构游戏的概念扩展了。凡利用各种结构材料或玩具进行建构物体的活动都可称之为结构游戏。幼儿园常用的构造材料有积木、积塑、积竹、金属材料、泥、沙、水、雪等。一般可根据结构游戏中运用的材料来确定构造游戏的类型，当然，有些结构游戏往往不止用一种材料，我们在区分时不能绝对化。

1. 结构游戏的种类

积木游戏：用各种积木或其他代用品作为游戏材料进行的结构游戏。积木的式样很多，如大、中、小型积木，空心或实心积木，动物拼图积木等。这种结构游戏在幼儿园开展较早，研究也比较多。

积竹游戏：指将竹子制成各种大小、长短的竹片、竹筒等，然后用它们进行构造物体的游戏。积竹可构造坦克、火车、飞机,还可建桥梁、公园等,构造出的物体同样栩栩如生,富有情趣。我国南方盛产竹子,积竹游戏前景广阔,大有可为。

积塑游戏:用塑料制作的各种形状的片、块、粒、棒等部件,通过接插、镶嵌组成各种物体或建筑物模型。积塑轻便耐用,便于清洁。

金属构造游戏:以带孔眼的金属片为主要的建造材料,用螺丝结合,建造成各种车辆及建筑物的模型。

拼棒游戏:用火柴杆、塑料管、冰棒棍或用糖纸搓成纸棍等作为游戏材料,拼出各种美丽图形的一种游戏。

拼图游戏:用木板、纸板、塑料或其他材料制成拼块并按规定方法进行拼摆的一种游戏,如拼摆动物、人物、树木、花草等图面。传统的七巧板就属于这类游戏。

玩沙、水、雪的游戏:沙土是一种不定型的结构材料,儿童可以随意操作。儿童也可利用水、雪玩划船、堆雪人、打雪仗等游戏。玩沙、玩水、玩雪都是一种简便易行的结构游戏,在城市、农村都可以广泛开展。

徐燕提供

2. 结构游戏的指导

（1）引导儿童观察，丰富和加深儿童对物体和建筑物的印象。教师要引导儿童注意观察周围生活中的多种建筑，感知各部位的名称、形状、结构特征、组合关系与色泽特点，如楼房是有层次的，房顶有平的，也有圆的，桥梁是桥面和桥墩组成的等。在此基础上引导儿童根据需要选择合适的材料，创造性地表现自己对事物的认识。

（2）引导儿童掌握结构造型的基本技能，培养儿童结构造型的能力。

①识别与使用材料的技能。即引导儿童认识结构玩具，识别结构元件的形状、颜色、大小等特征，会选用结构元件去构造物体，会灵活使用材料和保护材料。

②结构操作技能。引导儿童学会积木的排列组合（铺平、延长、对称、加宽、加长、加高、围合、盖顶、搭台阶等），积塑的插接、镶嵌（整体连接、交叉连接、端点连接、围合连接等），以及穿套、编织、粘合造型等技能。这是儿童构造物体的基础。

③设计构思能力。教师要引导儿童整体构思构造计划，使儿童能有目的、有计划、有步骤地进行结构活动。在构造实践中能根据需要修改、补充，以取得结构成功。

④掌握结构分析技能。会看平面图纸，能把平面结构变为立体结构，会评议结构物。

⑤集体构造的技能。引导儿童在集体构造中学会分工和合作，共同完成任务。

（3）针对儿童不同年龄的特点，具体地指导。小班儿童对结构的动作感兴趣，常常把结构材料堆起，垒高，然后推倒，不断重复，从中得到快乐和满足。他们没有明确的目的，只是无目的地摆弄结构材料，只有当有人问他"你搭的是什么"时，他才会注意自己的结构物，思考"这是什么"的问题，然后根据自己的想象对结构的物体加以命名。因此，小班应着重认识结构材料，学习初步的结构技能，稳定结构主题并学习结构游戏的规则，学会整理和保管玩具材料的最简单方法，养成爱护玩具材料的好习惯。

中班儿童不但对动作过程感兴趣，同时也关心结构的成果，目的比较明确，主题比较鲜明。因此，应在进一步掌握结构技能的同时，鼓励儿童大胆想象，共同构造，并能相互评议结构成果。

大班儿童已有了较强的结构技能，目的明确，计划性较强，能围绕一个主题进行长时间的结构活动，合作意识增强。因此，大班应侧重引导儿童开展参加人数多，持续时间长的大型结构游戏，并引导儿童进一步美化自己的结构物。

（四）表演游戏的特点及指导

表演游戏是儿童根据文艺作品中的内容、情节、角色，通过自己的语言、表情、动作创造性地进行表演的一种游戏。儿童的表演游戏融想象、创造于一体，对儿童创造能力的培养和发展起着不可低估的作用。

1. 表演游戏的特点

（1）表演游戏是儿童根据文艺作品的内容进行表演的游戏。表演游戏与角色游戏一样，都是儿童扮演角色的游戏。不同的是在表演游戏中，儿童扮演的角色是文艺作品中的角色，游戏的情节、内容均来自于文艺作品，而角色游戏中，儿童扮演的角色是现实生活中的各种人物，反映的是儿童的生活印象。

（2）表演游戏是儿童进行创造性表演的一种游戏。游戏中儿童可根据自己的生活经验和愿望及自己对作品中角色、情节的理解，在语言、动作和表情上加以创编和创造性表现。

表演游戏与文艺表演一样，都是以文艺作品作为表演内容的。不同的是表演游戏是儿童主动的活动，带有自发性和创造性，儿童可以根据自己的理解增减情节、角色、对话及动作，只是大致依据文艺作品表演。例如，表演游戏《拔萝卜》，儿童可以增加"小羊、小猴、小兔、小松鼠"等角色，也可以改变情节，如"萝卜怎么拔也拔不出，最后只好请来大力水手帮忙才拔出来"等，而文艺表演则是在教师组织下，严格按照作品的情节和语言进行表演，学习作品中人物的对话和动作。

（3）表演游戏不是以演给别人看为目的的，它是儿童的一种自娱活动，即使没人看，儿童也会饶有兴趣地进行表演。

2. 表演游戏的指导

（1）选择内容健康，符合儿童生活经验，儿童能理解而又适合表演的作品。首先，要有健康活泼的思想内容，有利于形成儿童良好的习惯，反面角色过多，打斗场面过多的作品不宜表演。

其次，要具有一定的表演性。体现在以下几个方面：有适合表演的动作；有集中的场景，易于布置；道具要简单，可以利用现成的桌椅、积木、积塑及实物；有起伏的情节，情节发展的节奏要快，变化明显，并按一定主线发展，重点突出，枝蔓不多，引人入胜，易于表演；角色对话有适当重复，易于用动作表演，如《小兔乖乖》中"兔妈妈"对"小兔"的嘱咐，"大灰狼"与"小兔"的对话，都生动有趣，容易用动作表演出来。

（2）帮助儿童熟悉文艺作品，充分理解作品内容

教师可以通过讲故事，放幻灯，让儿童听录音等方式，帮助儿童熟悉文艺作品，掌握作品的主题及情节的发展，体验角色的语言与动作特点，激发儿童对作品中人物形象的感情，引起表演的欲望。切忌教师旁白，儿童表演，教师成了导演，儿童成了演员，还安排许多观众观看，儿童完全处在被动的地位，玩起来索然无味。表演游戏变成了"故事表演"，也就失去了游戏的自主性，不成其为游戏了。

只有当儿童非常熟悉文艺作品，才会自发地产生玩表演游戏的欲望，加上在游戏环境中投放适合的道具和服装，儿童的表演游戏就会"水到渠成"，自然而然地进行了。例如，电视台有一段时间放《大头儿子和小头爸爸》的动画片，儿童几乎每天都看，于是自然而然地玩起了"大头儿子和小头爸爸"的表演游戏。

（3）引导儿童创造性地表演作品内容。当儿童熟悉文艺作品以后，教师要用启发性的语言引导儿童创造性地表演作品内容。例如，儿童玩《小羊和

狼》的表演游戏时,教师要组织儿童讨论:当狼恶狠狠地说"谁让你喝我的水"时,语气是怎样的,表情又是怎样的,可以做什么动作,还可以怎样做?请儿童试一试,要求儿童要想办法表演得与别的儿童不一样。对于文艺作品中人物的对话、动作以及作品情节的变化,教师都应该引导儿童思考该怎样表演,怎样才能表演得与别人不一样,并且要鼓励儿童大胆地表现自己的想法。只有儿童能用动作和语言充分地表现自己对文艺作品的理解时,表演游戏的创造性才会真正地体现出来。在表演游戏中,教师应尊重儿童的意愿,让儿童自己选择、自己设计、自己表演,发挥儿童的主动性和积极性,鼓励儿童自然地、生动地、创造性地表演作品的内容。

(4)针对不同年龄的特点,具体地指导。小班儿童不会玩表演游戏,需要教师示范表演,激发儿童玩表演游戏的兴趣。中、大班儿童应由他们自愿、自由地玩表演游戏。在游戏过程中,教师可适当予以帮助,但不能干涉儿童表演,使儿童处于被动状态。

二、规则性游戏的指导

(一)规则性游戏的种类和特点

规则性游戏多半是由成人编制,以规则为中心,多数是有实物或有情节的游戏。幼儿园常用的规则性游戏包括以下几种。

1. 智力游戏

这是以生动有趣的形式使儿童在积极愉快的情绪中来增进知识和发展智力的游戏。智力游戏有丰富的内容,并有很多种类。以游戏的作用来分有:

(1)感官游戏,如"听听是谁的声音""奇妙的口袋"等;

(2)比较异同的游戏,如"哪一个不一样""哪里错了"等;

(3)分类游戏,如把几种物品按颜色、形状、大小、性质、作用等标准来分类;

(4)推理游戏,如 A 比 B 高,B 比 C 高,谁最矮?谁最高?

(5) 记忆游戏，如记忆两张画的异同、记数目字等；

(6) 计算游戏，如比多少，看谁算得快等；

(7) 语言游戏，如绕口令、谜语等；

(8) 纸牌和棋类游戏等。

还可以从其他角度来区分智力游戏的种类。

2. 体育游戏

这是指以发展动作为主的游戏，并能培养儿童勇敢、坚强、遵守规则等优良品质。体育游戏大多是规则游戏，如"贴烧饼""木头人""老狼老狼几点了"等，有一些体育器械游戏，如滑滑梯、拍皮球、踢毽子，其规则的特点不是很突出，但在几个人玩时，也包含某种规则。

摄影：金虹

体育游戏符合儿童身体活动的需求，其内容往往比较固定，有许多是民间流传下来的，如"捉迷藏""丢手绢""老鹰捉小鸡""跳房子""滚铁环"等。还有许多是教师们在长期的教育实践为促进儿童各种动作的发展而创编的体育游戏，如"小青蛙跳田埂""吹泡泡""小蜜蜂采蜜"等。

3. 音乐游戏

这是指儿童在音乐伴奏或歌曲伴唱下进行的游戏，主要作用是发展儿童的音乐感知能力和动作，如"许多小鱼游来了""抢椅子""老猫睡觉醒不了"等。这种游戏生动有趣，受到儿童的欢迎。

（二）规则性游戏的指导要求

规则性游戏可由教师提供相应的材料和场地，让儿童自选进行，也可以将其用于专门组织的教育教学活动中，以增强活动的趣味性，激发儿童的主动性，使学习取得良好的效果。规则游戏要根据儿童身心发展水平来进行，一般应注意以下几个方面。

1. 做好游戏的准备

（1）选择和编制适合的游戏。教师应根据教育要求及儿童的实际水平，选编游戏。一方面要根据教育的任务、要求选编不同类型的规则性游戏，如发展感知能力的游戏，训练注意力、记忆力，发展语言、运动和音乐能力的游戏等；另一方面应顺应儿童的实际发展水平，激发儿童的思考和探索，给予儿童成功的体验，激发学习的兴趣。反之则可能使儿童失去积极性，造成消极后果。

（2）教师要熟悉游戏的玩法及规则。教师在为儿童选编了游戏之后，必须熟悉游戏的玩法和规则，了解游戏的重点，思考组织游戏的方法，并反复试玩几次，以验证游戏的玩法和规则是否合理，为指导儿童游戏打下基础。

（3）准备好游戏的场地和材料。教师要根据游戏的内容，确定游戏的场地，选择游戏的材料。游戏的场地应尽可能宽敞，材料应尽可能丰富，可以人手一份，也可以每小组一份，让儿童有足够的活动空间和足够的操作材料，以减少儿童等待的时间，保持儿童游戏的兴趣。

2. 教会儿童正确地玩游戏

每一个游戏都有一定的规则和内容，儿童需要学会后才能玩，这就需要教。教师要用简单明了的语言和适当的动作示范，说明游戏的名称、玩法及规则，教会儿童玩游戏。可事先教个别儿童，然后再让儿童之间相互学习，也可运用直观教具演示讲解游戏的玩法和规则。在游戏过程中，教师应着重指导儿童遵守游戏规则，保证游戏的顺利进行。对个别儿童给予具体指导，掌握游戏时间，使每个儿童都有游戏的机会。

3. 组织儿童积极参加各种游戏，有针对性地指导每个儿童掌握正确的玩法

（1）在"教"儿童玩游戏的同时，要充分调动儿童的积极性、主动性，提高儿童参与游戏的兴趣。启发儿童开动脑筋，寻找解决问题的方法，促进儿童创造性思维的发展。

（2）针对不同年龄的特点，具体地指导。对于小班，游戏玩法和规则的讲解要力求生动、简单、形象，要注重讲解与示范相结合，注重在游戏中逐步提出游戏规则。

对于中班，仍需要示范、讲解游戏的玩法与规则，并在游戏中着重检查游戏玩法的掌握情况及游戏规则的执行情况。要鼓励儿童关心并努力争取好的游戏结果，可开展规则简单的竞赛游戏。

对于大班，需要用语言讲解游戏，要求儿童独立地玩游戏，严格遵守游戏规则，争取最好的游戏结果，能对游戏的结果进行评价，并可开展较为复杂的竞赛游戏。

4. 做好游戏结束工作

鼓励儿童争取最好的游戏结果，对儿童游戏做出评价，对胜利者予以口头表扬、鼓掌、颁发小红旗等奖励。

思考与练习

一、判断下列各题的正误

1. 满足儿童对多种游戏的需要是尊重儿童的一种表现。

2. 儿童自发游戏时,教师的任务仅仅是观察。

3. 游戏环境的创设应该做到玩具材料越丰富越好。

4. 儿童是通过游戏学习的,他们生活中所需的一切知识经验都可以在游戏中获得。

5. 教师在游戏中的指导一般以隐性指导为主。

二、见习幼儿园游戏活动,并就教师对游戏环境的创设和指导做出评价。

三、实践

1. 观察记录一个儿童或一组儿童的角色游戏。

2. 使用积木、积塑等结构材料,练习结构物体的技能。

3. 创编一个规则游戏,写出指导计划。

第八章　幼儿园的日常生活、劳动和节日娱乐活动

学习目标

1. 理解幼儿园日常生活活动的意义、内容及组织和指导。
2. 认识幼儿园劳动的意义、内容及组织和指导。
3. 掌握幼儿园的节日、娱乐活动的意义、内容及组织和指导。

本章提要

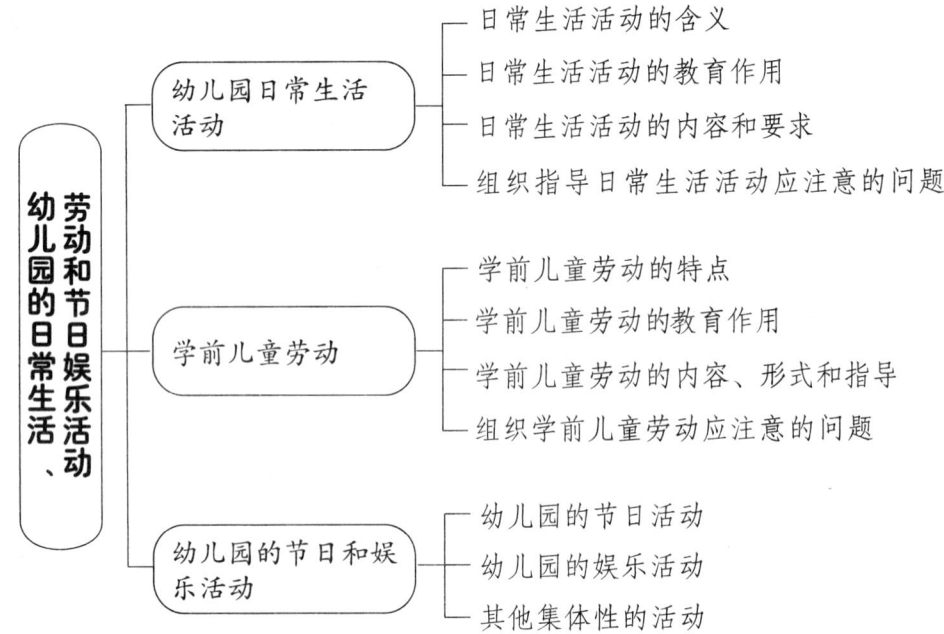

儿童自诞生起，就开始了在生活中的学习。他通过吸吮感知奶的温度和味道，通过母亲的怀抱体验亲情和安心，通过视听了解自己周遭的事物。当他能站立走动时，他会认识多种多样的生活物品，诸如各种食物、餐具、家具以及种种日常用品。他在生活中的各种行为以及由此得到的人和物的反馈构建了他最初的人格和智力的基础，所以，美国教育家杜威认为教育就是生活、生长和经验改造。

对于一个人来说，生活中的教育每时每刻都存在着。年幼时，人通过生活初步感知外界的各种事物和各种社会关系，找到自己的位置。随着年龄的增长，也在生活中不断地学习。譬如，了解外部天气变化和自身冷热的关系；学习烹饪食物，发现食物与火候、调料和口齿、舌尖舒适度之间的关系；与人发生冲突发现讲理的必要；上当受骗后发现不能贪图小利、轻信于人；饲养小动物后发现人与动物的关系很不简单。可以说，人一辈子都在生活中学习，只要你肯不断地尝试学习新事物，不断与各种人打交道，不断地总结经验，你就会不断进步。所以有人总结说：世事洞明皆学问，人情练达即文章。这就是说不要只把读书、写字、听讲当作受教育。在生活中学到的东西是活生生的经验，伴随着人们的行为和情感体验，更容易为人的头脑所吸收，变成人的智能、习惯和品行。

问题在于，有些孩子在生活中获取的经验有可能是负面的。例如：父母经常争吵、对孩子漠视；周围一些人有欺辱他人的恶行，却没受到抵制；生活环境比较恶劣，有衣食不周等问题。这些都会给人造成负面影响，形成不良的观念、行为和习惯。还有的孩子在家庭生活中，成人过度包办代替，应获得的学习机会被剥夺了，比如到三四岁时还从未学过自己穿衣裤，还由成人喂饭，标准的饭来张口，衣来伸手。这些就要通过专门的教育机构来进行纠正和培养。所以，从幼儿园开始，教育者就要重视幼儿园的教学活动和游戏之外的教育过程，即生活、劳动和娱乐活动对儿童的潜移默化的教育作用。教师要认识了解这种教育的特点，明确教育目的，在看似琐碎的活动中鼓励和指导儿童，使儿童在具体的活动中，学习自理生活、与人交往，学会遵守纪律、规则，逐渐发展起独立性、自信心和与人合作的能力，形成良好的生活和学习习惯。

第一节 幼儿园日常生活活动

一、日常生活活动的含义

幼儿园日常生活活动是指儿童一日活动中的生活环节和一些每天都要进行的日常活动，包括进餐、饮水、睡眠、盥洗、如厕、入园和离园、过渡活动和自由活动以及散步等。日常生活活动在儿童一日生活中时间长，内容丰富，形式多样，对儿童身心发展所起的作用是重要的和不可替代的。

幼儿园的日常生活活动蕴含着保育和教育因素。在生活活动中，儿童要直接感知和动手操作生活用品来为自己服务，解决生活的实际需要，如使用筷子吃饭、使用牙刷刷牙等，还要动手动脑，反复练习自理生活的技能动作，如穿脱衣服、系鞋带等。这些生活技能对年龄稍长的儿童和成人来说，已经是习以为常的熟练技巧，可就是如此微不足道的生活小事，却是儿童最具体、最有意义的学习。当儿童每学会一种自我服务的技能，或随意地运用某一种生活用品时，不仅能享受到成功的喜悦，也树立起了自立，自强的意识。

二、日常生活活动的教育作用

幼儿园课程融于儿童的一日生活之中，与儿童个人生活紧密联系的日常生活活动是幼儿园课程的组成部分，对儿童全面发展教育有重要的促进作用。

日常生活主要围绕儿童身体健康成长的需求展开，儿童需要在其中学习保护和促进自身健康的各种技能，形成良好的生活卫生习惯，这些都要在日常生活活动中反复训练才能实现。日常生活活动保证儿童得到合理的营养、充足的睡眠。教师要照顾儿童的饮水、盥洗等生活事宜，组织多种学习和练习活动。这些活动对于促进儿童的健康都是必不可少的。

日常生活活动渗透着儿童的智育。儿童需要学习有关身体保健的粗浅知识，包括与他们衣食住行相关的具体的生活知识、卫生保健知识和安全知识及相关的技能，如学习穿衣、洗漱、用筷子吃饭、整理环境、帮厨等，可提升儿童对各种生活必需品的性能和特征的认识，同时提升他们的感知能力和动作协调能力。结合各个生活环节的特点，可以让儿童在反复的动手、动脑过程中增长智慧，发展认知能力。

儿童品德广泛地体现在日常生活的待人、接物、处事之中。日常生活活动对儿童品德的形成有多方面的影响。生活活动与儿童的自我服务劳动紧密联系，可以培养儿童爱劳动的品质和习惯；儿童通过学习必要的生活技能，做到"自己的事情自己做"，培养了儿童的自主性、独立性，提高了儿童的自理能力，有利于儿童个性的形成；生活活动为儿童良好行为的反复练习和与同伴的交往提供机会；生活常规的训练，使儿童得到规范自己行为，适应集体生活的教育。幼儿园的日常生活活动是促进儿童社会化的必要途径。

儿童最初的美感是从日常生活开始的。生活环境的美、人们外表、衣饰和言谈举止的美是儿童最熟悉，最容易感受的审美对象。儿童在生活中要学习梳洗，整理服饰和仪容，整理和布置环境等，从中获得初步的对美的辨识能力。在学习说礼貌用语，与人友好相处的过程中感知语言美和行为美。审美教育与儿童的生活紧密结合，教师经常给予鼓励和支持，可促进儿童有关生活美的感受力和表现力的发展，形成他们对待生活的积极态度。

三、日常生活活动的内容和要求

日常生活活动是保教结合最紧密的幼儿园课程形式，其中的每一项活动既是对儿童的保育过程，又是施教的机会。教师应明确地安排各种生活活动应该使用的时间，以保证活动有序地进行。

（一）入园和离园

入园和离园是儿童一天集体生活的开始和结束，也是向儿童进行个别教育和开展家长工作的好时机。教师应注意稳定儿童的情绪，重视与家长的联系工作。

1. 入园

入园前，教师要对活动室的卫生、安全进行检查，准备图书或供自选的玩具和材料。

入园时，教师要以亲切和蔼的态度接待儿童和家长，听取家长的陈述，并给予必要的家庭教育指导，做好与家长的交接工作，按要求进行晨检，组织陆续入园的儿童在室内进行分散、自由的活动，也可以安排做一些值日生工作。这时，教师应主动与儿童谈话，进行随机教育。

小资料 8-1

晨间检查的一般方法

一看：看脸色，看皮肤，看眼神，看咽喉。

二摸：摸摸是否发烧，摸腮腺是否肿大。

三问：问儿童在家吃饭情况，睡眠是否正常，大小便有无异常；是否带药，将儿童带来的药标上姓名、用法及每次用量，并放在儿童够不着的地方，以免儿童误服；要按时给儿童服药。

四查：有无携带不安全物品。

应注意培养儿童保持仪容整洁入园的习惯，能有礼貌地向老师问好和向家长道别，会主动向教师陈述要求，积极参加活动和值日生工作，遵守常规等。

2. 离园

离园时，教师要组织儿童整理活动室环境和个人用品，简要评定儿童在园一天的表现，安排集体的或分散的安静活动，如看图书、结伴游戏等，让儿童在自由的活动中等待家长；用简短的语言向家长介绍儿童在园的情况，交换教育儿童的意见；严格执行儿童接送制度，保证儿童的安全，照顾好不能按时离园的儿童等。

应指导儿童参加离园前的整理活动，使儿童养成清洁环境和将用物归还原处的习惯，学会收拾个人用物和检查自己仪容的整洁，离园时要向教师告别。

(二) 进餐、饮水、盥洗、如厕和睡眠活动

1. 进餐

教师要创设安静整洁、轻松愉快的进餐环境；禁止在就餐时，批评训斥或变相体罚儿童，或用比赛的方式催促儿童进餐，以及不加分析地强迫儿童进食；要掌握每个孩子的进食量和进食速度，因人施教，区别对待。

应培养与进餐有关的文明卫生习惯，有计划地对儿童进行营养卫生教育。结合膳食菜肴，指导儿童认识人体所需的营养素，粗略地知道应从哪些食物中去获取营养素。培养儿童对平衡膳食的积极态度，知道偏食、挑食、暴饮暴食对健康的不利影响，以及保持进餐情绪愉快的意义，进餐前后不宜剧烈运动等。使儿童初步了解"病从口入"的道理，不吃未经洗净或消毒的生食品，不吃霉变腐败的食品，不吃被有毒物（如鼠药、农药等）污染的食品。教会儿童正确使用餐具，有良好的进餐习惯，懂得初步的进餐礼仪。例如：养成饭前便后洗手、饭后漱口擦嘴；吃饭定时定量，细嚼慢咽，以正确的方法咀嚼食物（如不能只是单侧咀嚼食物，要闭住双唇咀嚼食物等），不吃汤泡饭，不无故剩菜饭；不大声谈笑，不口含着食物说话；会保持桌面、地面和衣袖的整洁；平时少吃零食，饭前及临睡前不吃零食等良好的饮食卫生习惯。

2. 饮水

饮水是重要的但往往被忽视的生活活动。儿童生长迅速，新陈代谢旺盛，按体重计算，对水的需要量高于成人，另外，水的需要量又与儿童的活

动量，气温变化和食物种类有关。保证儿童每天喝足够的和清洁的开水是教师的职责，要在生活日程中安排集体饮水的时间，并允许儿童随意喝水；建立饮水时的常规要求，让儿童学会自己使用饮水器皿取水的正确方法；讲究饮水卫生，养成会主动喝水及喝白开水的好习惯，不喝生水，少喝冷饮；使儿童粗略知道水是人体不可缺少的营养素之一，水与健康的关系等。

3. 盥洗

盥洗是培养儿童自我服务能力的有利途径，要求儿童在掌握盥洗技能的基础上，养成科学卫生而又便捷合理的盥洗习惯。

照片来源：南京市中华路幼儿园

首先，幼儿园要因地制宜创设实用的盥洗设施，实行流动水洗手洗脸。教师的组织工作中必须建立明确的常规，定期向儿童进行爱清洁、讲卫生的知识教育，让儿童知道生活用具个人专用的道理；其次要指导儿童学会洗手洗脸、刷牙的动作技能（大班末期，在成人的照顾下学习洗头、洗澡）；养成饭前便后和手脏时主动洗手的习惯；早晚刷牙，饭后漱口，临睡前洗脸、洗脚，女孩冲洗以及每周洗头、洗澡、剪指（趾）甲的习惯；每天配用手巾或纸巾，保持清洁的习惯等。

小资料 8-2

教儿童学习洗手和洗脸

洗手的顺序：卷袖口，用水把手打湿，擦肥皂，反复搓洗手指、手心、手背，直至搓出泡沫，用流动水冲干净。

洗脸的顺序：用流动水把手洗干净，然后洗眼睛、洗嘴巴、洗耳背、洗鼻子，最后把脸整体洗干净，用毛巾擦干，擦完后，把毛巾挂回原处。

4. 如厕

幼儿园要保持厕所整洁，使儿童得到潜移默化的文明教育。教师要悉心照料儿童的如厕活动，对年龄小的儿童给予具体帮助，在集体如厕的时间之外，允许儿童随时如厕，不限制大小便的次数。教师要善于观察，会从儿童的排便中发现疾病的征兆；建立常规，教儿童学会使用便器、厕坑和手纸的方法，并培养保持厕所整洁的习惯；如果没有自动冲洗设施，要在集体如厕后，代儿童放水冲洗便器或厕坑，做出文明行为的示范；培养儿童定时大便的习惯，让儿童知道憋便、憋尿对身体的危害，并知道随地大、小便是不文明的行为。

5. 睡眠

睡眠也是护理与教育相结合，培养儿童自理能力的最好时机。

(1) 教师要与家长配合保证儿童有充足的睡眠时间，培养良好的睡眠习惯和自我服务的能力，为儿童创设安静卫生的睡眠环境，认真观察儿童的睡眠情况。

(2) 应建立寝室常规，如轻轻地走路和说话；衣物放在指定的地方；禁止在躺卧时玩玩具或口含小件物品及玩具；不妨碍他人睡眠；睡前如厕等。

(3) 培养儿童按照实用便捷的程序穿脱衣物、鞋袜、扣扣子、拉拉链、系带子，以及折叠衣服、整理被褥的能力和习惯；会脱去外衣裤午睡，睡眠时会用鼻子呼吸，不张着嘴和蒙着头睡觉；有正确的睡眠姿势，以微曲双腿侧卧为主，睡醒即穿衣起床等。

小资料 8-3

教儿童穿、脱衣服的程序

穿衣服：先穿衬衣、毛衣，再穿袜子、裤子，将衬衣塞进裤子里，穿外衣，最后穿鞋。

脱衣服：先解开上衣扣子，再解鞋带（或扣子），脱鞋，脱裤子，脱袜子，最后脱上衣，把脱下的衣服叠好，按脱下时的顺序放在固定的地方。脱去衣服多少可根据室温而定。

以上是教师组织儿童生活活动的工作要求和教育儿童，培养良好习惯的主要内容。此外，还要培养儿童维护公共卫生所需要的生活卫生习惯和文明行为。如咳嗽、打喷嚏会掩住口鼻，会正确擤鼻涕的方法（轮流按住一侧鼻孔擤鼻涕），会主动擦鼻涕，不用手揉眼睛；自觉保持公共环境的整洁，不随地吐痰，不乱扔果皮纸屑，不随意乱涂乱画，不摘公园的花草，合理处置垃圾等。

（三）过渡活动和自由活动

1. 过渡活动

过渡活动是儿童从一个活动转换到另一个活动之间的活动。这种活动时间短暂、形式灵活多样，一般包括两次教育活动之间以及进餐前、入睡前、如厕后的生活环节。

过渡活动的意义在于，让儿童得到休息和调整，帮助儿童建立初步的时间观念；丰富儿童的生活内容，避免无谓的消极等待和不必要的排队、静坐或散乱，使生活环节转换自然有序。

过渡活动的组织需要教师工作的计划性、灵活性和随机性，其安排视上下两次活动的内容、形式及活动量而定，室内室外或动或静不拘，可以创新也可以运用一些传统的活动形式，如做游戏："请你跟我这样做""手指操"，节奏性拍手及听音乐做动作、念儿歌、朗诵古诗、猜谜语，在队列中做模仿动作、舞蹈动作以及玩"老鹰叼小鸡""丢手绢"等。

2. 自由活动

自由活动是让儿童自己选择活动内容、玩具材料和玩伴的活动。其特点虽然是"自由"，但仍离不开教师的组织与指导。教师要充分认识开展自由活动对促进儿童发展的积极作用，让儿童在愉快、有益的自由活动中得到童年的欢乐。

（1）要为儿童的自由活动创设条件，提供自由活动的时间、地点和充足的玩具材料。为儿童提供多种多样选购或自制的玩具，能操作的学具或成品材料，可利用的废旧物品等。要限定活动场地的范围，注意消除场地中的不安全因素。在活动中，使儿童学会与同伴商议、分享、轮流、合作；会在同伴的交往中协调自己的语言和行为；会自己处理活动中出现的一般问题并想办法解决纠纷，以提高儿童的交往能力。让儿童明确必须遵守的常规要求，严格安全管理。活动后，要求儿童参与收拾场地、整理用物，并物归原处。

为不断提高自由活动的质量，可采取由静到动，玩具材料从部分开放到全部开放，活动地点从桌面到地面，活动场地由室内到室外的逐步扩展的组织方式，使儿童逐渐适应和习惯于在幼儿园自由活动。

（2）充分挖掘和利用自由活动中的教育契机。自由活动限制少，儿童在活动中往往表现得积极、投入、尽兴，其好动、好奇、天真淘气的天性会淋漓尽致地表现出来。教师要抓住时机观察儿童的行为和表现，发现和支持儿童自发的个别探索活动，进行随机教育，满足儿童的兴趣需要，特别注意把性格内向的儿童带到集体活动中去。

（四）散步

散步是一种轻松愉快的活动。散步时，儿童虽然是集体而行，但可以在队列中自由自在地走走、停停、玩玩、讲讲。较长时间的步行，不仅锻炼了身体，还能培养儿童的毅力、耐力和组织性。经常散步可以使儿童有更多的机会接触周围的自然景物和社会生活，扩大眼界，增长知识，得到美的感受，也培养了热爱家乡和热爱生活的情感。散步还是师生交往的好时机，可以自然随意地交谈散步中的见闻，教师还可以因时因景进行随机教育和个别教育。

散步多在邻近幼儿园的公园、社区环境、宽敞的人行道等地方进行。组织散步活动要事前了解散步地点和沿途的安全卫生状况，建立行为规则。散步前的准备事项有儿童如厕、饮水及个人服装的整理等。散步中，要引导儿童对环境的观察，提示谈话的主题等，并经常注意对队列中的儿童人数进行清点。

四、组织指导日常生活活动应注意的问题

幼儿园日常生活活动的内容和形式与儿童的日常生活紧密相连，活动过程具有重复性、灵活性和随机性的特点。教师在组织指导日常生活活动时应注意以下几点。

（一）保育教育相结合

日常生活活动是对儿童实施保育的途径，也是进行教育的机会。保中有教、教中有保是教师的职责。

教师要认识儿童教育的特殊性，认识幼儿园保育工作的重要性和必要性，从观念到行为都要把"保护儿童的生命和促进儿童的健康"视为己任，以慈爱的胸怀、稳定的情绪，悉心照料好天天重复看似琐碎平凡的儿童生活。要充分认识教师的关爱对儿童身心健康的深刻意义，克服怕麻烦、厌烦等不良心态，有意识地研究保育工作的规律，注重保育的科学性。要善于在保育过程实施教育，发挥日常生活活动在儿童全面发展教育中的作用，注重培养儿童的生活自理能力，并结合浅显的生活卫生常识的学习，培养各种良好的生活卫生习惯，使儿童获得初步的自理自立能力和自我保护的意识和能力，实现日常生活活动的课程目标。

小资料 8-4

某幼儿园各班作息时间参考表

小班		中班		大班	
时间	活动内容	时间	活动内容	时间	活动内容
8:00~8:45	生活活动 游戏活动	7:45~8:30	生活活动 游戏活动	7:45~8:30	生活活动 户外体育活动
8:45~9:00	早操	8:30~8:45	早操	8:30~8:45	早操
9:00~9:15	喝豆浆 生活活动	8:45~9:00	喝豆浆 生活活动	8:45~9:00	喝豆浆 生活活动
9:15~9:30	教学活动	9:00~9:25	教学活动（一）	9:00~9:30	教学活动（一）
9:30~9:45	喝水 生活活动	9:25~9:40	喝水 生活活动	9:30~9:40	喝水 生活活动
9:45~10:15	户外活动 生活活动 吃水果	9:40~10:05	教学活动（二）	9:40~10:10	教学活动（二）
10:15~10:30	游戏	10:05~10:50	生活活动 吃水果 户外活动	10:10~10:50	生活活动 吃水果 户外活动
10:30~10:50	生活活动 餐前活动	10:50~11:00	餐前活动	10:50~11:00	餐前活动
10:50~11:25	进餐	11:00~11:30	进餐	11:00~11:30	进餐
11:10~12:00	餐后活动 生活活动	11:20~12:00	餐后活动 生活活动	11:15~12:00	餐后活动 生活活动
12:00~14:40	午睡	12:00~14:30	午睡	12:00~14:30	午睡
14:30~15:15	生活活动 苏醒操	14:20~15:00	生活活动 苏醒操	14:20~15:00	生活活动 苏醒操
15:15~15:40	午点 游戏活动	15:00~15:35	午点 游戏活动	15:00~15:35	午点 游戏活动
15:40~16:30	户外活动 区域活动 生活活动	15:35~16:30	户外活动 区域活动 生活活动	15:35~16:30	户外活动 区域活动 生活活动
16:30~17:00	离园活动	16:30~17:00	离园活动	16:30~17:00	离园活动

（二）建立合理的常规

常规是儿童必须遵守的日常生活的行为规则，是教师组织管理儿童日常生活行之有效的方法。常规对儿童的行为提出了具体的、坚持不懈的规范化要求，使儿童知道什么时候做什么，应该怎样做，有利于儿童自制能力和行为习惯的培养。

日常生活常规必须符合儿童身心发展的特点，与各种日常生活活动的内容及儿童自理能力、行为习惯培养的要求紧密结合。同时，常规应是可操作的，有助于儿童进行活动，切忌规定过细、限制过多。例如：轻轻地走路和说话的规则是睡眠活动中的常规；儿童会对使用过的玩具材料分拣、归类、整理、归还原处是自由活动结束的常规。常规还要渗透安全管理和安全教育的因素，培养儿童自我保护的意识和能力。

常规教育是教师帮助儿童理解、掌握、熟悉行为规则的过程。要从少到多、从易到难地逐步提出要求，形象地通过身体动作、教具、学具讲解示范具体的行为等方式，让儿童掌握要领。执行常规的过程中，一要持之以恒，二要有灵活性，不能操之过急。

当常规成为儿童的自觉行动时，不仅能保证日常生活活动的顺利进行，还能帮助儿童形成了良好的习惯，培养了儿童的自理能力。这正是日常生活常规的意义和价值所在。

（三）生活技能的练习

练习是一种教育方法，是在一定的条件下通过实践活动和重复训练，巩固某种技能的方法。任何一种生活技能都是在经常性的要求和长时间的练习中形成的。生活技能的练习过程是儿童多种感官和身体动作参与活动的过程。儿童通过模仿和练习边学边做，在实践活动中养成生活自理能力、卫生行为习惯和独立的精神。

生活技能的训练方法，要根据儿童的年龄特点、个别差异和班级的实际情况选用。要给予儿童动手操作的机会，引起儿童的兴趣，让儿童愿意重复地做，在做中学。可提供一些儿童不会操作或操作有困难的材料，诸如筷子、带子、布娃娃的衣裤等实物或学具,供儿童多次地摆弄和操作,如学习使用筷子时,可准备些棉花球、豆类、弹球等,让儿童进行练习,久而久之,就能熟练自如地使用筷子了。

各种生活技能动作,如穿脱衣服、洗手洗脸、刷牙、系鞋带、使用餐具、使用手纸等,都可以采用分解动作的方法,让儿童按步骤练习掌握。

案例8-1

一位教师在示范讲解中教小班儿童学习系鞋带。第一步让儿童把鞋带的两个头拉得一样齐,边念儿歌边做动作:"两根线儿一样长,两个线头儿交个叉,后面的线头儿往下钻";第二步打活结时又按照"一个圈,两个圈,换一换,钻一钻,一只蝴蝶飞起来"的过程让儿童完成动作。这样的方法具体形象,儿童乐意学习。

任何技能都是做多了就熟能生巧,如系鞋带,如果教会了每天只做一次,达到熟练所需的时间会很长。较好的办法是提供相应的学具供儿童像玩一样反复练习,短期内就可达到熟练。使用学具的优点是儿童可以犯错误,可以反复尝试,可以按自己的需要练习,多少次可达到相应动作的肌肉、骨骼和神经之间的协调和自如,就做多少次。蒙台梭利曾设计过整套的儿童生活技能学习的内容和教具,如有关穿戴衣物练习,她认为应当包含学习按子母扣、拉拉链、扣纽扣、系皮带扣、打蝴蝶结,系鞋带等,而且设计了一组12种学具供儿童反复操作练习。(见图8-1)

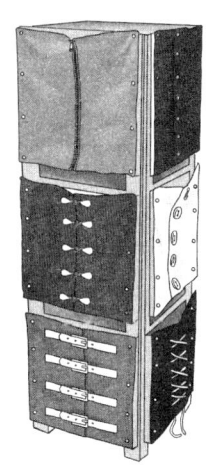

图 8-1

一般来说,很多生活技能教师教过后,都可以在生活中直接练习,有困难的节点可使用教具或实物反复练习。教师对生活技能动作的分解和设计,既要符合儿童的年龄特点,又要科学合理。如儿童的洗手后不宜做"甩水"动作,而应该是把冲洗干净的双手"向前屈肘,手掌向下(让水珠顺手指下滴)"随即用毛巾擦手。这才是人们生活和工作所需要的习惯动作。

再如一位教师教小班儿童学洗手采用了分组的形式,每次只带一个组进盥洗室,先让儿童认识水龙头、肥皂、毛巾,示范怎样开水龙头、抹肥皂、搓出泡沫再冲洗干净,教师帮助用毛巾擦手;第二天的练习中加进教儿童自己用毛巾擦手的方法。这种不要求一步到位、一次成功的"小步递进"的教育方法,也是很有启发和借鉴意义的。

生活技能的练习是日常生活活动中的重要环节。为实现日常生活活动的课程目标,需要教师不断地研究和总结科学的生活技能练习的方法。

第二节 学前儿童劳动

劳动是学前教育的内容和手段之一。通过劳动,使儿童学习简单的劳动知识和技能,培养热爱劳动,尊重劳动者和劳动成果的思想品德,初步养成独立生活的能力和劳动的习惯。合理组织儿童劳动,让儿童在劳动中接受教育不仅是重要的,也是很必要的。

一、学前儿童劳动的特点

成人的劳动直接指向劳动目的,是为了创造某种社会财富和满足生活需要而进行的社会性活动。儿童劳动不同于成人劳动,它受儿童身心发展水平的限制,具有以下特点。

(一)游戏性

儿童劳动具有游戏的性质。儿童好奇、好动、好模仿,喜欢自己动手参与劳动。但目的性不明确，不在意劳动的成果，也不能深刻理解劳动的社会意义，而是从兴趣出发，以游戏的方式模仿成人劳动，边玩边做，满足于劳动过程中自己的动作，喜爱的是用来劳动的材料和工具。尤其是年龄小的儿童，劳动就是游戏，或者是以游戏的方式完成劳动的要求。

案例8-2

小班的儿童喜欢用喷壶浇水，他们一壶一壶地浇了又浇，兴趣盎然，却忘了不应该给花浇过多的水。

洗手绢时玩肥皂沫，扫地时把扫帚当成玩具。

为了看种下去的种子是否已经发芽，会性急地把种子挖出来想看个究竟。

随着年龄的增长，儿童开始慢慢地理解劳动的意义，逐渐将劳动与游戏分开，责任感也随之加强，能够抑制个人的兴趣去服从劳动任务的需要，并能坚持完成既定的劳动任务，不仅关心劳动成果，甚至还会评价自己以及他人的劳动。但是即使到了大班后期，儿童劳动中游戏的特点也还不会完全消退，边玩边做的现象时有发生。教师对儿童的表现，不能过于苛求，而要从儿童的特点出发，给予积极的引导。

（二）生活性

儿童劳动的内容是和日常生活紧密联系的生活性劳动，是从生活中的自我服务开始的。自我服务是儿童独立照顾自己生活的简单劳动。

在自我服务劳动中，儿童需学习各种生活技能，如自己吃饭、穿脱衣裤鞋袜、洗脸洗脚、刷牙梳头、整理被褥、摆放椅子、收拾玩具、图书等，有条件的幼儿园还可以组织儿童学习包饺子、拌凉菜、摊鸡蛋等。

由于儿童的自我服务劳动和生活活动联系密切，因而也是儿童最容易理解和掌握的劳动内容。就是在为集体的劳动中，值日生劳动和家务劳动的内

摄影：金虹

容也主要是与儿童的起居生活相关联，也属于日常生活劳动的形式。

儿童早期的劳动愿望是在生活中产生的。孩子从出生以后，享受着成人的生活照顾，耳闻目睹成人的劳动。随着年龄的增长，产生了模仿成人劳动，要求参加与生活有关的简单劳动的愿望，常常会提出"我自己吃""我自己拿""我自己穿衣服""我来摆筷子""我要洗手绢""我要倒垃圾"等劳动要求。如果教师和家长善于因势利导，重视和开展儿童的自我服务等劳动，儿童的劳动习惯就会慢慢养成。

二、学前儿童劳动的教育作用

（一）儿童劳动是促进儿童全面发展的教育手段

劳动能增强儿童的体力，发展儿童的动作。儿童参加力所能及的劳动，能促进儿童各器官系统积极的活动，从而锻炼了身体，增强了体质。四肢的活动促进了儿童动作的发展，在掌握初步的劳动技能的过程中，还能提高大脑的控制和调节机能。

劳动是儿童智育的手段。儿童在劳动的实践活动中，生动、直观地认识所接触事物的性质和特征，扩大了认识的范围，丰富了生活经验，并从运用工具和材料的操作活动中学习初步的劳动知识和简单的劳动技能。同时，为了完成劳动任务，儿童在劳动中必须集中注意力，运用各种感官，积极思考，相应地促进了智力的发展。

劳动对形成儿童良好的品德有着突出的作用。组织儿童参加劳动是向儿童进行爱劳动，尊重劳动者和劳动成果教育的最基本的途径。儿童直接参加劳动，体验到劳动的艰辛，才能逐步体会到劳动成果来之不易，从而培养了儿童尊重他人劳动，爱惜物品，爱护公物的优良品德，形成初步的劳动习惯。

儿童通过自己的劳动，使个人的仪容保持整洁，使生活环境更加美观舒适。儿童由此也学会了初步感受美和创造美，并从中认识到爱劳动是人的美德的体现，从而产生用自己的劳动追求美的愿望。

（二）劳动对儿童良好个性的形成有直接的影响作用

经常参加劳动的儿童，通过自己的行动，能亲眼看到劳动前后事物的变化，看到劳动的成果，体验到成功的欢乐，建立起自信，感受到自己是有能力的人，从而激发了学习和探索的愿望以及自立、自主的精神。在劳动中还能培养儿童坚持完成任务的责任感，与同伴协同合作的能力，生活自理的能力和爱劳动的习惯。这些不仅会影响儿童入学后对待学习的态度，对学校生活的适应能力，甚至还关系到人一生中勤与懒、独立与依赖、奉献与索取等个性品质的形成。

如果不能认识儿童劳动对儿童发展的深远意义，不重视儿童的劳动，怕麻烦，甚至包办代替儿童应该自己做的事情，使儿童不愿自己动手，更不愿参加为集体的劳动，将会养成儿童懒惰、依赖、自私等不良品质，不利于儿童个性的健全发展。

三、学前儿童劳动的内容、形式和指导

儿童劳动是与儿童生活相联系的简单而有趣味性的活动。儿童劳动的内容有自我服务劳动，为集体服务的劳动和种植、饲养以及手工劳动等四个

方面。

(一) 自我服务劳动

自我服务劳动是儿童自己照料自己的劳动,在儿童劳动中占有重要的地位。它对培养儿童生活自理能力和劳动习惯有重要的意义,是儿童从依赖成人照顾到进入独立生活所不可缺少的内容和形式,主要包括独立进餐、睡眠、盥洗、如厕、穿脱衣服鞋袜、清洁整理用物等。

自我服务劳动的内容看似简单,却是儿童必须付出努力学习掌握的生活性技能。自我服务劳动可以结合生活活动进行,也可以有计划、有目的地组织专门的劳动。教师要创设自我服务劳动的环境条件,安排自我服务劳动需要的时间,加强与家长的配合,充分发挥自我服务劳动的教育作用。

指导小班儿童自我服务的劳动,要从培养兴趣开始,方法具体形象,调动儿童参加劳动的积极性。可以组织儿童观察成人在幼儿园的劳动,观看中、大班儿童生活技能的表演,把生活技能分解为操作性强的具体动作,做出示范讲解,通过分组或个别辅导,让儿童学会生活技能的各种操作方式,并以儿童喜闻乐见的多种形式或游戏进行练习,使儿童逐步获得生活自理的能力。

中、大班儿童已基本掌握自我服务的各种动作技能,教师可以更多地利用语言进行指导,对儿童自我服务劳动提出更高的要求,并逐步扩大劳动的范围,如要求穿衣服鞋袜的动作既快又规范,会整齐地折叠衣服,整理被褥,会自觉地分类整理玩具、图书,会动手清洗小物件等。要使中、大班的自我服务劳动不仅成为儿童的自我需要,也能逐步形成习惯,并通过劳动的成果,让儿童感受到"努力做好力所能及的事"及"自己的事情自己会做"的光荣感和独立自主带来的愉悦。

(二) 为集体服务的劳动

为集体服务的劳动是在教师的组织指导下,儿童为班级、幼儿园或家庭做力所能及的事。为集体服务的劳动能培养儿童对他人的关心和为集体服务的义务感和责任感,也是儿童爱集体教育的有效途径。为集体服务的劳动有集体劳动、值日生劳动、个别委托劳动和家务劳动几种形式。

1. 集体劳动

集体劳动是根据劳动任务，组织指导全班或小组儿童，在同一时间内共同进行劳动的形式。

集体劳动的内容主要包括清洁卫生劳动和公益性质的劳动等，如活动室或室外某区域的清扫工作，修补图书，洗晒整理玩具，帮厨房剥豆、摘豆等（农村或郊区有条件的幼儿园可组织拾麦穗等）。

集体劳动中，由于参加的人数多，有的劳动项目比较复杂，因此要加强组织指导工作的计划性。

在准备工作中，要确定劳动的目的和内容，仔细考虑劳动过程的步骤、方法和应注意的问题，并根据班级中每个儿童的特点，具体分工，合理划分场地，分发数量足够的劳动用具和材料。

劳动开始时，教师要向儿童说明劳动的内容和要求，提出规则，宣布分工（大班可由儿童协商分工）。结合劳动的内容、技能和步骤做讲解示范，让儿童明白做什么和怎么做，并教会儿童正确使用工具的方法。在劳动过程中，要观察了解儿童情况，适时给予指导帮助，对体质弱或自控能力差的儿童给予个别照顾。

劳动结束前，要求儿童整理工具，检查劳动结果，并做简单的评价或总结，鼓励有进步的儿童，指出问题和努力方向。

案例8-3

春暖花开了，幼儿园的草地上钻出了小草，某大班的儿童来到了幼儿园南边的一片分成很多垄的土地上，要进行计划中的"种玉米和葵花的"的劳动。教师带领儿童在一边播种玉米种子，另一边播种葵花子。小朋友分成三人一组，分别拿着小铲子、种子和小水桶，负责种一垄土地。教师示范怎样每隔一段距离挖个小坑，撒两三粒种子，盖上土，再浇点水。孩子们开始热火朝天地干起来了，可是不一会儿，告状的声音此起彼伏了："老师，毛毛把坑挖得太近了。""老师，欣欣撒了5颗种子。""老师，我也想浇水。"最后只好暂停，重新进行安排：每组一根小树枝量每个坑的大概距离；三个小朋友轮流进行挖坑、撒种、盖土和浇水的活动。所有的儿童都干得很起劲，不一会儿，种子都种完了，孩子和老师站在地头，看着自己的劳动成果，很是自豪。

大约10天左右，玉米和葵花都发芽了，孩子们每天到地头看小芽生长的情况，轮流给小芽浇水，生活中增加了好多的话题。

时间一天天过去，玉米和葵花也一天天长大，给孩子们带来许多惊喜。转眼到了秋天，玉米和葵花都结出了果实，终于到了组织儿童收获的时候了。教师说声开始，孩子们都走向自己种的玉米或葵花边去收获，有的掰玉米棒子，有的捧着教师剪下的葵花盘。孩子们把葵花盘分送给了各班的弟弟妹妹，玉米棒送到了厨房。孩子们中午的饭多了一种主食：嫩玉米碾碎和面煎的玉米饼，大家觉得香极了。

2. 个别委托劳动

个别委托劳动是教师根据教育的需要和儿童的情况，有意识地将某一项劳动任务交付给儿童去完成。个别委托可以是临时的，也可以是一个阶段的；可以交付给一个儿童去完成，也可以交付给两三个儿童同时去完成；交付的劳动任务可以是简单的，也可以是比较复杂，有一定难度的。个别委托劳动是为集体服务的一种常用形式，也是儿童乐意接受的劳动形式。因为在委托劳动中包含着儿童所期望的教师对自己的信任。完成被委托的劳动任务，有助于激发儿童对劳动的兴趣，培养儿童的责任感、独立性和自制力。个别委托的形式还为教师提供了因人施教的机会。

在个别委托劳动中，教师要立足于教育，有目的、有计划地安排委托劳动的内容，向儿童提出明确的要求，讲清注意事项，鼓励儿童通过自己的努力完成任务。事后要求儿童主动向教师报告任务完成的情况，并听取教师的评价和建议。

3. 值日生劳动

值日生劳动是以儿童轮流值日来为集体服务的劳动形式。值日生劳动和儿童一日生活联系在一起进行,如餐桌值日、盥洗值日、寝室值日、活动前值日、照料自然角等。幼儿园的值日生劳动一般从中班开始。儿童在小班通过个别委托劳动的训练,初步获得了一些独立完成劳动任务的能力,为值日生劳动的开展提供了条件。

摄影:金虹

值日生劳动对培养儿童的劳动习惯、劳动技能和关心集体的责任感,以及独立性、自主性有显著的作用。值日生的劳动任务要从少到多、从易到难地逐步提出。可从餐桌值日开始,由教师讲解具体的劳动任务和进行的程序,教会儿童担任值日生的方法和技能,鼓励儿童独立地、有创造性地完成任务,并在检查督促中予以具体的帮助。可先指派能力强的儿童担任值日生,为其他儿童做出示范和榜样。适时地轮换值日的项目内容,防止因任务固定、内容单调而引起儿童的厌烦情绪。对值日生劳动的评价,要以鼓励表扬为主,引导全体儿童对完成任务好的值日生表示感谢和尊敬,树立关心集体、热心为集体服务的光荣感和责任感。

案例 8-4

有的家长听说孩子在幼儿园要做值日生的劳动，于是对教师说："孩子那么小，身体的发育还远未完善，是不宜参加任何劳动的，有什么需要孩子做的事情就告诉我，我来帮他（她）做。"

评析：儿童可以从事他们力所能及的劳动。不重视儿童的劳动，甚至包办代替儿童应该自己做的事情，使儿童不愿自己动手，更不愿参加为集体的劳动，会养成儿童懒惰、依赖、自私的不良品质。

4. 家务劳动

家务劳动是家庭成员共同生活中必不可少的日常劳动。家务劳动也是儿童劳动的重要形式。儿童虽尚未成年，但通过做些力所能及的家务活，能从小形成关心家庭的观念，加深对父母长辈的感情，培养生活自理的能力和勤劳的品质。儿童参加家务劳动，不仅有利于儿童身心的健康成长，也有助于家庭和睦气氛的形成。

儿童的家务劳动内容，既有自我服务的内容，又有为家庭集体服务劳动的内容，家长可以根据孩子年龄的大小和能力的高低，适时地引导儿童学习生活自理的各种技能动作，参加室内的清扫和用物的整理，让儿童动手清洗小型的物件，帮助做餐前准备和餐后收理的事务，完成长辈交付的委托劳动任务和参加清扫楼道或庭院等。

儿童家务劳动主要靠家长进行指导，教师的任务是要与家长取得共识并积极督促家长让儿童参与家务劳动，讨论对孩子过分疼爱、过度保护的危害，与家长共同研究和改进指导的方法，检查儿童在家劳动的情况。通过家园同步的教育，不仅促进儿童养成劳动的习惯，更重要的意义还在于培养了儿童在幼儿园和在家表现一个样的健全人格。

（三）种植、饲养劳动

种植和饲养是儿童在自然环境中进行的劳动。劳动中儿童亲自参加种植一些易于管理和较短时间能见到成果的农作物，如种植向日葵、蓖麻、玉米、豆角、黄瓜、白菜、萝卜等，以及照料适于儿童饲养的小动物如兔子、鸟类、鸡鸭等。幼儿园可在室外环境中开辟小园地和划分出专门的饲养场所，也可以在室内进行种植和饲养，如设置自然角或自然桌，种植些葱蒜、花卉，饲养小蝌蚪、小乌龟、金鱼、虾、蚕等。

摄影：金虹

种植和饲养是儿童最喜爱的劳动活动，不同年龄段的儿童都是以极大的热情、最浓厚的兴趣，积极主动地投入到种植和饲养的劳动活动中。在种植和饲养的过程中，儿童参加了植物的播种、管理和收获以及给动物喂食、清扫场地、实地观察到植物的生根发芽、开花结果和动物生长发育的变化。丰富了感性认识，开阔了眼界，初步懂得一些动植物的生长规律，人的劳动与动植物生长的关系等粗浅的知识，满足了儿童的好奇心，激发了儿童的求知欲和对科学知识的兴趣。在劳动中，不仅锻炼了儿童的动作和体力，还培养了认真负责、坚持和细心的劳动态度，使儿童获得劳动成果来之不易的情感体验，受到爱惜劳动成果和保护动植物的教育。

种植、饲养劳动具有集体劳动的性质，教师可将集体劳动的指导方法和种植饲养劳动的特殊要求结合起来，并侧重于引导儿童掌握观察动植物生长变化的方法，学会一些管理动植物的技能，如按照不同动物的食性特点喂食，给植物松土、施肥、浇水以及选种和收获等。

（四）手工劳动

手工劳动是儿童运用材料进行手工制作的劳动，这是一种有趣而又有意义的儿童劳动。它不仅能使儿童认识各种材料的性能，学习到加工和制作的技能，还能发展儿童的注意力、想象力和创造力。

1. 自制玩具

自制玩具是教师利用收集的自然材料、废旧物品和手工材料教儿童制作简单的玩具或游戏用品的劳动形式，是一种简单的手工劳动。

教师指导儿童设计和自制的玩具，应是儿童需要而自己还不能独立制作的玩具。自制玩具的目的在于促进儿童的发展和满足游戏的需要，因此要重视儿童制作玩具的过程，把实践的机会留给儿童，让儿童得到自制玩具的快乐，而不是追求制作成品的优劣。小班儿童自制玩具时，应突出游戏性的特点，让儿童在游戏中进行制作活动；中班着重于自制玩具的应用性特点，儿童要会玩自己制作的玩具；大班可侧重集体制作，会共同制作较大型的玩具，并会共同使用和玩耍等。

指导儿童制作玩具，可分几个步骤进行。首先引导儿童进行制作设计，当儿童构思合理时，应给予肯定，对不完善的设想可用讨论的方法进行启发；第二步是按照准备制作的玩具特征选择安全、无毒、卫生的材料；第三是在制作加工的过程中，教儿童把零散的材料按照设计要求进行拼合、安装、粘接的操作方法，示范使用材料造型的工序，鼓励儿童发挥创造性和想象力，完成制作的过程，提示儿童注意使用工具时应注意的安全和卫生问题；最后启发和指导儿童对已制成的玩具做简单的外观修整和装饰。制作完成时，教师不能用同一个标准评价和比较儿童的作品，而要因人而异，让每个儿童从内心感受到自己努力的成果都被教师接纳和欣赏。

2. 其他手工劳作

除自制玩具外，在教师指导下，儿童动手制作简单的学具、室内外装饰物、娱乐和体育活动的用品等，也是儿童劳动的内容和形式。手工劳作内容丰富、形式多样，教师在指导时要注意充分发挥儿童的创造性和想象力，让儿童在制作中运用生活经验和制作技能，主动积极地构思和尝试，完成制作任务。

四、组织学前儿童劳动应注意的问题

儿童喜爱模仿成人的劳动，喜爱自己动手参加劳动的过程。儿童身心发展的水平已使他们具备了从事力所能及劳动的条件。但儿童劳动的能力和独立性差，需要成人的帮助。教师在组织儿童劳动时，应注意以下问题。

（一）明确儿童劳动的目的要求

组织儿童参加劳动的目的是为了教育和促进儿童的发展。只有把劳动和教育结合起来，把教育贯穿于儿童劳动的整个过程之中，劳动才能产生好的效果。因此，教师要对儿童的劳动提出具体的教育要求，计划安排好组织劳动的各个步骤，在劳动过程中充分发挥儿童的主动性和创造性，不仅重视劳动知识和劳动技能的教育，还要重视劳动习惯的培养，充分发挥劳动的教育作用。不能把儿童当作劳动力使用，或错误地把劳动当成惩罚儿童的手段，不追求经济效应也不展开无意义的竞赛活动。

组织儿童劳动要坚持一贯性。因为培养儿童正确的劳动态度，学会简单的劳动技能，形成良好的劳动习惯，不是偶然的几次劳动就能实现的，必须在经常的劳动中培养，保持儿童劳动的连续性和系统性。例如：种植劳动，从整地选种开始到成果收获要连续地进行，有始有终，不能半途而废；值日劳动也要坚持要求儿童完成任务，不能有头无尾；自我服务劳动则要贯穿于儿童的日常生活之中。教师要有计划地由易到难，从简单到复杂，坚持一贯地组织儿童劳动。

（二）为儿童劳动创设适宜的条件

儿童劳动需要适宜的劳动场所和设施，除自我服务劳动所需要的合理的盥洗设施和清扫用具，在室外要为种植劳动开辟小园地、花圃、花坛，在饲养小动物的场地上装设围栏、笼子、棚架、水池等。在室内要划分出自然角

的位置，并提供适于种植和饲养的盆罐和玻璃器皿等，还要提供购买的或自制的适合不同年龄儿童使用的劳动工具。劳动工具不仅数量充足、质量优良，还要符合安全的要求。此外，为配合儿童劳动的开展，要有目的地收集自然材料和可供利用的废旧物品，以及在幼儿园的绿化工作中，有意识地种植些果树和桑树等树木。因地制宜地创造适合儿童劳动的条件，有利于教师经常性地组织儿童劳动。

（三）科学安排儿童劳动内容

科学、合理的劳动内容应该首先是儿童力所能及的，但又是需要儿童付出一些努力，克服一定的困难才能完成的。随着年龄的增长，儿童劳动的内容会不断扩大，劳动内容的难易程度以及劳动量、劳动时间也可以相应地逐渐增加，劳动的要求也随之逐步提高。

小班儿童体力弱，动作不够灵活，劳动内容以培养生活自理能力的自我服务为主，也可以参加一些为集体服务的劳动和种植饲养劳动。小班末期，可以让独立能力较强的儿童承担一些委托任务，为值日劳动做准备。组织小班劳动的重点是培养儿童对劳动的兴趣和习惯，通过示范讲解，练习和帮助结合，由浅入深、由易到难，逐步培养儿童习惯于自己能做的事情自己做，能适应集体生活各个环节的要求。

中班儿童独立性已较强，能控制自己的行为，可以按照要求，有目的地完成劳动任务。劳动的主要内容是提高自我服务劳动的要求，扩大劳动的范围。组织儿童劳动时要注意通过值日劳动和集体劳动等形式，培养儿童劳动的责任感和认真、有条理的劳动习惯，以及互助精神，会尊重成人的劳动，爱惜劳动成果等。

大班儿童体力有所加强，已能较熟练地进行自我服务。劳动的主要内容是为集体的劳动，轮流承担值日生工作已成为常规性的要求。大班的劳动内容应能促使儿童运用一定的体力和脑力，可以有适当的难度，如在种植饲养劳动中要加强有关知识的学习，在手工劳动中要提高设计构思的能力。组织大班儿童劳动的重点是培养劳动的自觉性、计划性和目的性。

（四）劳动形式多样化，有趣味性

儿童对劳动的兴趣和愿望，是儿童参加劳动的内部动力。教师要注意利用生动活泼、多种多样的形式组织儿童的劳动，如同一个劳动内容可采取多样的活动形式反复进行。在儿童自我服务劳动中，就可通过儿歌、故事、歌舞表演、幻灯以及游戏等活动形式，引导儿童实际操作，进行反复练习，学习使用生活用具和生活技能，既增强了儿童的兴趣，也容易取得教育的效果。

还可启发中、大班的儿童采取有助于培养创造能力的劳动形式，如把准备种植的种子，先在自然角进行发芽的小试验，鼓励儿童提出和他人不相同的自制玩具的设想和构思等。教师还要善于结合劳动的内容，提出新颖有趣、能引发儿童思考的问题，如："小蝌蚪有什么变化了？"等，使儿童保持对劳动的兴趣。

（五）重视劳动过程中的安全和卫生

儿童身心发育尚未完善，缺乏自我保护的能力和知识经验，儿童劳动应在安全卫生的环境中进行。不能让儿童在烈日、大风或酷暑严寒的气候条件以及有噪音、污染或尘土飞扬的环境中劳动。要禁止让儿童在陡坡、河岸边、水井旁以及有车辆过往的地方劳动。

劳动工具必须适合儿童的体力和身高情况，要轻便、牢固、数量充足，方便每个儿童单独使用。建立使用劳动工具的常规要求，防止事故发生。

劳动量的大小和时间的长短要适合儿童的特点，如最长的劳动时间不要超过 30 分钟，防止儿童疲劳，注意培养适宜的劳动姿势，不能让儿童长时间的负重、弯腰、站立或下蹲。

要观察儿童在劳动中的表现，除因人因事的随机教育外，要注意儿童身体状况的反应，如发现个别儿童有气喘、出汗多、脸色不正常等现象时，应立即询问了解情况，让儿童及时休息或就医。

第三节 幼儿园的节日和娱乐活动

幼儿园的节日和娱乐活动是不可缺少且寓教于乐的学前教育活动形式。

一、幼儿园的节日活动

幼儿园的节日活动，是为庆祝纪念性节日、传统的民俗节日和儿童自己的节日而组织的活动。

幼儿园中经常举行的节日活动有：十一国庆节、六一国际儿童节、元旦以及民俗节日中的端午节、中秋节和春节等。此外，儿童需要认识三八国际妇女节、五一国际劳动节、七一建党节、八一建军节以及教师节等有着重要意义的节日。少数民族地区幼儿园，还可以庆祝本民族的重大节日。

（一）幼儿园节日活动的教育作用

每个节日虽然各自具有不同的思想内容和纪念意义，但都是儿童全面发展教育的手段之一。

节日活动具有鲜明的社会性和民族性。从迎接节日活动的到来到庆祝活动的举行，都使儿童沉浸在节日的欢乐气氛之中，发自内心的愉快有利于儿童身心的健康。在举国欢庆的国庆节活动中，儿童不仅加深了对国家的名称、国旗、国徽、国歌的印象，还在情感上自然地把自己与国家民族联系起来，认识到自己是中国人，做中国人很自豪，得到了最生动、最直接的爱祖国的教育。在有着浓郁民族传统的民俗节日中，儿童初步了解一些我国的民间习俗和风土人情，感受民族传统文化的丰富内涵，增强了民族的自尊心。儿童通过各种纪念性节日庆祝活动，丰富了与节日有关的粗略的历史事件的知识，扩大了眼界，促进了社会性的发展。

节日庆祝活动内容和形式丰富多彩。节日来临之前,在教师的指导下,儿童亲身参加室内外环境的装饰和布置,排练表演节目等一系列的准备工作,不仅能引起儿童对节日的兴趣和向往,还增进了对集体的情感。节日到来时,儿童节日的盛装、文艺演出、联欢和游艺活动、丰盛的餐点和礼物、家长和客人的到来等,都会给儿童留下难忘的印象,带给儿童表现美、感受美的乐趣。

(二)组织幼儿园节日活动的基本要求

为了充分发挥节日活动对儿童的教育作用,组织幼儿园节日活动有以下要求。

1. 节日活动应有计划、有准备地进行

要加强节日活动的计划性,庆祝活动的准备事项要纳入全园和各班教育工作的计划之中,与平日的教育教学活动工作结合起来,既不干扰正常的工作秩序,又增加了节日到来的欢乐气氛。例如,利用故事、诗歌、歌曲、图片等介绍与节日有关的知识,简单介绍节日的意义,在音乐活动的时间排练表演节目,在美工活动和劳动的时间内组织儿童布置装饰环境,制作节日用品,准备服装头饰等。

还可以在散步的时候,组织儿童参观城市建筑物的节日装饰,感受节日的喜庆氛围。

2. 突出不同节日应有的特色

要按照不同节日的内容和意义,选择表现节日特色的、多样化的活动形式,如国庆节和儿童节,要开展一系列的全园性或班级的庆祝活动和教育活动。通常,庆祝国庆的活动气氛要比较隆重而热烈;儿童节要充分体现成人对儿童的关爱,让每个儿童都能得到节日的欢乐;三八节,可组织儿童为妈妈制作节日的礼物,开展爱妈妈、关心妈妈的教育活动;七一建党节,可以讲述优秀共产党员的事迹和老一辈革命者奋斗人生的故事等;建军节可以访问附近的部队,讲述部队的英雄故事,或请指战员来幼儿园与儿童联欢等。元旦时,"新年老人"的礼物和祝福则往往是欢庆活动最精彩的内容;中秋节围绕吃月饼、看月亮的民俗活动，向儿童讲述中国古代神话故事；端午节则可向儿童介绍吃粽子的民俗习惯和古代伟大诗人屈原的故事；元宵节时让儿童吃元宵，并组织自制灯笼、挂灯笼的游艺活动；在迎春节的活动中，让儿童学习舞狮、舞龙的律动并开展表演游戏等。

案例8-5

今年的"六一"，我们的计划是让孩子们不仅要过个快乐的"六一"，而且要过一个自主的"六一"，让孩子们成为"六一"节的真正的主人。

"六一"前夕，活动的序幕就已渐渐拉开，孩子们在各种活动中期盼着"六一"节的到来，一起动手打扮教室，一起准备"六一"活动的用品。中班的孩子们还悄悄地开始准备与同伴互赠的小礼物，交友时需要的小名片，自制心愿卡等。

"六一"节在孩子们的期盼中到来了，整个活动突出了让孩子们做主的中心思想。小班的孩子在"宝宝快乐城"中自由地活动；在"化装舞会"中尽情展现自己；在儿童乐园里结伴游戏；在宝宝点心屋里品尝各色点心。中班的孩子要表现出自己的能力，"我行，我可以"是他们的口号，把心愿卡系在心愿树上或者与新朋友到"快乐小屋"里说说悄悄话，互换礼品和名片；在大舞台里进行故事表演，表演之前还要自己化装、打扮一番，或者做一些帽子、项链送给父母；还可以切菜、切瓜，做个馅料多多的比萨饼，过一把厨师瘾。大班的孩子沉浸在"动物世界"里，动物知识问答考一考大家对动物了解有多少，做一个动物头饰表演一番，搭一个立体的动物，猜一个动物谜语……每过一关都会得到一个小小的奖品。

3. 活动的内容和时间必须符合儿童年龄特点

节日活动的内容既要注意教育性，又要注意能为儿童理解和接受，适合儿童的特点，切忌成人化。为了带给儿童欢乐，又能使其受到教育，可以把成人在节日中爱做的事,简化成为儿童也会做的内容和形式,如端午节,可以组织小班儿童将椅子排成"龙船"玩游戏,中班儿童可对"龙船"进行装饰后玩赛龙舟的游戏。

要合理安排节日活动的时间,注意劳逸结合,内容不宜过多,时间不宜过长,不能让儿童过于疲劳紧张或无谓地等待。

4. 活动的开展要面向全体儿童,使儿童成为活动的主人

幼儿园组织节日活动,应以儿童为主体。从节日的准备到节日庆祝活动中文艺节目的演出,游艺和联欢活动等都要让每个儿童得到均等的参与机会。教师要设计多样的活动形式,使不同发展水平的儿童都能表现自己,得到锻炼,使儿童感觉到自己是节日活动中的主人,而不是被冷落的旁观者。那种只让少数儿童参加节目演出,少数能力强的孩子的手工作业才能参加装饰展出的做法是不可取的。

除节目演出外,还可以让儿童承担一些节日期间的服务性工作,如由中、大班儿童组成"小小服务队",在教师带领下,接待家长、客人,主持游艺活动、报告节目、发放礼品等。即使是小班儿童,也可以采用临时委派任务的方式,让他们做些力所能及的事情,使儿童真正成为节日活动中的主体。

(三)幼儿园节日活动的形式和组织

幼儿园节日活动的形式多样,要根据各个节日活动的特定内容和对儿童的教育要求以及幼儿园的实际情况选择活动,组织工作要讲求实效。

1. 全园庆祝会

对六一国际儿童节、国庆节和元旦等重大节日,可以组织全园性的庆祝活动。这种大型的庆祝集会,通常都有各个班级儿童表演的文艺节目,还可以邀请领导、家长和来宾参加。

全园庆祝会一般有简短的开始仪式,仪式上的讲话和祝词要紧扣节日的性质,语言简短、生动有趣,对儿童有教育作用,还可以安排儿童代表讲话。仪式举行之后进行演出。节目安排要紧凑,不同内容和形式的节目交替

进行，小班节目要安排在前面进行。成人演出的节目，会给儿童带来更大的欢乐，但成人节目要有儿童节目的某些特点，能为儿童所接受。

庆祝会结束前，结合节日的内容，可向儿童赠送礼品，如儿童节的礼物，"新年老人"的礼物等。让儿童在愉快的气氛中结束庆祝会的活动。全园庆祝会的时间以一小时左右为宜。小班儿童可视情况提前离开会场。

2. 联欢、游艺活动

全园性的庆祝活动除庆祝会外，还可以采取全园联欢、游艺活动的形式。例如，分别利用各班活动室，或在室外的庭院场地上，划分和布置成多种多样带有游戏性质的活动区域，如通过"智慧树""摘果子""看看谁不见了"等游戏形式让儿童猜谜语、答题；进行"套圈""滚球""射击"以及"钓鱼""双人赛跑"等体育性游戏，以及表演木偶戏，放幻灯等。教师还可以创编一些为儿童喜爱的活动内容。配合活动，要让优胜者得到小奖品或小礼物。此外，也可以组织表现民俗节日特色的联欢、游艺活动，如春节到来之前的舞龙舞狮表演游戏或"迷你年货市场"的游戏，端午节的"赛龙舟"游戏等。参加全园的联欢、游艺活动，可以采用同班级或不同班级儿童混合在一起的形式进行，也可以由家长与子女组合参加。组织得好的联欢和游艺活动娱乐性强，每个儿童都有积极主动参与活动的机会，会带给儿童极大的快乐和满足，给儿童留下美好的印象。

3. 班级庆祝活动

班级节日庆祝活动范围小，形式灵活，便于组织。班级庆祝活动要注意突出主题，体现不同节日的特色，可邀请家长参加庆祝会，与家长联欢，在活动中请家长代表讲话，再由本班儿童进行文艺节目的表演。也可以在班级中以家长和子女共同组合参加班级的联欢、游园、游艺活动，或两个班级联合的大带小的联欢、游艺活动。

4. 慰问活动

幼儿园一般在"五一"国际劳动节、"八一"建军节和教师节时采用慰问的形式开展活动。慰问活动主题突出，为充分发挥慰问活动对儿童的教育作用，从组织儿童排练文艺表演节目到慰问活动的全过程，都要围绕该次慰问活动的主题进行。可从幼儿园的环境和位置出发，采取儿童到慰问对象的所在地开展联欢并演出节目或邀请慰问对象到幼儿园参加活动的形式。教师节慰问教师的活动，还可以家长、儿童和教师（也可以邀请退休教师参加）联欢的方式进行。

（四）节日后的教育工作

节日活动后，可以把庆祝节日的环境布置保留一段时间，并组织儿童通过谈话、绘画、游戏等活动，回忆自己对节日庆祝活动的印象和感受，以加深儿童对节日意义的认识，巩固节日活动的教育效果。

二、幼儿园的娱乐活动

幼儿园的娱乐活动是指通过儿童喜闻乐见的文艺形式或带有游戏性质的手段，以丰富儿童的生活，给儿童带来快乐为主要目的的活动。包括看电影、电视、幻灯、木偶戏、歌舞表演、小魔术或演示娱乐玩具、玩娱乐性游戏、小型游艺会等。

（一）幼儿园娱乐活动的教育作用

娱乐活动常常是富有吸引力和趣味性的，让儿童进行观赏和操作的活动。它不仅给儿童的生活增添了乐趣，还能促进儿童智力和体力的发展。娱乐活动所表现的内容可以培养儿童的道德情操，启迪儿童的智慧，增进认识能力的发展，使儿童在欢笑中接受教育，得到美的享受。

（二）幼儿园娱乐活动的组织

要有目的、有计划地组织儿童的娱乐活动，可每周或两周组织一次，在下午的日程时间内安排。娱乐活动内容的选择，要注意艺术性与思想性结合，具有教育作用，要杜绝不健康、格调低、不适合儿童年龄特点的活动内容，以免对儿童产生不良影响。因此，无论哪个年龄班，娱乐活动的选择和组织安排，都要符合教育性、艺术性和可接受性的原则。

1. 全园性的娱乐活动

全园性的娱乐活动内容，应为不同年龄班的儿童所能理解和接受，活动形式多种多样，如幼儿园中全体儿童聚会在一起看电影、电视、木偶戏、小魔术表演、杂技、武术和体操表演、歌舞、乐器演奏以及玩娱乐游戏等。

全园性的娱乐活动时间以一小时左右为宜，举行的次数不宜太多。

2. 班级的娱乐活动

分班级进行的娱乐活动灵活并易于组织，教师可根据本班儿童的年龄特点以及教育任务，在班级工作中有计划地开展。

小班娱乐活动内容简单、时间短，以欣赏成人或大、中班儿童的表演活动为主。例如：由教师演示各种电动玩具、娱乐玩具；让儿童自己玩玩具；引导儿童表演一些学习过的儿歌、故事和歌曲等，如"拔萝卜"的表演活动；还可以组织儿童看能理解和接受的电视片、幻灯、木偶戏等。活动时间在15～20分钟之间。

中班娱乐活动可增加竞赛的成分，欣赏表演的范围也有所扩大，还可以适当增加语言的成分，如举行小故事会、小话剧表演等。但要掌握儿童思维具体形象性的特点，让实物、动作、语言与音乐相结合，使娱乐活动生动活泼。还可以玩诸如踩影子、吹肥皂泡之类的娱乐游戏，举行小型游艺会等。

大班娱乐活动的内容要丰富多样，不仅要求有趣味性，还应有一定的知识性和竞赛性，以满足儿童的求知欲并促进美感的发展。教师要尽可能地发挥儿童的积极性、主动性和创造性，让儿童更多地参加准备工作，除班级中进行的娱乐活动外，还可为中、小班儿童表演小歌舞、小话剧、木偶戏以及开联欢会等。

三、其他集体性的活动

（一）迎新活动

家长送孩子进幼儿园，是家庭生活中的大事，面对陌生的环境，儿童以及家长有一个心理上的适应过程。迎新活动的目的是缓解儿童入园焦虑，帮助儿童适应新环境,也增加家长对幼儿园的信任。面对来自不同家庭的儿童,组织好迎新活动是幼儿园领导和班级教师重要的任务。

迎新活动的内容和形式,可在一段时间内视情况而定,要给予儿童和家长充分的时间适应幼儿园的生活节奏。迎新活动的组织工作一般有以下几个方面。

儿童正式入园前,请家长带儿童到园内参观,和教师见面,熟悉幼儿园的环境,认识活动室、盥洗室、厕所、寝室的位置。指导家长陪伴儿童在活动室玩玩具、喝水、如厕,在室内玩大型玩具。与此同时,教师可自然地提出一些最初步的生活常规要求,如玩过玩具要送回原处,喝水杯要放在指定的地点等,使儿童逐渐理解幼儿园的集体生活与家庭生活是有区别的。

儿童入园的第一天,可让家长陪同儿童参加几项日常活动,如入园时的晨检、室内活动、早餐、如厕、盥洗和第一次集体活动(以娱乐性游戏、看木偶戏或请中、大班的小朋友做歌舞表演等活动形式为宜),可允许少数儿童随家长提前离园。

入园第一周,儿童的活动以娱乐性活动、游戏和生活活动为主,时间要短,形式要灵活,玩具、图书数量要充足,达到既舒缓儿童紧张情绪又能促使儿童逐步适应集体生活的要求。

迎新活动既是儿童熟悉幼儿园,家长了解幼儿园的过程,也是教师与儿童和家长交往的机会。教师在组织迎新活动的同时,要逐渐记住儿童的名字,并引导儿童大胆地向教师表达自己的要求,认识邻座的小朋友等,帮助儿童尽快地适应幼儿园的生活。

(二)毕业欢送活动

儿童结束幼儿园的生活,即将进入小学学习,这是儿童和他们的家庭生活中的大事。儿童离园前,可以组织全园或班级的毕业欢送活动,让儿童得到教师、家长和在园小朋友的祝贺,激发儿童对小学生活的向往,理解即将成为一名小学生的责任感。因此,毕业欢送活动也是一种生动的入学教育。

全园性的毕业欢送会,有演讲和表演的内容,可邀请家长和小学教师、小学生以及在园的小朋友参加，并由代表做简短的讲话，对毕业的儿童表示祝贺和提出期望。教师要使每个毕业儿童都有表演的机会。欢送会结束前，由园长向毕业班儿童颁发毕业证，向儿童赠送学习用具等礼物。会后可安排家长与儿童在幼儿园拍照留念等。

毕业欢送会气氛要热烈，但时间不宜长，节目不宜多，主要是要让每个离园的儿童都感到愉快，对幼儿园生活留下美好的记忆。

（三）生日聚会

幼儿园中的生日聚会，可使儿童深切地感受到成人的爱抚和期望，体验到童年的幸福，带给儿童快乐，是儿童喜爱的活动。

生日聚会一般在班级内进行，可以为一个儿童举行，或为同一月份中出生的儿童集体举行。活动的内容和形式丰富多样，主要取决于教师的设计和组织。个别儿童的生日活动，多由家长送生日蛋糕或糖果，请全班小朋友在"祝你生日快乐"的歌声中分享。教师可为过生日的儿童戴上花环或头饰，以简短的话语祝贺儿童又长了一岁，还可以让其他儿童都为过生日的同伴说一句祝贺的话，增强热烈快乐的气氛。班级中同一月份出生的儿童集体过生日更具有丰富的内容和教育的意义，可以制作有儿童情趣的图表，画上儿童生肖属相的动物形象，贴上过生日儿童的相片，并表明出生的月份，让儿童一看就知道自己和同伴的生日，以及和自己同月出生的是哪几个小朋友。

生日聚会前，教师要和儿童一起讨论活动的内容和形式，准备表演节目，请过生日儿童的家长为自己的孩子和同月份出生的儿童准备些简单的礼物等。由于家长的参与，增加了活动的气氛和乐趣，增进了儿童与同伴的友情，也密切了教师与家长的关系。

（四）亲子活动

亲子活动是请家长到幼儿园与自己的孩子共同参与活动的形式。幼儿园亲子活动满足了儿童依恋父母的情感需要和家长希望了解孩子在园生活情况的愿望，是进一步密切幼儿园与家长的关系，实行家园同步教育儿童的好形式。

摄影：金虹

幼儿园可以结合节日活动、娱乐活动、迎新活动、毕业欢送活动以及生日聚会、儿童运动会、儿童劳动等活动的时间，邀请家长到幼儿园和儿童一起参加活动，成为自己孩子的活动伙伴。比如在儿童运动会上，教师可选编适合不同年龄儿童和他们的父母组合参加的有趣的娱乐活动，如由家长背负儿童赛跑，两人三足走比赛等。还可以把生活自理能力的训练与竞赛结合起来，比比谁给玩具娃娃穿衣服、系带子的速度快等。

（五）郊游

幼儿园按照学年或学期计划，分别在春秋季节组织全园儿童到市区近郊的公园游玩的活动，也是儿童最喜爱的轻松愉快的活动。

在郊游活动中，儿童观赏风景，听乡土见闻和故事，粗浅地了解历史遗迹的内容，可以增长儿童的知识，发展观察力，是有益于儿童身心健康的活动。

郊游活动的内容要符合儿童的年龄特点，避免儿童疲劳，并要把安全放在首位，加强对儿童的安全教育和管理工作。

思考与练习

一、判断下列各题的正误

1. 日常生活活动的内容都是些关于儿童保育工作的内容。

2. 儿童自理生活的技能动作，不必专门进行培养和练习，儿童在生活中自然而然就学会了。

3. 幼儿园日常生活活动都是一些生活照顾的活动，不一定列入教育计划。

4. 儿童劳动的目的是为教育和促进儿童的发展。

5. 幼儿园应多安排娱乐活动，一般每周安排一个下午。

二、讨论和练习

1. 教师在儿童的进餐、饮水、盥洗、如厕和睡眠活动中应注意哪些工作要求？每项活动中又有哪些应该掌握的教育因素？

2. 利用见习或实习活动，和家长交谈儿童自我服务劳动的意义、内容和指导等有关问题。

3. 任选一项生活技能动作，设计出适合儿童学习的有趣味的分解动作并编成儿歌。

4. 谈谈迎新活动中，为缓解儿童入园焦虑，应采用哪些必要的工作措施。

第九章 幼儿园与小学的衔接

学习目标

1. 了解幼小衔接的意义和任务。
2. 掌握幼小衔接工作的内容和方法。

本章提要

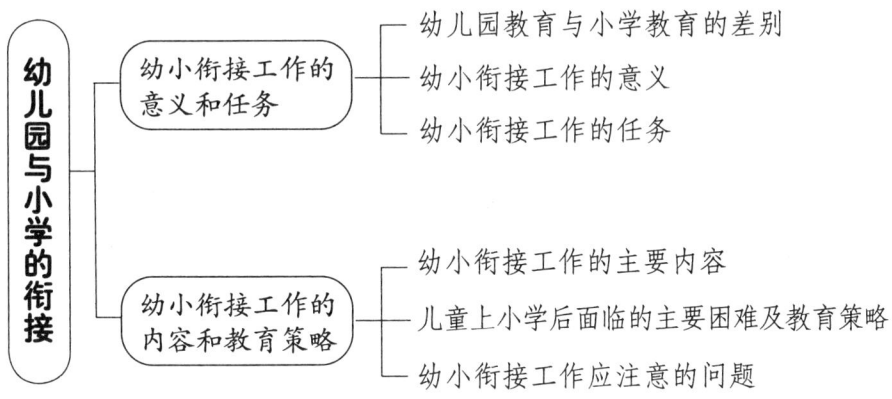

儿童离开幼儿园入小学后，许多父母发现，孩子在生活、学习中会有一系列不适应的表现，如不愿上学、厌烦做作业、不能遵守纪律，有的甚至想方设法不去上学。一般说来，人在生活发生重大转折的各个阶段，如上小学、上中学、上大学、参加工作的初期都会产生这样或那样不适应的状况，关键要看适应的困难程度，如果很难适应，就表明前期的教育工作有问题，未能帮助孩子做好迎接转变的准备。当然，衔接工作不是单方面，对幼儿园来说，为儿童做好入学的准备是一种责任，但是小学一年级的教师也应采取一些措施帮助儿童适应，如缩短上课时间，增加游戏和活动时间，少布置作业，暂不对儿童的成绩评分等。

幼儿园与小学的衔接工作有什么意义，具体内容和做法是什么，这是本章将要解答的问题。

第一节 幼小衔接工作的意义和任务

幼小衔接工作是指幼儿园和小学根据儿童身心发展的阶段性和连续性规律及儿童终身发展的需要，采取必要的措施和手段，有针对性地帮助儿童逐渐发展起独立生活和学习的能力，减少因两种教育的差异给儿童身心发展带来的负面影响，使儿童能够更快地适应新生活，为其终身发展打好基础。

一、幼儿园教育与小学教育的差别

在我国，幼儿园与小学教育的差异主要表现在以下几个方面。

1. 教学任务、儿童的主导活动及学习方式方面

根据儿童身心发展的特点和需要，幼儿园的主导活动是丰富多彩的游戏，儿童通过动手操作等实践活动获得各种感性经验和社会生活知识。幼

园没有家庭作业和考试，教师的工作主要是根据儿童的兴趣和需要，创设各种环境和条件，满足儿童活动的愿望，使儿童在主动参与的各种活动中获得发展。

小学阶段学生的主导活动是上课，通过课堂教学，使儿童掌握系统的科学文化知识，并在学习过程中获得德、智、体、美等各方面的发展。因此，小学生有明确的学习任务，有严格的考试和一定的家庭作业，小学的教学方式与幼儿园有很大的不同。

2. 作息制度与生活管理方面

幼儿园阶段，儿童的生活节奏是宽松的，生活管理也不带有强制性，没有出勤要求，作息时间比较灵活。当儿童对某一事物有兴趣时，通常在不影响下一步活动的情况下，继续活动的愿望一般能够得到满足，而教师工作的重要职责之一就是照料好儿童的身体和生活。

小学阶段，儿童的生活节奏是快速而紧张的，作息制度较为严格。对儿童的纪律和行为规范方面的要求带有强制性，教师对儿童在生活上的照料较少，儿童生活主要靠其自理。

3. 师生关系方面

幼儿园中，每个班都有固定的教师与儿童整日生活在一起，教师与儿童个别接触机会多，时间长，涉及面广，关系密切。

小学阶段，虽然每个班都有一个固定的班主任，但教师与学生的接触主要是在课堂上，个别接触少，涉及面较窄。

4. 环境设备的选择与布置方面

幼儿园有丰富的材料供儿童选择与操作，整个环境的布置生动、活泼，充满儿童情趣，并且经常随教育内容的变化而变化，玩具设备的摆放以有利于儿童的活动为原则。

小学阶段，教室的环境布置相对比较严肃，教室内的课桌椅成套固定摆放，教室布置以有利于儿童学科学习为目的，自由活动空间较少，也无玩具可供选择。

5. 社会及成人对儿童的要求和期望方面

社会及成人对学前儿童的要求相对宽松，给儿童一个快乐的童年已成为全社会基本的共识。儿童的学习压力小，自由多，没有非完成不可的社会任务。

社会及成人对小学生的要求则比较具体和严格，儿童要承担一定的社会责任，在学校里要接受各种各样的考核，学习压力较大，自由相对较少。

从上述对比中可以看到，幼儿园与小学是两个互相连接又有着较大差别的教育机构，儿童从幼儿园进入小学，生活、学习将发生巨大的变化，将要面临新的挑战。因此做好幼儿园与小学教育两个阶段的衔接工作具有极为重要的意义。

案例 9-1

一名6岁的孩子进了一年级，才读了一个月，却明显不适应。孩子消瘦了，脸上的笑容消失了。本来不爱哭的他，经常为一点小事哭哭啼啼，经常闹别扭，发脾气。早晨，他慢吞吞地穿衣、吃早饭，经常说肚子疼，有时干脆告诉妈妈他不想上学，恳求留在家里。

在学校里，表现也较差，上课时难以集中注意，总是和别人说话，还从自己的椅子上跑开，去打搅别的孩子。老师布置的作业，他从不做完，为此，老师只得把他单独留下补课，这使他更加厌倦，学习似乎成了最痛苦的事。

二、幼小衔接工作的意义

（一）可以全面检验幼儿园的保教工作质量

幼儿园教育是基础教育的一部分，有义务也有责任为儿童做好入学的准备。也就是说，三年的幼儿园教育是否合理，质量是否达标，儿童入学适应上的表现是衡量的主要标准之一。如果幼儿园有效地保障和促进了儿童的健康、发展了孩子的独立和自理能力，帮助儿童发展了认知能力和语言表达能力，丰富了儿童在与人相处和摆弄物体等方面的经验，培养了学习的兴趣和自学的能力，养成了孩子良好的品质和行为习惯，儿童在入学方面只会有短期的不适，不会有大的困难。反之，如果儿童在生活上被照顾过度，学习经验有限，语言表达较差，与人相处比较被动，就说明教育任务完成得不好，幼儿园及教师就应当检讨改进。

（二）可以帮助儿童尽快地适应新生活

尽管幼儿园和小学分属两个不同的阶段，但儿童身心发展的特点不可能像两个阶段在时间的分配上一样界限明确。因为儿童身心发展既有阶段性又有连续性，从一个阶段到另一个阶段之间都有一个过渡期，在过渡期内既保留有上一个阶段的某些特征，又有下一阶段的新特点的萌芽，二者交织在一起，形成了过渡期儿童身心发展的独特特征。因此，幼儿园和小学教师，都要认真研究儿童身心发展的特点、规律及相应的教育方法，正确认识两个学习阶段在教育上的不同特点，在教育中既要照顾到儿童身心发展的阶段性，也要考虑到连续性，对儿童采取适当的教育方法，减少因教育环境的差异而给儿童入学后的生活带来的消极影响，帮助孩子顺利地由幼儿园阶段向小学阶段过渡。

（三）为儿童终身发展奠定基础

幼儿园阶段是一个人终身发展的奠基阶段，也是形成其个性特点、态度、习惯的关键时期。幼小衔接工作做得如何直接影响到儿童今后身体、心理和社会性等方面的发展。因此，要做好幼小衔接工作，教师必须树立正确的教育价值观，明确幼儿园在人的终身教育中所处的地位，把幼小衔接工作放到一个人接受终身教育的大背景下去考虑，把儿童上小学看成是实现人的终身发展中的一个过程，是为了把儿童培养成为具有高度自尊及较高的自我效能，拥有适应各种变化的能力，能够为自己和社会负责的，生活幸福的人所必须经历的一个阶段。只有这样，才能做好幼小衔接工作。

三、幼小衔接工作的任务

幼儿园与小学的差异过大，是造成儿童入学后难以适应的主要原因。幼小衔接工作就是要减少两者之间的差异，一方面可以建议小学方面在一年级上学期时降低对学生的要求，如上课的时间短一些，少布置或不布置家庭作业，课余时间老师对学生做一些关照等。幼儿园应完成以下一些任务。

（一）从小班开始促进儿童身心的全面发展

入学准备并不是从大班才开始，从严格意义上来说，从儿童进幼儿园小班，准备工作就已经开始。幼儿园三年的教育目标其实可以说就是针对儿童将来能够更好适应进入小学的学习，适应未来生活的需要来制定的。所以幼儿园需要从体、智、德、美各个方面，循序渐进地促进儿童的全面发展。

儿童入小学需要较强的体力、耐力和动作协调能力，所以在幼儿园要重视促进儿童的身体健康和动作能力的发展。这是儿童从事所有其他活动的基础。

儿童学习书本知识需要具体的感知和操作经验作为支撑，教师和家长要创造条件，帮助孩子获得丰富的感知和操作经验，发展初步的智能和语言能力，同时还要不断地培养儿童的生活自理能力，让儿童在做的过程中发展起独立性和自信心。

儿童入学就要进入更为复杂的社会环境，应该教育和培养儿童良好的行为习惯，学会与他人交流和交往，学会控制自己的行为、情绪，有初步的责任意识和规则意识，同时能分辨他人的行为和意愿，懂得保护自己。

要利用美好的事物培养儿童良好的心理品质和行为习惯，保护和激发儿童感受和创造美的兴趣、主动性和坚持性。

（二）在入学前一年进行专门的入学准备工作

在儿童入学的前一年，教师可以采用多种有针对性的方法对儿童进行入学准备教育，帮助儿童从情感、意志、能力和学习习惯等方面做好入学准备。

从情感方面要培养儿童的主动性和对小学生活的向往，使儿童对周围的人和事物有积极的态度,激发儿童对小学的兴趣。

在意志方面要培养儿童的规则意识和任务意识,使儿童了解上小学有很多规则和学习任务,如上课前书要摆在书桌右上角,上课不能随便说话、做小动作,课后有作业必须完成等。幼儿园在大班阶段可以由易到难地逐渐提出一些学习任务,要求儿童完成,并进行集体评议,以加强儿童的任务意识。

从大班开始,教师就要对儿童的生活自理能力进行强化培养,要求儿童能够按时起床、整理床铺、洗漱穿戴整齐、自理吃饭饮水、整理书包和文具等。

到小学后,儿童要想学得好,就需要有自制能力,会集中注意听讲,积极动脑筋思考,认真完成教师布置的作业。所以在幼儿园就要培养儿童的自制力,养成良好的学习习惯。

第二节 幼小衔接工作的内容和教育策略

一、幼小衔接工作的主要内容

幼小衔接是根据儿童过渡期身心的特点,从体、智、德、美诸方面,为儿童入学,也为其长远的发展打下良好基础。那么,在幼儿园阶段,这一工作应当从哪些方面着手呢?专家在解读《指南》时对此作了回答:"入学准备必须是幼儿身体的、心理的、知识能力的、行为习惯等方面的全面准备。"[1]

---

[1] 李季湄、冯晓霞主编:《〈3—6岁儿童学习与发展指南〉解读》,人民教育出版社2013年版,第228页。

（一）保障儿童健康，发展灵活协调的动作能力

幼儿园的首要教育目标是要促进儿童的身体健康、安全和身体动作的灵活协调能力。为此，幼儿园需要保障儿童的营养，培养儿童良好的卫生习惯，注意防病治病，开展多种体育活动。另外，健康的心理来自于健康的身体，儿童的身体健康了，心理承受能力和抗挫折能力也会较强，所以促进儿童的健康、发展儿童的动作能力是培养儿童入学适应能力的根本。

（二）使儿童获得尽可能丰富的与实际生活和事物相关的知识、经验和能力

说起知识和能力，人们多半会认为就是学业知识和能力。有人甚至认为，儿童只要提前认一些字，学一点拼音、算术等就没有问题了，这是十分片面的。有助于儿童入学适应的知识能力包括生活能力、人际交往能力和与实际生活紧密相关的各种事物和关系的感知经验等。这不仅关系着儿童入学后的生活质量，也关系着他们在小学的学习质量，是幼小衔接的重要内容。

1. 培养儿童的生活能力和独立性

从学前儿童到小学生，最大的区别就是需要孩子变得更为独立。小学生应当能初步打理自己生活中的各种事，诸如会按时起床、洗漱穿戴整齐、吃饭饮水、整理书包和文具、按时到校上课，能够自觉遵守纪律，课间和课余时间会自己支配，会按教师要求完成作业，有初步的安全自保的知识和能力，会避开危险事和人等。这就要求他们有较强的独立生活能力。

现在城市里小学的门口，早上和傍晚都出现的一道风景，就是大群的家长接送孩子。很多家长是早上帮孩子打理好一切，甚至帮孩子背着书包送到学校，傍晚接回去，再帮忙做作业。独自上学、独自应付马路上出现的种种事情变得比较罕见了。家长们通常认为孩子只要做好读书的事，其他生活小事可以包办代替，殊不知这样做只会削弱儿童的适应能力，使其在以后一系列的变化中总是处在难以适应的困境中。曾有这样一个极端的例子，说是有一名大学生，因学业成绩优异，获得了国外大学的奖学金，但是他不敢去，因为从小到大都是妈妈给他打理生活中的一切，出国后无人打理，难以生

存。近期媒体上也有披露，有一名大学生到外地上大学，每周把脏衣服寄回家里让妈妈洗。这样的大学生到了社会上，如何承担起社会和家庭的责任呢？莫非永远让父母为自己打理一切？说到底这是父母教育的过错，没有独立生活能力的人，学业和事业上会有多大能为也是十分可疑的，因为缺乏起码的担当能力。美国心理学家马斯洛指出，对儿童的娇惯或溺爱"包含着对儿童自己的力量和选择缺乏信任和尊重，这在本质上是藐视，而这可能促使儿童形成自卑的感觉"①。

案例9-2

有个一年级的孩子要去春游，妈妈给他准备了好多吃的，诸如面包、火腿肠、苹果、饮料之类的，还煮了两个鸡蛋一起带上。

孩子春游回来后，妈妈看见食物袋里只剩下两个煮鸡蛋，就问他为什么不吃。他说：都没剥开，我怎么吃？

生活能力必须从小开始培养，从最细微的事情开始学习。为此，在幼儿园里，要注意在日常生活中培养儿童的各种具体生活能力，譬如熟练地穿衣、洗漱、整理自己物品的能力，增强儿童的独立意识，让儿童知道什么时候做什么事情，并自觉去做，培养儿童自理、自觉的能力，逐渐减少成人的直接照顾。关于这个问题，专家在解读《指南》时有明确的说明如下。

小资料9-1

"生活知识"和"生活本领"不仅影响幼儿现实的生活质量，还影响幼儿的情绪情感、性格倾向等。在幼儿园里，那些午睡后能够独立地穿好衣服

---

① 李季湄、冯晓霞主编：《〈3—6岁儿童学习与发展指南〉解读》，人民教育出版社2013年版，第229页。

去游戏，活动结束后能很快按要求收拾好物品，洗手时能不弄湿自己衣服的幼儿，其"生活知识"和"生活本领"给予他们的不仅是生活上的便利，还让他们更富有积极的自我意识和个人效能感，更富有稳定的情绪和自信心，更有活动能力和适应能力。

"生活知识"和"生活本领"对幼儿后续的学习与发展也具有重要意义。发展心理学指出，人生各阶段都有必须解决的发展课题，如果该阶段的发展课题没有很好解决，那么将影响下一阶段、甚至人一生的发展。而幼儿阶段必须解决的发展课题中许多都属于"生活知识"和"生活本领"。"生活知识"缺乏，"生活本领"低下，将明显地影响幼儿下一阶段——小学阶段——的学习与发展。小幼衔接的有关研究表明，影响幼儿入学适应的诸多因素中，生活自理能力差是其中的一个重要因素。在害怕上学的儿童中，有的竟是因为害怕上厕所，因为他们不能自己穿好裤子。在入学后不适应的儿童中，不乏由于"生活本领"差而产生自卑、恐惧等消极情绪，而严重地影响到学习的例子，有的甚至在性格发展和心理健康上也因此蒙上阴影。[1]

2. 发展人际交往能力

儿童人际交往能力的重要性表现在入学后对新的人际环境的适应上。人际交往能力差的儿童胆小，不能主动地与同伴交往，或与同伴不能友好相处，遇到问题也不敢去找老师反映或寻求帮助，结果没有新朋友，他们感到孤独，心情沮丧，学习的兴趣大大减低，学校的吸引力也随之消失，而且人际交往能力与主动性的发展也是密切相关的。因此，在幼儿园里必须发展儿童的人际交往能力。

儿童的人际交往能力不仅包括与人合作，友好交往，还包括分辨他人的行为意图，懂得不欺负别人，也不能让别人欺负自己，不盲目信任他人，即使是熟人、亲戚，也不允许触摸自己的短裤与背心包着的身体部位，懂得基

---

[1] 李季湄、冯晓霞主编：《〈3—6岁儿童学习与发展指南〉解读》，人民教育出版社2013年版，第226页。

本的保护自己的办法，如避开危险的场所和危险的事情，在身陷险境时，会保护自己，会向警察和其他看起来可靠的人寻求帮助。

上述人际交往能力不仅幼儿园要进行培养和指导，比如讲故事，设计一定的情境或游戏让儿童学习、体验与练习。家长也要经常提示讲解，让孩子了解基本的与人交往的原则，既要与人友好相处，又要对人有一定的警惕，甚至可以在暗中监控的情况下让孩子做些有关迷路，面对陌生人的练习，不要让孩子在自我保护方面彻底无能，因为孩子是迟早要独自面对社会的。

案例9-3

电视上曾报道过这么一件事：某地一名小女孩被一名精神有障碍的女人领走，带到了高速公路上。这名女孩开始一直顺从地跟着走，直到出现一名要制止她们走高速的交警。这女孩快速地摆脱那个女人的手，冲过去抱住警察，喊道："叔叔，她不是我妈妈。"警察很快明白了孩子是差点被拐走了。虽然他是交警，还是果断地帮助了这孩子，制止了一次恶性事件。

点评：这名女孩是有生活智慧的，事到临头并非一味哭闹反抗，以免出现更多对自己不利的情况，也使犯罪嫌疑人放松了警惕。当警察一出现，立刻摆脱坏人的控制，使自己得救。

3. 丰富儿童有关外界各种事物的感知经验，发展基本能力

不少家长想让孩子上学后学习好，就在入学前教孩子拼音、认字、做算术，甚至用小学一年级的课本来"系统"地教。其实就是想让孩子更聪明，学习起来不要太费力。但是，要真正为儿童做好入学准备，提高儿童的学习能力，就要从小班开始，循序渐进地丰富儿童的感知经验，培养儿童的动手能力、思考能力和解决问题的能力。这些能力都要在具体的情境中，在与具体实物和具体事件的相互作用中来获得，所以教师和家长应该给儿童创造尽可能丰富的环境和条件，让儿童接触各种不同的实物和场景，体验不同活动

过程，帮助孩子获得丰富的感知和操作经验，这些经验会极大地帮助儿童理解书本中各种抽象的知识。比如：教师可通过提供有关视、听、触等感觉的材料和活动，进一步提升儿童在这些方面的感知分辨能力；可以通过提供有关图形的辨别、比较和配对的教具使儿童熟悉各种图形及其特征；通过操作积木让儿童了解空间和数量；通过养动植物了解生命现象与特征；通过日常的游戏了解各种物品的特征以及与人相处的规则；等等。这些活动一方面使儿童获得关于事物的物理经验和社会经验，一方面使儿童获得感觉和动作经验，它们是理解抽象知识和建构抽象思维能力的基础。儿童的感知经验越丰富，理解抽象知识的能力就越强。

小资料 9-2

　　幼儿的特点和学习方式决定了生活是他们主要的学习对象与途径，他们所持有的知识形态也主要是源于生活的直接知识与经验。生活知识与经验的特点是具有启蒙性、广泛性、综合性，属于"前学科"知识的范畴。比起系统的学科知识来说，生活知识的确显得比较零散、琐碎、不系统。然而，正是这些看起来零散、琐碎、不系统的知识成为幼儿下一阶段进行系统学习"所不可缺少的素材"。按照建构主义的观点，幼儿是把知识作为一种关系体系来建构的。这些早期经验正是幼儿通过重复、反应和再现来组织他们在广泛的关系体系中一次次的经历所获得的看似琐碎、无系统的知识、体验，使之成为自己的知识与经验，成为自己认知结构的一部分。[①]

4. 系统培养前阅读和前书写能力

为帮助儿童入学后顺利进行阅读和书写的学习，教师可以系统培养前阅读和前书写能力，即不要急于去教儿童识字和写字，而是培养对识字的兴趣

[①] 李季湄、冯晓霞主编：《〈3—6岁儿童学习与发展指南〉解读》，人民教育出版社2013年版，第230页。

和写字所需要手部肌肉的协调能力。

　　培养识字兴趣可从丰富儿童的多种感性经验，发展儿童的思维能力入手。儿童的思维能力发展了，就会产生认识和利用文字符号的需求，教师就可以逐渐引导儿童认识生活中常见的文字，如街道名称、幼儿园的名称、班级的名称、各种物品的名称、儿童自己的名字，并且通过记录儿童的讲述使儿童发现文字的用处，帮助儿童建立口语与书面文字之间的联系，并可逐渐引导儿童学习阅读儿童画册上的文字。这些学习都应当是非强制性的，要渗透在日常生活和游戏中来做。到了大班就可以学习认写数字、自己的名字，了解田字格的结构和一些象形文字，认识文字从图画到文字的演变，继而可认识一些简单的文字和偏旁部首。

　　关于前书写，关键是小手肌肉的协调和灵活。学前儿童通过三年的生活和学习，身体的大肌肉动作有了一定的发展，但是手的精细动作及协调能力依然不足，表现为初学写字时似乎全身都在用劲。儿童通过桌面游戏，使用工具可以发展手的动作的灵活性，但写字是更为精细的动作，需要更多的练习。蒙台梭利在自己的教育实践中总结出了一套练习的方法值得我们借鉴，那就是让儿童用彩色或黑色的铅笔来涂轮廓。教师可以游戏的方式给儿童提供各种逐渐复杂的有趣的图形轮廓，让儿童来涂实。开始时，儿童可能涂不匀，而且涂出边线，这表明儿童动作还不够协调，还需要进一步练习。当儿童能够均匀涂色，不出边线时，就表明动作足够协调了，可以开始学写字了。

　　（三）培养儿童良好的行为品质和习惯

　　学习准备是着眼儿童终身学习的需要，发展他们基本的学习素质，并在此过程中，帮助他们打下今后学习的基础。幼儿园大致需要做好以下几方面的工作。

　　1. 培养儿童学习的兴趣和主动性

　　教师要重视激发和保护儿童的好奇心和对外部世界的兴趣及探索的积极性，培养他们做事坚持到底、不怕困难的意志品质。让儿童从被动的"要我学"变成主动的"我要学",培养儿童渴望学习的品质。只有这样,儿童才能形成自信、主动的学习态度,才能感觉到学习是一件愉快的事情。

培养主动性和培养独立性是紧密相关的,如果孩子在生活中自理自主能力很强,就会比较自信,他们就会愿意面对新事物,解决新问题,进而不断强化对自己的信心,不会轻易认输。在幼儿园中,培养儿童的自信心和对周围的人和事物的积极态度,激发儿童对活动的参与欲望和兴趣,给他们提供自己选择、自己计划、自己决定的机会和条件,鼓励他们去探索、去尝试,并使他们尽量获得成功的体验。研究证明,富于主动性的儿童思维活跃,做事有信心,能主动与人交往,他们入学后能比较快地适应小学新环境,学习成绩也较好。

2. 培养儿童的规则意识和任务意识

小学环境中有大量的新规则出现,如进老师办公室要报告,上课前书要摆在书桌右上角,上课不能喝水,手要放好不能搞小动作等。儿童难以记住和遵守,这成为不少新生在学校受批评的主要原因。同时,入学后学习成为必须完成的任务,儿童却一时难以确立这样的任务意识。有的新生在老师询问作业时,还很轻松地说:"我不喜欢做","昨天,爸爸带我去姥姥家了,所以我没写。"针对这些问题,除小学需要做一些改革之外,幼儿园应当注意培养儿童的规则和任务意识,特别在大班阶段。

3. 培养良好的学习习惯

从小养成好的学习习惯,将使儿童终身受益,如爱看图书的习惯,做事认真的习惯,注意力集中地听老师讲话的习惯,保持文具、书本整洁的习惯等。许多人认为这些是小事,"树大自然直"嘛。这种观点是不对的。习惯不好,以后很难纠正,对学习的危害是很大的。教师和家长应当从日常生活的每件事情上严格、一致、一贯地要求,养成习惯。

(四)做好大班的入学前教育

幼儿园大班要更集中、更直接地对儿童进行入学准备教育,为儿童做好体力、智力、品德、意志和生活习惯等各方面的入学准备。

1. 激发儿童当小学生的愿望

教师在大班后期要采取多种措施激发儿童当小学生和戴红领巾的愿望,培养良好的入学动机和学习态度。例如:组织儿童参观附近小学,逐步熟悉小学的环境;观察一年级小学生上课的情况,了解幼儿园生活和小学生生活的差异,如桌子的排列、课前准备、举手和端坐的姿势、放课业用品的位置,回答教师提问的行为方式和课间活动应做些什么等;参加少先队活动和入队仪式,听优秀队员的事迹介绍,观看优秀的一年级学生作业和始终保持整洁的旧课本;组织大班儿童和小学生一起春游、开联欢会或进行其他表演活动;请上届毕业的大班儿童回园介绍一年来的学习体验与收获,表演节目,讲述自己是如何勤奋学习,克服困难的。

2. 强化任务意识和责任意识

教师要着重培养儿童的任务意识和责任意识。随年龄的增长,适当延长需要有意注意的上课时间(小班5~10分钟,中班15~20分钟,大班25~35分钟)。上课时,要求儿童能约束自己,不做与学习无关的事,领会教师指示,有目的、有顺序地进行学习。教师可以向儿童提出一些需坚持完成的学习、劳动任务。例如:每天举行新闻大事报告;自编故事书,自制模型展览;开展"大带小"活动,大班儿童轮流到小班服务,安慰弟弟妹妹想家的苦恼心情,带领他们游戏;还可以布置一些家庭绘画、手工、语言作业,使儿童初步尝试离开成人监护,独立完成比较复杂的学习任务。

教师在教育活动中应强化对儿童的要求,逐步养成小学生应有的学习习惯,如按时作息,按时上学,认真听讲,上课坐姿端正,注意力集中,不做小动作,不随便讲话,积极思考,大胆发言等。行为习惯如爱护集体的桌椅、书籍、运动器具;注意保持环境整洁,不乱丢垃圾;不浪费文具用品,会独立完成值日生劳动等。文明礼貌习惯如主动、正确使用礼貌语言;对教师、家长尊重;对老人、残疾人照顾;帮助小同学等。

3. 重视听、说、写、看能力的培养

教师要强化培养儿童专心"倾听"的能力。要求每个儿童能保持安静和注意力高度集中地听；对教师的话，要听清楚、听准确；听话之后，能复述内容和回答问题，不慌张、不遗漏；听同伴的发言能进行补充、纠正。训练听的能力也可以运用绕口令、传通知、打电话或"请你去做几件事"等游戏。

发展语言讲述能力。培养儿童能抓住重点领会和说出成人的讲话内容；说出自己的意见，提出解决问题的办法；有丰富的想象力和一定的逻辑推理能力，能构思和自编谜语、故事或有序地讲出自己经历的事情；在集体中能大胆讲话，语音清晰，语句连贯；能说明游戏规则、描述事物、讲解某种现象；日常生活中能清楚地表达出自己的思想、要求和见闻；叙述有条理，答问不离题。

培养书写的能力。由于儿童手腕、手指的骨化过程未完成，小肌肉发育成熟较迟，大班下学期，应开展动手操作的多样化活动。例如：用笔在本子上练习辨方位、涂图形、写数字、写姓名；从事练习小手肌肉的游戏，如折纸、泥塑、钉纽扣、缝沙袋、刺绣、编织等活动，进一步提高儿童手指活动的灵活性和耐力。

要培养儿童看图书的能力。阅读图书，学会从左到右、从上到下、按页码看书；能边看书边讲述或听朗读看书；掌握拿书的正确姿势，按教师的讲解有顺序地看图书；会抓情节重点，会在看书过程中提问题，会按情节表演。

4. 适当改变学习环境

大班下学期可以上课使用课桌，学习使用作业本；适当调整教学活动时间，缩短午睡时间；努力提高儿童的生活自理能力，如比赛收拾书包、学会独立铺床叠被、如厕；能整理书包、打扫教室；能自制小型游戏器材如毽子、飞碟、纸箭、小陀螺等并独立开展课间体育游戏。

5. 重视毕业离园教育

庆祝"六一"时，园长向儿童赠送文具、图书，邀请一年级教师和小学生来园表演与联欢。毕业告别会，大班儿童可以学习自己组织，也请小学教师和小学生参加。毕业告别会要开得热烈、隆重，使儿童充满欢乐和自信。

二、儿童上小学后面临的主要困难及教育策略

有关研究表明,儿童上小学后所面临的主要困难是个体适应能力不足,主要表现在身体适应、社会适应和学习适应等方面的困难,而不是知识和智力方面。

(一)身体适应方面

儿童入学时身体适应困难主要表现在:不习惯小学连续上课的方式,原有的生活规律被打乱了,感到比较疲劳;每天喝水很少,户外活动减少,出现食欲不振、睡眠不足、体重下降,甚至频频生病等问题。

要克服此类困难,需要在平时加强体育锻炼,努力提高儿童的身体素质。同时要注意培养儿童良好的生活卫生习惯和生活自理能力,帮助儿童掌握自我服务的技能与方法,增强抵御各种疾病的能力,提高其对新生活的适应能力。

(二)社会适应方面

儿童入学的社会适应困难主要表现在以下四个方面。

1. 任务意识和完成任务的能力方面

有研究表明,许多新入学的儿童缺乏完成任务的成就动机和责任感,缺乏独立完成任务的信心和毅力,缺乏完成某些任务的能力等。在一项对小学一年级新生的调查中显示,许多儿童认为写作业是帮家长和老师完成任务,检查作业、准备学习用品等事情都应该由家长来做。

案例9-4

有一个孩子理直气壮地对妈妈说:"您为什么不帮我把铅笔削好,害得我今天上课没笔用,老师都批评我了。"

还有一个孩子上课不会记作业,回家后不知道该写什么。妈妈打电话去问别的同学,一连问了八个同学,结果问出了八种不同的作业。原来,这八个孩子记的作业都是不一样的。

究其原因，主要是家长和幼儿园教师平时对儿童的事情包办过多，不给儿童独立完成某种任务的机会，使儿童很少能够体验到依靠自己的力量完成某种任务的成功感。此外，教育者过分关注儿童完成任务的结果，经常拿儿童的某些不足与其他儿童的优点做比较，使儿童产生畏惧情绪，这也是儿童想方设法逃避任务的原因之一。为此，教师可以采取以下策略。

(1) 在教育过程中树立正确的教育观念，正确地给自己和儿童定位，充分认识到给儿童锻炼的机会对其发展的价值，把独立完成任务的机会还给儿童。

(2) 在儿童完成任务的过程中，成人应该多给儿童一些正面的鼓励与支持，在儿童需要帮助的时候给以适时和适当的指导，帮助每个儿童不断地获得成功感和满足感，从而使他们增强完成任务的自信心，乐于接受任务，并在完成任务的过程中锻炼自己的能力。

(3) 组织一些专门的教育活动来培养儿童的任务意识与能力。教师可以经常与儿童讨论一些话题：作为一个班级成员，每一个人都应该承担什么样的责任；教师应该做什么，小朋友应该做什么，大家应该怎样为班级的成长做贡献等。在讨论过程中，教师要帮助儿童明确自己要干什么和怎么干，培养儿童的责任感。又如，教师还可以经常让儿童"传话"，即让儿童将幼儿园或老师的有关要求告知家长，培养儿童完成任务的意识与能力。

案例9-5

某大班教师在门前黑板上通知家长让儿童明天上幼儿园的时候带毛巾被，教师可事先告诉家长已让孩子"传话"给他们，让家长注意观察孩子是否记得告诉家长带毛巾被。如果孩子忘了，家长可以委婉地提醒他："老师今天有没有让你告诉我一些事情？你还记得是什么吗？"

评析：当孩子能够说出老师要他告诉家长的话时，家长应给予鼓励和表扬；当孩子想不起来时，家长也不应该着急，而应该及时与教师沟通，找出孩子没能完成任务的原因,使教育有的放矢,促进孩子的发展。

(4)当儿童完成任务后,教师要及时对其完成任务的情况进行检查和评价。在评价中,教师应注意评价的重点不是儿童行为的结果,而是重点评价儿童在完成任务过程中的态度和行为表现,与儿童共同分析任务完成与否的原因,努力使儿童产生进一步活动的愿望,让每一次完成任务的过程都成为儿童进步的动力。

2. 规则意识和执行规则的能力方面

儿童规则意识薄弱,执行规则能力较差主要表现在以下一些方面:

有些孩子入学后不能很好地遵守课堂的学习规则,上课随便说话、玩东西、做小动作等;

有的难以适应日常生活的规则,如少数孩子下课打斗,随便拿别人的东西,喝水时不懂得要排队轮流取水等;

不遵守公共规则,如在公共场合大声喧哗,随便乱扔果皮纸屑等;

不懂得社会交往的规则与方法,如有的孩子不知如何结交新朋友,需要别人帮忙时不知该怎样求助等。

儿童不遵守规则,主要是由于他不知道规则或对遵守规则的重要性认识不足造成的,也有的儿童虽然知道规则,但由于其自制力较差而不能自觉遵守。随着儿童年龄的增长,可通过开展规则游戏或其他活动,让儿童逐步懂得生活、学习、游戏等都是有规则的,如果不遵守规则会造成怎样的后果,进而有意识地发展他们的自我控制能力。同时,幼儿园可在生活制度、作业课纪律等方面有所改变,如缩短午睡时间,适当延长作业课,要求举手发言等,让儿童逐步养成遵守规则的习惯,以有利于缩短入学后适应小学规则的时间。此外,还可以尝试以下一些做法。

(1)在制订班级规则时应以儿童为主体,让儿童参与制订。教师经常组织儿童就某一问题进行讨论,使大家明确规则,并在活动中自觉地遵守规则。

(2) 平时可以多与儿童做约定，定下来的事一定要做（老师和家长承诺的一定要办，儿童承诺的也要遵守）。例如，指导家长与儿童决定一件事前多协商，在逛商场前家长可以与儿童共同讨论，今天都买什么，并把它写在纸上，谁也不能违反，从小养成儿童对规则的关注和遵循的习惯。

(3) 结合儿童日常交往的具体冲突，引导他们通过主动的交流和谈判，达成共同活动的规则，并在适当的、必要的情况下规范地变动规则。例如，和儿童一起讨论怎么加入某群体，可以采取哪些具体的做法和策略等。

(4) 引导儿童通过观察别人的活动了解一些风俗习惯，以及特定社交场合的交往规则。

(5) 在平时的教育中注意给儿童正面的强化，让每个儿童都认为自己是一个懂道理、守信用的孩子，从而使其自觉地遵守规则。

(6) 教师还可以经常与儿童共同分享自己在交往中的心得，帮助儿童掌握诚信、投桃报李、以退为进、妥协、赞美、求同存异等社会交往的基本策略与态度。

3. 独立意识和独立生活能力方面

在儿童学习和生活中，常反映出儿童独立性方面的问题。例如：自己能做的事却依赖父母，明明自己会穿衣、吃饭，却偏不自己做；不会管理好自己的东西，如不能收拾好自己的学习用品或生活用具，自己的东西不能放到一定的地方等；不会保护自己，缺乏必备的安全意识，不能照料自己的生活，遇到侵害不能应对。诸如此类的问题都是儿童缺乏独立意识和独立生活能力的表现。对于此类问题的解决需要幼儿园和家庭密切沟通，保持教育要求的一致性。具体说来可以采取以下教育措施。

(1) 给儿童锻炼独立生活能力的机会，从小处进行教育，并在生活中严格要求。教师应多给儿童提供锻炼能力的机会，如在活动和游戏中，让儿童帮忙做准备，让儿童自己管理玩具、用具，整理图书、画册，在教师示范下，逐步学会正确使用抹布、喷壶、扫帚等清扫工具，增加值日生劳动内容，提高对值日生工作的质量要求等。

在平时的生活中，教师可以采取列表和积累奖品的方式促使孩子自己的事情自己做，当儿童能够按表内事先约定好的行为做好一些事情后，教师要及时给予表扬，使孩子的行为能够得到正面的强化。此外，教师还可以经常与儿童讨论小学生应该具备哪些独立生活能力，小学生应该会做哪些事情。某件事如果是小学生做，他会怎样做等，使孩子明确一名合格的小学生应该具有的各种能力，从而使儿童能够在生活中有意识地锻炼自己，养成良好的生活习惯。

（2）教给儿童正确、安全的行为方式，持之以恒，形成习惯。生活中的防盗、防火、防坏人骚扰的方法以及交通规则等都要教给儿童，并且在生活中坚持练习。教师可以与儿童经常进行这方面的讨论和练习。

案例9-6

可以和儿童一起探讨的若干问题

如果发现衣服着火了怎么办？
如果小朋友下课乱跑怎么办？
放学了，妈妈没有来，一个叔叔说是妈妈让他来接你的，你怎么办？
如果你在和妈妈一起逛商场的时候走失了，该怎么办？
妈妈不在家，有人敲门说是妈妈的同事要进门拿东西，你应该怎么办？
绿灯还没亮，可旁边的行人已经开始过马路了，你怎么办？
大同学威胁你，要你给他带钱时，应该怎么办？

通过具体的事例分析，提高儿童的安全意识，再通过角色扮演等方式帮助儿童学习在各种不同的场合下怎么有效地保护自己，爱惜自己的生命。

（3）在幼儿园中可经常讨论各种问题的解决方法和如何求得别人的帮助的案例，使儿童今后一旦面临危险，知道该向谁求助并能够得到及时的救助和支持。

4. 人际交往能力方面

人际交往障碍是儿童时期常面临的一种困难。一些孩子不能与伙伴友好和睦地相处，不能控制自己的情绪，没有掌握基本的社会交往的规则与方法。例如：常常为一点小事情就对别人发脾气，对同学缺乏宽容、接纳的态度；在家或在班里公开表示不喜欢某个同学，对有困难的同学采取嘲笑的态度等。有的孩子胆小，不能主动地与小朋友交往。例如，不敢在小朋友面前发表自己的意见，不敢与伙伴玩，不敢对自己不愿意的事说"不"等。他们也害怕与老师交往，不懂的问题不敢问老师，身体不舒服或有困难不敢找老师帮助，不敢在老师面前发表自己的意见等。

要解决此类问题，教师首先应该认识到人际交往能力是影响儿童入学适应的重要因素，注意在生活中有计划、有目的地开展这方面的教育。

（1）认真观察儿童的同伴交往情况，了解儿童在人际交往中的真实表现，提高教育的针对性。

案例 9-7

小刚回家总是向妈妈说别人抢他的玩具，妈妈问小刚为什么不告诉老师，小刚说老师不管。妈妈听了很愤怒，找到园长投诉。园长带着妈妈悄悄地来到小刚的教室门外，让小刚的妈妈先观察一下小刚的行为，有什么问题一会儿再谈。小刚妈妈耐着性子看了一会儿，有点不好意思。原来，在玩玩具的时候，小刚先是对别人说"借我用一下"，然后就不管别人是否同意，马上拿过来，但当别人不愿意，再把玩具拿回来时，他就会大声嚷嚷："某某抢我的玩具……"看过之后，妈妈不好意思地对园长说："如果不看到孩子的表现，差点就被他骗了。"园长告诉妈妈，不是孩子故意骗人，而是他没有掌握交往的方法，我们应该在教会孩子如何与人交往方面下些功夫。

（2）规范教育者的行为，为儿童树立良好的模仿榜样。教师和其他成人待人接物的方式是儿童模仿的榜样。例如，在路上别人踩了妈妈的脚，妈妈大发雷霆，与人争执，儿童对这种行为的学习是最快的。教师在班里为一点小事动辄发火，也会给儿童造成很不好的影响。因此，教育者在生活中要时时规范自己的行为，真正做到"温、良、恭、俭、让"才能把儿童培养成为懂礼仪，讲道理的好孩子。

（3）帮助儿童学会正确地表达和控制自己的情感，掌握一些常用的缓解不良情绪的方法。

（4）培养儿童的同情心，让儿童体会到帮助别人，与小朋友友好相处的乐趣。

（5）教给儿童一些人际交往的方式和方法，帮助儿童建立良好的人际关系。

儿童心理发展的研究显示，人际间相互作用时对情感信息及有关线索的察觉、解释以及反应是人际交往技能的关键。对于儿童而言，加入某一群体的开端，能否与该群体建立良好的关系至关重要。通常可见，新来的儿童往往先在旁边观察一会儿，然后试探性地接近，接着一步步小心谨慎地进入。一个儿童是否能够顺利进入该群体，关键是他能否预先明了该群体的活动规则并愿意遵守规则，会不会玩正在进行的游戏，能否看得出哪里不合规则等。导致儿童间冲突发生的原因常常是由于儿童在群体中太急于夺权，缺乏人缘的儿童往往强行挤入别人的游戏圈子，突然地、无理地变换话题或者急于提出自己的看法，或者是直截了当地反对他人的意见。这种想吸引他人注意力的行为，只能导致适得其反的结果。人缘好的儿童活动前往往多花时间认真观察，看明白玩的是什么游戏，再表示自己已经领会了规则，待自己在群体中的地位被确认之后再提建议，如下例。

案例9-8

①4岁的小刚想和红红等一起搭积木。他先在边上观看了几分钟，然后

试探性地坐到了红红身边,开始玩起小动物来。谁知红红转过身来对他说:"你不可以玩!""我可以!"小刚抱紧了小动物,"我可以玩。""你不可以!"红红毫不客气地拒绝,"我们不喜欢你,不想和你一起玩!"小平想帮小刚说话,可是,小令插话进来:"我们讨厌你,就不和你玩!"

②5岁的小鸣也想加入一群大孩子玩的"扔炸弹"游戏。在加入游戏之前,小鸣先花时间不声不响地一旁观察,注意具体活动的规则,然后模仿旁边孩子的动作,并和靠近自己的小蓟交谈。小鸣问小蓟:"你乘直升机还是战斗机?"小蓟并没有简单回答,而是反问小鸣:"你坐过直升机吗?""没有,但我有一个直升机的模型,是我舅舅从美国给我带回来的。""真的?能让我看看吗……"

从上述可以看出,小刚想加入同伴群体,采取了事先不征求意见,直接进入的方法,结果遭到了群体的反对,而小鸣则在主动的交谈中,逐渐获得了大家的认可。他也能够遵循自己观察到的游戏规则,表现出熟练的配合动作。这样,小鸣很快地就进入整个游戏活动,也没有给游戏带来任何干扰和不愉快。

可见,帮助儿童掌握基本的人际交往技巧,对提高儿童交往的能力和水平是很有帮助的。

(三)学习适应方面

儿童学习适应困难主要表现在其学习能力、学习习惯与态度等非智力因素方面,包括学习的主动性与自觉性、注意力、坚持性、良好的阅读和书写习惯等,而不是在智力与知识上。例如:有的儿童读书时不会翻页,总是用手大把地抓,书本用了没多长时间就破得不能用了;有的儿童上课坐不住,难以集中注意力,老师批评了多次,就是改不了;有的儿童写字姿势不正确,眼睛离书本太近;有的儿童不会看田字格,常常把字写反了;有的儿童写作业花的时间太长,别人半个小时就能写完的作业,他边玩边写可以写上几个小时等。

这些问题主要是教师和家长对幼小衔接的工作内容与任务认识不清，在平时的教育中重视不够，方法不当等原因造成的。因此，儿童入学前的学习准备也应在以下几个方面下功夫。

1. 培养儿童阅读的兴趣与技能，使他能感受到读书的乐趣。

2. 通过涂画和其他手工活动，提高儿童用笔的灵活性，为其入学后的书写打好基础。

3. 把提高儿童的注意力、自制力和坚持性作为幼小衔接教育的重要工作。自制力和坚持性与智力活动紧密相关。它是注意力、观察力、思维力、创造力的支撑力量。坚持性差的儿童，对于已经确立的学习内容和计划，不能很好地贯彻执行，容易受到干扰而削弱信心；在完成学习任务和其他活动中容易动摇，在遇到难题或是身体不适、外界条件诱惑时，容易放弃正在进行的学习，久而久之，必然会影响其学习效果。而且，由于儿童总是不能坚持独立完成学习活动，还会经常受到老师和家长的批评，从而使儿童认为自己就是学习差的孩子，索性放弃继续努力。因此，要想做好入学前的学习准备，必须把提高儿童的坚持性与自制力作为重要内容，在幼儿园和家庭中有计划、有步骤地对儿童进行教育。只有这样，才能为其入学后的学习和生活打下良好的基础。

4. 利用日常生活中的各种机会加强思维训练，注意培养儿童良好的思维习惯，提高儿童的思维能力。教师可以加强数学教育，多创设一些问题情景让儿童在解决问题的过程中使思维获得锻炼，为入学后的学习生活做好准备。

此外，学习适应与社会适应关系十分密切，两者相互制约，相互影响，共同影响儿童入学后的生活和学习。因此，教师在为儿童做入学前的各种学习准备时，应该以提高儿童入学的适应性为出发点，提高儿童的各种能力，使之能够较快地适应小学的生活。

三、幼小衔接工作应注意的问题

（一）幼小衔接工作应贯穿于整个学前期

为儿童入学做准备的工作，应当在整个学前期循序进行。因此，为儿童入学打好基础应作为幼儿园的一项基本任务。

儿童入小学所需要的生理、心理条件，都是需要经过长期系统的培养，而且要早抓、抓好。例如，学习兴趣、求知欲望、智力活动的能力，独立生活能力和良好的学习习惯，都必须从小班开始培养。以握笔姿势为例，必须在小班儿童开始拿笔画画时，就注意养成正确姿势和使用方法，否则，到小学再纠正，就比较困难了。而那些良好行为习惯、自信心、独立性，在幼小时培养是容易获得的，只要教师注意督促指导，就能收到事半功倍的效果。而且，促进儿童身体的生长发育，体质的增强，更是整个学前期的主要任务。因此，幼儿园教师要根据孩子在园学习生活三年的情况有计划地进行入学准备教育。

（二）全面培养儿童的素质

幼儿园是人的终身教育的重要组成部分，是人的终身发展的奠基阶段。让儿童顺利地上小学只是其终身发展的一个环节。因此，应该把幼小衔接工作放到终身教育的大背景下去考虑。在我国，不管哪一级学校的教育，都以向学生进行全面的素质教育为主要任务。事实上，身心全面和谐发展的儿童，也能较快地适应小学学习和生活，因此，培养儿童入学适应性要以促进儿童的全面发展为主要任务，要避免那种重智育，轻体育、德育、美育工作的倾向，更要避免把入学准备工作等同于教儿童识字、学拼音、学计算的做法。实际上，学习兴趣、主动性和良好学习习惯是一个人获得成功的必要条件，没有这些非智力因素的促进和保证作用，即使开始时取得很好的成绩，也难以持久。

（三）纠正幼儿园中的小学化倾向

如前所述，帮助儿童做好入学前的准备，主要是提高儿童的入学适应性，而不是提前教给儿童小学的知识。有的幼儿园提前把小学一年级要学习的内容在幼儿园就教给儿童，以为这样做儿童上学后就不会有什么困难了。事实证明，小学的教育内容有很多不是儿童所熟悉的具体的人和事，而是大量抽象的文字符号。由于其内容与儿童在幼儿园所学内容差距较大，儿童不能或不甚理解，因此在学习中只能较多地采用死记硬背的方法，体会不到学习的乐趣，反而使儿童产生学习是枯燥无味的"苦差事"的错误想法，使他们对学习丧失兴趣，从而影响到他们今后的发展。而且，还有研究表明，提前学过一年级课本的儿童，刚开始上学时，在学习上似乎比别人好一些。但由于老师讲的内容孩子在幼儿园都学过了，这些知识对他来说就没有什么新鲜感了，孩子就会觉得上课没意思，小动作、说话等行为就会多起来，久而久之就会形成上课不注意听讲的坏习惯（给孩子的错觉是不听讲一样能考好成绩，因为学习的内容我都会）。等到功课稍微难一些，他的"老本"也吃得差不多的时候，由于孩子已经养成了上课不听讲的习惯，学习上后劲不足的弱点很快暴露出来，这时再想纠正其不良习惯就很困难了。因此，教育者对幼小衔接的工作内容要有清醒的认识，把幼小衔接工作的重点放在培养儿童的入学适应性上。针对儿童的特点和实际需要，培养儿童适应新环境的各种素质，帮助儿童顺利完成幼小过渡。

案例9-9

小刚初上小学时，感到数学很难。有天在做数学题时，面对5+7的算式一筹莫展。这时，妈妈拿出围棋来，先摆5颗黑的，再摆7颗白的，问小刚："5颗黑围棋了加7颗白围棋子，一共是几颗？"小刚很快就算出是12。接着，利用围棋子做完了所有的题。从此，小刚就像开了窍一样，数学成绩大大提高。有次家长会，老师请小刚的妈妈介绍经验，小刚的妈妈说了这件事，并且说："孩子初上小学，思维比较具体，所以面对完全抽象的数字符号感觉比较困难，摆围棋子的办法就是退后一步，把抽象的算式具体化，孩子由此一点就通了。"

（四）协调幼儿园、小学、家庭和社会的关系，共同做好幼小衔接工作

《纲要》明确指出："幼儿园应与家庭、社区密切合作，与小学相互衔接，应利用各种教育资源，共同为儿童的发展创造良好的条件。"因此，在做幼小衔接工作的时候，幼儿园应充分发掘家庭和社区教育资源的作用，视家庭为"幼儿园重要的合作伙伴"，"本着尊重、平等、合作的原则，争取家长的理解、支持和主动参与，并积极支持、帮助家长提高教育能力"。同时，要建立幼儿园与小学之间的联系，共同搞好衔接工作。

1. 幼儿园方面的幼小衔接工作

（1）与小学定期沟通，了解彼此教育改革工作进程。幼儿园要了解、熟悉小学一年级的教育计划、教学要求、各科大纲和教材的基本内容、具体进度，以便衔接工作的稳定性、一致性。

（2）与小学共同研究大班与一年级之间各项要求的差距，制订出大班搞好衔接工作的具体方案，建立相互衔接的档案袋。

（3）调查以往毕业的儿童在小学的表现，找出衔接不当的问题，研究改进措施。

（4）邀请小学一年级优秀教师与优秀的本园往届毕业生来园座谈，展示一些小学生整洁的课本、作业本以及小学生学习与生活的照片。儿童可以自由观看询问，由小学师生回答。最后，在欢乐的活动中结束。

2. 幼儿园对大班家长的宣传教育

幼儿园要动员家长做好以下几项工作。

（1）心理准备。要求家长带领孩子参观即将进入的小学环境，看看小学校舍、操场、校园、宣传栏和光荣榜，初步熟悉从家庭到学校的路径；和孩子轻松交谈自己的小学经历、有意义的活动和最尊敬的小学老师或讨论小学上课的特点，一些有趣的课程、少先队活动和考试作业中遇到过的困难；鼓励孩子大胆参与新集体，结交新朋友；帮助孩子自制小名片，学写姓名、介绍年龄、生肖、个人兴趣爱好等。

（2）能力准备。训练孩子听闹钟早起早睡，保证睡足 8～10 小时，午睡半小时；安排学习与劳动任务，让孩子学会生活自理，能做简单的家务劳动；训练孩子的自我保护能力，如会管好钥匙，会过马路，会加热饭菜；学会处理意外事故，牢记家庭地址和父母的姓名、工作地点、电话号码等。

（3）学习准备。物质准备以经济、实用为宜。书包的图案、颜色可由儿童选择，文具数量不宜多，避免盲目追求时尚、高档和与人攀比的心态。文具不要玩具化，以免孩子上课分心玩弄。要培养孩子勤俭节约和专心学习的好习惯，书包里除课本、橡皮、垫板、铅笔、铅笔刀、直尺外，还可以提供水杯、手纸等。要使孩子学会有条理地整理书包和管理好学习用品，有意识地让孩子学会按课程表取书，从小养成孩子放置东西整洁有序，爱惜书本和物品，看书、握笔姿势正确，在固定地点认真、专心地看书、绘画等学习习惯。

3. 小学方面的幼小衔接工作

（1）适当调整低年级的课程设置和课时。在一年级上学期，减少语文、数学的家庭书面作业，把思想品德课生活化、活动化，增加兴趣活动小组、语言表演和户外体育活动时间。

（2）改革教材教法，讲究教学实效。教师根据少、精、活的原则，灵活安排教学内容，创造良好的学习气氛，教学形式不拘一格，可采用集体活动与分组学习相结合，调查访问、实验、讨论等方式；学习内容与游戏、表演、音乐活动相结合。

（3）减轻作业负担，开辟多种渠道，发展学生的多元智能。加强多种领域活动之间的横向联系，激发学生广泛的兴趣。例如：音乐活动有歌曲、舞蹈、音乐游戏、打击乐、戏剧表演和演奏乐器等；科技活动有科幻片放映、图片展览、模型制造和实验操作等。

（4）要倡导对儿童的宽容、理解和接受。教师应与学生加强沟通交流，及时抚慰焦虑的心情，用友好的建议、实际的帮助，调动与发挥儿童的主动精神，建设良好的师生关系，而不是居高临下地指导教训孩子。

加强与小学的相互联系，可帮助儿童和家长了解小学的情况，熟悉小学生的学习和生活方式。小学方面也做出一定调整，使家庭、幼儿园和小学形成合力，共同帮助儿童尽快地适应新生活。

思考与练习

一、为什么要做好幼小衔接工作？

二、幼小衔接工作的主要内容有哪些？

三、在做好幼小衔接工作时应注意哪些问题？

四、小学与幼儿园生活存在哪些差别？有人说幼儿园大班以集体教学为主，就能减小"幼小"之间的差别，为儿童入小学做好准备。你认为这种观点对吗？为什么？

五、调查一个幼儿园的儿童入学准备工作，并做出相应评价。

六、拟订一份组织大班儿童参观小学的计划。

第十章　幼儿园与家庭、社区的合作

学习目标

1. 了解家庭、社区在学前教育中的角色与功能。
2. 理解幼儿园与家庭、社区合作的意义与目的。
3. 掌握幼儿园与家庭、社区合作的内容与途径。

本章提要

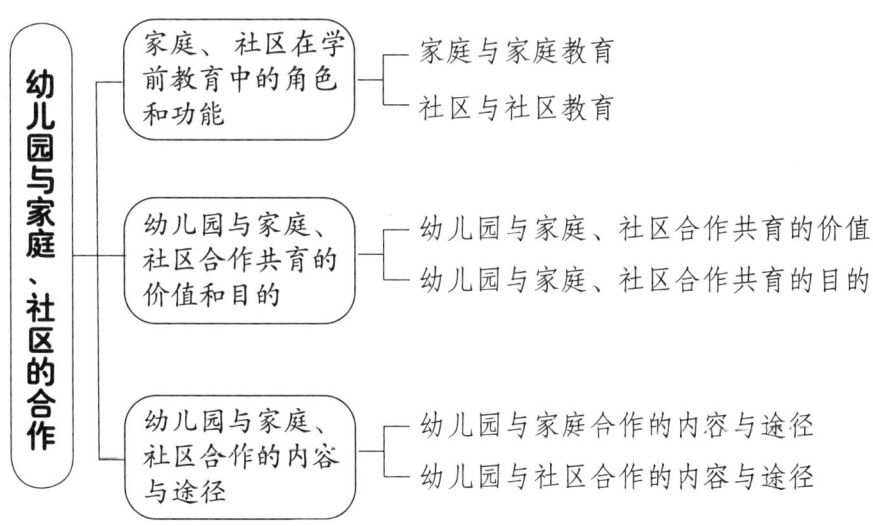

第一节 家庭、社区在学前教育中的角色和功能

儿童自出生后，就生活在一定的家庭和一定的社区中。家庭和社区的各种人和事必然会对儿童的成长和发展产生影响。为了降低来自这方面的负面影响，就需要研究它们是如何发挥影响的，再通过与之合作进行引导和统合，以促成儿童良好的发展。

一、家庭与家庭教育

（一）家庭

家庭是一种特殊的社会组织形式，是社会最微小的细胞，担负着繁衍和养育后代的重要功能。每个个体从一出生就与特定的家庭产生了紧密的联系。这是因为人类的后代在初生头几年相比其他物种来说，是十分脆弱和无能的，离开以家庭为主的照顾将面临夭折的巨大危险。这也就迫使婴儿自其诞生时起就会逐渐与亲近和照顾他的人建立起一种心理学家称之为依恋的特殊而深厚的情感。

（二）家庭教育

家庭教育是指在家庭生活中，由家长（指父母或家庭成员中其他年长者）对子女及其他年幼者实施的教育和影响。

家庭教育对孩子的健康和全面发展有着重要价值。孩子自诞生之日起，就需要依赖家长为他提供生存和身体发育所需要的物质条件，包括温暖而舒适的衣物，睡眠及玩耍的适宜的环境，身体发育所必需的各种营养物质以及抚育者无微不至的关怀和照料。在现有社会结构下，只有家庭能为孩子所有需要的满足提供足够的支持。对生理机能脆弱的新生儿来说，吃、喝、拉、

撒都是大事，能够得到成人无微不至照顾的婴儿会表现出积极的情绪，更乐意探索周围的环境，对新异刺激的反应也更敏感和灵活，而那些被成人忽视的婴儿则会变得烦躁不安，很难安慰或胆小怯懦，害怕新异刺激，不愿与外界交往。父母是孩子人生中的第一任老师，也是最初的玩伴。作为显著的更有能力者，父母通常都会根据孩子的能力与兴趣为孩子提供丰富的与外界环境相互作用的条件与玩具，并在孩子需要帮助时给予恰当而温暖的回应与帮助，这种交往的过程实质是一种社会性和认知能力建构的过程，可以促进其心智功能的发展。此外，儿童良好生活习惯与行为习惯的养成也与家庭教育直接相关。家庭以生活为主要内容，它在为儿童提供发育与成长所需的物质、精神、心理条件时，也在自然地传递一种生活方式，促使儿童形成一定的生活习惯与待人接物的行为习惯。总之，在长期的潜移默化的教养过程中，在孩子身上会留下父母长远的影响，从一个侧面反映了家庭对个体所能产生的影响和家庭教育的重要价值。

小资料10-1

父母应如何帮助孩子保持心理健康

一、要为孩子创设良好的家庭环境

孩子在和睦友爱的生活环境中，即使没有优越的物质生活条件，也能心情愉快、活泼自如，良好的家庭气氛有利于开展各种有益的活动和充分发挥其潜能，促使孩子的身心健康。

二、要尊重孩子，不能随意戏弄和打骂

父母应尊重孩子的人格，把他看成是家庭成员中具有一定自主性的成员，允许他有自己的愿望和兴趣。不可把孩子当作自己的附属品，随意戏弄和打骂。

三、要鼓励、支持孩子和同伴交往

通过各种途径让孩子接触社会，结交朋友，这样有利于孩子形成活泼、开朗、大方的性格，防止羞怯、自卑、孤独等心理的产生。

四、给孩子适度的爱

对孩子的缺点，应实事求是地加以分析、开导；对孩子的要求不能过高过急，有点滴进步就应肯定和鼓励，以增强孩子的自信心。

五、要保障孩子的身体健康

健康的心理来自健康的身体。健康的身体来自于充分的睡眠、合理的营养、适度的运动。有研究表明幼时脾胃较弱的孩子，在成长过程中容易出现精神方面的问题，如强迫症、多疑、焦虑等。保护孩子的脾胃首先要从给孩子吃温软易化的食物，不喝各式碳酸饮料，少吃零食和油炸食品做起。保障了孩子脾胃的正常运转，可以使孩子少生病，因而能够健康成长。

（三）家庭教育的特点

家庭与其他教育机构的根本差异在于它是建立在血缘关系基础上的，而不像作为社会机构的教育机构是建立在某种契约关系基础上的。这种个体无法自主选择，由先天决定的血缘关系使家庭教育呈现出以下显著特征。

1. 家庭教育具有亲情性

由血缘关系产生的亲情使父母爱孩子通常是无条件的，而孩子在与父母的朝夕相处中也会对父母自然而然地生发出一种深深的依恋之情。这种强烈的爱一方面可以使父母对孩子的教育相对容易进行，而另一方面可能会使父母形成对孩子的溺爱。当孩子出现不恰当行为时或者觉察不到，或者放任纵容，这是家庭教育需要警惕的。

2. 家庭教育具有随机性

父母与孩子在一起的时间很长，特别在生命的最初几年，父母与孩子只要条件允许可谓是形影不离，父母对孩子的教育由此可以随时进行，父母可以在孩子一日生活的各个环节与情境中发现教育契机，对孩子施加影响，促使孩子形成或改变一定的行为习惯、道德品性与审美情趣。因此，家庭教育与家庭生活相伴随,在内容与方法上具有较大的灵活性。父母对子女教什么,怎么教,受家庭成员的思想观念、知识水平、心理状态、时间条件、经济水平、家庭生活方式等的影响,具有随机性。

3. 家庭教育具有连贯性

父母作为成年人,一般有着成熟的心智与稳定的世界观、人生观,他们会根据自己的生活经验与成长经验确定自己的教育观与教育方法,并在与孩子相处时自觉或不自觉地加以实施。家庭教育的这种连贯性有助于孩子预期父母的教育行为而主动调整、规范自己的行为,但是容易形成家庭教育的惰性,特别当父母与孩子关系紧张时容易产生亲子冲突甚至对立,使孩子觉得父母不够理解自己而产生强烈的叛逆、对抗心理。

4. 家庭教育具有复杂性

现代家庭以父母为核心外,通常还有祖辈成员。在对孩子的教育上,父母与祖辈一般会有不同的看法与主张。与此同时,父亲与母亲由于各自的文化背景与成长经历的差异,也会在教育孩子的问题上存在或大或小的分歧。这种复杂性可说是丰富了家庭教育的内涵,长辈之间意见的分歧为寻找适合孩子的教育方式提供了多种可能性,但是容易导致家庭成员之间的矛盾,削弱家庭教育的力量。因此,长辈之间最好能在家庭教育的原则与方式上达成一致意见,相互配合,以加强家庭教育的效果。

5. 家庭教育具有渗透性

家庭教育对孩子的影响渗透在点点滴滴的日常生活琐事中,通过与父母及其他家庭成员的交往与活动,以及家庭成员的言谈举止、待人接物、劳动与生活方式等来实现。

小资料 10-2

作为孩子的启蒙老师,父母对孩子的成长起着举足轻重的作用。由于望子成龙心切产生教育偏差是家庭教育中存在的主要问题。通常在家庭教育中会出现以下几种不同的教育类型。

溺爱型

对子女过分娇宠，不论经济条件是否允许，无原则地满足子女生活上的要求和欲望。对子女的言行没有严格的要求和必要的约束，孩子做错事时，父母总是寻找客观原因，对孩子的散漫、无理取闹等不良行为不及时纠正管教，无原则地宽容甚至庇护。受这种教育影响，孩子以自我为中心，固执、任性，甚至蛮不讲理。

管制型

教育方法简单粗暴，对孩子提不切实际的要求，强迫孩子按父母意志办事，不许有差错，遇到孩子犯错误时，就不断地训斥、说教、揭短、甚至打骂。对子女正当、合理的要求不支持，一律父母说了算，从不允许孩子提出意见，不允许孩子申辩，父母自己有错或失误时，也不肯做自我批评。这种教育使孩子和父母关系紧张，孩子胆怯、消极，或执拗、冷酷无情、粗暴，有时孩子还会当面一套，背后一套，有说假话的恶习。

放纵型

对子女放任自流，有关子女的学习、生活不关心，不具体管理，总强调自己工作忙，没时间，所以对孩子的情况很少过问，对孩子的表现采取漠视的态度。这种教育，使孩子性格孤僻、冷漠，因得不到家庭温暖和具体帮助，容易染上不良习气。

合理型

对子女按照教育原则进行合理管教，精心培育，爱而不惯，尊重信任；严而不苛，民主平等；注意循循善诱，启发培养，又能放手让孩子发挥积极性。这种教育使父母与子女关系密切、情感交融，使孩子成长正常，优秀品质易于形成，家庭充满和睦、乐观、愉快的气氛。

以合理的方式教养孩子是家长的责任，也是孩子将来在社会立足的基础。为此，年轻父母应该以身作则，经常反思自己的言行，调整对孩子的教养方法，要持续不断地逐渐培养孩子的独立性，教会他独立生活所需的技能，包括保护身体健康和安全的技能。既要培养孩子的聪明才智，又要培养孩子做人的好品格；既要给孩子确立一定的做人和做事的规矩，又不能过多干预。俗话说：十年树木，百年树人。父母需要充满慈爱，不断克服家庭教育中存在的弊端，才能成功养育自己的后代。

二、社区与社区教育

（一）社区

社区指人们聚集生活的一定区域，但它不是简单地缘意义上的群居关系，也就是说不是一群人聚集生活在一起就构成一个社区，而是指一定地域内，由共同文化、共同社会心理、共同生活环境和相互关系的居民所形成的人口群体。社区中的居民认同并遵循基本的行为规范与道德准则，邻里之间的熟悉使社区舆论对其居民有着直接的约束和导向作用。可以说，一个成熟的社区通常是一个微型的小社会，有其深厚的历史与错综复杂的邻里关系，既受外界大环境的影响，同时有着自己的行为逻辑与价值判断标准。

（二）社区教育

社区教育是把教育置于一定区域的社会政治、经济、文化的大背景下，以地区为依托，组织和协调社会各方面的力量，发挥各自优势，共同办好教育的新形式①。它是全员教育，即社区的每一个人都积极参与教育，每一个人既是教育者，又都是受教育者；它是全程教育，即一个人从出生到死亡，都接受社区的教育影响；它是全方位教育，即学校教育、家庭教育、社会教育都在社区汇聚，交互影响。

社区教育对儿童的成长具有深远影响。社区是儿童从一出生就接触的社会环境，也是对儿童最早产生影响的、家庭之外的外部环境。社区舆论承载和体现的价值观、道德观等必然会对儿童产生潜移默化的影响，使儿童在不自觉中接受和内化这些观念。社区的文化、习俗，社区成人的活动，社区的自然环境，以及儿童在社区生活过程中与不同职业、不同性格与兴趣、不同

---

① 梁春涛、张秀岩：《社区教育面面观》，北师大出版社1991年版，第68页。

文化水平、不同年龄的人互动中产生的经验，形成的态度与价值观念等，对人的一生都会有深远影响。

（三）社区教育的特点

1. 社区教育具有渗透性

社区并没有专门的教育机构对儿童施教，它对生活于其中的成人与儿童产生影响采取的是非正式的渗透式教育，如社区宣传、社区舆论、社区活动等，其中最主要的是社区舆论。这种非正式的评价总是体现了社区居民对某些价值取向的赞赏态度和对另一些价值取向的排斥。例如：社区居民通常会议论谁家的孩子如何聪明会读书，谁家的孩子只会调皮捣蛋。这无形中就是以读书好坏作为评价孩子的重要尺度。无论这种观点正确与否，它都会对儿童及其家庭产生影响，不自觉地接受这种看法，并以此评判自己的行为。

2. 社区教育具有广泛性

由于社区主要因人们的生活需要而形成，通常有着各种便利的生活设施，在吃、穿、住、行、用等方面已形成较为完备的服务网络。儿童在社区生活中很早就可以感知和接触不同行业的劳动者，体验人们之间相互依赖的关系，促使其社会认知、社会情感与社会行为全面发展。

3. 社区教育具有随机性

社区教育作为非正式的教育方式，没有专门的教育内容与教育者，对儿童的影响虽说无处不在，但也是通过生活，即利用发生的事情作为教育契机来实现的。也就是说，社区教育也是非系统的教育，具有随时可能发生的特性。

4. 社区教育具有复杂性

社区虽然有着其居民共同认可和遵守的基本的价值观、道德观与行为方式，但这些观念并一定是所有成员都认可的，即便认可，其重视和遵守的程度也可能在居民之间差异很大，更何况社区舆论并不总是正确的。这就使社区教育也不是铁板一块，其对儿童的影响有可能是积极的，也有可能是消极的。

5. 社区教育具有区域性

社区教育是在一定地域范围内进行的,具有明显的地域特征。本社区的教育资源条件、价值观念、文化习俗、道德风尚、知识储备等会对本区域包括儿童在内的所有人员产生影响。

第二节　幼儿园与家庭、社区合作共育的价值和目的

幼儿园与家庭、社区的合作共育又称"家园共育",是指家庭、幼儿园和社区作为促进儿童发展的主体,在相互尊重、了解、支持的基础上,密切配合,充分利用各方的教育资源,努力实现儿童全面发展的教育过程。

幼儿园与家庭、社区的合作共育既是一种教育措施,也是一种现代教育观念,即儿童的全面发展不是家庭或者幼儿园单方面能够完成的,需要家庭、幼儿园和社区的共同努力。

小资料10-3

自我概念理论①

美国学前教育专家埃斯萨(Eva L. Essa)等人提出的自我概念(self-concept)理论指出:儿童生活的环境是由家庭、学校、社区这三个同心圆组成的;最靠近儿童的同心圆是家庭及其成员;第二个同心圆是学校及其朋友;最外面的一个同心圆是社区及其社区帮手。

埃斯萨认为:家庭、学校、社区中的成人之间,成人与儿童之间的关系

---

① 转引自李生兰:《幼儿园与家庭、社区合作共育的研究》,华东师范大学出版社2003年版,第5页。

对儿童发展至关重要；儿童的学习范围是从自己（如身体）、家庭（如家庭成员）扩展到学校（如教师和朋友）和周围的社区环境的（如社区及社区中的工作人员）。儿童随着年龄的增长，会越来越对其所生活的社区及社区是如何运作的感兴趣。家庭、学校、社区的密切合作有助于儿童形成积极的自我概念。

协同理论①

"协同"一词来自协同学。协同学是由德国著名物理学家哈肯（Hakan）创立的一门系统科学的分支理论。它专门从系统演化的角度，研究自然界和人类社会各子系统在物质、能量、信息作用下产生非线性相互作用而形成协同效应的机理与规律。"协同"思想是现代系统论中的一个重要观点。

协同理论的核心概念是"协同效应"，是指在复杂系统中，各要素之间存在着非线性的相互作用。当外界控制参量达到一定的阈值时，要素之间的互相联系、相互关联占据主导地位，而要素之间的相对独立、相互竞争得到有效消解，表现出协调、合作，整体效应得到增强。系统从无序状态走向动态有序状态，即"协同导致有序"。它具有协作性、整体性、动态性及反馈性四方面的特征。

协同理论的本质特征是自组织理论，是指从旧结构向新结构的转变，旧的平衡或不平衡状态向平衡状态的转向的机理，揭示了客观实践从无序到动态有序的内在规律。

家园共育是一种经常、全面的伙伴性质的合作活动。家长要积极参与到幼儿园教育之中，为幼儿园教育提供必要支持。幼儿园要对家庭教育予以指导，并引导家长参与到幼儿园教育中来，社区要提供必要的环境支持和相关服务。家园共育的对象是儿童，最终目的是促进儿童的全面发展。

---

① 林培森、袁爱玲：《学前协同教育概论》，载于《学前课程研究》2007年第三期。

一、幼儿园与家庭、社区合作共育的价值

幼儿园与家庭、社区合作共育是我国学前教育事业依法、依规治教的需要，是使家庭、社区和幼儿园的教育形成合力，充分发挥学前教育的整体功能，促进儿童全面发展的需要，也是推进我国学前教育与国际接轨，进行学前教育改革，促进学前教育科学化、国际化的需要。

（一）有利于学前教育政策法规的贯彻执行

改革开放以来，我国政府颁布了一系列学前教育的政策与法规，明确提出幼儿园必须与家庭、社区相互配合，以提高教育影响的一致性和有效性。国务院1992年发布的《九十年代中国儿童发展规划纲要》中就明确提出："发展社区教育，建立起学校（幼儿园）教育、社会教育、家庭教育相结合的育人机制。"国家教育委员会在1996年颁布的《规程》中提出："幼儿园必须主动与幼儿家庭配合，帮助家长创设良好的家庭教育环境，向家长宣传科学保育、教育幼儿的知识，共同担负教育幼儿的任务。""幼儿园应密切同社区的联系与合作，宣传幼儿教育的知识，支持社区开展有益的文化教育活动，争取社区支持和参与幼儿园建设。"2001年，教育部颁布的《纲要》中指出："幼儿园应与家庭、社区密切合作"，"综合利用各种教育资源，共同为幼儿的发展创造良好的条件。"2003年3月，国务院办公厅转发了教育部等10个部门关于幼儿教育改革与发展的指导意见，指出："幼儿园要与家庭、社区密切合作，要充分利用幼儿园与社区的资源优势，面向家长开展多种形式的早期教育宣传、指导等服务，促进幼儿家庭教育质量的不断提高。"2012年，为指导幼儿园和家庭实施科学的保育和教育，促进儿童身心全面和谐发展，教育部印发《指南》，在印发的《通知》中指出：要"加强社会宣传。要充分发挥学前教育教科研机构和幼儿园的专业优势，发挥各种大众传媒的作用"，"广泛宣传《指南》的教育理念和教育方法，提高广大家长的科学育儿能力，实现家园共育。"可见，幼儿园与家庭、社区合作共育是贯彻学前教育政策法规的需要。

（二）符合现代学前教育发展趋势

幼儿园与家庭、社区合作是国际社会的共识，是当前世界学前教育改革与发展的一大趋势。联合国教科文组织认为:"加强学校和地方社区的联系就成了使教育和其环境相依为命发展的主要方法之一。"① 世界学前教育组织(OMEP)和国际儿童教育协会(ACEI)在1999年瑞士召开的"21世纪国际幼儿教育研讨会"上,通过了《全球幼儿教育大纲》。这个大纲指出:幼儿的成长和教育是"家庭、教师、保育人员和社区共同的责任。在家庭和社区里,所有成员应共同为儿童的利益创造良好的条件。"② 教师要和家长"就儿童的成长以及和儿童家庭有关的问题,经常进行讨论、交流。教师要和心理学工作者、社会工作者、健康卫生人员、工商人员、公共服务机构、学校、宗教组织、休闲娱乐机构等建立合作关系"③。

世界各国政府都非常重视将学前教育融入家庭与社区之中,注意发挥家庭和社区对学前教育的积极影响。日本在《第三个幼稚园振兴计划(1991—2000年)》中,要求各幼稚园逐步起到社区幼儿教育中心的作用,向家长传播科学育儿的知识,加强幼儿园与家庭之间的联系与合作。④ 美国在1997年颁布的《5~8岁儿童适宜性发展教育方案》中,强调幼儿园要充分利用家庭和社区资源对儿童进行教育,促进儿童在体力、认知、情感、社会性、语言、审美等方面的最佳发展。⑤

因此,关注幼儿园与家庭、社区合作共育,是顺应世界学前教育发展趋势的需要,能促进我国学前教育的现代化。

(三)扩展教育资源与教育空间,形成教育合力

1. 幼儿园与家庭合作,可以促进家园共育

家庭对儿童的影响是无处不在、无时不在的。父母是孩子的第一任老

---

① 联合国教科文组织总部中文科译:《教育——财富蕴藏其中》,教育科学出版社2006年版,第144页。
② 李毅译:《全球幼儿教育大纲》,载于《幼儿教育》2001年第4期,第6页。
③ 李生兰著:《幼儿园与家庭、社区合作共育的研究》,华东师范大学出版社2003年版。
④ 方明、晨云:《家园共育:世界幼教改革的大趋势——也谈幼儿教育现代化》,载于《学前教育研究》1998年第8期。
⑤ 参见李生兰著:《幼儿园与家庭、社区合作共育的研究》,华东师范大学出版社2003年版。

师，同时也是终生的老师。在接受幼儿园教育之前，儿童就已经接受了家庭教育的深远影响；在接受幼儿园教育时，儿童同时也在受着家庭教育的深刻影响；在结束幼儿园教育时，儿童还将继续接受家庭教育的一贯影响。家庭教育从儿童出生时起产生，并将伴随儿童的一生。无论何种伟大的教育机构，也无论哪个伟大的教育家，都不可能与家庭教育抗衡。

幼儿园教育与家庭的合作，可以增进家长与教师之间的相互了解，解决两者之间从教育观念到教育行为等方面的冲突，促进家庭教育与幼儿园教育的一致，从而做到家园合作共育，增强对儿童的正面引导，提高教育效果。相反，幼儿园教育不与家庭合作，只会削弱幼儿园教育的积极作用，因而不利于孩子的发展。为了促成儿童的健康成长，幼儿园应当也必须主动与家庭合作，以形成教育合力，共同推进儿童的和谐发展。

2. 幼儿园与社区合作，可以扩展教育资源与教育空间

幼儿园作为教育服务机构，其产生主要就是为了满足社区居民对其年幼子女教育的需要。这也就是说幼儿园本来就存在于一定社区之中，是社区生活必不可少的部分，与社区合作是幼儿园发展的必然选择。

幼儿园与社区合作，可以充分挖掘社区丰富的教育资源，使社区各种不同职业、兴趣与经历的社会人士，社区的图书室、公园、超市、医院、各种设施和各种生产、生活和文化艺术活动等社会资源，以及社区的山丘、小河、花鸟鱼虫等自然资源都成为教育孩子的资源。扩展了幼儿园教育的空间，为儿童提供更大的活动空间，同时也可节省幼儿园在硬件方面的投入。幼儿园还可以利用社区有意义的文化活动，社区对家庭教育的引导，社区人们对孩子的一致而正面的要求，社区的舆论等，促进儿童的健康而全面地发展。

3. 幼儿园与家庭、社区的合作共育，有利于扬长避短，形成教育合力

学前教育是基础教育的重要组成部分，是学校教育和终生教育的奠基阶段。家庭教育是儿童教育的起点，决定着儿童价值观的原始取向，但是很多家长缺乏儿童教育的科学知识和素养，对家庭教育的重要性认识不足，加之

缺乏足够的时间、精力和耐心等，使家庭教育存在诸多的局限。幼儿园教育具有系统性、科学性，教师具有相对专业的学前教育知识和经验，对儿童的身心发展特点了解较全面，能实施相对科学的学前教育，但是现行的班级教学使得幼儿园教育无法顾及每个儿童的特点，因材施教存在困难。同时，教育资源的单一和分配不均使幼儿园教育存在局限。其他社会机构中存在着诸多的教育资源，如社区的文化环境、媒体的传播力量等，但是这些教育资源很少被利用。因此，开展家园合作，开发社区的教育资源，加强各方的联系和沟通，多方合作，能够克服家庭教育和幼儿园教育的缺陷，更好的促进儿童的全面发展。

幼儿园作为正规、系统的教育机构，只有充分发挥本机构学前教育专业人员的作用，主动与家庭、社区合作，积极引导家庭与社区对儿童发挥正面影响与促进作用，抵制并克服其不良影响与消极作用，才能在充分发挥家庭教育、社区教育的优势的同时，最大限度地发挥正规教育的优势，建立家庭、幼儿园、社区三位一体的共育机制，形成教育合力；才能使幼儿园与家庭、社区共同为儿童健康、快乐成长提供外部支持与保障，发挥学前教育的整体功能。

二、幼儿园与家庭、社区合作共育的目的

（一）增进家庭和社区对幼儿园的了解

幼儿园与家庭和社区合作，可以使家庭与社区了解幼儿园，了解儿童的在园生活与教育状况，促使家庭与社区形成对幼儿园的接纳态度，实现家、园、社区的和谐与融洽。

了解是合作的前提。幼儿园与家庭、社区合作首先意味着幼儿园要敞开大门办教育，欢迎并让家庭与社区有机会充分了解幼儿园，了解儿童在幼儿园的一日生活与教育状况。只有家长和居民了解了幼儿园的办园实际，知悉了幼儿园办园的成绩与困难，看到了孩子们在幼儿园的实际表现与教师的真诚付出，才会消除对幼儿园的陌生感，肯定幼儿园教育的价值，形成对幼儿

园的接纳态度。幼儿园也才有可能真正融入当地社区生活，成为人们关注和关心的对象，并在一切为了孩子的共同价值追求下实现三者的和谐与融洽。

（二）获取家庭与社区对幼儿园的支持

家庭与社区虽然是非正规的教育机构，但从孩子一出生就开始对其产生深远的影响，具有幼儿园教育无法取代也无法阻挡的优势。幼儿在家庭与社区度过的时间总是长于在园的时间，如果家庭、社区教育与幼儿园教育相违背，只会抵消幼儿园教育的作用，甚至威胁幼儿园教育作为一种正规教育的权威性。与家庭、社区的合作是保证幼儿园教育顺利进行的前提。家庭与社区有着丰富的教育资源与教育空间，能为幼儿园教育资源与空间的不足提供很好的补充。幼儿园主动与家庭、社区合作，就是要善于激发家长与居民参与早期教育的兴趣与信心，充分挖掘并利用这些丰富的园外资源，为儿童的成长提供更为广阔的探索空间与交流机会。

（三）促进幼儿园对家庭教育和社区教育的引导

幼儿园作为正规的教育方式与专门的教育机构，必须掌握学前教育的基本原理与规律，才能展开有益于儿童身心健康发展的教育实践。这就意味着幼儿园必然要按照教育科学与教育规律办教育，而不可能像家庭教育那样主要凭借经验进行，或像社区教育那样主要凭借舆论间接进行。这就使得幼儿园在教育科学理论的掌握与运用水平上高于家庭与社区。这种差异使幼儿园在与家庭、社区合作时，必须围绕促进儿童发展，承担引导者的责任与义务。幼儿园必须向家庭与社区宣传和普及科学育儿知识，并通过学前教育专业化的要求，引导家庭教育和社区教育的方向，同时提高家长与社区居民对学前教育的正确认识和理解，反过来又会进一步加强他们与幼儿园的合作。幼儿园、家庭、社区三者互相支持与合作，形成合作共育，共同促进儿童的发展。

（四）增进儿童对家庭与社会的认识

与家庭、社区合作的根本目的都是为了更好地促进儿童身心健康、和谐全面的发展。利用家庭教育的血缘特征，幼儿园可以更好地引导儿童认识与父母、祖辈的亲密关系，养成尊老爱幼的积极情感。利用社区教育资源，幼儿园可以更好地引导儿童认识家乡与各个阶层的劳动者，培养儿童爱家乡、爱祖国和爱劳动的高尚情操，并激发儿童从小关心环境、关心社会的责任感和对社会公共生活的兴趣，促进其对社会公平与民主的理解，萌发并发展社会公民意识。与家庭、社区的合作由此必然包括儿童通过幼儿园这种有组织、有系统的教育途径，更深刻地理解人与环境，与他人的共生关系，从而对其归属感与自我意识的发展产生积极影响。

第三节 幼儿园与家庭、社区合作的内容与途径

一、幼儿园与家庭合作的内容与途径

（一）幼儿园与家庭合作的内容

由于家庭是儿童出生就生活于其中的微观社会环境，父母是儿童生命和成长过程中的重要他人，对个体的影响深远而全面，这就决定了幼儿园与家庭的合作应尽可能全面而深入，而不能仅仅停留在一般相互了解的水平。具体来说，为了使儿童能获得一个内外一致、充满爱与关注的成长环境，幼儿园与家庭应广泛而认真地开展如下方面的合作。

1. 主动向家长了解孩子出生、成长的情况和个性特征

这是家园合作的基础内容。由于儿童在上幼儿园之前就已经从其生活的家庭环境中获得了重要的生活经验以及初步的行为习惯、道德品质与生活方式的培养。幼儿园若想利用家庭教育好的影响或抵制其消极影响，就需要对儿童进入幼儿园之前的情况有一个全面了解。而家长也应主动向幼儿园提供尽可能详细的关于儿童出生与成长的生活资料与细节，帮助幼儿园尽快形成对自己孩子的正确判断与评价，从而协助幼儿园教育的顺利开展。

儿童出生的情况会对其以后的发展产生重大影响。例如：剖腹产的孩子与自然顺产的孩子相比，更有可能出现感觉统合失调，从而更加需要后天对其身体各种感觉的刺激与运动机能的训练；在出生时出现过窒息的孩子，有可能出现大脑发育障碍，从而更加需要后天及早的干预与支持性锻炼；早产的孩子相对来说身体素质要差一些，身体免疫力比较低，容易感冒生病，从而更加需要成人细心照顾。特殊背景出生的孩子，如其母亲为单亲母亲，为逃避计划生育而到处躲躲藏藏的母亲，工作压力比较大的职业母亲，超过35岁以上的高龄产妇等，都有可能因母亲焦虑、烦躁不安、压力过大或身体机能方面的原因而受到不良影响，在出生时有智力或身体上的缺陷，从而更加需要成人与同伴的理解、接纳与帮助。

以3岁入园为例，在孩子入园前一般先有3年的家庭生活经验。在这人生最初的3年里，受其家庭喂养方式与教养方式的影响，一般已经形成一定的生活习惯、行为习惯及待人接物的基本态度与方式。对孩子来说，也通常建立了与某些家庭长辈的特殊依恋关系与情感。相比之下，他们不仅更加依赖这些成人，而且愿意听从这些成人的教诲。例如：从小由祖辈带的孩子和由父母亲自带的孩子，各自形成的依恋对象可能就不同，而与之分离会使孩子产生分离的焦虑；在溺爱中长大的孩子与在关爱中长大的孩子相比，前者更有可能出现很多发展上的不良表现，如任性妄为、好吃懒做、不尊敬长辈、不愿与人交往等；在有家庭暴力的环境中长大的孩子，可能言行简单粗暴、攻击性强、自我克制力差等。此外，随着环境的日益恶化，身体容易出现过敏症状的孩子越来越多，这也需要幼儿园从孩子家庭那里事先了解一些情况，以便妥善安排这些孩子的起居和饮食。

每个儿童自其出生时起，受其先天气质和后天家庭教育的影响，就会表现出一定的个性差异，如有的儿童在气质类型上属于典型的胆汁质，相对来说，就会脾气暴一点、性子急一点，而属于典型黏液质的儿童则会性子慢一些、行动缓一些。有的父母做事很干脆、利索，其孩子就有可能形成做事果断的风格，而有的父母做事很拖沓、不勤快，其孩子就容易形成懒散随意的做事风格。有的孩子会表现出明显的特殊才能，如音乐、舞蹈、绘画等方面，从而可能会对幼儿园某些领域的教育教学更感兴趣，同时对这一领域的幼儿园教育教学提出更高的要求。

如果幼儿园不了解这些情况，不考虑孩子的特殊性就很有可能会盲目责备孩子，从而使儿童自尊心、自信心受到打击，会惧怕、排斥幼儿园。这对幼儿园来说不仅意味着生源的丧失，更是一种教育信誉的损害，其作为正规教育机构存在的合理性必然会受到质疑。总之，了解儿童出生及成长的情况，了解儿童的个性特征与其家庭生活是幼儿园有效教育的前提与基础。

2. 保障家长的知情权，让家长了解儿童在园的一日生活及其具体表现

在幼儿园向家长尽可能全面了解孩子情况的同时，家长也很希望了解幼儿园的教育情况及其孩子在幼儿园生活和学习的状况。因此，家园合作的第二项重要内容就是幼儿园要通过多种途径向家长宣传和解释幼儿园教育的理念与遵循的基本原则，使家长明白教育建立在孩子发展规律之基础上的重要性，并激发家长了解孩子发展规律与个体差异的兴趣，从而使家长能够通过幼儿园加深对自己孩子的理解，改正或放弃以往形成的偏见，公正客观地看待自己孩子的优点与缺点，不再盲目与其他家庭的孩子相比较，不拔高自己的孩子也不贬低自己的孩子，并知道该如何在家庭教育中继续延续幼儿园的教育理念与原则。

与此同时，幼儿园还应想方设法让家长充分了解和熟悉儿童在园的一日生活，这样做不仅可以使家长放心，而且可以促使幼儿园更好地自我规划、反省与监督，加强细节管理，使幼儿园教育与管理水平更上一个台阶。幼儿园要有勇气公开有关儿童在园的一切活动，从家长关心的孩子饮食、起居状况，到教育教学过程与结果，争取家长最大限度的支持。这不仅可以使家长感受幼儿园工作的严谨与早期教育的重要，更能激发家长参与和支持幼儿园教育的责任感与荣誉感。

3. 保障家长的参与权，让家长参与幼儿园管理决策与监督

作为一种正规的教育机构，幼儿园有其特定的组织架构与制度。幼儿园

自身的管理与建设是制约其发展的内因。在倡导管理民主化与以人为本的今天，幼儿园管理应当实现内部管理的民主，给予教职员工更多参与幼儿园决策与发展的机会和人性化的关怀，通过调动教职员工的主人翁精神与责任感，将幼儿园自身的力量团结起来。同时，应当实现与外界交流的民主化与制度化，其中最重要的就是实现与家长交流、合作的民主化与制度化。尽管家长相对来说缺乏学前教育的科学理论与方法，但这种缺乏不会也不可能阻挡家长对自己孩子的关心、期待与投入，而且父母的这种投入是无条件的，任何他人与组织都无法取代。幼儿园应当从环境建设到师资队伍建设，从饮食卫生、安全制度到儿童生活起居安排等都应当广泛地听取来自家长的意见与建议。

家长参与幼儿园管理主要体现在决策与监督两个层面。从决策的层面来说，家长参与有助于实现幼儿园决策的科学化。决策本就是一个博弈的过程，需要管理者综合考虑各种利益关系与影响因素，根据当时的条件做出最优的选择。例如，幼儿园通常都会按照成本从家长那里收取一定的保教费，对如何使用这笔费用，家长作为直接的买单者应有知情权和参与决策权，以保证幼儿园按照有关规定与文件将适当的比例用于幼儿园教育投入，包括为本园儿童购买数量充足的玩教具、图书、多媒体资料等。儿童天性爱玩，幼儿园教育也提倡以游戏为儿童的基本活动，但游戏的开展离不开游戏材料的支持，除了可以利用废旧物品与当地自然资源外，儿童需要有数量充足的结构、半结构或非结构型的游戏材料，像积木、积塑、沙土等都是儿童持久感兴趣的游戏对象。在幼儿园教育逐渐走向市场的今天，愿意或能够坚持原则，将适当比例的经费投向儿童学习材料准备的幼儿园可能减少。如果家长能参与其重要经费使用的决策，要求幼儿园公开经费使用总体情况，将有助于改变这种不良现象，使幼儿园教育回归教育的本质，真正实现一切为了孩子。

从监督的层面来说，家长参与有助于幼儿园管理的人性化建设与完善，这主要表现在以下两个方面。

(1) 作为一个有自身利益的组织，幼儿园在管理与建设过程中难免会出现仅从效率与方便角度出发而采取的举措，如统一孩子接送的时间，统一孩子饮食与睡眠的时间，甚至统一孩子的着装与书包样式等。这些统一有的有其保证效率的积极意义，有助于培养儿童对幼儿园的认同感，但主要是为了方便幼儿园的管理，未能真正从儿童需要出发来考虑儿童自然而合理的个别需要。家长对自己孩子的了解可以弥补幼儿园在这些方面的不足，给幼儿园提供更为合理与恰当的改进建议。例如，有些孩子因为精力旺盛而不愿意睡午觉，但幼儿园为方便管理则要求所有孩子同一时间睡午觉，而且对起床的时间也做了统一规定。此时，家长的介入就很有必要。幼儿园应当认真听取家长的反映，对其生物钟属于早睡早起型的孩子给予特别关爱，不强求其睡午觉，而改为玩一些安静的室内游戏。因为这类孩子不是因为顽皮而不肯睡午觉，而是他每天在家的睡眠时间已经充足，如果幼儿园再强行要求他睡午觉，只会干扰其生物钟，不利于其自身生理机制的发展与完善。

(2) 幼儿园在其管理与建设过程中难免会存在疏漏，尽管制度可以定得万无一失，或设想很好，但在实施过程中因各种因素的影响而出现偏差是很常见的事情。家长因对孩子的高度关注可能会发现这些疏漏，可能对完善幼儿园管理做出意想不到的贡献。例如：尽管幼儿园有很完备的安全责任制，要求对幼儿园内的娱乐设施进行定期检查与专门维护，但受时间、季节、材料、场地等多方面因素影响，各种设施可能出现的老化与安全隐患不是负责人能完全掌控的，而家长则可能会在离园时间陪伴孩子玩耍时发现这些安全隐患，可以及时向幼儿园反映，避免可能发生的悲剧。

4. 在幼儿园课程建设中吸纳家长的意见，并充分利用家长的教育资源

(1) 吸纳家长参与幼儿园课程建设。幼儿园教育的目标必须通过适宜的课程来实现。各幼儿园要依据教育部颁发的课程指导性文件《纲要》，参照《指南》，在考虑自身条件与资源的基础上，构建具有本园特色，符合本园实际的园本课程。这就意味着幼儿园必须开展有关课程开发、实施与管理方面的工作，并努力提高自己构建园本课程的水平。家长在儿童入园之后仍然是

影响其发展的重要他人,这一重要地位决定了幼儿园在构建园本课程时应该考虑家长的意见,才能协调幼儿园教育与家庭教育可能存在的差距,使幼儿园课程在考虑儿童个别差异时能有更为充实的依据,而家长对幼儿园课程的理解也将更为全面与长远,明白不同领域教育内容选择的意义与对儿童发展的价值,而不再仅仅局限于儿童在阅读、算术等方面的学业表现。另外,家长们通常有着不同的职业与经验背景,有着广泛的社会关系与社会资源,本来就是幼儿园可以利用的重要教育资源。因此,让家长参与幼儿园园本课程的建设,不仅有助于吸纳家长的意见,更有助于充分挖掘家长的资源,而推动家长加入幼儿园课程的构建和实施过程必然会进一步加深和加强家长对幼儿园教育的理解与支持,有利于幼儿园课程建设。幼儿园可以在确定课程目标、选择课程内容、实施课程方案、评价课程效果等方面充分听取家长的意见与建议。

(2)借助家长,准确定位具体的课程目标。幼儿园在确定课程目标与选择课程内容时,需要了解儿童的已有经验与发展水平。教师除了可以利用平常教育教学的机会观察儿童,与儿童交流,以对儿童原有经验与水平有所了解外,还应当重视向家长了解儿童在课程所涉及具体主题上的表现与经验,了解家长曾为孩子购买和阅读过哪些相关的书籍或光盘,曾带孩子参加过哪些相关的活动,曾与孩子讨论过与这一主题相关的哪些话题等。由于孩子从家庭获得的经验具有无意识获得与兴趣驱动的特征,这些经验会成为孩子接受新事物的背景知识和前科学概念,不仅影响儿童对概念的正确认识,而且影响儿童对待事物的态度与情感。例如,一个来自父母有洁癖,经常被父母要求保持双手干净清洁的孩子,对幼儿园探索蚯蚓、蜗牛之类动物的主题必然不仅不感兴趣,而且会因厌恶这些动物存在状态对之加以拒绝。这时,教师确定的课程目标就不应简单地仅仅定为认识这些动物外形特征与生活习性的认知类目标,而应把改变儿童态度,使之对大自然产生亲近的情感定为首要目标。相应的,在选择课程内容时,不仅仅要引导儿童认识这些动物的生物学特征,更要首先进行有关动物与环境、动物与人之关系的问题讨论,使儿童从心理上排除对这些动物的嫌恶之感。否则，即便儿童可以认识蚯蚓与蜗牛的生物学特征，但对它们的嫌恶会伴随其一生，甚至影响儿童对自然及自然与人之关系的深刻认识。

（3）课程实施充分发挥家长的知识与资源优势。幼儿园在实施课程方案时，教师应当充分利用家长的教育资源，努力使教育教学的过程生动活泼、科学准确。教师应就课程内容涉及的专业问题向处于这一领域的家长请教，以使自己对课程内容的把握更准确和科学，从而保证儿童从教师那里获得的信息是准确而可靠的，而非笼统或模糊的。

现代家庭中，不少的家长都是某行某业的专业人士，拥有较为深厚的学科知识或专业技能。教师向家长请教，既可以弥补自身在学科专业知识上的缺乏，又可以调动家长对幼儿园课程的参与兴趣，激发家长的参与热情。例如，幼儿园通常都会引导儿童认识有关动物、植物、土壤、气象、季节等方面的自然科学知识，而学前教师对这些学科知识的掌握通常是比较肤浅的。为弥补这一不足，教师既要努力自学，又可以充分利用在农业大学或研究机构、气象部门等单位工作的家长资源，积极主动地向他们请教相关的专业问题，以免在教学中出现不应有的知识错误，同时能对儿童的各种理解与回答给予正确的引导。另外，教师可以采取邀请家长协助教学的方式，让家长参与课程实施的实际过程，如可以邀请家长帮助制作相关的教玩具，邀请家长演讲，邀请家长共同组织教学与游戏活动，甚至可以让家长充当临时教师，独立组织教育教学活动等。这种亲临现场的参与方式有助于促进家长对教育的理解及其教育能力的提高，同时可以弥补幼儿园在教育资源上的缺乏，提高教学活动的效率。

（4）在家长的支持下充分了解课程实施的效果。课程计划与实施的效果评价更应当听取来自家长的声音，因为儿童的表现是十分复杂的，在不同情境下会有不同的表现水平。很多孩子可以在幼儿园教育训练之下认同分享、谦让、合作、友爱等行为，但在家里仍是习惯只考虑个人的需要，不知道尊敬长辈、感谢父母，不知道关爱幼小的弟妹，表现出行为的不一致。如果幼儿园只关心儿童在园的表现,而不关注儿童真正的成长,将只会为儿童在园的良好表现而沾沾自喜,却看不到儿童成长的复杂性与情境性。相反,如果幼儿园与家庭紧密合作,主动向家长充分了解儿童在家的相关表现,将有助于幼儿园调整和完善教育的内容与方法,如改变单纯要求儿童做出符合社会规范的行为,而不考虑儿童个人需要之合理性的做法,让儿童有机会表达个人的合理需要,并组织儿童深入讨论分享等亲社会行为的意义,促使儿童对这些道德规范有更深刻的认识,实现家园表现的一致性。这时,才能说幼儿园关于亲社会行为的教育是比较成功的。可见,幼儿园教育需要依赖来自家长的大力支持,才能全面、准确地把握儿童发展的真实情况,从而对自己的课程模式与方案做出客观的评价,并推进本园园本课程的建设。

当然,让家长参与幼儿园管理与课程建设并不意味着幼儿园要以家长的意见为唯一取舍标准。如果一个幼儿园仅仅只考虑家长的意见,将丧失作为正规、系统教育机构存在的理由。家长毕竟没有学习过系统的学前教育理论,出于望子成龙、望女成凤的心理,可能会对幼儿园提一些不合理或不科学的要求,如希望幼儿园提前教授小学的内容。这时,幼儿园应当敢于维护学前教育的基本原则,并用实际行动与效果向家长证明符合儿童身心发展规律的教育比拔苗助长的教育更有助于儿童健康、快乐地成长。

5. 向家长传递科学的教育理念与方法,提高其养育孩子的能力

尽管家庭是儿童出生后最先接触的社会环境,父母是孩子成长的第一任教师,家长并不能自然地适应家庭教育的原则与要求,会实施科学的家庭教育。相反,一般的家长通常会受所学专业的限制,对作为一门科学的教育知之甚少。在当上父母后,虽有心教育好孩子,却往往连最基本的如何喂养孩子的常识也得向老一辈的经验学习,对孩子心智成长的一般规律与个别差异更是很少了解,家庭教育方法简单粗暴,无法发挥家庭教育的天然优势,反而有可能在面对孩子的成长问题时手足无措。然而,无论何种性质的家庭教育都会对儿童成长发生深远的影响。幼儿园作为正规的教育机构,应当积极发挥自己在专业知识方面的优势,积极主动地帮助家长形成合理的育儿观念

以提高家庭教育水平，同时，也扩大和保证了幼儿园教育的效果与质量。做到这一点，要求幼儿园要充分了解儿童家庭的结构与组织成员，了解在家庭这一动力系统中各个成员所处的地位与作用及其与儿童的关系，了解每个家庭成员的想法与希望，了解不同家庭成员对孩子成长的态度与价值取向，了解家庭通常采取的教育手段与方法。在充分了解的基础上，幼儿园应对孩子家庭教育的质量做一个客观的评价，肯定其值得继续发扬的地方，并在幼儿园教育中加以利用，发现其不恰当的地方，并有策略地帮助家庭改变或完善，以提高家长的整体养育能力，为实现家园成功合作奠定基础。

（二）幼儿园与家庭合作的途径

幼儿园与家庭合作的主要途径有：家长学校、家长委员会、家长会、幼儿园家长开放日与亲子活动、家访与随访、幼儿园网站与教育博客、家庭教育宣传橱窗、网上家庭教育论坛等。

1. 家长学校

家长学校是以儿童的家长及其抚养人为主要对象，为提高家长素质和家庭教育水平而组织的成人教育机构。它是宣传正确的家庭教育思想，普及科学的家庭教育知识的主要场所。家长学校的任务是向家长宣传党和国家的教育方针、政策和法规，帮助和引导家长树立正确的家庭教育思想和观念，掌握家庭教育的科学知识和方法，向家长介绍儿童生理、心理发展特点和营养保健知识，指导家长进行科学的家庭教育，为家长提供切实有效的指导与服务，帮助家长加强自身修养，营造良好的家庭环境，提高家庭教育水平，促进儿童全面发展。

附设在幼儿园之下的家长学校一般只面向本园儿童的家长，从共同促进儿童发展的根本目的出发，更多偏重学前儿童的发展特征与学前教育的特殊性及其原则和途径，让家长对学前儿童发展的一般规律与个别差异有一个理论上的基本理解，并能从孩子发展的规律和特点出发，正确进行教育，能够区分何种做法是符合儿童需求的，何种做法是违背儿童发展规律，不利于儿童长远发展与全面发展的。可见，家长学校主要是传授科学教育知识，帮助家长提高对孩子进行教育的水平,并能理解和接受主流的学前教育价值观,对不合理的、片面的学前教育能做出独立而正确的评价,并能主动回避或反对。

幼儿园的家长学校通常会采取专家讲座、家长分享经验与体会、家长谈论或辩论等具体形式开展活动。对于缺乏相关科学知识的家长来说,精练而集中的专家讲座对于他们获得最新的儿童发展与教育方面的信息十分必要,并有助于开拓家长的视野,但家长学校要努力避免仅以专家讲座这一种形式开展活动。家长作为成人,往往已经对周围的人、物、事形成了固定的看法与态度,仅靠专家讲座的形式显然是难以在短时间内改变其态度及其儿童观、教育观的。许多家长受教育水平高,有相当的教育理论水平与实践能力。因此,家长学校的活动要灵活多样。幼儿园对家长学校的管理应本着民主、平等的原则出发,尊重家长的现有水平与已有经验,不要盲目、简单地批评家长不正确的理念与做法,而应充分听取家长的意见,以共同促进儿童健康成长为根本目的,在理解家长的基础上,用科学的证据和知识说服家长,用真诚的关注和支持感化家长,用开放的胸怀与气魄接纳家长,让家长学校不仅成为家长获得科学育儿知识的重要途径,而且成为家长与幼儿园沟通,家长与家长分享经验的重要平台。

2. 家长委员会

家长委员会是幼儿园的家长组织,又称家长代表会,分全园家长委员会和班级家长委员会,委员(或代表)由各班儿童的家长推选产生,是家长参与幼儿园管理,协助幼儿园解决教育工作中遇到的困难与问题,促进家园合作共育的重要形式。家长委员会是幼儿园园长和教师的助手,可协助幼儿园加强与广大家长的联系,保证幼儿园家长工作的顺利进行,在家长中发挥组织、宣传、教育、带头的积极作用,在开展亲子活动、经验交流、大型活动、环境创设等活动中给幼儿园以支持与配合,也是家长获得、交换育儿经验的组织,是家园联系的桥梁。

幼儿园家长委员会一般分特色小组开展活动,如成立家长教育委员会,伙食管理委员会等,分工合作开展活动,一般以会议、座谈会等为主要活动形式,有专门的活动章程。

为方便开展工作,幼儿园家长委员会成员最好具备如下特点:一是具备专业特长,可以为幼儿园提供相应帮助,如律师提供法律咨询帮助,农艺师为开展种植等提供指导;二是具备责任心、高素质,关心、支持、宣传学前儿童的教育,具备一定的教育经验,积极组织、参与家园活动,是家园配合、共同育儿的积极尝试者;三是具备教育热情,热心公共事务,具有正确的教育观,善于与人沟通交流。

3. 家长会

家长会是幼儿园在学期的某个阶段,与家长交流此阶段孩子教育的重点与对策的一种组织形式,是一种由幼儿园主动发起的,以与家长交流,就孩子现阶段成长情况达成共识为主要目的的家园合作途径。家长会通常在学期初、学期中或学期末,以及新生入园、大班儿童毕业及其他关键时段召开。一般由幼儿园事先通知家长开会的时间与地点,每次会议的时间不要很长,而且有很明确的目的。

幼儿园每学期定期召开全园或班级的家长会议,通过家长会让家长了解本学期的工作,向家长详细介绍幼儿园各项工作及重大事情的举措,如幼儿园教师队伍建设、保教工作、伙食与安全、收费、建设等情况向家长们公示,实施园务公开,接受全体家长的监督。

家长会为幼儿园与家长及时沟通孩子的阶段性发展情况、幼儿园的工作情况提供了机会,有助于家长了解幼儿园的教育工作要求,结合孩子在家的表现,及时调整家庭教育的策略或重点,与幼儿园教育形成有力互补,共同支持儿童的发展。

召开家长会前,幼儿园应事先准备好幼儿园教育工作的安排与要求,以及儿童近期发展状况的详尽资料,包括平时用心收集或记录的儿童的各种作品与典型表现,并尽量做出客观而准确的评价,给出科学而切实的教育建议,一方面让家长尽可能详细地了解自己孩子在园的表现,另一方面从幼儿园获得对正确教育观念的理解,学习科学的教育方法与手段,提高自己家庭教育的能力。为此,在家长会上,幼儿园应当通过展览和情况介绍使家长了解孩子的近况,同时要给家长充分的发言与讨论机会,耐心听取家长的建议与意见,允许家长对幼儿园教育提出质疑并相互讨论、交流,而不要变成教师对家长的单向灌输。

4. 多种形式的家长开放日和亲子活动

幼儿园家长开放日是指家长在幼儿园指定的日期进入幼儿园内部进行参观与了解的一种家园合作形式。家长开放日为家长近距离接触幼儿园,感受幼儿园教育的特点,增进对幼儿园教育的了解提供了机会。在开放日,家长不仅可以了解幼儿园在硬件方面的真实情况,对幼儿园设备设施的完善与先进程度有清楚的认识,而且可以了解幼儿园的师资水平与课程状况,对幼儿园教育的目的、内容与途径有更深的理解;不仅可以了解儿童的饮食、锻炼与起居情况,而且可以了解儿童的学习及与同伴交往情况,发现其中与孩子在家表现不一致的地方,对儿童发展的复杂性与个别差异加深理解。需要指出的是,在开放日,幼儿园应当以坦诚、开放的胸怀对待家长的参观,而不应事先掩盖或掩饰存在的问题,应欢迎家长发现和指出幼儿园因管理不完善而可能存在的各种问题,不仅包括容易改进的硬件方面的问题,而且包括不易短时间内改善的软件方面的问题,如教师的素质、课程的质量、教学的有效性等,同时欢迎家长监督幼儿园对这些问题的解决。不敢让家长在开放日看到幼儿园真实教育教学的情况,是对家长知情权的侵犯,而且隐瞒问题终不能解决问题,幼儿园存在的问题终会在孩子身上表现出来,到时幼儿园的信誉会受到更大的挑战,甚至影响幼儿园的可持续发展。

亲子活动是幼儿园为促进家长对幼儿园课程与教育的理解,加强与孩子之间的情感联系,增进家长与孩子,家长与幼儿园的交流、沟通与合作而专门组织的一类教育活动。它既可以作为一种正式的教育活动纳入课程计划中,即某些课程内容采取亲子活动的形式进行,也可以作为正式的课程活动的补充,利用节假日时间开展。作为正式的课程活动,亲子活动有明确的教学目标,并主要在教师的指导下完成,其主要价值是对家长资源的充分利用,如幼儿园开展健康领域教育时,可以采用亲子活动的形式,邀请有闲暇时间的家长到幼儿园来,和幼儿一起进行自制糕点、沙拉,开展各种体育活动。幼儿园开运动会,可以采取亲子运动会的形式,邀请父母和孩子一起参加幼儿园精心准备的趣味体育比赛。利用节假日时间进行的亲子活动一般是为儿童准备知识经验,以保证正式课程活动的实施,或为儿童运用所学知识与技能提供机会,以促进儿童对所获经验的理解。教师一般不直接指导,由家长自行办理。例如,幼儿园在开展"春天"这一主题活动之前,可以请家长带领孩子利用周末休息的时间到公园或野外去实际感受冬去春来的温度变化与自然变化,进行踏青赏花、放飞风筝等休闲活动,这将为儿童在正式的课程活动中把握"春天"这一抽象的概念提供丰富生动的感性经验,促进儿童对季节更替、四季轮回的理解。又如,幼儿园在开展了"环保"这一主题活动之后,可以请家长带领孩子利用节假日时间实际开展"环保小卫士"等活动,通过捡拾废弃物,向他人宣传环保知识等进一步体验和认识环保对人类生活的重要意义与价值。无论何种亲子活动,都为家长理解和参与幼儿园课程提供了机会,同时促使家长关注孩子的成长与需要,增进家长与孩子的情感交流,促进家庭成员的相互了解,最终实现家园教育的同步与协调。

5. 幼儿园网站和班级或教师个人教育博客

幼儿园网站是加强与家长、社会沟通合作的重要渠道,可以通过设立工作动态、教育活动、班级主页、家园互动、教育资源等丰富的栏目,向家长介绍幼儿园基本情况、办园理念、教育计划,促进家园合作共育。在当今,幼儿园网站已成为家长了解幼儿园的主要途径和窗口,幼儿园网站建设的水平与丰富程度已是社会、家长评价幼儿园的重要内容之一。

教育博客是一种个人网站,是幼儿园教师与家长利用互联网的博客(blog)技术,以文字、多媒体等方式,将自己日常的生活感悟、教育心得、教案设计、课堂实录、课件,以及各种教育常识等上传发表。幼儿园教师或班级博客还可以将班级的教育活动计划与方案、教育活动视频等多方面的资料上传，为家长与教师超越传统时空局限，一起共享教育知识和感悟，交流教育所得，共同研讨如何促进儿童发展提供了条件。

6. 家访与随时交流

家访是家庭访问的简称，是教师对家长进行个别家庭教育指导的一种常用的有效方式，主要是解决儿童个别的家庭教育问题。幼儿园教师到儿童家中进行家庭访问，一般是与家长沟通情况，交流感情，密切关系，商讨共同教育儿童的策略与方法。这种指导方式比较灵活机动，指导具体，更具有针对性，效果比较明显。

当前，幼儿园开展家访的形式越来越灵活，有约访、上门家访、利用电话访问等多种形式。约访是教师将儿童家长邀请到幼儿园进行互动交流，向家长介绍儿童发展情况，交流教育方法。上门家访是教师走进家庭，了解儿童的生活环境和家庭教育情况，进行交流的一种形式。教师每学期要对每位儿童进行上门家访一两次，对于入园新生，教师必须在儿童还未入园前进行。利用电话访问是教师对一些工作较忙，与教师直接接触机会较少的家长进行的一种访问。

此外，教师要抓住一切可能的机会，在每天家长接送孩子时即时交流孩子的情况，以便加强合作共育，取得更好的教育效果。

7. 家教宣传专栏和"家长教师""家长义工"

幼儿园和各班都创设家长园地，根据需要每月或随时更换，向家长介绍教育计划、内容，让家长及时了解教育信息。

"家长教师"和"家长义工"是以家长自愿为基础，邀请或聘请一些热心于学前教育的家长，利用他们在职业、经历、兴趣、爱好、专业优势及家庭方面的资源，自愿参与幼儿园的保教工作，协助教师完成保教任务与课程开发，共同促进儿童全面和谐的发展。例如：邀请具有较高学历，且具备信息技术、生物工程、人体解剖等一定专业水准的社会人士或儿童家长作为"专业助教"，弥补教师在某些领域的专业缺陷，协助教师完成课程计划并参与课程开发；邀请那些不一定具备很高的专业文化知识，但擅长体育活动、种植、民间艺术、烹饪等某项专业技能的儿童家长作为"技能助教",让他们协同教师开展特色教育活动,激发儿童多方面的兴趣并获得多种能力;聘请家长中德高望重者作为"德育助教",通过让他们讲述自己的经历和做人的道理,对孩子进行做人的道德启蒙教育。

小资料10-4

英国多样化的学前教育机构提供多种家园合作形式[①]

英国学前教育机构的多样性,提供服务时间的灵活性和可选性,是世界上许多国家都无法比拟的。每个机构都为不同经济基础,不同需求儿童和家长提供了不同时段和不同内容的服务。家长可以根据需要自由选择学前机构。

1. 幼儿学校(班)

附设在小学里,招收3~4岁的儿童,进行1~2年的学前教育。儿童就近入学,以半日制为主,全日制为辅。由儿童自己选择日常活动,以游戏为主,为儿童提供安全、轻松的环境,为其进入小学做准备。

2. 托儿所

分为日间托儿所和寄宿托儿所。目前托儿所在社会福利机关登记立案,主要招收2~5岁儿童,儿童按家庭收入情况交纳费用。

3. 日托中心

全年开放,招收出生8周~5岁的儿童,儿童在中心的时间为上午八点到下午六点,基本满足了在职父母及社区的需要。

以上三种学前机构是由政府、教育部门和福利机构监控的。政府于1996年起规定,凡将子女送到学校的家长,都应与学校签订合作承诺,与学校合作教育子女,家长和学校双方都要承担各自的义务。它们采取的合作方式主要有家长委员会、父母联系卡、家长布告栏、家长讲座和开放日等。

[①] 刘明:《英国家园合作的特点及启示》,载于《当代学前教育》2008年第2期。

此外，家园联系手册、家庭教育沙龙，以及随着信息技术的发展而兴起的网上家庭教育论坛、家园短信平台、微信、QQ 群等为教师与家长联系、交流提供了多种有效、快捷的渠道，方便了幼儿园与家长及时交换信息、交流观点、达成共识。总之，幼儿园应根据本园情况，主动探索利用多种行之有效的途径与方式，建立起与家长合作共育的立体网络，实现共同促进儿童健康和谐发展的根本目的。

二、幼儿园与社区合作的内容与途径

（一）幼儿园与社区合作的内容

社区是儿童出生后最早接触的社会形态，对儿童社会认知、情感与行为的发展都会产生潜移默化的深远影响。社区生活有助于儿童认识社会，促使儿童萌生关爱他人与环境，热爱家乡与祖国的积极情感，并为培养儿童关心社会生活的公民意识及良好的道德行为习惯提供了机会。幼儿园应重视和加强与社区进行以下方面的合作。

1. 幼儿园应积极、主动地宣传科学的早期教育知识，帮助社区居民掌握合理的早期教育方法

社区居民是以家庭为单位，以地缘关系为纽带而聚集生活在一起的，其文化素养与知识水平存在着很大的差异，除其本身专门从事教育事业外，对教育的理解通常比较狭隘，仅限于正规的中小学教育与高等教育。这使很多居民或者对早期教育的重要性缺乏认识，认为不过是家中老人或保姆的事，或者对科学的早期教育缺乏认识，在望子成龙的心理驱动下，对社会上宣扬的各种早期教育方案缺乏辨别力，一味地希望自己的孩子学习认字或算术，以便孩子今后正式入读小学后能有一个好的成绩。显然，无论是前者的漠不关心，还是后者的功利主义，都不利于社区儿童的健康成长。在此，幼儿园应充分发挥作为正规的、系统的学前教育机构的辐射功能，积极主动地向社区居民广泛宣传科学的儿童观与教育观，使社区居民既重视学前教育的重要价值，转变漠不关心的态度，又懂得何为科学的学前教育，能够辨别各种早期教育方案的优劣,克服功利主义的浮躁,从而为社区儿童的健康成长创造正确的社会舆论导向与良好的社会氛围。

2. 幼儿园应主动宣传本幼儿园的教育理念和方法,获得社区居民的支持

受传统教育与应试教育的影响,社区居民很理解中小学教育,也十分重视孩子在这些阶段教育中的表现。而学前教育在我国目前仍属于非义务教育阶段,似乎与孩子今后的成就没有多大关系,加之社区居民对学前教育通常怀有偏见,认为幼儿园不过是一个看管孩子,让他们玩耍的地方而已,这使得很多社区居民对幼儿园教育存在的价值与运行的规律缺乏正确认识,而更多从社会福利及解放妇女的角度考虑幼儿园存在的意义。在此,幼儿园应主动向社区宣传自己存在的独特价值,让社区居民充分了解幼儿园教育与中小学教育的区别与联系,认识不同阶段教育对儿童发展的作用。只有使社区居民充分理解并接受,幼儿园作为一种社会组织和机构才能真正融入所处的社区中,成为社区居民关心与支持的对象,从而为自身的发展创造良好的外部环境。

3. 幼儿园应充分利用社区的丰富资源,为幼儿园课程建设与实施服务

社区通常蕴含着丰富的教育资源,作为社区生活一部分的幼儿园应善于充分利用这些教育资源,扩展幼儿园课程实施的平台,提高幼儿园教育的效率与效果。一般来说,可以把社区的教育资源划分为以下三类。

(1) 自然资源。社区所在的地理位置要么是城市,要么是乡镇。城市中的社区附近通常都有公园、广场等资源,而乡镇上的社区本就是当地自然环境的一部分,或依山或傍水,都可以为幼儿提供亲近自然、观察自然、关注人类生存环境的有利条件,以弥补幼儿园园内空间的局限。儿童天生就热爱自然中的一切事物,他们渴望用自己的小手亲自去触摸,用自己的小脚亲自去丈量。社区是儿童熟悉的自然环境,可以为儿童在其中进行自然探索提供安全的物质环境与心理氛围。

(2) 社会资源。社区因人们共同生活的需要而产生,通常都建有方便人们生活的各类生活设备与设施、服务机构与组织。前者如水塔、下水道、变

压站等，后者如菜市、超市、邮局、电信局、银行、公交车站、工厂、学校、医院、消防队等。幼儿园可以充分利用这类教育资源，组织儿童参观，使其认识到人们生活的相互依存性，了解与人类生活相关的科学技术及规律。由于幼儿园教育和课程需要遵循贴近儿童生活、从儿童生活出发的基本原则，利用社区中儿童耳熟能详的社会资源是其必然的选择。例如：幼儿园可以利用社区中的超市开展系列主题活动，使儿童了解物品流通与交换的基本原则，了解超市的主要功能及其为人们生活带来的便利，了解超市摆放的分类原则与物品的丰富和多样性等；可以与社区里的小学合作，帮助大班儿童熟悉小学生活的规律与特点，帮助儿童做好入学准备等。

（3）人力资源。社区居民通常由从事各行各业、不同年龄与性别的人组成，使之成为幼儿园课程建设与实施中可以充分利用的人力资源。例如：社区里的老人通常都有着丰富的人生阅历和职业生涯，幼儿园一方面可以利用重阳节等中国传统节日，组织儿童慰问和帮助社区中的老人，培养儿童尊敬老人、孝敬长辈的积极情感；另一方面可以邀请社区中的老人来园回忆社区的变迁史，帮助儿童了解社会生活与环境的变化历程，增进其珍惜生活、热爱生活的积极情感。社区居委会是国家当前重要政策与方针上传下达的重要窗口，对社区文化的建设起着重要的组织与推动作用。幼儿园可以邀请社区居委会领导或工作人员来园介绍社区当前建设的主要内容，引导儿童关心当前的社会生活热点，关注祖国建设大业，从小培养儿童的主人翁精神和公民意识等。在幼儿园开展有关电或水等自然科学主题的教育活动时，就可以邀请电厂、自来水厂或科技馆的技术员来园作科普讲座，以弥补学前教师在自然科学知识上的不足，保证儿童获得准确的科学概念。

4. 幼儿园应积极参加社区文化的建设工作，从社区的反馈中改进自身管理与教育的质量

幼儿园首先应明确自己与社区的关系，把自己作为社区中的一员来看待，而不应关起门来办教育。作为社区一员，就有责任为社区建设尽一份力量。幼儿园作为专业的教育机构，虽说不能为社区的物质建设提供多少支

持，但对社区的精神文明建设却能发挥积极的促进作用。幼儿园可以通过影响社区中的家长来推动社区新文化建设，也可以利用幼儿园教师能歌善舞的特点来活跃社区文化生活。在幼儿园的积极影响下，可以帮助家长更新教育观念，提高科学育儿的能力。家长通常都愿意为孩子规范自己的行为，愿意成为孩子学习的楷模。当幼儿园开展环保教育，使孩子产生自觉的环保意识与行为，家长随之受到影响，会在孩子的监督下主动改变以往乱扔垃圾、随地吐痰、开口脏话等坏习惯，从而有利于社区环境卫生的保持与社区精神环境的净化。幼儿园教师有一定的文化知识与专业知识，而且有一定的艺术修养与艺术才华，可以直接帮助策划和组织社区各种文化活动，也可以通过组织、排演儿童节目间接参与。这对活跃社区精神文明活动与文化生活有着积极的促进作用，同时也为幼儿园教师与儿童风采和能力的展示创造更多的机会与更大的舞台。可以说，积极参与社区各项文化活动，本身就是对幼儿园教育的重要挑战，为幼儿园教育接受社区监督，获得社区反馈意见提供了机会，有助于幼儿园发现和反思自身管理与教育中可能存在的问题，从而找到提升管理水平与教育质量的解决对策。

（二）幼儿园与社区合作的途径

由于社区是幼儿园赖以生存的外部生态环境，只有融入社区生活，幼儿园才能真正实现家、园、社区教育三者的和谐统一，共同为儿童的全面发展创造良好的外部条件。同时家庭也是属于社区，依赖社区的。家庭作为社区的主要构成元素，家庭教育必然受到社区舆论的制约。幼儿园只有主动与社区合作，对社区舆论产生积极的影响，才能保证幼儿园教育与家庭教育指导工作的效果。幼儿园可以通过社区宣传橱窗、社区专家讲座、社区文化活动、幼儿园课程建设与实施、亲子园等途径与社区进行广泛的合作。这里，社区宣传橱窗、专家讲座、社区文化活动、利用社区资源开展课程建设等是幼儿园与社区合作的传统方式，在幼儿园实践中已得到广泛利用，比较新的方式是亲子园的建立与实施。

近年来，随着人们对儿童早期学习能力认识的提高，0～3岁儿童的教育开始受到重视，许多地方已经开始以社区为依托，尝试构建0～6岁托幼一体化的教育体制，要求社区中的幼儿园充分发挥专业早期教育机构的引领作用，通过开办亲子园或亲子班等方式向社区居民提供0～3岁儿童早期教育服务。由于我国的社区建设还处在探索阶段，如何以社区为依托，积极发挥幼儿园的辐射功能，建设好亲子园或亲子班，对当前的幼儿园来说是一项新的工作。所谓亲子园或亲子班指的是幼儿园利用现有的教育资源，为社区3岁以下或未接受幼儿园教育的3岁以上的散居儿童提供非正规学前教育机会的场所，通常利用节假日时间举办，同时有儿童家长陪同。一般来说，亲子园在幼儿园有固定的场所和时间安排，幼儿园会开发和建设适用于亲子园的系列教材，并配有教师，给予专业指导。参加的家长会按时带孩子来园，采取亲子游戏的方式与孩子互动，在让孩子获得有益经验的同时，促进家长教育观念的转变与教育能力的提高。亲子班相对来说比较松散，主要在周末举办，参与的家长和孩子不固定，主要利用幼儿园的场地与玩教具开展随机的早期教育，教师介入较少。幼儿园开设亲子园还是亲子班以服务于社区中散居的孩子，取决于幼儿园自身的物质条件与师资条件。相对来说，开办亲子园的要求更高，特别是对幼儿园师资提出了更高的要求。教师需要熟悉0～3岁儿童发展的一般规律与特点，掌握相应的理论与方法，同时熟悉家长工作，具备与家长沟通的能力、经验与技巧，能灵活应对可能发生的各种教育事件。对幼儿园来说，开办亲子园或亲子班，主要是可以进一步充分利用现有的教育资源，为更多的社区儿童服务，并扩大幼儿园在社区的影响，加强幼儿园与社区的联系。幼儿园应合理调配自己的教育资源与师资力量，在保证幼儿园正规教育质量的同时，建设好亲子园或亲子班，使之真正成为幼儿园与社区合作的重要途径。

总之，幼儿园应从家、园、社区共育的高度出发，充分认识家庭教育与社区教育的特点和影响，积极发挥自身作为专业早期教育机构在物质资源与人力资源方面的优势，做好家庭教育指导工作，加强与社区的联系，为儿童的健康、和谐、全面发展创设良好的生态环境。

思考与练习

一、判断下列各种说法的正误

1. 幼儿园教育作为一种正规的专业教育，自成系统，没有必要与家庭合作。

2. 幼儿园在实施和评价课程的过程中，只需看儿童的在园表现就可以了。

3. 家长对幼儿园教育的影响受家长自身文化素质与教育水平的影响。

4. 社区是儿童最早接触的社会形态，会对儿童的终生发展产生持续的影响。

5. 幼儿园是社区的一部分，应积极参与社区文化建设，并接受社区监督。

二、问答

1. 家庭教育具有哪些显著特点？幼儿园应从哪些方面考虑家庭教育的影响？

2. 幼儿园与家庭合作的主要目的、内容与途径有哪些？

3. 幼儿园与家庭、社区合作共育的价值与理论基础是什么？

4. 社区教育具有哪些显著特点？幼儿园应从哪些方面考虑社区教育的影响？

5. 幼儿园与社区合作的主要目的、内容与途径有哪些？幼儿园在此过程中应如何发挥自身的优势，加强与社区的联系？

三、调查一所幼儿园，了解其与家庭、社区合作的情况，并对其中可能存在的问题提出改进意见。

第十一章　学前教育评价

学习目标

1. 理解学前教育评价的概念与作用。
2. 了解学前教育评价的内容和标准。
3. 认识学前教育评价的类型、方法和步骤。

本章提要

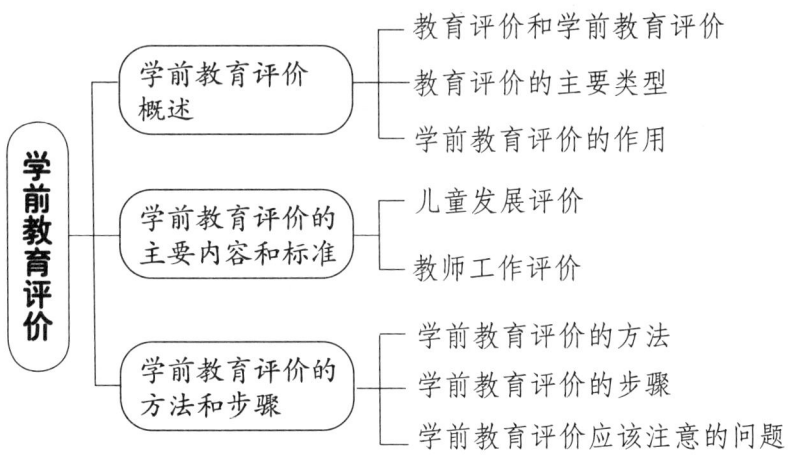

学前教育评价是学前教育工作的重要组成部分。开展学前教育评价，其目的是对学前教育各要素进行实态把握，以调整和改进学前教育工作。本章主要就教育评价的概念、类型、作用等进行阐述，并介绍学前教育评价的内容、标准、方法和步骤。

第一节　学前教育评价概述

一、教育评价和学前教育评价

评价是指评价主体依据一定的评价目的与标准，运用一定的手段与方法，对评价对象存在的状态及其价值进行判断的过程。科学的教育评价是评价主体根据正确的教育价值观，运用科学的标准与方法对教育活动的存在状态及其所具备的价值等进行判断、评定的过程。

学前教育评价是评价主体对托儿所、幼儿园、早教中心等学前教育机构的教育活动的存在状态及质量进行科学的价值判断的过程。学前教育评价的核心是综合性的教育质量评价，通常包括对儿童发展状况、教师工作情况以及教育活动环境等方面的评价。学前教育评价是开展学前教育活动的重要环节，是学前教育体系构成的重要组成部分。

二、教育评价的主要类型

教育评价可以根据不同的分类标准划分为不同的类型。

（一）按评价的参照体系分类

按评价的参照体系的不同可以将教育评价分为相对评价、绝对评价、个体内差异评价。

1. 相对评价

它是在被评价对象的集合总体中先取一个或若干个对象作为基准，然后将其余评价对象与基准进行比较。例如：将幼儿园班上某儿童发展水平作为基准，将本班其他儿童的发展水平与之相比较，评价他们达到这个基准的程度；或以某教师的教育活动水平为基准，将幼儿园其他教师组织教育活动的能力与之相比较，以评估学前教师的教育活动组织能力。由于相对评价是在某一类评价对象内部进行比较，易引起该类评价对象内部的竞争，因而适用性较强。但由于相对评价是在较小的范围内比较，往往容易降低标准，使评价不够客观。

2. 绝对评价

它是在评价对象的集合之外，确定一个标准，评价时将评价对象与这个客观标准进行比较，评价其达到标准的程度，从而做出价值判断。

幼儿园实际工作中经常出现绝对评价。例如，对幼儿园进行分级分类评价就属于绝对评价，这种评价是不以各被评价幼儿园的情况为转移的，所有被评价幼儿园都得和客观标准对照。卫生保健所对儿童生长发育的评价也属于绝对评价，它要求将每一位被评价儿童生长发育情况与客观指标相比较。

3. 个体内差异评价

它是把被评价个体的某项元素的过去和现在相比较，或将某一个元素的各个侧面相互比较。例如：某园评价过去某儿童发展水平与现时的该儿童发展水平，以了解其变化的成因；或评价某教师过去的教育技能水平和现时的教育技能水平，并进行纵向比较。这种情况充分照顾到了个体间的差异，在评价中不会对评价者造成压力。但是，这种评价由于既不与客观标准比较，又不与其他被评价者比较，很容易使被评价者自我满足。

（二）按评价的功能分类

按评价功能的不同可以将教育评价分为诊断性评价、形成性评价和总结性评价。

1. 诊断性评价

它是指在教育活动开始之前，为使其计划更有效地实施而进行的预测性评价，其目的在于了解评价对象的基础情况，为制定教育计划或解决问题搜集资料，做好准备。在儿童刚入园时，教师会对儿童发展水平进行摸底测试，以便了解儿童发展情况，发现其发展中的一些特点，因材施教。像这种评价，便属于诊断性评价。

2. 形成性评价

它是指在教育活动过程中评价活动本身的效果，目的在于了解教育活动过程中的情况，以便及时地获取反馈信息，适时调节控制，以缩小工作过程与目标之间的差距，并通过评价研究工作进程，总结经验教训，及时改进工作。

形成性评价又叫"即时评价"，是一种在计划实施过程中不断进行的动态评价。例如，幼儿园使用一套自己开发的新教材，为了及时发现该教材的问题并积累经验，需要每隔一段时间对教师的使用情况和儿童的发展情况进行一次评价，以便总结经验，找出问题，调整修订教材直到完善。

3. 总结性评价

它是指在完成某个阶段教育活动之后，对其成果做出价值判断。也就是以预先设定的教育目标为基准，对评价对象达到目标的程度进行评价。这种评价的目的在于全面了解该阶段的成果，以向决策者提供信息。

总结性评价关心的是教育活动的结果，常常是对被评价对象做出鉴定，或对被评价对象划分等级，预测其未来发展的可能性等，如幼儿园进行某项科研后进行的成果验收，幼儿园办园等级评定等就属于总结性评价。

（三）按评价的主体分类

按评价的主体不同可以将教育评价分为自我评价、他人评价。

1. 自我评价

它是指被评价者自己根据评价指标，参照一定的标准，对自己的情况进行评价。例如：在评议示范性幼儿园之前，都要求幼儿园自己对照《示范性学前教育评价标准》进行自评，看是否符合示范性幼儿园的条件；每年年终考核，幼儿园要求教师对自己一年的工作进行自评。这种评价简便易行，有利于激发被评价者的自信心。但是，自评主观性比较大，易出现评价过高或过低的现象。

2. 他人评价

他人评价是指被评价者之外的其他人或组织对被评价者进行的评价。各级教育行政部门的视导评估，督导系统的督导评估，以及专家、同行的评价，幼儿园管理者对员工、儿童的评价等，都属于他人评价。

与自我评价相比较，他人评价要客观些，但一般来讲，他人评价的组织比较困难，花费的人力、物力多。

（四）按评价的时间维度分类

按评价的时间维度不同可分为静态评价和动态评价。

1. 静态评价

静态评价是指评价者对被评价者在某一特定的时刻所存在的状态及其价值等进行判断与鉴定。

2. 动态评价

动态评价是指评价者对被评价者在一定的时期内所表现出来的状态、水平及其发展变化等所做出的判断与鉴定。动态评价本质上是由多个静态评价组成的系列评价。一般情况下，动态评价关注被评价者在不同时间维度的存在状态，关注其在评价过程中的具体表现与变化，强调被评价者在外部手段干预下所获得的发展与进步。

此外，还可以划分为：整体评价、局部评价和微观评价；分析评价和综合评价；硬评价和软评价；目标性评价和目标游离评价；量化评价和质的评价等。

三、学前教育评价的作用

学前教育评价是了解学前教育活动的适宜性、有效性的重要手段，是调整和改进学前教育的理念、目标、课程、方法、环境等方面内容的主要途径，是优化学前教育资源，更好地促进每一位学前儿童发展，从而提高教育质量的有效策略。一般说来，学前教育评价主要具有诊断、评定和发展等层面的功能作用。

（一）诊断作用

学前教育评价的诊断作用是指对被评价者，即学前教育活动的各个方面进行梳理与分析，从而发现问题，并找出其原因。

评价的诊断作用主要表现为对被评价者所存在的问题与障碍进行归因分析。例如：儿童学习困难诊断、儿童心理障碍诊断、用于智能诊断的瑞文标准推理测评、筛查儿童行为问题的儿童行为量表等，均属于具有明显诊断作用的评价活动。这种归因包括评价前预测，形成过程中监测和评价后检测等。它需要建立在及时、客观的"评定"基础之上。通过评价，可以及时发现评价内容与预设目标之间的差距和问题，因此学前教育评价的诊断作用通常是确定、调整、改进相关工作策略的前提。

（二）评定作用

学前教育评价的评定作用是对被评价者即学前教育活动各个方面的存在状态（包括实施的进度、达到的程度与水平、与目标的一致性、对教育对象的适宜性及其发展的趋势等）及价值等进行判断与认定。

评价者可以通过一定的方式，对被评价者所表现出来的信息进行整理、分析，从而对被评价者做出相关的鉴定与评估，从而起到评定作用。例如：幼儿园采用儿童在家评价和儿童八项智能发展评价；教育行政管理部门开展示范性幼儿园评估；英语培训机构开展幼儿英语语言能力前测；DST 儿童（0～6岁）发育筛查测评；EQ 情商测试等评价活动等均主要发挥评定作用。

学前教育评价的评定作用主要表现为量化测验以及特定维度质的描述，可用于了解学前教育活动现状，进而对其发展状况与质量进行整体判断，以及检查或鉴定实施教育方案后其目标的达成程度等。

（三）发展作用

学前教育评价的发展作用是指其评价结果可以为调整、改进教育活动提供直接的参考依据，甚至给出对策，明确努力方向。评价的目的不止于评定，而在于改进与发展。

学前教育评价的发展作用首先体现在评价信息的再利用，其次体现在评价结果的导向与促进作用。在实际工作中，我国当前多数幼儿园通常采用以下一些发展性评价方式，如儿童档案袋评价（儿童成长记录）、美国新兴的儿童学习品质即"潜变量"的测评、幼儿教师年度工作考核、幼儿园课程自我评价等。

学前教育评价的首要任务是促进学前教育活动质量的提高，为学前教育的改革与发展提供策略依据与建议。在教育评价过程中，评价者在了解被评价者的现状，对其做出整体或局部判断的同时，可能会发现存在的问题与不足，并找出相关原因，进而可以及时地通过评价信息与结果反馈来引起被评价者的注意与重视，甚至直接为其提供有关弥补不足、解决问题的参考依据及建议，以此来促进教育活动的改进与质量的提高。在学前教育活动过程中及时地开展评价，可以使教育活动的内容、形式及环境等更适合于儿童发展需要。

要发挥学前教育评价的诊断、评定和发展作用，就必须坚持评价活动的客观性、及时性、真实性、适宜性和准确性，不断提高评价活动的信度和效度，这就需要建立并不断完善学前教育评价体系。

第二节 学前教育评价的主要内容和标准

学前教育评价主要包括儿童发展评价、教师工作评价两大方面。下面择其主要内容进行介绍。

一、儿童发展评价

全面、客观地评估和了解每位儿童发展的水平和特点,是幼儿园教师因材施教的前提和重要依据,也是检测学前教育课程或方案的效果的重要手段。

儿童发展评价是否科学、恰当,主要取决于儿童发展评价方案是否科学。因此,对儿童的发展进行评价前,要选择科学、有效而又切实可行的评价方案,有条件的地方可以组织力量根据当地的实际情况编制此类评价工具。

儿童发展评价的内容主要涉及儿童健康与动作发展、语言与认知发展、品德与社会性发展、艺术与情感发展、习惯与自理能力发展等方面。在制定评价方案时,需要参考《纲要》和《指南》。《纲要》和《指南》强调儿童发展评价内容的多元化,评价的内容不只是儿童的发展状况,而是包括了整个教育过程和各个教育环节。

(一)健康与动作发展评价

健康与动作发展评价的内容包括生长发育水平(身高、体重、视力等)、大肌肉动作(走、跑、跳、投掷、攀登等)、小肌肉动作(画、剪、折等)。这里,生长发育水平的评价主要靠评价者用精确的测量仪器进行测量或医务人员进行检查。有些项目如对身高、体重、血色素等的评价还需评价者根据实际测量所得的数据与这些项目的常模作比较,才能进行科学的判断,而对牙齿健康等项目的评价主要靠医务人员进行。大、小肌肉动作的评价可以通过观察、测试等多种方式进行评估。表 11-1 中列举了大、小肌肉动作发展评价指标及相应的评价标准,供参考。

表 11-1　幼儿大、小肌肉动作发展状况评价内容参考表[①]

		Ⅰ级	Ⅱ级	Ⅲ级	方法
大肌肉动作	走	上体正直自然地走	上下肢协调地走	听信号步伐均匀地走	观察
	跑	两臂在体侧自然地跑	协调、轻松地跑	听信号变方向、变速跑	观察

[①] 参见霍力岩著:《学前教育评价》,北京师范大学出版社 2000 年版,第 83 页。

续表

		Ⅰ级	Ⅱ级	Ⅲ级	方法
大肌肉动作	跳	立定跳远60厘米	立定跳远75厘米	立定跳远90厘米	测试
	平衡	能单脚站立10秒	能单脚站立20秒	能单脚站立35秒	测试
	拍球	单手连续拍球10下	左右手交替拍球15下	单手运球100米	测试
小肌肉动作	画	能用笔描出直线	会画圆圈并均匀地涂色	能完成点线画并涂色	观测
	剪	能沿画好的直线剪下	会剪简单图形	会剪较复杂的图形	观测
	折	会对边折、对角折	会折简单图形	会折较复杂的图形	观测
	穿珠	30秒内穿珠子5个	30秒内穿珠子7个	30秒内穿珠子8个	测试

当然，在日常教育活动中，教师往往通过平时的自然观察来评估儿童大、小肌肉发展状况，评价的参考指标如下：

大肌肉发展

——上下楼梯是否稳健；

——能否顺利地走完平衡木；

——能否单脚站立、双脚同时跳；

——跑步能否不跌倒；

——能否在攀登架上顺利地爬上爬下；

——能否从高处往下跳；

——能否轻松地骑三轮车；

——扔接球、掷沙包是否自然。

小肌肉发展

——在游戏中对儿童进行评估，如给娃娃系鞋带；

——能否用纸折东西；

——能否扣纽扣；

——能否用线穿东西；

——用笔时动作是否精细、准确；

——能否捏、搓泥团。

(二) 认知与语言发展评价

认知发展评价的内容包括感知能力（空间知觉、时间知觉、形状知觉、观察力等）、思维能力（分类、想象、推理、守恒、数概念）、知识经验（季节、动物、植物、社会角色、音乐、美术等）。下面是儿童认知发展评价的一些指标，供参考。

1. 感知能力

认识空间

——Ⅰ级：知道上下、里外。Ⅱ级：知道前后、高低、远近。Ⅲ级：知道以自身为中心的左右。

认识时间

——Ⅰ级：知道白天、黑夜、早、晚。Ⅱ级：知道今天、明天和昨天。Ⅲ级：知道时间的某一点。

观察力

——Ⅰ级：能感知事物的明显特征。Ⅱ级：能发现事物的功用。Ⅲ级：能发现相似事物的细微差别。

2. 思维推理能力

分类

——Ⅰ级：能根据物体的明显特征分类。Ⅱ级：能根据物体的功用分类。Ⅲ级：能根据概念分类。

想象

——Ⅰ级：能根据图形进行想象。Ⅱ级：能根据图形进行较丰富的想象。Ⅲ级：能根据图形创造想象。

推理

——Ⅰ级：能根据图形进行推理。Ⅱ级：能根据图形间关系进行推理。Ⅲ级：能根据图形间较复杂的关系进行推理。

守恒

——Ⅰ级：5以内数的守恒。Ⅱ级：10以内数的守恒。Ⅲ级：长度和体积守恒。

（参考霍力岩《学前教育评价》拟订）

儿童语言发展的评价内容包括倾听、语音、表达、阅读等方面，其内容正在不断拓展，从单纯评价儿童发音、掌握词汇的数量等知识能力指标逐步扩展到评价儿童是否学会倾听，说话是否主动自信，能否自然地与人交谈等语言发展中表现出的心理和社会性发展等层面。下面是儿童语言能力评估的参考指标体系。

自信心：

——在大多数情景下，能自在地说话；

——会主动地说话。

发音：

——口齿清晰，咬字准确；

——其他人（儿童或成人）能听懂他的说话。

词汇：

——正确地说出别人的姓名和物品名称；

——会用简单的动词、形容词、代词。

语意的理解：

——能听从教师简单的指示；

——对于其他儿童的问题或要求，能及时正确反应。

倾听：

——能安稳地坐着静听他人讲故事；

——当教师在另一个地方呼唤他时，会循声找到教师；

——当字词重复出现时能正确地辨认。

说话的积极性：

——呼叫他的名字时，有反应；

——能主动说话，话语不多；

——游戏或用餐时，能和别人自然地说话；

——会用完整的句子回答问题；

——会提问、提要求；

——能主动地参与谈话，表达自己的想法和感受。

阅读：

——会一页一页翻看画书；

——理解画书的主要内容；

——说出画书的主要内容；

——知道看文字书的方法。

理解作品：

——知道故事角色和发生的事情；

——能按顺序说出故事的情节；

——能概括故事的主题思想。

（三）品德与社会性发展评价

品德与社会性发展评价的内容包括社会性情感（关心他人、同情心、责任感）、社会性认知（相应的社会规则、社会生活常识）、社会交往（适应能力、交往能力、人际关系和解决冲突的能力）、文明行为（礼貌、友爱、诚实、合作、遵守规则）、自我意识的发展（独立性、自尊心、自制力、主动性等）。

对儿童品德与社会性发展的评价主要依靠日常观察，因为无论是孩子的社会性情感、社会交往还是文明行为，都是在日常生活中自然表现的，不适合用测量的办法进行评价。下面提供一份儿童品德与社会性发展评价指标参考表。

表 11-2　幼儿品德与社会性发展评价内容参考表①

		Ⅰ级	Ⅱ级	Ⅲ级	方法
自我系统	自我认识	知道自己的姓名、性别、年龄	知道自己的爱好	知道自己的优缺点	观测
	自信心	完成简单事情或任务有信心	完成稍有难度的任务有信心	完成没有做过或有较大难度的任务有信心	观察
	独立性	在教师鼓励和要求下能独立做事	自己能做的事不请求帮助	喜欢独立做事情和独立思考问题	观察
	坚持性	能有始有终地做完一件简单的事	能坚持一段时间完成稍有难度的任务	经常在较长时间内主动克服困难,实现目的	观察
	好胜心	在感兴趣的活动中努力做好	在竞赛活动中努力争取好成绩	做任何事情努力争取好结果	观察
情绪情感	表达与情绪控制	情绪一般较稳定,经劝说能控制消极情绪	情绪状态较好,一般能自己调节与控制消极情绪	情绪状态良好,用恰当方式对不同情景做出适宜反应	观察
	爱周围的人	热爱、尊敬父母	亲近班里的老师和小朋友	关心父母、教师和小朋友,喜欢帮助他们做力所能及的事	观察
	爱集体	喜欢幼儿园,愿意参加集体活动	在教师引导下能关心班里的事,为集体做好事	能主动关心班里的事,维护集体荣誉	观察
品德行为	礼貌	在成人提醒下能使用礼貌用语	能主动使用礼貌用语	能在不同情景下主动使用礼貌用语,举止文明	观察
	诚实	不说谎话,不随便拿别人东西	做错事能承认,拾到物品主动交还	做错事能承认,并努力改正,不背着成人做禁止做的事	观察
	合作	能与小朋友一起游戏	喜欢与小朋友合作游戏和做事	能成功地与小朋友合作游戏和做事	观察
	遵守规则	经提醒能遵守规则	能自觉遵守规则	能自觉遵守并维护规则	观察

---

① 霍力岩著:《学前教育评价》,北京师范大学出版社 2000 年版,第 85 页。

续表

		Ⅰ级	Ⅱ级	Ⅲ级	方法
交往行为	与教师交往	对教师的主动交往能做出积极反应	有时能主动与教师交往	常主动发起与教师交往	观察
	与客人交往	见到客人不害怕、不回避	对客人的主动交往有积极反应	能主动与客人交往	观察
	与小朋友交往	对小朋友的主动交往能做出积极反应	有时能主动与小朋友交往	经常主动发起与小朋友的交往	观察
	解决冲突	与小朋友发生冲突时经成人帮助能和解	能用适宜的方式自己解决与同伴之间的冲突	能帮助解决其他小朋友之间的冲突	观察

（四）艺术与情感发展评价

艺术与情感发展评价的内容包括儿童的情绪情感，对音乐、美术的感受和表现力等。下面提供了一些评价指标，供参考。

——对周围人的态度，包括关心父母、老人、病人，爱护小动物，友爱同伴，关心班上的事。

——有一定的责任感、集体荣誉感以及爱家乡、爱祖国、爱父母亲人的情感。

——情绪、情感积极愉快，会适当表达自己的基本情感，一般能控制消极情绪。

——对同伴有感情。

——感受美、表现美的能力，包括对周围大自然和文学艺术美的感知与表现，如对音乐的感受力、理解力、表现力，对美术作品的感受力、理解力和用线条、构图、色彩、剪贴、折纸、泥工等进行创造和表现的能力。

（五）习惯与自理能力发展评价

习惯与自理能力发展评价的内容包括生活习惯（如厕、进餐、穿衣、个人卫生、环境卫生等）、学习习惯（学习兴趣、注意力、任务意识）、自我保护的能力（躲避危险、安全意识）等。儿童习惯与自理能力是在日常生活中如进餐、睡眠、如厕以及平时的各种活动中表现出来的，因此，对它的评价离不开长期在日常生活中的观察。表11-3中列举的评价指标可以作为我们评价儿童习惯与自理能力的参考。

表11-3 幼儿习惯与自理能力发展评估内容参考表①

		Ⅰ级	Ⅱ级	Ⅲ级	方法
生活习惯	如厕	能自己如厕	能自理大小便，便后会冲水	便后能整理好衣服	观察
	进餐	能用勺子进餐，会清理桌面	会用筷子进餐，并保持桌面干净	进餐时保持桌面、衣服干净	观察
	穿衣	能自己穿简单衣裤	能自己系扣子、拉拉链	会系鞋带，能穿各式各样衣服	观察
	个人卫生	提醒下能做到饭前便后洗手	饭前便后主动洗手，会用手帕	经常保持手脸干净，服装整洁	检查
	环境卫生	会收玩具，不随地大小便	能将果皮纸屑放在指定地方	公共场所不乱丢废物，不乱涂乱画	检查
学习习惯	学习兴趣	对新奇事物感兴趣	对较多活动感兴趣，问"为什么"	喜欢动手摆弄，自己寻找问题的答案	观察
	注意力	学习活动中需提醒、暗示	学习活动中能自己调整注意力	学习活动中能保持注意力集中	观测
	任务意识	几经教师提醒能完成任务	一经教师提醒能完成任务	能主动按时完成任务	观测
自我保护	躲避危险	不玩、不触摸危险品	知道躲避危险	不独自上街，上街不乱跑	观察
	安全意识	有初步的安全意识	知道避开危险的事物	知道常见的解决安全问题的方法	观察

二、教师工作评价

幼儿园教师工作评价，就是对教师的各项教育工作的质量进行的评价。幼儿园教师工作评价，可以使园长管理幼儿园工作时克服盲目性、主观性，

---

① 霍力岩著：《学前教育评价》，北京师范大学出版社2000年版，第82页。

从主观经验型的管理逐渐向科学的管理过渡；可以使教师了解自己的优势，树立自信，明确自己的努力方向；可以调动教师的工作积极性，将提高教育工作质量变为自己的自觉行动。

幼儿园教师工作评价着重从以下几个方面进行考察：教育计划和教育活动的目标是否建立在了解本班儿童现状的基础上；教育的内容、方式、策略、环境条件是否能调动儿童学习的积极性；教育过程是否能为儿童提供有益的学习经验，并符合其发展的需要；教育内容、要求能否兼顾群体需要和个体差异，使每个儿童都能得到发展，都有成功感；教师的指导是否有利于儿童主动、有效地学习[①]。教师工作评价的主要内容与标准如下。

（一）安全工作

在幼儿园，我们经常听到学前教师说"不怕一万，只怕万一""安全第一""最担心的事就是孩子出事"等，这反映了教师对幼儿园安全工作的重视。安全问题直接影响儿童的健康甚至生命，也是家长十分关注的问题。保证儿童的安全是学前教师教育工作中首先必须考虑的问题。在我国，从国家的学前教育法规到幼儿园工作细则，对安全工作都有十分明确的要求。对安全工作的评价，涉及如下几点。

1. 发现环境中的隐患，加强安全措施

儿童自理能力差，喜欢按照自己的方式探索周围世界但又缺乏自我保护的能力，各器官、系统易受到伤害。为了防患于未然，学前教师必须消除儿童生活环境中一切不安全的因素，保证儿童的安全。下面是某幼儿园室内安全检查标准。

（1）活动室

——门、窗是安全的，有护窗；

——室内装饰材料、家具及其油漆符合环保要求；

——儿童的玩具、材料无毒、无害，易清洗；

——插座、药品等放在儿童拿不到的地方；

---

① 参见《幼儿园教育指导纲要（试行）》第四部分第七条。

——室内没有钉子，家具、墙边无棱角；

——儿童的桌椅是安全的、无棱角的。

(2) 寝室

——消毒灯开关儿童够不着；

——通畅；

——床的高矮适当，无棱角；

——无小球、小刀等杂物。

(3) 盥洗室

——清洁，防滑；

——无棱角；

——热水应在 70℃ 以下；

——消毒、清洁用品放在儿童拿不到的地方。

2. 教师的安全意识

环境的安全并不能杜绝安全事故，许多安全问题往往是教师安全意识淡薄引起的。下面是组织儿童活动时，对教师安全意识的要求，教师可以经常对照这个要求进行自我评价：

——在活动前检查场地是否安全；

——在儿童面前注意安全、正确地使用教具、剪刀和其他工具；

——制订简单的，儿童易理解、易达到的活动规则；

——注意引导儿童改进不安全的行为，学习安全的行为方式；

——儿童从事踢球、锯木头、剪纸等有一定危险性的活动时，注意必要的防护和教师面对面的具体指导；

——学习一些常见的意外事故处理办法；

——安排专门的活动，教儿童学习如何处理意外事故；

——常备一些急救药品。

(此标准参考陈帼眉《幼儿教育评价丛书》拟订)

3. 预见危险发生的能力

幼儿园许多事故其实都是可以避免的，有时常常是因为教师缺乏经验或缺乏预见危险的能力，没有及时采取措施而造成的。

我们可以用下面标准来评价并帮助教师形成预见危险发生的能力：

——及时发现不安全因素，加以防范；

——及时发现危险行为，并加以阻止；

——孩子不遵守活动要求或规则时，要及时提醒，并组织好；

——进行运动量大的活动或开展户外活动时，活动前要说清楚要求。

4. 应急能力

这是发生事故之时必备的能力，包括掌握必备的急救知识，以及面对事件能沉着、冷静。小的事故要学会自己处理，大的事故要先进行急救处理，然后送往医院治疗。

（二）卫生保健工作

幼儿园卫生保健关系每一位儿童的身心健康，做好卫生保健工作是对儿童进行全面发展教育的前提和基础。幼儿园必须利用评价这一管理手段加强对卫生保健工作的指导。幼儿园卫生保健工作评价主要有以下几项内容。

1. 是否执行儿童的生活作息制度，一日活动的安排是否合理

良好的生活作息制度是培养儿童良好生活卫生习惯的基础，合理的一日活动安排也是促进儿童健康成长的重要举措。教师要严格执行合理的作息制度，保证儿童的正常生活秩序。下面是考察生活作息制度的评价指标。

运动

——是否保证了儿童充足的户外活动时间；

——是否保证了儿童的活动量；

——是否给儿童提供了适当的休息时间；

——活动安排是否注意了动静交替。

学习

——时间安排是否恰当；

——活动内容是否符合儿童的接受水平和身心特点。

进餐

——进餐环境是否安静；

——进餐前是否组织儿童进行安静活动；

——进餐前是否提醒儿童洗手；

——进餐心理环境是否宽松。

2. 是否为儿童提供了能确保其健康的卫生环境

为儿童创设一个卫生的环境是教师应尽的职责。评价这方面的参考指标有以下一些。

室内卫生

——经常保持室内空气流通，定时开窗、通风换气，室内无异味；

——室内干净、整洁，物品摆放整齐；

——厕所清洁通风、随时打扫、定时消毒，小儿用的便桶，每次用后立即倾倒，刷洗干净，每日用消毒液浸泡；

——玩具保持清洁，定期清洗、消毒，半月一次；

——水果洗净削皮后再吃，饭桌先用84消毒液擦洗，再用清水擦洗干净；

——每班教室内外墙体、窗台、卫生间的墙面、地面、水池四周无污迹。

儿童个人卫生

——儿童个人卫生用品摆放整洁，专人专用，不相互污染；

——儿童饭前便后用肥皂和流动水洗手，经常保持清洁；

——饭后漱口，中大班儿童每天早晚刷牙；

——儿童可以随时喝到干净的饮用水；

——各种卫生用品干净、便于儿童取用；

——定期洗头、洗澡；

——每周剪手指甲一次，每两周剪脚趾甲一次（单周）；

——手绢专人专用，每日换洗，保持儿童服装整洁，衣服、被褥床单勤洗勤晒；

——保护儿童视力，注意室内采光，看电视一次时间不宜过长，人离电视机的距离适当，电视机安放高度要适中（距离为电视机对角线六倍，时间不宜超过半小时）。

工作人员卫生

——保持仪表整洁，勤洗头、洗澡，勤剪指甲，饭前便后和给儿童开饭前用肥皂洗手。

（三）教育活动的设计与组织

对教师这项工作的评价内容涉及教师的教育观念，对教育内容的选择和教育活动设计，教育方法运用，教学重点安排，教师组织教育活动的基本技能等。

评价教育活动设计与组织的标准与标准制订者的教育观、课程观、教学观直接相关。选择什么样的教育活动设计与组织评价标准，要在不断吸收新的教育理念、教育改革成果的同时，结合本园实际情况确定。下面列举一些幼儿园活动评价指标，供参考。

活动目标

——根据儿童的年龄特点和实际水平，设立相应的知识目标、能力目标和情感教育目标；

——目标的设立明确具体，操作性强，体现一定的层次和梯度，以满足不同发展水平儿童的需要；

——活动目标的确立体现素质教育的要求，保证儿童体、智、德、美全面发展。

活动内容

——根据儿童的年龄特点和发展水平，选择适宜的活动内容，内容的难易适中，容量恰当；

——活动内容符合素质教育的要求，做到科学性与教育性有机结合；

——活动以游戏为主线，内容丰富、形式多样、富有情趣。

活动组织

——根据活动的需要创设环境，场地宽敞、整洁；

——根据活动的需要提供适用的操作材料，材料安全、卫生，便于操作，儿童取放自由，充分利用废弃物；

——严格遵守儿童一日常规，不随意打乱作息时间，各项活动时间安排合理，衔接自然，无拖延等待现象；

——活动形式多样，根据活动的需要，选择集体活动、小组活动、个别活动等，并做到动静交替、室内外交替、层次分明；

——活动面向全体，突出儿童的主体地位，尽可能为儿童自主活动提供机会，儿童情绪积极愉快，动手动脑；

——发挥教师的主导作用，教育专业技能运用娴熟，师生互动和谐、民主。

活动效果

——儿童对活动有兴趣，积极参与，正确运用感官去感知事物，思维活跃，注意力集中，回答问题积极踊跃；

——儿童能熟练、规范地使用常用的劳动、学习工具及各种材料，动作发展协调；

——活动巩固和强化了儿童一日生活常规，对儿童养成良好的学习、生活和卫生习惯有促进作用；

——活动中，师生感情融洽，配合默契，师生交往频繁，合作愉快。

教育技能

——教师普通话标准，语言表达准确、规范、恰当；

——教师能恰当地运用示范、演示等教学方法引导儿童主动学习；

——教师有吸引儿童注意和提高儿童学习兴趣的个人技能；

——教师的教育机智灵活；

——能根据教育内容，自然地进行品德教育。

（参考《长沙市示范性幼儿园评估手册（2002）》制订）

对教育活动的设计与组织的评价,还可以以一日或半日活动为单位进行。下面列举一个教师半日活动评价细则(见表11-4),供参考。

表11-4 学前教师半日活动评价表①

项目 内容	评价标准 期望评语	评价等级 优	良	中	差	得分
保教目标(15分)	1. 在日常工作中对儿童的发展情况进行科学的观察,分析并记录,全面细致地了解本班儿童 2. 保教工作目标明确、具体,适合本班儿童实际水平 3. 将保教工作目标有机地渗透于一日生活的各个环节中					
教育环境(20分)	1. 创设宽松、和谐的精神环境,建立平等的师生关系,对儿童坚持正面教育 2. 环境的创设安全、合理、整洁、美观,注重教育性和儿童的参与,并能因地制宜 3. 活动区的设置及材料的投放与教育目标相一致,符合本班儿童的不同发展水平 4. 能充分利用环境为儿童提供活动和表现能力的机会与条件					
生活常规(15分)	1. 有科学合理的生活常规,并严格执行 2. 对儿童生活精心照顾 3. 儿童有良好的卫生习惯和初步的生活自理能力					
体育活动(15分)	1. 户外活动时间不少于一小时 2. 户外体育活动内容丰富,有一定的强度、密度 3. 儿童兴趣性强,能够积极主动参与					
教育活动(15分)	1. 教育活动目标明确具体,并能落实 2. 教育内容符合本班儿童实际 3. 注重活动过程,运用多种教育形式和手段,引导儿童主动活动 4. 根据儿童的不同发展水平给予分类指导 5. 儿童积极性高,思维活跃,有浓厚的学习兴趣					

---

① 霍力岩著:《学前教育评价北京师范大学出版社2000年版,第59页。

续表

项目	评价标准	评价等级				得分
内容	期望评语	优	良	中	差	
游戏活动（20分）	1. 保证儿童游戏活动的时间，有充足丰富的游戏材料 2. 尊重儿童的意愿，有必要的游戏常规 3. 根据教育目标，指导儿童游戏 4. 儿童在游戏中积极主动，情绪愉快					
总分						
评语						

（四）对儿童的管理

教师对儿童的管理水平体现在管理儿童时的态度与方式上，也体现在儿童的习惯养成和综合素质的发展上，它是判断教师的素质高低的重要依据。

对儿童的管理工作，可以从师生关系和儿童活动常规管理等方面去考察。

下面是评价教师与儿童关系的指标，可以作为教师调控自己与儿童关系时的参考。

——对孩子的哪怕是一点点进步都给予鼓励；

——赏识孩子；

——坚持原则但又能宽容孩子的过错；

——与孩子交谈总是态度和蔼，语气柔和；

——能开放地接受孩子的各种情绪反应；

——蹲下来与孩子平等对话，倾听孩子的意见。

常规管理情况的评价，一般是以检查日常生活中班级儿童常规表现来进行的。实际上，我们可以从教师如何引导儿童制订活动规则，怎样执行规则等方面去考察，还可以从教师处理儿童间冲突的能力等方面去考察。下面的评价指标可以作为教师培养自己处理儿童间冲突能力的参考。

——首先调查了解事情的前因后果；

——引导儿童学会自我控制，并学会根据活动规则或常规要求自己解决问题；

——及时制止可能产生不良后果的行为；

——尊重规则，但解决问题时，其重点不放在追究责任；

——少质问、少说教、少惩罚。

（五）环境创设工作

教师能不能给儿童创设一个丰富多彩的，有多种学习和探究的机会，有不同选择性的安全、卫生、益智、温暖的环境，是判断教师专业素质和业务水平的重要依据。

幼儿园环境包括物质环境和精神环境。对物质环境的评价，包括了对物质环境量的考察和质的考察两个方面。量的方面主要是考察幼儿园物质环境各要素是否齐全和有足够的数量，质的方面考察各种物质配备是否达标，如对图书设备的考察就涉及以下两点。

——全园（班）图书拥有量，人均拥有量是否达标；

——图书种类是否多样。

幼儿园墙饰布置，活动和学习区角的创设直接受教师影响，也是影响儿童的重要内容。因此，评价幼儿园墙饰布置，活动和学习区角的创设显得十分重要。有关这方面的评价标准版本很多，其指标不尽相同，下面是某园的标准，供参考。

活动区、角

——内容丰富，有教育性；

——标识明确有启发性；

——布局美观，便于儿童操作、观察；

——体现班级年龄特点；

——有大量的自制物及废旧物可供利用；

——有多个区角，其材料经常更换。

墙饰布置

——教育性强、儿童的参与性强；

——能反映近期教育主题及线索；

——布局美观；

——家园联系栏内容设计适当，布局美观，标记清晰；

——有浓郁的儿童情趣。

环境气氛

——安全舒适、氛围宽松；

——温馨；

——师生平等。

阅读区的儿童图书

——书中的主角很易受到儿童的认同；

——书中的情景是儿童熟悉的；

——插图有鲜艳明亮的色彩；

——图画和文字的比例适宜；

——有新奇有趣的字词和字音；

——有精彩生动的动作，有圆满的结局；

——有正面教育的意义；

——故事简短，可以一次说完。

精神环境是幼儿园环境评价不可忽视的部分，对儿童的身心发展具有极其深远的影响。幼儿园的气氛、园风、教风，教师与教师以及教师与儿童之间的关系都属于精神环境的范围。幼儿园精神环境的评价应该着重考察以下几个方面的内容：是否有助于形成和发展儿童健康的个性；是否有助于儿童的心理健康；是否有助于儿童积极的社会性行为等。下面是评价幼儿园精神环境的一些指标，供参考。

——幼儿园、班级的气氛是否宽松、和谐、向上，是否温暖、充满了爱和关心；

——是否有利于儿童智力、体力、语言、道德的发展；

——是否有助于儿童自我概念、自信心的发展；

——是否鼓励儿童兴趣和内在的学习动机；

——是否有利于鼓励儿童探索与创新；

——是否尊重儿童的个人权益，并培养儿童的良好的品质。

（六）家长工作评价

幼儿园可以通过评价，提高学前教师家长工作的技能，促进家长工作的开展。评价教师家长工作的内容一般有以下几点。

1. 与家长沟通的技巧

这可以从以下角度来考察：是否及时向家长传达幼儿园的各种通知和要求；能否经常与家长交流儿童在园情况；能否就家长对幼儿园工作的意见及时反馈并进行相应的改进；能否平等地与家长交流；能否准确地向家长介绍本园、本班教育教学情况等。

2. 家长学校的工作

即教师对家长的教育和引导工作做得怎样，是否注意对家长进行教育常识的培训等。

3. 吸引家长参加幼儿园的活动

这方面可以从家长参加幼儿园活动的积极性等方面考察。

第三节　学前教育评价的方法和步骤

一、学前教育评价的方法

评价方法是指收集评价信息和处理评价信息的方法。一般说来，学前教育评价方法分为质的评价和量化评价两大类。质的评价注重具体记录评价对象的状态和变化过程的信息，对信息的处理侧重于通过资料展示信息之间的关系，并以分析、描述表达价值判断。行为观察、情景测验、成长记录、评语等都属于质的评价的范畴。量化评价注重事先确定量化指标，通过调查、测验等搜集评价对象的量化信息，而后对量化数据进行统计分析，从而得出评价结论。下面选择几个主要的评价方法进行介绍。

（一）观察法

观察法是学前教育评价中最基本的方法，是评价者在自然条件下对评价对象进行有目的、有计划的直接感知、记录，继而分析、解释这些现象和事实发生的原因或发展趋势，从而获得结论的一种评价方法。

1. 观察法的种类

观察法一般有如下几种。

（1）连续观察法，也称日记法。评价儿童发展和教师工作均可采用日记法。在评价儿童发展时，评价者把儿童自然表露的行为，只要认为是能作为判断儿童发展情况的，全部真实地记录下来。它在时间上没有限制，学前教师可以当儿童一入园就开始记录，连续半年、一年、两年不等，家庭也可做记录。这种观察记录的内容包括儿童的一切言行、情绪、活动特点及背景、成人态度及孩子反映等。在评价教师工作时，日记法也是全面反映教师工作内容、质量和教师能力的重要方法。在采用日记法进行评价时，评价者可以用录音、照相、文字、摄像等方式进行记录。这种观察的优点是：可以全面记录了解评价对象，详尽地保存有关信息，在分析综合的基础上找出教师工作或儿童发展的特点，发展变化的过程、规律和趋势。但是这种观察运用时较难坚持。

（2）时间取样观察法。它是指在规定的时间段观察记录预选行为的情况，如一周内每天自由活动时间内专门观察记录"儿童友好行为和攻击行为""教师在自由活动中与儿童的互动"。这种观察也可以是综合的，如一周内每天生活活动时观察"儿童的生活卫生习惯、行为习惯以及儿童性格等的表现"，或每周随机三次观察"青年教师语言、教态和引导儿童共同进行探究活动"的情况。运用时间取样观察法观察评价儿童时要注意：事先制好观察记录表，观察时只需在表内打√或×，使记录方便。时间取样观察法虽可以在很短时间内有目的地获取大量有关情况的资料，但是，它有一些本身不可克服的缺陷，如有些儿童的表现可能在我们未确定的时间内出现，有遗漏的现象。下面举一例，以说明时间抽样观察法的过程。

表 11-5　儿童游戏水平的观察

观察内容：在儿童自由游戏时每隔 10 分钟对全班 30 名儿童观察 10 秒，记录儿童的游戏行为，并记录在记录表上。

儿童姓名	3：00			3：10			3：20			3：30			3：40			3：50			总计		
	A	B	C	A	B	C	A	B	C	A	B	C	A	B	C	A	B	C	A	B	C

说明：A 代表儿童游戏处于独自游戏状态，B 代表儿童处于平行游戏状态，C 代表儿童处于联合游戏状态。观察者连续观察，并在相应的表格中打"√"。

（参考霍力岩著《学前教育评价》第 221 页"幼儿自由游戏观察表"制订）

（3）事件取样观察法。它是观察者事先确定观察目的，选择某种或某类事件作为观察目标，当该类事件一出现时即进行观察记录的方法。这种方法没有时间限制，不预先规定观察时间，要做分类记录。下面介绍一个用事件取样的方法观察儿童游戏中伙伴关系的事例。

儿童姓名：玛丽　年龄：6 岁　记录日期：1990 年 10 月 8 日

其他参与者：詹姆斯　6 岁

场景：孩子们在操场的联合体操器械区玩

所观察的活动类型：合作性游戏

儿童在游戏中采用的方式	和别人交谈	领导游戏	和别人共用器械	跟随别人
每种方式出现的次数		|	||	

这个事件的起因：玛丽在器械上玩的时候，詹姆斯来玩器械的另一部分。

在事件中发生了什么：玛丽问詹姆斯能不能像她那样在单杠上翻转，当詹姆斯过去找她时，她跑到操场上并且盯着詹姆斯，当詹姆斯跑过来时，她又跑开让詹姆斯追她。

事件是怎样结束的：詹姆斯在操场上追赶玛丽，然后他们一起到器械上去玩。

这个事件延续了多少时间：大约3分钟。

分析：

看起来是玛丽希望詹姆斯和她一起玩。她用邀请的动作和詹姆斯建立伙伴关系并把他带到活动性游戏中来。玛丽对合作性游戏的愿望实现了，她在今后可能还会使用类似的方法。[①]

(4) 行为核查。它是评价者将要观察的行为预先列出表格，然后检查行为是否出现，或行为表现的等级如何，并在所选的等级上做标记。例如：要评价儿童的日常生活卫生习惯，教师就可以列出儿童生活卫生习惯行为核查表，对儿童日常生活卫生习惯进行评价；要对教师的仪表、个人生活卫生情况进行评价，以及教师教育常规进行评价，也可以采用行为核查法。这种方法往往只用于儿童发展和教师工作上一些非常外显的行为表现评价。

(5) 情景观察法（又称情景测查法）。它是在教育的实际情景下按照评价目的改变某些条件，将儿童置于与现实生活场景类似的情景中，由评价者观察在该特定情景中儿童的行为。例如，要了解儿童动手能力，就可以给儿童提供大量废旧物品及相应的工具，观察儿童的表现。

2. 运用观察法应注意的问题

(1) 应严格遵守客观性原则。观察的过程是评价者对评价对象的感知过程。这种感知虽是直接的，但主观因素仍有意无意地起作用。因此，须排除固有观念影响，尊重客观事实。

---

① 摘自澳大利亚昆士兰技术学院编写的《儿童观察评估手册》。

（2）要采用恰当的记录方法。在观察记录时，一般有现场记录、日记或周记、图示记录、清单记录、系统表格记录、录音摄像记录等。评价者应根据具体的物质、人员、技术条件及评价的需要选择记录的方式。日常观察的评价记录只要能表达自己的基本思想即可，如要在观察中模糊评估儿童的发展，其记录方式可以是罗盘式、坐标式、线段式、柱状图式等多种形式。

（3）两人以上的观察结果应进行一致性检验。一般性研究可以用两者的相关程度来评价，另一种方法是计算一致的百分率。例如：两个观察者在对儿童的 30 项观察中有 28 项给的是相同等级评价，则一致率为 $28 \div 30 \times 100\% = 93\%$，表明一致性高；另一课题中 30 项仅 12 项相同，则一致率为 $12 \div 30 \times 100\% = 40\%$，表明一致率低。一致性差，资料的可信度就低。

（4）采用观察记录法对儿童发展进行评价时，要将平时的观察记录和日常生活中与儿童的谈话、交往及活动作品等结合起来。对教师教育工作进行评价时，要将平时在研讨、听课、交谈等活动中观察到的情况进行记录，了解教师的专业理论水平、业务发展状况、教学特色，及时与教师沟通，还可与学期末的阶段评价相结合，鼓励教师相互学习，取长补短，共同进步。要将平时的观察记录、各种评价资料放进业务档案，以此来反映教师业务发展的历程和教育工作业绩。

（二）访问谈话法

谈话法是通过与评价对象面对面的交谈收集评价信息的方法。运用谈话法进行评价既可以验证其他方法收集的评价信息是否真实可靠，又可以补充其他方法收集资料上的不足，从而加深对评价对象的了解。谈话法在对儿童发展评价中被广泛使用。例如：通过访问教师，可以了解儿童发展上大致存在的一些特点；通过访问家长，可以了解儿童在家的表现，从而为分析儿童发展上的特点提供一定的参考；通过与儿童的谈话，可以更加直接地感受儿童发展情况。评价者与儿童直接谈话时要注意谈话的技巧，要突出主题，并注意给儿童一个比较轻松自然的谈话氛围。在对教师工作的评价中，可以通过与家长、教师自己或同班其他工作人员、管理人员的谈话来获取教师工作情况的信息。运用谈话法时,评价者要事先拟定谈话内容,形成谈话问题。这时要注意考虑:访谈对象的兴趣是什么?谈话中的哪些问题访谈对象有所考虑并会愿意回答?访谈对象能提供哪些与评价相关的信息?访谈对象的语言理解力及合作态度怎样?

谈话法可分为个别谈话、团体谈话、临床谈话(即具诊断与心理治疗双重功能的谈话)、标准谈话与自由谈话等。评价者在运用谈话法时可采用录音记录的方式保存资料,也可用文字将谈话的内容记录下来。

谈话法能使评价者获得广泛的资料,在谈话中可以观察对方的反应,获得的信息详细,比较灵活。但是,也有一些缺陷,如花的时间和精力多,可靠程度低,受暗示性大等。

(三) 问卷调查法

问卷调查是由评价者根据评价目的,向被调查对象发放问卷,要求被调查者以书面形式提供给评价者有关情况的一种广泛收集评价信息的方法。问卷法简便易行,能在较短的时间内收集到许多被评者的较为广泛的材料,还便于统计分析。目前学前教育评价中问卷主要应用于对家长和教师的调查,或通过一问一答记录儿童的回答来进行。

问卷设计与编制是关系到调查结果质量的关键,在编制问卷时,要注意以下几个问题。

1. 编题形式的选择

问卷中的调查题的形式有问答题、填充题、选择题和排序题等。其中,问答题和填充题是被调查者可以自由作答的开放性调查题,而选择题和排序题是由问卷编制者提供选择性答案的封闭性调查题。

2. 调查题目的编拟

调查问卷是以严格的书面语言形式体现出来的,编拟调查题时要注意使用什么样的词汇比较适合调查对象,怎样陈述才有利于调查对象的理解和回答,还要排除因调查语言的原因使调查对象受到"社会认可效应"的影响。

3. 调查问卷的配置和印刷

按照调查要求配置问卷结构时，首先要拟好指导语，以解释调查的目的和提供回答问题的方针；然后决定调查项目的数量和顺序，考虑所列项目是否覆盖了调查内容，其排列顺序是否合适，并考虑作答时间是否恰当，一般应控制在半小时以内；最后对问卷进行设计排版，在试用、调整后印制问卷。下面是一个调查表的范例，供参考。

儿童独立性调查

亲爱的家长：

为了了解您的孩子在家里生活、学习等独立性的表现，更好地促进我们彼此之间的沟通，共同促进孩子的发展，我们制订了这份调查表，望您能结合您孩子的情况，回答问卷中提出的问题（选择并勾出每一项目后面适宜的答案）。谢谢您的支持。

（1）自己穿衣服。　　　　　　　　　　A. 从不　B. 有时　C. 经常

（2）自己吃饭。　　　　　　　　　　　A. 从不　B. 有时　C. 经常

（3）自己洗脸洗手。　　　　　　　　　A. 从不　B. 有时　C. 经常

（4）自己整理玩具物品。　　　　　　　A. 从不　B. 有时　C. 经常

（5）大小便自理。　　　　　　　　　　A. 从不　B. 有时　C. 经常

（6）自己找事情做。　　　　　　　　　A. 从不　B. 有时　C. 经常

（7）和小朋友玩时有自己的主见。　　　A. 从不　B. 有时　C. 经常

（8）游戏时遇到困难自己想办法解决。　A. 从不　B. 有时　C. 经常

（9）当爸爸妈妈的要求不当时，提出不同的意见。

　　　　　　　　　　　　　　　　　　A. 从不　B. 有时　C. 经常

（四）档案袋评定法

这是指将对被评价者的观察记录、检核表以及反映他学习、成长或工作情况的相关资料放进一个有形的容器里，以反映被评价者的特点和状况，以及在特定领域中的努力、进步与成就。这个特定的容器就叫成长记录袋，用

这种方式进行教育评价的方法叫档案袋评定法。成长记录袋就像用照相机来拍摄一组有主题的照片，记录了人的成长过程。这种方法简便易行，真实客观，在西方国家广为使用。

在儿童发展评价中，成长记录袋收集的内容可以覆盖儿童的身体、动作、认知、言语、情感及社会性等多个发展领域，主要有：作品样本（如儿童绘画、泥塑、自制玩具、观察记录单、儿童自编故事时的录音带、儿童节目表演、教育活动或创编舞蹈时的录像带等）、观察记录（文字记录和反映儿童活动情况的摄影作品）、各种测验和调查的结果（如儿童生长发育及体质测验数据、儿童智能测验、儿童提问记录、儿童在家情况调查结果等）。它从不同侧面描述儿童成长和学习的过程，也展现了儿童的发展现状。在教师工作评价中，教师的成长记录袋汇集了教师的教育计划、总结、观察记录、教育笔记、幼儿园对该教师的考核记录、教师互评表、每学期的考核意见、各种有关该教师业务情况的调查资料等。

档案袋评定法为教师工作评估和儿童发展水平评估提供了丰富、真实、生动而又全面的信息，使总结性评价和形成性评价有机地结合起来，保证了评估的准确性，从而更好地促进儿童的成长和教师的发展。但是成长记录袋的随意性较大，计划性不强。在使用这种方法进行评价时，要事先精心设计，加强计划性，同时要让被评价者参与材料的收集，使材料更加全面、丰富，为评价服务，最终为促进儿童发展和教师工作的进步服务。

（五）测验法

它是针对评价对象，运用教育测量的理论和方法编制或选择科学的测试量表，并施测于评价对象，以获取评价信息的一种方法。在选择或编制量表时，应该注意以下几个指标。

1. 测验的信度

即反映测验可信程度的指标，包括内部一致性信度和稳定性信度。

2. 测验的效度

即这个测验是否测到了它所想要测的东西，其程度如何。

3. 测验的难度

即测验的难易程度。

4. 区分度

这是指某项目的测验对于不同水平的被试可加以区分的程度。如果某项目上得高分的被试实际水平也高，得低分的实际水平也低，则该项目的区分度就高。

目前，国内外已有一些儿童教育的评价工具可供幼教工作者选用，其中有单项的测验，也有综合评价量表，如测量儿童智力发展的《比奈儿童智力量表》《韦克斯勒儿童智力量表》《IEA 儿童发展评估》等有关儿童发展的量表，以及教师工作的一些量表。在选用他人的量表开展评价时，首先要对评价量表进行分析，并加以鉴定，看是否科学、可行，是否符合本园、本地情况；其次，要认真学习评价量表，领会评价量表或测验方案的主要精神和评价的具体办法；最后，在运用量表进行儿童发展评价时，不能墨守成规，要对原方案中不适合实际情况的内容进行一些必要的修订，使之更加符合本园的情况。当然，这种修订需要教育学与心理学理论的支持。

（六）描述统计分析法

描述统计分析法是教育评价信息的处理方法。它是指遵照一定的评价目的，评价者建立起一定的评价指标体系，并通过观察、测验、调查等方法获取相关的数据资料。为了反映并揭示事物的本质属性，发现其规律，需要对数据进行分析处理，其中描述统计法是最基本的方法，它通过计算数据的集中趋势和离散趋势来反映数据的特征状况。

1. 集中趋势分析

代表一组数据典型水平或集中趋势的量数叫集中量数，它能反映数据大致趋向于某一点的情况。例如，比较两个大班儿童的身高体重等生长发育水平，不能将每位儿童的身高体重一一作比较，只要将能代表两班儿童身高、体重的发育水平的平均数对照就很清楚了。常用的集中量数是算术平均数，此外还有中位数、众数等多种。

2. 离散趋势分析

表示一组数据的变异程度或离散程度的量称为差异量。对于一组数，光用集中量来描述是不全面的，用集中量数与差异量数同时描述一组数时，这组数的特征就比较清晰。差异量数有全距（一组数中最大的数减去最小的数所得的差）、平均差、方差、标准差，其中标准差是表示一组数据差异程度时最常用的差异量。上面列举的统计计算的具体方法在《教育统计学》中有详细介绍。

以上介绍的几种教育评价的具体方法，可以单独选用，也可以综合运用。评价者选用时，要结合自己的实际需要，根据评价目的来选择。

二、学前教育评价的步骤

学前教育评价是根据一定的目的，针对一定的对象，通过系统地搜集有关信息做出价值判断的过程。进行评价，首先要确定评价的目标，然后根据评价目标设计评价方案和实施评价。正确的评价目标是学前教育评价的方向，科学合理的评价方案是保证评价顺利进行的前提和重要保证，只有建立在此基础上的学前教育评价才会科学合理。

（一）确定评价的目标

学前教育评价的目的就是要了解幼儿园的水平和现状，为管理者的决策服务。

学前教育评价目标的确定，是与管理者的需要直接相连的。如果管理者想了解某幼儿园工作的全貌，就进行全面的评价；如果只想了解幼儿园某项工作或儿童某方面发展水平情况，如幼儿园卫生保健工作情况、儿童智力发展情况等，则只要进行这些个别项目的评价即可。

（二）设计评价方案

根据学前教育评价的目标要求，设计评价方案，这是实施学前教育评价之前重要的准备工作。学前教育评价方案的编制，一般要从如下几个方面进行。

1. 分解目标，形成指标体系

幼儿园是一种有目的的活动。学前教育评价就是把幼儿园活动的实际状况与幼儿园的预期目标相比较并做出价值判断的过程。因此，学前教育评价是以幼儿园目标为基础展开的一种活动。

幼儿园是一个系统，这个系统包含着多个侧面、多层次的子系统，各个子系统又包含多项具体的教育活动。从宏观上看，幼儿园有相应的总体目标；从微观上看，每项具体的儿童教育活动都有自己具体的目标，这些具体的目标是总目标的组成部分。这样，每一层次的目标都可以分解，进而使幼儿园目标形成一个多层次的目标体系。分解后的目标体系中，处于最低层次，有可操作性的目标具有指标性质，可以作为教育评价的指标，因而，幼儿园的目标体系也可以转化成学前教育评价体系。值得一提的是，具体的指标只能反映目标的某一方面或一部分，并不能反映总目标，只有整体指标体系才能反映出幼儿园的整体水平。

2. 界定标准，形成标准体系

学前教育评价是判断幼儿园教育价值高低的过程，拥有评价的指标体系，只是分解了幼儿园教育目标，使其变成可以测量的指标。幼儿园是否达到了这些指标，达成度如何，还需要做出一定的价值判断，这就必须制定一个判断标准。学前教育评价标准或标准体系是对评价对象的各项指标达到要求的程度在数量和质量方面进行价值判断的准则和尺度。在进行学前教育评价时，必须要以科学的态度认真做好制定学前教育评价标准的工作，使学前教育评价科学化，标准化。只有有了科学的学前教育评价标准，学前教育评价才能顺利进行。

3. 形成计量体系

计量就是用一个规定的标准已知量做单位，与同类的未知量相比较，而对这个未知量加以测定的过程，就像我们用尺来量物体的长度，用秤来测量物体的重量一样。学前教育评价中的计量与我们生活中的计量是基本相同的。学前教育评价的计量是用评价标准给定的赋值（强度和频度）作为尺度，对评价对象进行测定的过程。

学前教育评价的计量过程通常由以下两个基本要素构成：一是加权，即根据指标体系中各项指标的重要程度，赋以一定的权数；二是记分，即根据各项指标所评等级的标度值和权数，求得评价分值。以上学前教育评价计量过程中的两个要素相互联系、互为补充，形成一个有机的整体，这个整体就是学前教育评价的计量体系。其中，计分是基本内容，加权是重要补充。

总体上来说，学前教育评价方案的形成，需要幼儿园集中全体教师的智慧，通过多次反复验证、修订，才成形成比较成熟的、适合本园和本地情况的相对科学的评价方案。

(三) 实施评价

学前教育评价方案经过多轮尝试、修订后，就可以用来评价实际的幼儿园工作了。学前教育评价的实施是一项十分复杂的工作，无论是评价工作的准备，还是具体评价工作的展开和评价结果的反馈，都要求我们必须以科学的态度严肃地对待，否则就会极大地影响评价结果的可信度和有效性。学前教育评价实施过程一般可以分为准备阶段、评价实施阶段和评价结果反馈阶段。

1. 准备阶段

评价实施的准备阶段是评价实施前的预备阶段，做好评价的准备工作是做好学前教育评价的前提。准备工作主要有以下几个。

(1) 组织准备。学前教育评价要根据评价的目的、评价内容等的不同，成立与之相适应的评价班子，其组织形式有：管理部门成立的评价小组，科研部门成立的评价小组，由管理人员、科研人员、幼教专家等组成的评价小组等。评价前要对小组内的人员进行培训，并对参与评价的人员进行分工，使大家在实施评价时能做到各尽其责，各司其职。

(2) 文件、工具准备。即为评价的顺利进行而准备评价方案、评价登记表、资料汇总表以及所需的标准化测量工具等，也包括施测时所需的笔、纸等。

2. 评价实施阶段

评价实施阶段是实际开展评价活动的阶段，是学前教育评价的中心环节。实施阶段一般要按如下程序开展评价。

(1) 宣传发动。主要目的是统一评价者和被评价者的思想，防止产生消极甚至抵触情绪，使大家能以正常的心态接受评价，积极配合评价工作。

(2) 搜集资料。这是评价实施的中心工作，也是最为艰巨的工作，要求评价者以科学的态度、正确的方法和良好的工作状态开展这项工作。评价者要尽可能运用多种方法搜集真实、客观的数据资料，为科学评价幼儿园的工作服务。

(3) 评分和汇总。在掌握大量有关资料的基础上，评价人员就可以给每一具体的项目进行评分，然后对多项目的评分进行汇总，并进行初步的统计分析。当然，这一过程往往可以上机完成。但是，一些访谈记录、作品等资料只能分门别类进行整理，以便对比分析。

3. 评价结果反馈阶段

开展学前教育评价，就是为了更好地促进幼儿园工作，将评价结果用适当的方式反馈给有关人员，有利于其改进工作。为此，评价人员要对评价结果进行科学的分析，写出评价报告，提供给有关人员参考，使其根据评价情况调整自己的工作，以便促进教育质量的提高。

对教师教育工作的评价结果应该反馈给教师本人，以便教师了解自己的工作质量状态，调整自己的教育行为，扬长避短。例如，教师保育工作中有个别不太细心的地方，在孩子体育活动中出汗时，护理不够，或者没有及时隔毛巾，或者没有及时穿脱衣服。评价者应及时、个别地向教师反馈。这样，教师就能很快改进工作。

对儿童发展情况的评价结果也要及时反馈给教师和家长，教师自己对孩子的评价也要反馈给其他班级教师、园领导和家长，以便采取积极的应对措施，因人施教。例如：对儿童身体素质的各项指标进行发展评价后，写出儿童身体发展水平的报告，反馈给教师，有利于教师更准确地了解孩子的身体素质发展情况，调整健康教育计划，使教育活动更具针对性；而将每位儿童的身体素质发展情况的评价报告告知家长，能使家长更加有的放矢地进行养育，如儿童近视等身体毛病的及时发现与反馈，能为孩子赢得宝贵的康复治疗时间。

三、学前教育评价应该注意的问题

学前教育评价有利于促进幼儿园质量的提高。从20世纪80年代开始，我国的学前教育评价工作受到关注，逐渐成为幼儿园提高教育质量的重要管理手段。但是，学前教育评价还存在着许多问题。例如：热衷于评价的甄别与选拔功能，注重终结性评价，忽略形成性评价；过于强调对儿童知识、经验和技能的评价等。针对以上问题，我们必须注意以下几点。

（一）树立正确的评价观

评价就是一种价值判断，以什么样的评价观为指导，就会导致什么样的评价结果。因此，在进行学前教育评价过程中，评价者首先应具有正确的评价观念。

现代教育评价的思想观念有了重大变化，主要表现在以下几个方面。

1. 评价功能的变化

主要有以下一些变化：注重评价在教育过程中的价值，评价的过程就是学习的过程；评价的标准不仅仅是一个目标，而且可以告诉被评价者应该怎么达到这个目标；评价的结果，主要是用来指导被评价者改进自己的行为，使之获得反思自己行为的依据，从而促进其发展；评价者和被评价者的关系从相互对立或紧张戒备的状态，变为相互尊重、协同合作的关系，从而共同发展；评价的方式从注重他人评价向注重自我评价发展。

2. 评价目标的变化

评价的目标重在发展，即以发展的眼光看待儿童和教师，让教师与儿童共同发展，重视促进每一位儿童和教师都获得最佳的发展。评价不是"选拔适合教育的儿童"，而是"创造适合儿童的教育"；不是鉴别教师的优劣，而是促进教师的不断成长。

3. 评价内容的变化

评价的指标和标准应该具有多样性，要全面、客观、辩证、科学地看待儿童的发展和教师的教育工作，以适应社会对儿童综合发展与终身发展的要求。评价的功能不只是检查儿童知识、技能的掌握情况，更为关注儿童掌握知识技能的过程与方法，以及与之相伴随的情感、态度和价值观的形成；要"承认和关注儿童的个体差异，避免用划一的标准评价不同的儿童，在儿童面前慎用横向的比较"。① 同时，评价内容也拓展到幼儿园教育的各个方面，如教师与儿童人数的比例、教师资格和受培训的机会、教育活动组织的情况、儿童的发展状况等都应纳入评价的范畴，进行综合评价。

4. 评价方法的变化

一段时期以来，学前教育评价过分强调"量化"，由于人的发展的特殊性，完全"量化"来对教师工作或儿童发展进行评价是不恰当的，有时甚至是错误的。因此，学前教育评价要注重评价中人文因素的影响，注意量化评价的局限性，应该将"量"的评价和"质"的评价结合起来。

5. 评价主体的变化

新的评价观念在强调全员参与评价的同时，注重了自我评价，其核心价值是促进人们客观地认识自我，不断地寻找新的生长点，获得在现有基础上的自我主动发展。美国心理学家马斯洛认为：以自我批评和自我评价为主要依据，把他人评价放在次要地位时，独立性、创造性、自主性、社会性就会得到促进。在学前教育评价中，自我评价可以促进儿童自我意识的发展，促进儿童和教师不断自我反思、自我教育，激发内在的动因，可以提高评价的客观性、公正性和可信度。不只依赖外部的评价来鉴定一个人的发展，还可以弘扬民主气氛，增强主人翁意识，密切儿童、教师之间的关系及幼儿园与教师的关系。

---

① 参见《幼儿园教育指导纲要（试行）》。

6. 评价类型的变化

在教育评价工作中，人们往往只注意教育成果，而常常忽视教育过程，对怎样取得这种效果的方式方法不太关心，往往造成教师不顾儿童的身心特点去达到特定的教育效果，这是得不偿失的。现在教育评价中，要求既要注意教育工作的客观效果如何，又要考察教师是怎样达到这样的效果的，儿童在这一过程中又是怎样变化发展的。要将对教育成果的评价与对教育过程的评价，将儿童学习与发展的成果与儿童学习过程结合起来。这里的教育过程，包括以下几层含义：一是教师是如何遵循儿童的身心发展特点，设计与组织适当的教育活动，达到一定的教育效果的；二是在教育活动过程中，儿童是如何学习和发展的，教师又是怎样引导儿童主动学习，并形成良好的个性品德和情感的；三是教育过程中各要素对儿童全面发展教育的整体影响如何。

（二）与日常教育工作相结合

学前教育评价并不是超越幼儿园日常工作之外的额外工作，它本身就是教育过程的一个重要环节，要"在日常活动与教育教学过程中采用自然的方法进行"。[①] 这样做才能保证评价信息的真实可靠。在评价教师时，要随时关注教师施教的情况，并进行评价。教师或幼儿园在评价儿童的发展时也应随时观察评价儿童的表现，及时调整教育行为。将评价融入幼儿园的日常工作，并不排斥在某一阶段结束后的集中评价，两者应互为补充。

（三）充分、合理地运用评价结果

儿童发展评价是否对幼儿园教育质量的提高起到促进作用，还要看如何利用评价的结果。例如，由于儿童对评价场景不适应等多方面的原因，对儿童认知发展的评价很难真正反映儿童认知发展水平。教师在评价时要谨慎，不可给孩子乱贴标签，更不能将不成熟的评价结果公之于众，这样做会给孩子发展带来很大的消极影响。因此，应以积极的鼓励评价为主，特别是对那些发展落后的儿童，更应以正面肯定为主。儿童各方面能力的获得与发展，如良好

---

① 参见《幼儿园教育指导纲要（试行）》。

的习惯、正确的发音,是引导鼓励出来的,而不是纠正、嘲笑出来的。

对教师的评价结果的发布方式亦要注意个别化,不能随意公布,造成教师的反感或紧张。应注意评价的诊断功能,引导教师通过评价发现自己的长处和不足,从而促进教师的成长。

思考与练习

一、判断下列各题的正误

1. 实施学前教育评价就是为了检查幼儿园教师的工作。
2. 实施学前教育评价时,评价的指标和评价结果量化得越好,评价越科学。
3. 进行绝对评价,是将评价对象与某一客观标准进行比较,看其达到标准的程度。
4. 测验法是学前教育评价中最基本的方法。
5. 学前教育评价中的问卷调查主要应用于家长和教师。
6. 评价的过程就是学习的过程。
7. 实际上,学前教育评价是为了"选择适合教育的儿童"。
8. 学前教育评价应该结合日常工作进行。

二、问答

1. 学前教育评价的含义是什么?
2. 请具体列举学前教育评价的内容。
3. 应该从哪些方面评价儿童的发展?查一查参考资料,举出一些评价儿童发展的量表或评价方案,分析其优点或不足。
4. 教师工作评价包含哪些内容?对教材上列举的一些教师工作评价方案进行分析,指出其优缺点。
5. 学前教育评价有哪些类型?
6. 什么是观察法?举例说明观察法在学前教育评价中的作用。
7. 什么是档案袋评定法?举例说明怎样运用档案袋评定法评价儿童发展。

8. 学前教育评价中应该注意哪些问题？

三、选取某一简便易行的评价方案，到幼儿园对儿童发展或教师工作实施评价，并写出评价报告。

主要参考书目

一、学前教育理论

幼儿师范学校课本《幼儿教育学》,人民教育出版社 1987 年版。

幼儿园教师培训教材《幼儿教育学》,人民教育出版社 1987 年版。

卢乐山主编:《学前教育原理》,北京师范大学出版社 1991 版。

黄人颂编:《学前教育学参考资料》,人民教育出版社 1992 年版。

袁振国主编:《当代教育学》,教育科学出版社 1998 年版。

李季湄主编:《幼儿教育学基础》,北京师范大学出版社 1999 年版。

刘焱:《幼儿教育概论》,中国劳动社会保障出版社 1999 年版。

高岚:《学前教育学》,广东高等教育出版社 2000 年版。

庞丽娟主编:《教师与儿童发展》,北京师范大学出版社 2001 年版。

黄人颂主编:《学前教育学》(第二版),人民教育出版社 2009 年版。

二、幼儿园课程

王月媛主编:《幼儿园目标与活动课程教师用书》(2),北京师范大学出版社 1995 年版。

楼必生、屠美如:《学前儿童艺术综合教育研究》,北京师范大学出版社 1997 年版。

唐淑主编:《幼儿园课程实施指导丛书》,南京师范大学出版社 1997 年版。

石筠弢:《学前教育课程论》,北京师范大学出版社 1999 年版。

冯晓霞主编:《幼儿园课程》,北京师范大学出版社 2001 年版。

[美]芭芭拉·鲍曼、苏珊娜·多诺万、苏珊·勃恩兹等著,吴亦东等译:《渴望学习》,南京师范大学出版社 2005 年版。

［美］琳达·杜威尔-沃森等著，苏为民、陈晓霞译：《婴儿和学步儿的课程与教学》，人民教育出版社2009年版。

三、学前教育史

唐淑、钟昭华主编：《中国学前教育史》，人民教育出版社1998年版。

杨汉麟、周采：《外国幼儿教育史》，广西教育出版社1998年版。

何晓夏主编：《简明中国学前教育史》，北京师范大学出版社2002年版。

四、游戏理论和实验

自选游戏课题组：《幼儿园游戏指导——光明幼儿园自选游戏实验的思路与方法》，北京师范大学出版社1996年版。

许政涛主编：《幼儿园游戏与玩具》，北京师范大学出版社2001年版。

［美］Carol E. Catron & Jan Allen著，王丽译：《学前儿童课程——一种创造性游戏模式》，中国轻工业出版社2002年版。

刘焱：《儿童游戏通论》，北京师范大学出版社2004年版。

五、幼小衔接研究报告

朱慕菊主编：《"幼儿园与小学衔接的研究"研究报告》，中国少年儿童出版社1995年版。

肖湘宁、李季湄：《入学前社会适应性教育》，中国少年儿童出版社1995年版。

马以念：《入学前读写教育》，中国少年儿童出版社1995年版。

林嘉绥：《入学前数学教育》，中国少年儿童出版社1995年版。

六、幼儿教育评价

陈帼眉主编：《幼儿教育评价丛书》，希望出版社1993年版。

白爱宝编著：《幼儿发展评价手册》，教育科学出版社1999年版。

王坚红主编：《学前教育评价》，人民教育出版社2000年版。

霍力岩：《学前教育评价》，北京师范大学出版社2000年版。

新课程实施研究课题组编写：《新课程与教育评价》，教育科学出版社2001年版。

马永霞主编：《教育评价》，当代世界出版社2001年版。

七、教育部文件的解读

教育部基础教育司主编：《〈幼儿园教育指导纲要（试行）〉解读》，江苏教育出版社2002年版。

李季湄、冯晓霞主编：《〈3—6岁儿童学习与发展指南〉解读》，人民教育出版社2013年版。